全国中医药高等院校规划教材

医学生创新创业基础

（供医药院校各专业用）

主 编 曹世奎

全国百佳图书出版单位
中国中医药出版社
·北 京·

图书在版编目（CIP）数据

医学生创新创业基础 / 曹世奎主编 . —北京：
中国中医药出版社，2021.12（2025.7重印）
全国中医药高等院校规划教材
ISBN 978-7-5132-7285-8

Ⅰ . ①医…　Ⅱ . ①曹…　Ⅲ . ①医学院校—大学生—
创业—中医学院—教材　Ⅳ . ① G647.38

中国版本图书馆 CIP 数据核字（2021）第 223044 号

中国中医药出版社出版

北京经济技术开发区科创十三街 31 号院二区 8 号楼
邮政编码　100176
传真　010-64405721
保定市西城胶印有限公司印刷
各地新华书店经销

开本 889×1194　1/16　印张 17.75　字数 458 千字
2021 年 12 月第 1 版　2025 年 7 月第 5 次印刷
书号　ISBN 978-7-5132-7285-8

定价　68.00 元

网址　www.cptcm.com

服 务 热 线　010-64405510
购 书 热 线　010-89535836
维 权 打 假　010-64405753

微信服务号　zgzyycbs
微商城网址　https://kdt.im/LIdUGr
官 方 微 博　http://e.weibo.com/cptcm
淘宝天猫网址　http://zgzyycbs.tmall.com

如有印装质量问题请与本社出版部联系（010-64405510）

全国中医药高等院校规划教材

《医学生创新创业基础》
编委会

主　编

曹世奎（长春中医药大学）

副主编

李艳凤（山东中医药大学）　　　颜　涛（成都中医药大学）

张荣兴（黑龙江中医药大学）　　张　珉（江西中医药大学）

编　委（以姓氏笔画为序）

马　真（陕西中医药大学）　　　李　恒（长春中医药大学）

武夏林（广州中医药大学）　　　范筠娜（天津中医药大学）

孟晓媛（辽宁中医药大学）　　　耿晨光（南京中医药大学）

学术秘书

刘　洁（长春中医药大学）

编写说明

习近平总书记在党的十九大报告中强调了"创新型国家""企业家精神""创新创业"等关键词，并在全国教育大会上明确指出，要把创新创业教育贯穿于人才培养全过程，以创造之教育培养创造之人才，以创造之人才造就创新之国家。

自 2012 年教育部《"创业基础"教学大纲（试行）》颁布以来，普及创业基础教育在各高等院校成为一种共识。然而创业基础教育在发展的过程中，作为公共必修课，尚缺乏具有行业特色、创新创业最新理论、以实践为重要支撑的特色行业规划教材。基于此，国内 10 所创新创业教育工作基础较好的医药院校教育教学人员，结合多年创新创业教育课程教学实践编写了本教材。

本教材结合医学院校学情和行业特色教学资源建设，基于目前医药行业高校大学生创新创业理论与实践教学的实际需要，以近年医药院校教学实践积累的案例教学改革研究成果和课程思政建设中的教学改革思路为依据，吸收当前创新创业教育前沿理论，以及创新思维、精益创业、设计思维、效果逻辑理论等创新创业最新研究成果，以医学案例教学为基础，注重创新创业实践教学，充分考虑线上线下混合式教学模式特点，行业特点突出，实用性强，有较强的针对性，填补了国内医药院校创新创业教育行业规划教材的不足。

本教材的主要特色与创新点体现在以下 4 个方面。

一是注重教材的行业特色。本教材紧扣医学院校的行业特点，各章教学案例均为医药行业案例，同时密切结合医学学科的专业特点，将创新创业思维、理念和创业要素融入医药人文叙事之中。如第二章创新思维增设了"医学与创新"一节；第三章创业思维增设了"医学思维与创业思维"一节；第七章商业模式增设了"医药卫生相关的创新性商业模式"一节。

二是坚持立德树人的教育理念，融入课程思政元素。整个教材设计中融入了以企业家精神为主线的课程思政元素，旨在培养学生乐于思考、敢为人先的创新精神，承受挫折、坚韧不拔的意志品质，善于合作、诚实守信的职业操守，创造价值、服务国家的社会责任感。

三是注重突出案例教学和实训教学。创业教育本质上属于实践教育，为此教材增加了案例分析和实践实训的内容。案例的选择以医药院校典型创业案例为主，同时注重实践应用导向，重视"亲验性"（应用性、实践性、操作性）教学，弥补了以往结构式课堂讲授的不足。每章开始均有案例导引，让学生带着问题进入新内容的学习。章尾设有案例分析，综合运用所学理论和理念分析案例，使学生对理论知识有一个巩固提高的过程，达到学以致用。

　　四是注重创新性。在内容方面，吸收了创新创业的最新理论和前沿成果，将有关创新创业管理理论与方法的最新进展与应用编入教材，如将基于效果推理逻辑的创业思维和设计思维，以及精益创业的有关新理论、新方法独立成章；创新性地增列了"医学思维与创业思维"等章节。

　　在结构方面，每章开始通过鲜活的"案例导引"，使学生对该章主题有一个感性认识；正文中穿插"知识链接""实训活动""案例讨论""案例链接"等，以加深学生对知识的理解和认识；章尾设有"本章要点""案例分析""思考题""实践练习""推荐网站或资料"等，引导学生对已讲授或引申的内容进行巩固和思考。整个教材结构完整，环环相扣，符合教育教学规律，形成思维闭环，有助于教学效果的提高。

　　本教材由曹世奎提出编写大纲，刘洁进行全书校对，最后由曹世奎进行统稿校订。全国10所高等中医药院校从事创新创业基础课教学的一线教师参与编写。具体分工：第一章由曹世奎、武夏林编写；第二章由张荣兴编写；第三章由李艳凤、耿晨光编写；第四章由孟晓媛编写；第五章由李恒编写；第六章由范筠娜编写；第七章由李艳凤编写；第八章由张珉编写；第九章由马真编写；第十章由颜涛编写；第十一章由曹世奎编写。

　　本教材在编写过程中，参考和借鉴了大量同类研究成果及国内外专家、学者的理论和观点，特此说明并专门致谢！教材编写过程中，全体编写人员付出了艰辛的努力，竭尽全力，力争编出高质量教材。由于学识有限，不足之处还希望读者指正，以便再版时修订提高。

《医学生创新创业基础》编委会

2021 年 10 月

目　录

第一章

创业与人生发展

学习目标

1. 掌握企业家精神的内涵、作用；掌握创业与人生发展的关系。
2. 熟悉创新、创造、创业三者的关系，理解在大学生中开展创业教育的意义。
3. 了解创新、创造、创业的概念及创新创业的类型。

案例导引

戴韵峰以科技传承中医

86年中医男孩"学"出来的创业

戴韵峰，男，1986年12月出生，金华佗创始人，2015年全国优秀中医青年，2016年广州市优秀创业青年，2017年"大学生创业英雄十强"。戴韵峰2011年成立金华佗学术研究团队，后创办深圳市金华佗科技有限公司。2015年成立广州杜仲哥互联网科技有限公司，获得资本市场第一轮投资，年底开办了第一家"写字楼"里的中医体验馆。2016年广州杜仲哥成功进行第二轮资本融资，同年荣获新芽榜2016中国最具投资价值企业50强，于2019年在国内领先的一站式中医执业发展平台宣布完成了千万级A轮融资。

戴韵峰作为广州中医药大学中医七年制本硕连读高才生，入学头两年学西医基础，之后才开始学习中医。几乎每天，宿舍的同学都会围绕中西医的问题进行争论。戴韵峰也经常为中医无法发展壮大、走向世界感到遗憾。他翻遍了国家标准化管理委员会的规定和所有相关材料，得到的第一个答案是——标准缺失。中医学中关于失眠症状的描述，就有"不寐""少寐""眠差"等说法。于是，这个当时还是25岁的中医研究生便决定为自家企业和用户建立所用标准。他通过国际医疗术语库，重新建立中医与国际标准的对应、关联，以实现中医的标准化和数字化。这样当所有关联建立后，中医学的"不寐""少寐""眠差"便能自动关联到"失眠"。方法有了，大批的中医文献资料却无法在网上搜到，于是团队将中医经典全文全部人工录入电脑，并整理成7000多条经验，每条经验都有病因和药方。完成这个步骤共花费了1年多的时间，"手打"团队也从最初的10人增加至30人。现在这个申请了著作权的数据库整合了约800本中医书籍、7000味中药、6万首方剂、460个中医穴位。在信息工程专业人士的帮助下，这个数据库"搬"上了公司运营的公众号，能对各类中医内容进行免费查询。该功能目前已经吸引了7万多中医粉丝。戴韵峰由此迈出了"创客"梦想的第一步。

辞职创业，创业就是最好的就业

2012年春天是戴韵峰焦头烂额的时期。研究生刚毕业，他留在广东省中医院ICU当医生，白天上班，晚上创业，同时还要应对团队骨干出走的打击。"国家出台政策鼓励医生多点执业也带来了一丝希望，我认为这是进入医患互动平台市场的最佳时机"。戴韵峰为此毅然决定辞去工作。

辞职后，他拿出了工作时积攒的30余万元，还从银行贷款和朋友处筹措了30万元，以防项目遭遇"滑铁卢"。接下来的时间基本都在疯狂找人——找团队、找投资人。1个月下来，他积累的名片有数百张。随着深圳市金华佗科技有限公司的成立，戴韵峰的"创客"梦想越来越具体。

医学创新之路，以科技传承中医

戴韵峰当时设想的是将自己的平台建成中医类的知乎、慕课型中医药大学，中医学生、医生都可以在这个大学里交流、互动。创业初期，基地设在广州市萝岗区一个150m²的工作室，团队成员都很年轻，最小的22岁，最大的也不超过40岁。不少成员都是在校结交的师弟师妹，母校广州中医药大学为该团队提供了各类专业支持。2015年，团队搬迁至海珠，并开了办第一家"写字楼"里的中医体验馆，旨在打造"一站式中医执业孵化平台"。2017年初中医师承项目正式启动。在不断向前奔跑的过程中，金华佗不断强大；在实现目标的过程中，金华佗积极响应国家号召，大力推广中国博大精深的中医学，以促进中医传承更好地发展。

整合资源，创业助力人生发展

2017年12月，《中医医术确有专长人员医师资格考核注册管理暂行办法》（国家卫生计生委令第15号）发布，规定中医确有专长人员可通过考核获得中医专长医师资质。15号令的颁布，无疑拓宽了中医人才的成才通道，故2018年也被视为中医培训元年。然而早在2016年年中，金华佗就将业务重心从中医O2O向中医师承和确有专长培训转型，研发独有的教研体系，持续课程开发，以多种中医学术流派为核心，构建完善的中医传承教学体系，打造中医执业0-1和1-N培训架构，为社会学员及中医师提供优质的学习考证和拜师机会，并在广东省内17个城市进行课程推广，共签约400多名主任级导师，覆盖省内35%主任级以上导师资源；签约多家三甲中医院，提供优质线下集训和线上课程，学员数量及缴费人数增长迅速，抢先布局了中医培训的百亿市场。2019年8月，国内领先的一站式中医执业发展平台金华佗宣布完成千万级A轮融资。此前，金华佗曾获联想之星领投的Pre-A轮融资。

当了5年"创客"，戴韵峰总结出好几条实在的"激励语"："多阅读，多观察，才能有火眼金睛发现哪里有机会"；"要多思考，但是不要想太多，起跑前不要停留在决策泥潭；起跑后要少犹豫，多坚持"；"闭上嘴，迈开腿，少说话，多干事"……总结起来好似云淡风轻，但是创业途中总有许多不为人知的坎坷和辛酸。每当遇到困难，戴韵峰总会想起年幼时生的那场大病，以及借助中医得到康复的奇妙过程。从那之后，中医成了他的信仰，他决定为中医的创新发展贡献青春才智，用中医梦，助力实现民族复兴的伟大中国梦。

（资料来源：根据有关资料整理）

案例讨论：

1. 从戴韵峰的创业案例，你认为创业者应该具备哪些特质？
2. 结合戴韵峰的创业过程，谈谈创业对人生发展的影响。

戴韵峰创业的成功，与他解决问题创造价值的理性务实的创造创新创业观和不断突破永不言败的创业精神有着密切关系。戴韵峰谈道：2012年，深圳市金华佗科技有限公司正式成立。实际上早在2011年在广州中医药大学攻读中医7年制本硕连读时，他就已悄然启动了自己的"创客"计划。在此之后的创业之路上，他响应国家创新驱动发展战略，投身理性创新创业，立足专业学习，脚踏实地，坚韧不拔，终成为时代的弄潮儿。

第一节　创业概述

一、创业的内涵

创业一词最早出现在《孟子·惠王下》："君子创业垂统，为可继也。"这里所说的"创业"是指"开创基业"。《现代汉语词典》（第七版），创业被解释为"创办事业"。创业一词在英文中有"创业企业、创业者、创业活动、创业环境和企业家精神"等多种表述。

创业者一词最早见于 16 世纪，起源于法语 Entreprendre，最初的含义为"承担"（to undertake）。1755 年，法国经济学家理查德·坎蒂隆首次将企业定义为承担某种风险活动的组织，把每个从事经济活动的人都称为企业家。这是经济领域对创业的最早描述，从此创业就与风险紧密地联系在一起。此后企业家的含义不断扩展。随着社会的发展，创业的认识不断深化，截至目前，创业在学界尚未形成统一定义，学者更多的是从"创建新企业、开发新事业、追逐机会、资源整合、风险承担、价值创造、活动过程"等角度定义创业。

归纳来看，创业有狭义和广义两种理解。狭义是将创业理解为"创办新企业"，英文常用 start‑up 一词表述。广义则将创业理解为"开创新事业"，英文倾向使用 entrepreneurship 一词表述。该定义认为，所有在不确定情况下开发新产品或新业务的人都是创业者，不管他本人是否意识到，也不论在何种类型的组织中。当前，更多的人倾向使用广义创业。

广义创业包括独立创业和组织内部创业两类。本教材倾向以广义理解创业活动。独立创业是指创业者独立创建的新企业。内部创业是指现有企业通过在企业内部建立相对独立的组织单元来开创新的事业，从而谋求企业的持续发展和更快成长。目前，海尔集团实行的事业部制各部负责人、腾讯集团开发微信业务的张小龙等都属于广义创业。

经综合比较，关于创业的定义，我们更认同哈佛大学霍华德·史蒂文森教授所做的定义。他将创业解释为"在不拘泥于资源约束的前提下，追逐机会并创造价值的过程"。该定义侧重机会识别、整合资源和价值创造等要素，比较准确地反映了创业活动的主要特征，但该定义对创业主体——创业者的主体作用和创业资源整合方面关注不够。因此，本教材对创业的定义是：创业是指在创业者主导下，不拘泥于当前资源约束，通过识别和开发机会，有效整合资源，进行价值创造的管理活动。

创业作为一个管理活动，可以从以下四个方面进行理解。

第一，创业需要有创业主体——创业者。创业者或创业团队是创业过程中最关键的因素，在创业过程中起主导作用。现代投资界有句名言叫"投资就是投人"。就是说，投资就是投创业者或创业团队。由此可见创业者在创业活动中的重要性。因此，要定义和理解创业活动，必须有创业者这一主体。

第二，创业者必须善于寻找机会，要善于识别和开发有效机会。雷军曾经说过一句被无数创业者奉为经典的名言："站在风口上，猪都可以飞起来。"因此，创业者从创业初始就应该努力识别商业机会。只有发现了商业机会，才能更好地整合资源并创造价值。因此，一般认为，寻求和发现有效机会是开展创业活动的前提。

第三，创业需要突破资源约束，有效整合现有资源。众多创业案例表明，很多成功的创业者都是"白手起家"，在资源高度约束的条件下，通过整合资源，实现"从0到1、从无到有"的财富创造过程。因此，创业者创造性地整合资源的新模式、新方法、新机制就成了创业的基本特征。

第四，创业必须进行价值创造。创业的本质是创新。就是说，创业应该伴随新价值的产生，这种新价值通过技术、产品或服务的方式更好地为消费者服务，从而实现其商业价值或社会价值，促进社会的发展和进步。

二、创业的要素

开展创业活动研究的一个基本方法就是分析创业要素，分析创业需要具备哪些要素便可开展创业活动。目前，最具代表性、认可度最高的创业要素模型为蒂蒙斯模型。该模型由享有"创业教育之父"美誉的杰弗里·蒂蒙斯提出。他认为，创业活动应包括三大要素，即创业机会、创业者与创业团队、创业资源。三大要素的关系如图1-1所示。

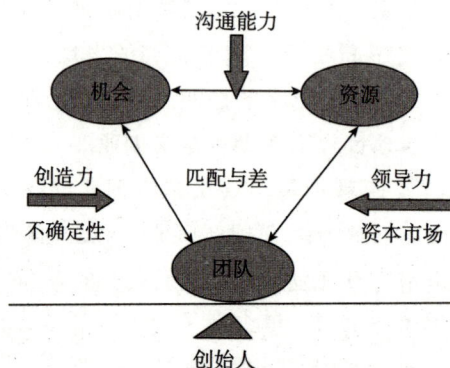

图 1-1 蒂蒙斯模型的创业要素

蒂蒙斯模型的创业要素关注了不同构成要素之间的匹配程度及相互关系，其主要观点如下。

1. 创业者及其创业团队是创业的主体要素，是创业过程的主导者，也是推动创业的关键要素 创业者的基本素质决定了创业的成败，其中包括创业者的性格、能力、知识结构、精力及投入的时间。在推动机会实现的过程中，一支强有力的创业团队不仅有助于发现、识别和把握创业机会，也能够发挥团队成员的各种优势吸引与获取资源。创业团队往往是风险投资者评价创业项目成功可能性的重要标准。

2. 创业机会是创业活动的核心要素，也是创业过程的起点 创业的关键因素是认识、识别创业机会并真正采取创业行动。一般情况下，有价值的机会往往比团队知识、能力或资源还重要。没有或不能及时发现、识别创业机会，创业就会成为盲目的行动，价值创造也就无法实现。

3. 创业资源是创业活动的支撑要素 资源对于创业活动以及任何形式的其他活动来说都是必不可少的条件。创业者面临很好的创业机会时，还需要有相应的资源将机会转化为价值创造，这里的资源包括资金、设备和场地、土地等有形资源，也包括品牌价值、人力资本、发明专利等无形资源。缺乏资源就无法开发和利用机会。关于创业资源，创业者比较普遍存在的错误观念就是必须所有所需资源都到位，才能开展创业活动，这种观念常常导致创业者错失良机。当前，诸多成功的创业者都是本着最小化使用并控制资源的原则开展创业，也就是当前比较受创业者推崇的精益创业理论。

4. 创业团队、创业机会、创业资源三要素之间是动态发展的 蒂蒙斯认为，创业要素是动态发展的，在不同创业阶段其相对重要性会发生改变。例如，在企业初创期，创业机会在企业创建中尤其重要，但可利用的创业资源较为缺乏；而在企业发展后期，获取更多领域的资源成为企业发展的关键。随着创业者拥有的资源数量增加，竞争者也认识到该领域有利可图，导致原有的机会变得相对有限。对企业发展的整个过程来说，如果没有创业者和创业团队灵魂力量的掌控，创业机会和创业资源可能都会随之消亡，这反映出创业团队的核心地位。蒂蒙斯运用创业机会、创业资源和创业团队三要素来概括创业过程的复杂性，采用三要素的动态平衡过程来总结创业过程的动态性。他认为，创业过程就是创业三要素动态匹配和平衡的结果。创业团队要善于配置和平衡，以此推进创业过程。

三、创业的类型

随着创业活动的大力开展，创业主体、创业动机和创业领域等方面都有较大的差别，创业类型呈现多样化趋势，从不同的角度对创业进行分类，有助于我们更加全面、更加科学地把握和理解创业现象。

（一）基于创业动机的分类

根据创业动机的不同可以把创业分为生存型创业和机会型创业，这种分类方法是由全球创业观察项目（GEM）提出的。生存型创业是指创业者为了谋生不得不选择创业的一种创业活动，是一种被动型创业。比如下岗或失业职工的创业多数属于生存型创业。机会型创业是指主动把握和利用商业机会而自动、自发开展创业的一种创业活动。如比尔·盖茨创办微软和李彦宏创建百度都属于机会型创业。

（二）基于创业效果（对市场和个人影响程度）的分类

根据创业对市场和个人的影响程度进行分类也是常见的分类方式，这方面比较有代表性的是由克里斯汀和戴维森等人提出的四种基本类型，即复制型创业、模仿型创业、安家型创业和冒险型创业，见图 1-2。

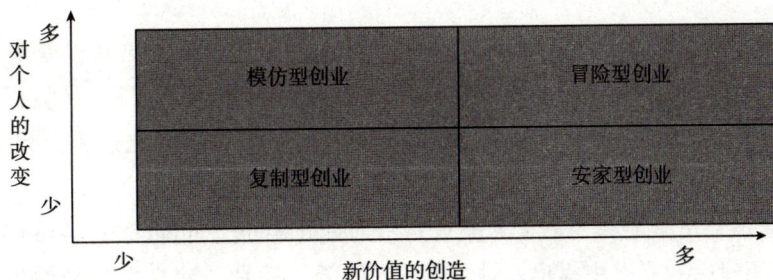

图 1-2　基于价值创造的创业类型

（资料来源：张玉利，薛红志，陈寒松，等．创业管理．5 版．北京：机械工业出版社，2021．）

1. 复制型创业　复制型创业是创业者对现有企业经营模式进行简单复制或照搬而进行的创业。这种类型的创业缺乏创新成分，创新贡献度低，不是当前社会倡导的主流创业模式。

2. 模仿型创业　模仿型创业是创业者模仿已成功的某个企业经营模式而开展的创业。这种创业类型创新成分较低，不能给市场带来新创造的价值。与复制型创业相比，该模型具有较高的不确定性，对创业者来说具有较大风险，创业失败可能性也比较大。模仿型创业和复制型创业多属于生存型创业。

3. 安家型创业　安家型创业是指创业者以自己的专业特长和技术成果为核心竞争力，仍旧从事原来熟悉的工作，但能不断为市场创造新价值的创业类型。这种类型的创业，创业者本身没有面临太大的改变，做的也是自己熟悉的工作，也能给顾客带来新的利益，难点在于组织创新。如某保健企业的一位研发工程师为公司研发一项保健仪器新产品后，在此基础上为自己开发了保健新项目，并离开所在公司组织创业团队创业，依靠技术灵感和原有关系，最大限度地满足个人创业精神的实现。

4. 冒险型创业 冒险型创业是指突破传统的经营理念和模式，从事一项全新的产品经营，创造性地开发和引导市场的现有需求及潜在需求的创业。这种创业由于是创造新价值的活动，具有高风险、高收益的特点，是一种开拓型创业，对于创新精神较强且能够容忍失败的创业者来说，富有诱惑力。这种类型的创业，将极大地改变个人的命运，个人前途的不确定性很大。这种类型的创业若想获得成功，要求创业者具有较强的创业能力和创业精神，并在创业机会、创业策略、商业模式设计和创业过程管理等方面都做得很好。安家型创业和冒险型创业是社会倡导的主流创业类型。

（三）基于创业起点的分类

根据创业的起点不同，创业可分为创建新企业和企业内创业（简称内创业）。创建新企业是指创业者从无到有创建全新企业组织的创业。这种类型的创业，常常具有较大的创业风险和难度。企业内创业是指现有企业在相对独立的组织内开创新的事业，以谋求企业的持续发展与成长。企业内创业大大降低了创业风险，可以在一定程度上满足优秀人才的创业梦想和体验，使企业留住人才，是一种企业与员工双赢的管理制度。

四、创业与创新、创造的关系

在创业过程中，创新、创造扮演着非常重要的角色，创新、创造与创业活动的推进是相辅相成的，正确理解三者之间的关系，对于正确理解创业活动至关重要。

（一）创新的内涵与分类

1. 创新的内涵 创新的英文是 innovate 或 innovation，其含义是更新、变革、制造新事物。《辞海》里将"创新"词义解释为"抛开旧的，创造新的"。从本质上讲，创新是人类特有的认识能力和实践能力，是以新思维、新发明和新描述为特征的一种概念化过程，起源于拉丁语，它原意含有三层含义：一是更新；二是创造新的东西；三是改变。

"创新"概念最早由奥地利经济学家熊彼特（Joseph Alois Schumpeter，1883—1950）于1912年在其《经济发展理论》一书中提出。他认为，"创新"就是"建立一种新的生产函数"。也就是说，把一种从来没有过的关于生产要素和生产条件的新组合引入生产体系。熊彼特认为创新包括5种形式：①引入新产品或提供新产品的新质量。②开辟新的市场。③获得一种原料或半成品的新的供给来源。④采用新的生产方法。⑤采取一种新的企业组织方式。从企业管理的角度来定义，创新就是从新思想产生到首次商业化的全过程，即从新思想的产生到产品设计、试制、生产、营销和市场化的一系列行动。

在创新概念发展过程中，与发明有一定相似性，但也存在差别。发明主要是指新技术的出现，侧重技术上的概念；而创新既包含技术发明，更加强调发明的商业应用，是侧重经济上的术语。美国小企业管理局对创新的定义为："创新是一种过程，这一过程始于发明成果，重点是对发明的利用和开发，结果是向市场推出新的产品和服务。"这一定义较清晰地阐明了创新与发明的区别。当然，创新的过程也可以不依赖于某种特定的发明，而仅仅是对当前活动进行重新组合，同样也可以达到创新的目标。

创新是人类特有的认知能力和实践能力，是人类主观能动性的高级表现，是推动民族进步、国家和社会发展的动力，对企业发展、社会进步和人生价值实现意义重大。正如江泽民同志所论述的："创新是民族进步的灵魂，是国家兴旺发达的不竭动力。"创新也是企业持续发展的原动力，企业发展的基础在于创新，企业的核心竞争力就是创新能力。我国提出实施创新驱动发展战略，建设创新型国家，就是要实施以科技创新为基本战略，大幅度提高科技创新能力，并形成日益强大的国际竞争优势。

2. 创新分类　根据不同的标准，创新主要有以下分类。①根据创新的表现形式，可分为知识创新、技术创新、服务创新、制度创新、组织创新、管理创新。②根据创新意义的大小，可分为渐进性创新、突破性创新、革命性创新。③根据创新的层次，可分为首创型创新、改进型创新、应用型创新。

（二）创造的内涵与类型

创造，《辞海》解释词义为"想出新方法、建立新理论、做出新的成绩或东西"。《韦氏大词典》将"创造"解释为"赋予存在之意、具有无中生有或首创的性质"。可见，"创造"是先于他人的新发现、新发明、新突破，可以说创造是人们应用已知信息产生某种新颖而独特的，具有社会价值或个人价值的产品或过程。作为创造的成果，这种产品可以是新概念、新设想、新理论，也可以指新技术、新工艺、新产品；其特征是新颖独特，具有一定的社会价值或个人价值。

创造的类型很多，根据创造性大小可以分为"首创"和"改革"；根据创造的过程可分为"科学研究""技术发明"和"艺术创造"；根据创造的内容可分为"物质财富的创造、精神财富的创造和社会组织的创造"。

（三）创造、创新与创业的关系

"创造、创新、创业"既有密切联系又有区别。

1. "创新、创造、创业"三者的区别

（1）创业与创新、创造的区别　创业侧重于财富创造，强调机会、顾客和价值创造，注重商业化过程，既可以表现为创新商业化，也可以表现为模仿商业化；创新侧重于产品的技术性能，强调创造的某种具体实现，往往忽视顾客的需求和创业的价值创造导向；创造侧重科学性和探索性，强调新颖性和独特性，通常不考虑顾客需求、商业价值及价值创造。

（2）创新与创造的区别　一是在范畴上，创造一般多指知识概念、理论艺术等方面；创新一般多指技术、方法、产品等。二是在目的上，创造注重的是科学性和探索性，强调新颖性和独特性；创新则更注重经济性和社会性，强调收益和价值创造。三是在过程与结果的关注点上，创造强调过程，是指从无到有的原创、首创；创新则强调结果，强调创造的某种具体实现，是指从有到好的改进和从有到用的延伸。例如，某人创造了一种新方法，这种方法具有创新价值。四是从两者对社会发展作用来看，创造具有两面性，有积极的创造，也有消极的创造；创新是经济学概念，谈创新必有收益，创新成果对社会发展必须是积极的、正面的。

2. "创新、创造、创业"三者的联系

（1）创新是创造的目的，积极的创造是创新的本质追求　创造是创新过程中的一个环节，创造发端于生产力领域的高附加值创新创业劳动，作用于推动经济增长和社会进步的所有要素的崭新整合，旨在提升价值并塑造新的时代精神，最终通过创新驱动发展，因此创造的最终目的是创新，是通过创新驱动带来的经济和社会发展。创造与创新在本质上有相似之处，仅是程度上不同。创造强调首创、无中生有、破旧立新；创新则往往是建立在已有创造的概念、想法、做法基础上，着眼点在于由旧到新，因此从这个意义上讲，可以将创新看作是创造的目的和结果。例如，蒸汽机的出现是一种创造，而将它应用到工业领域则是创新。创造就是难度较大的颠覆性创新、革命性创新、原始性创新，对经济、社会发展的影响和作用巨大，因此积极的创造在一定程度上也可以说是创新的本质追求。当前我国发明总量已位居世界第一位，2019 年全球创新指数位列世界第 14 位，但我国还不是创新型国家，对外技术依存度仍然占比较高，有很多卡脖子技术受制于西方国家，创造能力还不够强大。

（2）创新是创业的基础、本质与源泉　首先，成功的创业活动离不开创新，包括产品创新、服务创新、技术创新和管理创新，创新活动推动创业的持续发展，创业者只有在创业过程中持续不断地激发创新思维和创新意识，才可能产生新的富有创意的想法和方案，才可能不断寻求新的模式、新的思路。也就是说，基于创新的创业更容易形成独特的竞争优势，从而为顾客创造和带来新的价值，进而实现更好地成长，最终获得创业的成功。当前创新能力已成为企业发展的核心竞争能力，改革创新是企业活力的源泉，只有创新型创业才能保持创业企业的持续不断的发展。其次，科学技术、思想观念的创新，促进人们物质生产和生活方式的变革，从而引发新的生产和生活方式，进而为整个社会不断提供新的消费需求，这就是创业活动源源不断开展的根本动因。

（3）创业是创新的载体和表现形式　创业是把创新成果转化为生产的过程，同时也是创造新价值的过程。创业推动并深化创新。创业是创新的载体。从一定程度上讲，创新的价值在于将潜在的知识、技术和市场机会转变为现实生产力，实现社会财富的增长，从而造福于人类社会，而实现这种转化的路径就是创业。创新的成果通过创业活动推向市场，使潜在的价值市场化，创新成果才能转化为现实生产力。创业推动及深化创新。一方面，创业本质上是创业主体一种能动的、开创性的实践活动，是一种高度的自主行为，在创业实践过程中，创业者的主观能动性会得到充分发挥，从而推动创新活动的开展。另一方面，创业可以推动新发明、新产品或新服务不断涌现，创造出新的市场需求，从而进一步推动和深化各方面的创新，提高企业或整个国家的创新能力，进而推动经济的增长。

第二节　企业家精神的培育

创业是长期存在的社会现象，随着社会的发展，人们对创业的理解和认识也在不断发生变化。总体而言，要获得创业成功，离不开创业者在创业活动中所表现出来的创新精神、社会责任感、坚韧不拔的意志、执着的追求等企业家精神。企业家精神对于创业成功往往发挥着十分关键的作用，因此，要提高大学生的创新创业素养，培育企业家精神意义重大。

一、企业家与企业家精神的内涵

要了解企业家精神，首先要明确企业家的概念。

1. 企业家的概念　在经济发展史中，如何界定企业家的问题，诸多经济学家和管理学家一直持有不同的看法。企业家"entrepreneur"一词在 16 世纪早期出现在法语中，是指用于领导军事远征军（武装探险、开拓殖民地冒险）的人，后来泛指从事冒险活动的人。最先给企业家一词下定义的是 18 世纪中叶的法国作家贝利多尔。他将企业家定义为"按不固定的价格购买劳动力和物资，而按合同价格出售产品的人"。最早把"企业家"概念用在经济学的是法国经济学家理查德·坎梯龙。他在 1775 年的《商业概览》一书中将企业家定义为"承担经营风险的人"。此概念经穆勒在英国加以大力推广，得到广泛传播。创新理论奠定人、经济学家约瑟夫·熊彼特认为，"企业家是那些有冒险意识的人、担当着创新责任的人"。由此可以看出企业家的一些本质特征——冒险家、创新者。

发展到 19 世纪，西方将企业家具有的某些特征归纳为企业家精神，在英文使用上，企业家（entrepreneur）和企业家精神（entrepreneurship）经常互换。进入 20 世纪后，企业家概念的抽象——企业家精神的定义就拓展到心理学、行为学和社会学领域。

现代意义上的企业家的出现，与生产力和商品经济的巨大发展以及现代企业制度的形成密切相关。进入信息化时代后，人们对企业家有了新的认知和界定，认为企业家是指带领企业"从无到有、从小到大、诚信经营、持续发展、贡献公认"的一类企业所有人的统称和尊称。而把那些受雇企业所有者的"懂经营、会赚钱的商业精英"称为"职业经理人"，把那些具有企业所有权、但非白手起家、诚信经营、贡献公认的人也排除在企业家之外。福耀玻璃董事长曹德旺对企业家曾有所界定。他认为："企业家是一种境界，他的追求就是国家因为有你而强大，人民因为有你而富足，社会因为有你而进步。"可见，企业家是经济学上的概念，企业家代表一种素质，而不是一种职务。真正称为企业家的人，他的社会贡献和社会影响力是一项重要指标。如美国的乔布斯、比尔·盖茨，中国的任正非、褚时健、曹德旺、李彦宏、雷军等。

企业家与创业者是有交集的一个群体，但又有明显的区别。创业者擅长的是打天下能力，企业家在具备打天下能力的同时，还要具备优秀的守业和继续扩张的能力；创业者往往具有一技之长，企业家往往具备更加全面的能力和素质。从创业者成长为企业家，重要的分界点就是从做事导向转变为用人导向。创业者更加关注产品能否成功，企业家更加关注包括企业文化、人才、机制等在内的整个企业的成功。

2. 企业家精神的内涵 企业家精神一词，最早可追溯到 17 世纪末，经济学家理查德·坎蒂隆（Richard Cantillon）和亚当·斯密（Adam Smith）都分别对其有所论述，后者将这一概念作为古典经济学理论的重要基础。熊彼特（Schumpeter，1934）认为，企业家精神是一种经济首创精神，是一个"不断推出新的生产组合的过程"。新的组合包括开发新的产品，采用新的生产方法，开辟新的市场，寻求新的供给来源，实现新的组织形式。

创业精神、创客精神、企业家精神等不同的表达，只是内涵上略有差异，可统称为创业精神。从广义上说，人人均可创业，创业精神是一种面对问题、解决问题的意志和心态。创业精神与是否当老板、开公司并没有必然的联系。企业家精神是表明企业家这个特殊群体所具有的共同特征，是企业家所具有的独特的个人素质、价值取向以及思维模式的抽象表达，是对企业家理性和非理性逻辑结构的一种超越、升华。世界著名的管理咨询公司埃森哲曾与 26 个国家、地区和几十万名企业家交谈。其中，79% 的企业领导认为，企业家精神对于企业的成功非常重要。

关于新时代中国企业家精神的内涵，2020 年 7 月 21 日，习近平总书记在企业家座谈会上指出："企业家要带领企业战胜当前的困难，走向更辉煌的未来，就要弘扬企业家精神，在爱国、创新、诚信、社会责任和国际视野等方面不断提升自己，努力成为新时代构建新发展格局、建设现代化经济体系、推动高质量发展的生力军。"讲话从激发市场主体活力的当前需求和百年变局的深远战略界定了新时代企业家精神的内涵，提出了建设具有鲜明时代特征、民族特色和世界水准的中国企业家队伍的要求，是一篇伟大光辉的历史文献。

二、企业家精神的内容

企业家精神是一个创新的过程，在这个过程中新产品或新服务的机会被确认、被创造，最后被开发来产生新的财富。也就是说，企业家精神的本质在于创新，在于为消费者创造出新的满足、新的价值。企业家精神包括但不限于以下几种精神。

1. 创新精神 创新是企业家精神的灵魂。德鲁克认为，企业家精神中最重要的就是创新，创新是企业家活动的典型特征。经济学家熊彼特认为，企业家的工作是创造性的破坏，创新是企业家精神的核心。企业家创新活动是推动企业创新发展的关键，从产品创新到技术创新、市场创新、管理创新、制度创新、组织形式创新等等。从创新中寻找新的商业机会，在获得创新红利之后，继续投入，促进创新，形成良性循环。在中国，可以说一部改革开放史就是一部企业家搏击市场的发展史，也是激发企业家创新精神的生动实践史。

2. 冒险精神 冒险是企业家精神的天性。没有甘冒风险和承担风险的魄力，就不可能成为企业家。坎迪隆（Richard Cantillion）和奈特（Frank Rnight）两位经济学家都将企业家精神与风险或不确定性联系在一起。在创新的过程中，不可避免地要谈到遇到挑战和承担风险，所以企业家精神的内涵中必须包括承担风险和挑战不确定性的冒险精神。不仅奈特在研究中强调创业者的冒险特征，熊彼特、卡森等学者也都对创业者的冒险特征给予了认可。1939 年在美国硅谷成立的惠普、1946 年在东京成立的日本索尼，以及 1984 年中国成立的联想、海尔公司都是在条件不成熟、外部环境不明晰的情况下敢为人先，第一个吃螃蟹的成功典范。

3. 合作精神 合作是企业家精神的精华。合作精神是指企业家应具备宽容心，愿意与人友好相处与合作的态度和精神。单枪匹马可以成就一番事业，但是团结任何有利于成功的力量，成功的概率就会更大。在企业家精神中，团队意识、合作精神是其价值核心。因为个人在创业活动中，经常要通过某一团队的资源去实现价值创造的过程。这种团队合作的过程，就是创业者通过组合不同的要素形成一个新的生产关系，从而达到价值创造的过程。

4. 敬业精神 敬业是企业家精神的动力。有了敬业精神，企业家才会有将全身心投入到企业中的不竭动力，才能够把创新当作自己的使命，才能使产品、企业拥有竞争力。马克斯·韦伯在《新教伦理与资本主义精神》中写道："这种需要人们不停地工作的事业，成为他们生活中不可或缺的组成部分。创业者首先是一个从业者，如果没有一种对于事业执着追求的敬业精神，那么又如何能够迎接创业的挑战呢？"

5. 学习精神 学习是企业家精神的关键。从系统思考的角度看，企业家乃至整个企业必须坚持学习、全员学习、团队学习和终生学习。停止学习的同时就意味着企业停止了进步。学习是创新的基础，通过不断学习，融会贯通，企业人员才能在交流和协作中进行创新，赢得进步。

6. 执着精神 执着是企业家精神的底色。执着就是美籍亚裔心理学家、宾夕法尼亚大学副教授 Angela Duckworth 所认为的"能很投入地一直做一件事很久""向着长期的目标，坚持自己的激情，即便经历失败依然能够坚持不懈地努力下去"。执着对于创业来说不仅是优秀的品质，更是必要的素质。为什么仅有极少数创业者获得成功甚至发展成为企业家，主要是由于他们对梦想有坚定的信念，有强大的承受失败、压力的能力和心理素质。许多企业家在经济处于低谷时，其他人也许选择退出，唯有企业家不会退出。他们一旦有一个好主意，就会一生致力于此，永不放弃。中国成功的企业家无一不是在许多失败中一次又一次站起来的。褚时健曾经是"烟草大王"，71 岁时入狱，75 岁时二次创业成为"中国橙王"。俞敏洪的创业经历了许多挫折和失败，后来他将"从绝望中寻找希望"作为新东方教育集团的校训。

7. 诚信精神　诚信是企业家精神的基石。市场经济是法制经济，更是信用经济、诚信经济。诚信是企业家的立身之本，在企业家修炼领导艺术的所有原则中，诚信是绝对不能摒弃的原则。诺贝尔经济学奖得主弗利曼明确指出："企业家只有一个责任，就是在符合游戏规则下，运用生产资源从事利润的活动。亦即须从事公开和自由的竞争，不能有欺瞒和诈欺。"在市场大潮冲击下，一些企业经营者漠视诚信底线，不仅给企业带来灭顶之灾，还危及消费者的生命健康与人身安全。因此，要弘扬企业家精神，就要强化诚信意识，自觉依法合规经营。

【实训活动】

观看纪录长片：《那些我们永不言败的奋斗时光》。

头脑风暴：请结合纪录片内容，给创业者画像，说明在其身上体现的企业家精神。

三、企业家精神的作用

企业家精神有利于创业者开创事业。对于创业者而言，企业家精神是创业实践的动力源泉和精神动力。创业道路不可能一帆风顺，创业者凭借企业家精神在创业活动中努力成就和开创事业；对于创新者而言，凭借企业家精神不断开创各项工作和事业，必将会促进他们的职业发展。

1. 发扬企业家精神，有利于个人成就的取得　人的一生中要面对众多挑战，凭借企业家精神，一方面有利于个人在任何环境下都能迎接挑战，解决问题，战胜困难，不断受到来自各方面的肯定、赞许和良好评价；另一方面，面对挑战时，凭借企业家精神就不会像平庸者那样反应迟钝或者尾随他人行事，而是充当先行者应对挑战，发现和把握机会，积极主动、优质高效地做好本职工作，即使在平凡岗位也会有不凡的表现，高速推进个人职业发展。

2. 发扬企业家精神，有利于推动社会经济增长　企业家精神将在新时期发挥更大的作用，有利于加快转变经济发展方式，促进科技成果的产生，促进科技成果高效转化为现实生产力，从而极大促进经济社会又好又快发展。一些著名的学者认为，企业家精神和高新技术相结合，是美国在过去的几十年保持世界经济领先地位的"秘密武器"，创业者和创新者们已经彻底改变了美国和世界的经济，证实将企业家精神投入到创业活动或创新事业之中，会不断创造出更大更多的财富和价值，促进经济增长。

3. 发扬企业家精神，有利于社会进步发展　社会为创业者或创新者们提供了一个广阔的展现舞台，发扬企业家精神的创业者或创新者们，在这个舞台上积极行动并回报社会，可以通过创业或创新活动增加就业岗位，也可以创造和应用新产品、新技术、新成果为客户带来更大好处，不断改变和提升人民的生活水平和工作方式，还可以为社会带来更多的财富，推动社会发展和进步。在康德拉季耶夫经济周期的长期经济停滞期，美国经济却产生了 4000 多万个就业机会，这些就业机会就来自创新创业。

四、企业家精神的培育

创业既是一种能力，也是一种精神。如果说创意、资金、资源对创业者非常重要的话，那么是否具有企业家精神才是核心问题。企业家精神的培育是激发创新创业活力和促进新兴产业发展的重要条件。企业家精神是企业家具备的"特殊技能"，是固化在企业家身上的无形要素，不仅体现为性格特征和精神品质，还包含建立、组织和管理企业的才能。企业家精神是先天因素和后天培养的综合性结果，在一定意义上，品格和才能的培养作用更为突出。

1. 培育大学生的创业人格　从社会层面看，企业家精神的培育与孵化具有非常大的普遍性和广泛性，应在全社会营造宽松、进取、勇于创新的社会氛围，鼓励创新创业创造。"独立性""冒险性""执着性"等个性特征对创业者来说非常重要，高校要根据大学生的心理特点，倡导个性化的教育制度，有针对性地开展心理健康教育，培养大学生坚韧不拔的意志品质、独立意识、冒险精神以及承受挫折的能力。

2. 营造创业文化氛围 要在全社会大力倡导宽容失败的文化氛围，在社会形成鼓励创新创业的良好氛围。校园文化是大学生成长的外部环境，对学生具有激励、导向作用。高校要将企业家精神有机地融入学科和科技活动中，通过邀请创业成功的校友来校宣讲、举办成功企业家创新创业大讲堂、评选双创奖学金和创业先锋等方式，强化学生的创业信心，树立创业典型，全面激发大学生的创新创业热情。

3. 强化创新创业实践 社会实践对企业家精神的培育有着相当重要的影响。实践是企业家精神最直接，也最为充分的营养汲取来源地。要鼓励学生利用课余时间参加一定的创业模拟和社会实践活动，开展大学生创新创业训练计划项目和双创竞赛活动，增强学生对企业的了解和对社会的适应能力。在大学里参加创业孵化活动，对于培养学生的企业家精神有着无可替代的直接作用。

4. 培养创新思维与能力 创新是企业家精神的核心，高校必须突出对大学生创新能力的培养。学习是获得经验的捷径，大学生要自觉向成功的企业家学习，学习他们的思维方式，分析成功企业家的案例，树立创新思维，鼓励学生勇于突破前人、突破书本，通过开设创新创业类课程和举办技能竞赛，培养学生的科学精神和创新思维。

案例讨论

从器械修理店蜕变为全球医疗科技公司领导者

厄尔·巴肯在自传中写道，当他 8 岁看《科学怪人》这部电影时，最感兴趣的不是怪物的狂暴，而是弗兰肯斯坦博士的电的创造性火花。借助闪烁着电火花的实验室仪器的力量，这位医生使无生命的人恢复了生命。

厄尔·巴肯由此产生了对电气的热爱，并在母亲的鼓励下，成为一个狂热的电气迷。在巴肯 25 岁还是一名电子工程专业学生时，便创立了美敦力医疗设备公司。公司起步时发展缓慢，最初的业务只是修理医院的电子设备，美敦力开业的第一个月只赚到 8 美元。但巴肯没有放弃。在 1957 年明尼阿波利斯大停电之后，一位年轻的外科医生问巴肯能否制造出一种不依赖医院供电的心脏起搏器。巴肯随后基于他在《流行电子》杂志一上发现的节拍器的电路，设计了一种小型电池驱动装置。他最初尝试用汽车电池给起搏器供电，但因为觉得汽车电池体积太大，便转向当时的一种新技术：晶体管。巴肯发明的起搏器可以装进一个 10cm 见方、可以贴在病人胸口上的盒子。起搏器通过穿过病人胸部的电线将电信号传送到心脏，而且这些电线无需手术就可以取出。巴肯的发明给美敦力带来了转机，只不过是过了一段时间才体现出来。1957 年和 1958 年，该公司只销售了几十台心脏起搏器。直到 1961 年，公司才终于从车库搬到了附近新建的总部。1962 年，美敦力的收入仅为 50 万美元，到 1968 年便达到了近 1000 万美元。

巴肯也是他自己发明的直接受益者，他曾两次植入心脏起搏器。巴肯的企业家精神也使得美敦力拥有了近 300 亿美元的年收入，成为医疗设备公司的巨头。

学习案例并分小组讨论以下问题。

1. 厄尔·巴肯的创业成功关键取决于哪些因素？

2. 通过案例，谈谈你对创新、创造、创业与人生发展的理解。

第三节　创业与职业生涯发展

创业是一条艰难曲折和充满风险的道路，创业一旦获得成功，将会大大提升人生的发展水平，并为社会及个人创造极大的价值和财富，从而实现自身的理想和人生价值。因此，高校在开展大学生职业生涯规划教育中做好创业教育指导，使大学生在提高创业认识和创业能力的教育实践中，理性对待就业意义重大。

一、创业对大学生职业发展的意义

创业是一种精神，是一种职业发展的精神趋向，更是一种人生的态度。因此，大学生在创业知识和技能的学习中，应树立正确的理念，将创业学习与职业发展目标相结合，促进自身成才观念的转变，顺利实现就业，进而创造社会财富。

1. 创业学习与实践有利于大学生转变就业观念　随着知识经济时代的到来，社会就业竞争越来越激烈，大学生创新创业能力越来越成为用人单位选择人才的重要指标，大学生就业不再局限于"专业对口"的就业，主动"创造式"就业越来越受到大学生的倾慕。通过创业课程学习和参与创业实践活动，有助于唤起大学生的主人翁意识，树立起为自己事业打工的心态，更加懂得创业的艰辛，珍惜工作机会，从而使自己的就业质量和满意度均得到有效提升。

2. 创业学习与实践有利于提高大学生核心就业能力　随着数字智能化时代的到来，不确定性将成为时代的突出特征。正如宝洁公司首席运营官罗伯特·麦克唐纳描述这一新的商业世界格局时说："这是一个 VUCA 的世界。"易变性（volatile）、不确定性（uncertain）、复杂性（complex）、模糊性（ambiguous）成为当前世界的主要特征。在这样的时代背景下，社会对人才的素质也提出了新的要求。据权威机构预测，新一轮工业革命将创造 210 万个新工作岗位，主要领域包括计算机工程、数学。但是现有的 710 万个工作岗位将消失，其中办公室白领和管理岗位受冲击最大。未来只有那些富有创意、需要创造性工作的领域或企业，才不会被智能机器所取代。这就要求我们未来培养的人才必须是具有创新精神、创业意识和创新创业能力的创新型人才。目前，国内高校普遍开设了大学生创业基础必修课程和形式多样的创业教育系列选修课程，普遍开展了国家级、省级大学生创新创业训练计划项目并予以经费扶持，积极鼓励大学生参加以中国国际"互联网+"大学生创新创业大赛为主体的各级各类"双创"大赛，创造条件建立众创空间体系，为大学生参与创业实践提供全方位保障。通过创业学习与实践，大学生的创新能力、组织领导能力、协调沟通能力、学习能力和责任感等核心就业创业素质与能力得到开发和提升，大学生的就业心态更加理性，大学生的就业竞争力得到有效提升。

3. 创业学习与实践有利于拓宽大学生就业途径　受传统教育观念的影响，大部分毕业生都将自己职业发展目标定位在公务员或事业单位等稳定的职业和工作岗位，高校专业人才培养目标也以应用型为主，注重学生专业知识和专业能力的培养，大学生的创业意识和创新精神的培养有所不足。创业教育作为高等教育发展史上一种新的教育理念，在全球特别是西方发达国家广泛兴起，我国也从 2015 年开始在全国高校进行普及化教育，并针对有创业兴趣和创业意愿等不同层次大学生的需求，通过创业课程学习、参与创业实践活动和成立创业公司等不同方式，锻炼和提高学生的创新精神、创业意识和创新创业能力，鼓励和扶持有创业意向的大学生真正去创业，以创新引领创业，以创业带动就业，不断拓宽大学生的职业发展路径，同时也为未来解决更多大学生的就业问题提供了就业岗位。当前，我国高校开展的创新创业教育总体上来说是一种素质教育，重在培养学生的创新创业能力，积极鼓励大部分学生进行岗位内创业，引导少部分学生先就业再创业，扶持具有创业特质和天赋的学生把握机会、整合资源、创造条件进行创业，把就业创业作为相互支撑的统一体。

综合而言，创业学习与实践不仅仅是教授大学生如何创业，如何才能获得创业的成功，重点是培养大学生的创新创业素质和能力，使大学生树立新的职业发展目标，树立正确的职业发展观，以理性的心态看待职业成功，不断积累相应的知识和能力。

二、大学生职业发展规划对创业的意义

职业发展规划有助于大学生明确自己的创业定位与目标，清晰描绘和选择恰当的创业模式。

1. 职业发展规划有助于大学生调节创业心态　大学生职业发展规划是在大学一年级开设的必修课程，属于心理学和成功学的一部分，旨在帮助大学生正确认识自我并实现自我发展的过程。将职业发展规划的理念、知识和目标设计融入大学生创业过程中，可以有效培养大学生创业意识和企业家精神，科学看待创业的艰辛和困难，以乐观的心态理性面对困难，掌握解决问题的方法和技能。

2. 职业发展规划有助于大学生树立明确的创业目标　确立正确的创业目标是成功创业的重要前提。在创业前期，通过职业发展规划设计帮助大学生对自身主客观因素进行客观分析和测定，科学分析与确定职业发展目标，是确立创业目标的关键环节和重要依据。高校大学生处于职业积累和准备阶段，在大学期间通过专业知识的学习与职业发展规划教育，能够正确认识自我，明确职业定位，明晰未来发展方向，并制定有针对性的行动计划，从而发挥自身潜能，提高创业成功的概率。

3. 职业发展规划有助于大学生提高创业竞争力　随着数字智能化时代的到来，行业竞争日趋激烈，给大学生创业带来了严峻的挑战，大学生们很难再找到一片创业领域的蓝海，要使自己的创业项目在激烈的竞争中脱颖而出，确立独特的价值主张，就必须结合自身的职业发展优势，充分利用有助于自己创业的主客观资源优势，制定可落地的创业目标和科学的创业计划。结合自身实际和理性分析制定的职业发展规划，有助于大学生系统、有计划地采取创业行动，科学安排创业任务和阶段目标的先后顺序，不断积累个人创业经验，增强创业技能，从而提高创业核心竞争力。

三、以创业为主线的职业发展路径

1. 创业是一种职业　没有人天生就是创业者，有些人会选择将创业作为自己的生活方式，也有些人在就业的过程中实现了岗位创新创业。有些人经过自我评估认为自己适合创业，就给自己设计了以创业为目标的职业生涯规划。无论成功还是失败，他们都会持续从事创业活动，并将创业作为一种职业，为实现自己的梦想和追求成为连续创业者。

2. 先创业，再就业　在进行职业生涯规划时，有些人可能认为自己适合创业，但在从事创业活动的过程中发现自己可能不适合创业，最终选择中断自己的创业活动，转而谋求稳定的就业岗位。因此，这些人的职业生涯规划是先进行创业尝试，如果不行再选择就业，一般情况下这种类型的人比较活跃好动，有很多想法或点子，也有一定的经济实力，往往希望将自己的想法变为现实。

3. 先就业，再创业　在进行职业生涯规划时，有些人认为自己不适合创业，但从事一段时间工作后，也可能发现自己并不喜欢稳定的职业工作，于是他们放弃稳定的工作岗位而选择创

业。一般情况下，这些人可能已经在工作岗位上发现了创业的机会，或者自己有一些比较理想的创意点子，转而从事创业活动。目前，这种类型的职业生涯规划相对比较多，由于有前期求职就业的经验积累，在创业过程中更容易获得成功。

4. 就业与创业之间转化　对于职业生涯规划，一些人可能无所适从，或服从父母安排或跟随自我感觉，他们会在创业与求职择业之间进行一次或多次转换，最终他们或是找到了合适的工作机会或是创业获得了成功，从而稳定自己的职业生涯。这种职业生涯规划，可能使人走得更远，也可能使人碌碌无为，甚至走向堕落。因此，在创业与择业之间尽量不要进行多次转化，即使有可能多次转化，也要有一个既定的方向，通过不断提升的过程，实现自己的职业规划目标。

【实训操作】

创业测试：看看你属于哪一类创业者

1. 哪一种投资对你较有吸引力

（a）定期存款中有 10% 的固定利润。

（b）在一段时间内，不低于 5% 或高于 10% 的利润。因经济环境，如利率及股市变化而异。

2. 哪一种工作对你较有吸引力

（a）每周工作低于 40 小时，每年固定加薪 6%。

（b）每周工作超过 50 小时，第 1 年年底就加薪 10%～15%。

3. 你较喜欢哪一种商业形态

（a）独资经营。

（b）合伙组织。

4. 有三个待遇、福利等都不错的工作供您选择时，你会接受

（a）大企业，但是你的权限与职责都稍低。

（b）中型公司，稍有名气，能拥有部分权限与责任。

（c）小公司，但能赋予相当大的权限与责任。

5. 当您拥有一家公司时，对于公司的各种营运，包括内部行政管理、广告销售、薪资给付等，您希望参与到何种程度才会满意

（a）将大部分的权力释放出去。

（b）将一部分的权力释放出去。

（c）对各部门的营运事项大权均掌握于手中。

6. 进行工作计划时碰上了小的阻碍，你会

（a）立即请求他人给予帮忙。

（b）先经过一阵思考之后，选定几种可能的解决方法。然后请求上司。

（c）自己努力寻求解决的办法，直到克服为止。

7. 多年来你的公司一直沿用一套销售制度，使公司每年维持十个百分比的成长率。这套制度还算成功。你在其他地方用了另一套制度，你发现每年会有 10%～15% 的成长率，且此套制度对你和公司双方都有利，但你的方法需要投资若干时间和资金。你会

（a）为避免风险，仍沿用老方法。

（b）私下就采用新方法，然后等着看结果。

（c）建议采用新方法，同时展示已有的好结果。

8. 当你建议上司采用你的新方法，而他却说"不要自作主张"，你会

（a）放弃你的方法。

（b）过一阵子再向上司游说。

（c）直接跟公司总经理或董事长建议。

（d）直接用自己的方法去做。

9. 你是否参加新公司的开发计划

（a）未曾。

（b）偶尔。

（c）经常。

10. 您打算为员工进行训练时，会如何着手

（a）委托顾问人员，由专家设计课程内容，并亲自训练指导。

（b）根据自己的经验和意思安排课程内容，并亲自训练指导。

11. 以下 3 种，哪一种对你而言最有成就感

（a）是公司的最高薪者。

（b）在你的专业领域得到较高的荣誉。

（c）成为公司的总裁。

12. 以下哪几个部门的工作最能吸引你（选两个）

（a）营销部门。

（b）行政部门。

（c）财务部门。

（d）训练部门。

（e）管理部门。

（f）顾客服务部。

（g）征信及收款部。

13. 担任业务工作，有 3 种薪资与佣金的选择机会时，你希望的薪资计算方式是

（a）完全薪水制。

（b）底薪加佣金制。

（c）完全佣金制。

14. 当你正准备要出门度假时，接到一位非常有希望成交的大客户，但是必须牺牲假期，你会做何抉择

（a）请求这位客户再宽延一段时间。

（b）取消或延后度假。

15. 小时候，是否玩过较具危险性的游戏

（a）否。

（b）是。

16. 你喜欢什么样的工作步调

（a）1 次做 1 件，直到完成为止。

（b）1 次同时做几件工作。

17. 你希望你每周的工作时数是

（a）35 小时。

（b）40 小时。

（c）45 小时。

（d）50 小时。

（e）60 小时以上。

18. 你现在每周的工作时数是

（a）35 小时。

（b）40 小时。

（c）45 小时。

（d）50 小时。

（e）60 小时以上。

19. 你正准备去打一个推销电话，你现在的心境是

（a）运气好的话，可能会成功。

（b）有可能完成这笔交易。

（c）觉得非常有希望完成这笔交易。

20. 当你工作上遭遇危机时，你会如何形容目前的精神状态

（a）以平常心看待，一切在掌握之中。

（b）虽已掌握局面，但仍有些焦躁。

（c）确实受到相当程度的影响。

完成了 20 道题，可以开始计算分数：

1 a = 2　b = 6

2 a = 3　b = 10

3 a = 7　b = 5

4 a = 1　b = 2　c = 3

5 a = 1　b = 3　c = 5

6 a = 1　b = 5　c = 7

7 a = 1　b = 4　c = 5

8 a = 1　b = 5　c = 8　d = 10

9 a = 1　b = 5　c = 10

10 a = 1　b = 3

11 a = 2　b = 5　c = 8

12 a = 10　b = 1　c = 3　d = 3　e = 2　f = 5　g = 8

13 a = 1　b = 5　c = 10

14 a = 1　b = 5

15 a = 1　b = 8

16 a = 3　b = 6

17 a = 1　b = 3　c = 5　d = 8　e = 10

18 a = 1　b = 3　c = 5　d = 8　e = 10

19 a = 1　b = 3　c = 7

20 a = 5　b = 2　c = 7

评价结果：上班职工 33 ~ 60，加盟者 61 ~ 142，创业者 143 ~ 169。

（资料来源：https：//www.docin.com/p - 398901941.html）

四、我国大学生的创业现状

大学生创业是一种以在校大学生和毕业大学生的特殊群体为创业主体的创业过程。随着近期我国社会经济发展转型及社会就业压力的不断加剧，创业逐渐成为在校大学生和毕业大学生的一种职业选择方式。

1. 创业比例不断上升　《2020 年中国大学生就业报告》显示，2019 届本科毕业生为 834 万，其中自主创业比例为 1.6%，人数为 13.3 万。高职毕业生自主创业比例为 3.4%。随着毕业时间的延长，毕业生自主创业比例持续上升，毕业 3 年内上升至 8.1%。

2. 创业观念不断迭代　当代大学生自主独立意识不断增强，对创业抱有较强烈的热情和愿望，一部分大学生积极主动参加创业培训和创业大赛，较少一部分大学生在校期间已经开始尝试创业行为。大学生已经成为"大众创业、万众创新"的重要生力军。

大学生创业者认为，创业可以解决自身的就业问题，获得物质和精神上的满足，培养自立自强意识、风险意识、拼搏精神和艰苦奋斗作风。

大学生自主创业已成为越来越重要的择业方式，大学毕业生在社会各行各业中找到了自己的位置，在自食其力的同时也创造了更多的社会价值。

3. 创业空间不断拓展　有数据显示，"教育业"是 2019 届大学生自主创业的最主要领域（本科 24.5%，高职 10.5%）集中在教育及职业培训、中小学教育，以及文学艺术、设计、体育等方面。大学生到"文化、体育和娱乐业"（本科 15.8%，高职 6.9%）、"零售业"（本科 8.6%，高职 11%）创业的比例也较高，从主要从事的工作岗位来看，大学生到文体娱乐领域创业主要是做摄影师、自由写作等，做零售主要是从事销售、电子商务等方面工作。

从大学生自主创业的分布领域来看，大学生创业发展潜力很大，空间广阔，经济发展和政策的优化也为大学生创业带来了更多的商机和更好的市场环境。

【本章要点】

1. 创业是指在创业者主导下，不拘泥于当前资源约束，通过识别和开发机会、有效整合资源，进行价值创造的管理活动。创业有广义和狭义之分。狭义的创业是指"创办新企业"，广义的创业是指"开创新事业"。蒂蒙斯认为创业包括三大要素：创业机会、创业者与创业团队、创业资源。创业有多种类型，根据创业的起点不同，创业可分为创建新企业和企业内创业（简称内创业）。"创造、创新、创业"是一个重要论述，具有严谨统一的内在逻辑和丰富的思想内涵。创新是创造的目的，积极的创造是创新的本质追求；创新是创业的基础、本质与源泉；创业是创新的载体和表现形式，是创新成果转化为生产的过程，同时也是创造新价值的过程。

2. 企业家精神是表明企业家这个特殊群体所具有的共同特征，是企业家所具有的独特的个人素质、价值取向及思维模式的抽象表达，是对企业家理性和非理性逻辑结构的一种超越、升华。企业家精神、创业精神、创客精神等不同的表达只是内涵上略有差异，可统称为创业精神。企业家精神主要包括创新精神、冒险精神、合作精神、敬业精神、学习精神、执着精神、诚信精神。企业家精神是先天因素和后天培养的综合性结果，是可以培育的。发扬企业家精神，有利于个人成就的取得，有利于推动社会经济增长，有利于社会进步发展。

3. 创业是一条艰难曲折和充满风险的道路，创业一旦获得成功，将会大大提升人生的发展水平，并为社会及个人创造极大的价值和财富，从而实现自身的理想和人生价值。创业对大学生的职业发展具有重要意义。创业学习与实践有利于大学生转变就业观念，有利于提高大学生核心就业能力，有利于拓宽大学生就业途径。职业发展规划对创业同样具有重要意义。职业发展规划有助于大学生调节创业心态，有助于大学生树立明确的创业目标，有助于大学生提高创业竞争力。大学生创业是一种以在校大学生和毕业大学生的特殊群体为创业主体的创业过程。随着时代的发展，创业逐渐成为在校大学生和毕业大学生的一种职业选择方式，突出表现为大学生创业比例不断上升，创业观念不断迭代，创业空间不断拓展。

【推荐网站或资料】

1. 沃尔特·艾萨克森. 史蒂夫·乔布斯传［M］. 北京：中信出版社，2011.
2. 阿什利·万斯. 硅谷钢铁侠［M］. 北京：中信出版社，2016.
3. 李善友. 第二曲线创新［M］. 北京：人民邮电出版社，2019.
4. 创新驱动发展战略：https：//baike. baidu. com/item/

【思考题】

1. 试举例身边的 5 个创新、创造、创业活动。
2. 大学生在创新、创造、创业方面有哪些优势？
3. 简述你对创新创业教育的理解。

案例分析

一个被总理接见的 90 后：王锐旭"兼职猫"创业历程

2015 年，国务院总理李克强在中南海主持召开科教文卫人士和基层群众代表的座谈会。与会代表除了复旦大学校长、作家王蒙、篮球明星姚明及演员陈道明这些意料之中的"大咖"外，还有一个略显清瘦、皮肤黝黑的青年，他是广州中医药大学王锐旭，广州汕头人，90 后，是一家估值过亿的科技公司 CEO。

王锐旭在大三时创立了广州九尾信息科技有限公司，刚毕业半年，他的公司已经拿下第二轮天使投资和千万级的 A 轮融资，公司估值过亿元。

1990 年，王锐旭出生在汕头市区东部的一个小镇，潮汕人骨子里重商、崇商的基因同样也根植于王锐旭和他父亲身上。20 世纪 90 年代，在推行外贸承包经营责任制的热潮中，当地大量的家庭小作坊顺势而兴。王锐旭的家里经营羊毛生意，即从内地批发羊毛半成品、成品，再出口到海外。彼时羊毛厂的生意让父母忙得不可开交，7 岁的王锐旭便已担当起自家"账房先生"的重任，给 100 多个工人发工资。

可惜，上初中后，王锐旭成了网吧的常客，几乎每天都要待上几个小时，"有一次为了网游通关，五一假期 7 天和弟弟泡在网吧里，每人轮流打游戏 12 小时，甚至饭都顾不上吃。"王锐旭回忆，不久之后，自己成了不折不扣的问题少年，网游、吸烟、喝酒、逃课样样均沾。

祸不单行，中考前，家中工厂突遇危机，欠下巨额债务，家里破产。初三毕业，王锐旭拿着 280 分的中考成绩单走到母亲面前时，母亲打了他一记响亮的耳光。"妈妈哭了，可以想象她有多伤心和无助"。王锐旭被拉回残酷的现实，他开始意识到要挑起家里的重担。于是他提出要接手父亲的工厂，不料遭到父亲的强烈反对，"他自己没有文化，所以不想我们走他的老路。"王锐旭说。

一连串的打击让王锐旭清醒，他决心复读。在父母的监督和自己的努力下，他考入了汕头华侨中学。高中时更是跻身前 100 名，理科成绩尤其突出。2010 年，虽然英语成绩一直不理想，但他还是冲过一本线，补录到了广州中医药大学"中药资源与开发专业"。

原本生活就将在平淡中前行，而一个不经意的小事就成为命运的转折。2011年的"五四"青年节，广州中医药大学召开十大风云人物颁奖，来自不同专业的优秀学长、学姐给学弟学妹们传授成功经验。自从那晚听了一个优秀师兄的经历后，王锐旭恍然大悟，大学不一定是死读书，还可以有其他的出路。于是，他开始参加各种社团，锻炼自己。大二时担任一个社团的外联部部长，一年就为社团拉了近4万的赞助费。

此后，王锐旭越来越有自信。开始考虑"经商"，他身体里潮汕重商的基因开始被激发出来。

在创业之前，王锐旭为了赚钱做过很多兼职：做保安、摆地摊，甚至做模特经纪人。在找兼职的过程中，经历了数次被骗，如"交培训费""交兼职服装费""交钱办打工卡"等等，这些惨痛的经历让王锐旭看到了大学生兼职的商机。再加上社团经历让王锐旭意识到校园外的大企业都迫切地想打开高校市场却找不到有效渠道。瞅准商机，他开始筹建他的校园推广团队，并慢慢催生了做"兼职猫"的念头。

2012年4月，一次与中移动经理的面谈是王锐旭创业的另一个转折。当时中移动要求团队工作人员超过50人，但他的团队才6人。不过，王锐旭拍着胸脯说人数绝对够。

王锐旭开始疯狂地"招兵买马"，到当年9月，团队已经发展到80多人，人员几乎覆盖了大学城十所高校。如今回想，王锐旭也忍不住感叹"那时是冒了很大风险，一旦考察不通过或者活动失败很可能面临违约"。最终他和团队一共营收10多万元，这也是王锐旭创业第一桶金，也赢得了人气和信誉。

如今，"兼职猫"已经覆盖全国40多个城市，拥有100多万学生用户和3万多企业用户。更在2020年疫情期间，为缓解企业用工难题，分享一站式灵活用工服务方案，"兼职猫"赢得了行业内外广泛赞誉。

王锐旭也成为90后大学生创业的成功案例。

（案例来源：根据相关资料整理）

请结合本案例，分析以下问题。

1. 王锐旭"兼职猫"的创业历程，体现出创业者哪些企业家精神？
2. 王锐旭创业可以说与其所学的专业关联度不大，为什么能获得成功？
3. 王锐旭的创业历程对其人生发展有何意义？

【实践练习】

访谈——寻找身边的创业英雄

目标：选择你身边的创业典范或榜样，可以是参加创业比赛成功的师兄师姐，也可以是企业家。

方式：以小组为单位撰写专题访谈报告。

内容：访谈时间、地点，被访问者姓名、年龄、性别、创业的动机经历，如何发现商机成功的关键因素，创业中遇到的困难及解决问题特有的品质。重点是创业者的经验或者教训。

成果：小组成员录制采访视频，并把采访中最深切感受与心得制成PPT在课堂上与大家分享。

第二章

创新思维

---

1. 掌握创新思维的方法和应用。
2. 熟悉创新思维的概念和分类。
3. 了解如何培养医学生创新思维。

案例导引

胶囊内窥镜发明的趣闻

2010 年，在上海世博会上，每个展区都是琳琅满目，精彩纷呈，让人流连忘返。其中，以色列展出了一个明星产品，一粒药物胶囊丸子大小的胶囊内窥镜十分引人注目。别小看这个小产品，它可是一项大发明，而且就是这个"糖豆大小的小小药丸子"，被业界称为微创乃至无创技术的巅峰之作。

仔细观察，这枚胶囊内窥镜与普通药物胶囊丸子区别不大，长不过 26mm，直径约 11mm，重也只有 4g 左右。但是只要见过它的人，无不被它神奇的功能所震撼。"这是一台迷你照相机，当它每次闪光，都会在人体胃肠道内拍摄数张照片。它又是一间微型电影工作室，可实时把拍摄画面传输到数据接收器，随后在电脑上播放"。面对大家的好奇，以色列基文影像公司首席运营官凯文·鲁比如是说。

胶囊内窥镜又称为"摄像胶囊"，这台微型摄像机，用于窥探人体肠胃和食道腔内的健康情况。当患者吞服后，胶囊随胃肠自身蠕动沿消化道方向运行，拍摄人体内从口腔到肠道的每一个细微之处，再把图像传至穿在身上的数据接收器。几个小时后，医生把胶囊拍摄的图像下载到电脑上，而且胶囊既不会被肠胃吸收消化，也不会对人体产生丝毫伤害。它的神奇在于完成使命后，自动通过人体消化道的排泄系统安全排出体外。

在胶囊内镜问世之前，医生为检查患者的胃肠，需把长一米多的内窥镜从口腔或肛门插入患者体内，而口服胶囊内镜，患者可保持正常活动和生活。医生只是通过分析胶囊拍摄到的信息，据此诊断出 42 种消化道疾病。鲁比一手举着传统的内窥镜，一手捏着小胶囊丸子说："人们愿意把蛇一样的东西插入体内呢，还是愿意吞服一粒小胶囊丸子？"不言而喻，当然人们愿意选择后者。

人们不禁要问，如此神奇的产品究竟是如何发明的呢？那是 1981 年，以色列导弹科学家葛瑞尔·爱登（Gavriel Iddan）在美国疗养期间，结识了以色列胃肠病学家、消化内镜学家爱坦·斯葛柏（Eitan Scapa）。后来，他在亲身体验了结肠镜检查后，对介入内镜学产生了兴趣，这次医缘让他联想到自己熟悉的领域——智能导弹上的遥控摄像装置，由此产生了研制无线内窥镜的最初设想。

1992 年，葛瑞尔·爱登利用发散思维构建微型化照相系统，设想制造一种可吞咽的微型"导弹"，吞入类似药丸子大小的照相仪，在通过全胃肠道时，传出图像信号，通过体外接收信息进行诊断分析。经过一系列的动物体内研究试验，终于在 1994 年获得大批原创性专利。

与此同时，另外一位英国的消化病学家保罗·斯望（Paul Swain）在 1994 年 9 月洛杉矶世界胃肠病学大会上也论述了消化道"腔内机器人"的可行性，与上述两位科学家想法类似。1996 年，保罗·斯望在猪胃上进行了微波传输获得成功。1996 年葛瑞尔·爱登在保罗·斯望的启发下终于开发出了无线内镜（wireless endoscope）的原型，也在猪胃上得到实时的图像。但在当时这些仪器离人体应用尚有很大距离，最主要的问题是无法解决成像系统和供能电池的体积过于庞大。

1997 年，互补金属氧化物硅片（complementary metal oxide silicon，CMOS）的诞生为无线内镜的研制带来了福音。CMOS 使成像系统仅用单芯片即可完成，这使得仪器体积减小，能源消耗降低成为可能。1998 年，以色列网罗了葛瑞尔·爱登、保罗·斯望、爱坦·斯葛柏等电子、医疗各方面的专家，成立了 GIVEN（gastro intestinal video endoscopy imaging Ltd）基文影像公司，专门从事无线内镜的研制开发工作。1999 年 1 月，第一台实用型无线内镜（第一个可吞咽胶囊内镜 capsule endoscopy，又称无线内镜 wireless endoscopy）诞生。

1999 年 8 月，英国皇家医院伦理委员会批准了消化内镜学家保罗·斯望在自己体内进行首次胶囊内镜人体试验的请求。英国皇家医院伦理委员会专家们觉得新奇而有趣，对于批准这样一个以自身作为志愿者的试验计划，难以预计结局是好是坏。出于安全考虑，1999 年 10 月，保罗·斯望为自己联系了一位外科医生，以便万一胶囊卡在他体内时能手术取出。在一个能看到地中海景色的旅馆房间里，保罗·斯望吞下了世界上第 1 个胶囊内镜，次日吞下了第 2 个，进行了世界上首例人活体试用。保罗·斯望亲自感受比较了这种完全无痛的吞咽胶囊内镜与传统胃镜之间的区别。

2000 年，这一研究在圣迭哥的消化疾病周和《自然》杂志进行了公开报道，《自然》杂志还为保罗·斯望的胶囊内镜文章加了一个名为"内镜检查的不适感可能不久之后成为历史"的标题。一时间洛阳纸贵，媒体争相报道。在圣迭哥会议上的演示也被在场的内镜学家们欣然接受。2001 年，美国食品和药品管理局 FDA（food and drug administration，FDA）批准临床应用，并正式命名为胶囊内镜。一个无线胶囊内镜时代终于来临了。

（案例来源：于美军，康静. 医学生创新创业教程. 北京：人民卫生出版社，2018.）

第一节　创新思维概述

创新思维是一个民族的灵魂，是一个国家兴旺发达的动力，更是一个人想要取得成功所不可缺少的能力。爱迪生说过：天才是 1% 的灵感加上 99% 的汗水，但是没有那 1% 的灵感，许多汗水都是徒劳无功的。灵感即是创新思维，正是 1% 的创新才会让行动有了方向，才能使汗水浇灌出硕果。

一、创新思维的概念

创新思维是指以新颖独创的方法解决问题的思维过程，通过这种思维能突破常规思维的界限，以超常规甚至反常规的方法、视角去思考问题，提出与众不同的解决方案，从而产生新颖的、独到的、有社会意义的思维成果。

创新思维有广义和狭义之分。狭义的创新思维是指人类认识史上首次产生的、前所未有的、具有较大社会意义的高级思维活动。当然，这种创新思维只能为少数人所有。从广义上讲，针对某一具体的思维主体而言，具有新颖独特意义的任何思维都可以被视为创新思维。它既可表现在科学史上重大发明中，也可存在于处理日常具体问题的思维活动中。因此，每一位正常人都具有创新思维能力。本章阐述的是广义创新思维。

二、创新思维的特征

创新思维的基本特征，归纳起来，主要包括积极的求异性、系统的整体性和动态的灵活性三个方面。

（一）积极的求异性

创新思维实质上是一种求异性思维。它体现出与其他常规思维活动形式所不同的独到的创新过程。也就是说，它所表现出的无论是思考问题的方式、方法，还是思维活动的结果等都与传统思维活动存在着不同的新颖之处。这个特征贯穿于创新思维活动的始终，为多数创新行为的"灵魂指引"。

（二）系统的整体性

系统的整体性具体表现在创新思维结构的层次性。任何事物的结构都具有层次性的特征。关于事物结构的认识，从内容上看就是对事物构成层次上的把握。创新思维作为一种极其复杂的思维结构，其层次也是复杂的。从宏观整体上看，创新思维活动一般具有以下五个基本层次。

1. 创新思维的脑生理结构　这是创新思维赖以发生的物质基础。众所周知，如果没有正常健全的人脑生理结构，是不可能形成人的思维活动的，更不用说创新思维活动了。

2. 创新思维的心理结构　这同样是创新思维赖以发生的前提和基础。创新思维需要最大程度地发挥人的主观能动性，这并不是一种简单的、片面的、孤立的思维活动形式，而是建立在心理结构运动基础之上，又高于这种心理运动的特殊活动过程。没有人的创新心理活动，也就不可能发生创新思维。

3. 创新思维的构成要素结构　建立在良好的生理和心理活动基础之上的创新思维，绝非一种空洞的、虚幻的运动形式，而是由其自身思维诸要素所构成的、具有创新意义的具体活动。一般说来，它是由问题、观念、知识、语言、成果等基本要素构成。这些思维要素在思维能力的驱动下，以某种特殊的运动方式相互联结、相互作用、协同建构，从而形成创新思维的功能运动。思维要素是创新思维结构的核心层次，是形成创新思维价值成果的直接生长层或思维"土壤"。

4. 创新思维的能力结构　思维能力是驱动、调控或驾驭思维诸要素活动，形成某种特定的思维活动形式和自身运动趋向的思维力量。它是创新思维研究的重要范畴，反映了创新思维的内在动力。思维能力作为运动范畴，它只能在思维运动的实际状态中存在和体现。换句话说，思维能力是形成思维活动形式的内在动力，思维活动形式则是思维能力的运动体现。

5. 创新思维的形式结构　这是创新思维活动结构的直观表层。它反映的是创新思维诸要素在其内在思维能力的支配下而形成的外部表现状态。根据这些外部状态的特征，人们基本上可以对创新思维的类型进行形式上的划分。

创新思维并不是脱离任何社会环境的孤立的个体封闭系统，而是在社会实践基础上，在各种社会关系的交往状态中进行的。思维社会学原理告诉我们，创新思维不能摆脱社会关系的制约，个体创新思维活动总是以这样或那样的方式与社会活动环境发生关系。总之，创新思维结构具有多层次性，而每一层次又包含着更为丰富具体的结构。这是我们不能忽略的。

（三）动态的灵活性

创新思维作为一种能动活动，不是静止的，也不是僵化封闭的。创新思维自身处在不断的运动变化状态中，并相应地发生结构性的变化。也就是说，创新思维的结构在运动中会灵活地发生自变。这主要体现在以下 3 个方面。

1. 能及时变换思维的角度和方法，举一反三，触类旁通，从一个思路或方向变通到另一个思路或方向，从而形成多视角、多方位的思维活动态势。

2. 能及时抛弃一些旧的思维观念和方式，转向新的思维方式和观念层面，调整思维活动趋向。

3. 能主动抛弃一些无效的思维方式和材料，而采纳新的思维方式和材料。正是这种自身充满无限活力的运动状态，才得以形成动态性的、富有创新意义的灵活结构。

三、创新思维的障碍

在创新的思维道路上，肯定有诸多障碍。这与我们的生活方式、习惯性的思维方式、原生家庭成员思维方式和受教育方式等都息息相关。创新思维障碍主要体现在以下 4 个方面。

（一）思维定势

思维定势又称"习惯性思维定势"，是指人们按习惯的、比较固定的思路去分析问题和解决问题，表现为在具体行为过程中做自己倾向性的加工准备。它阻碍了思维的开放性和灵活性，造成思维的僵化和呆板。这使得人们不能灵活运用知识，创造性思维的发展受到阻碍。

李长潇从事生物工程开发研究工作多年，长期以"试管内植物细胞快速繁殖"为范本，不敢越这个 40 年前由外国专家"敷设"的"雷池"。实践中，随着生产规模的扩大，几千只代用试管的洗刷、消毒及繁杂的工序跟不上发展需要，李长潇开始思考：为什么不能搞试管外繁殖呢？这个念头，事实上是突破几十年形成并巩固了的思维定势的开端，于是李长潇成了试管外植物微型组织快繁技术的创始人。李长潇这样一个寻求突破的过程，也可以说是寻觅思维定势"定"在哪里的过程。如果李长潇将视点投向消毒与不消毒、工序的减少与否、试管放大的可能性及操作的高科技化，无疑也有可能取得某些成就，但却不是解决繁琐、慢速和不易推广等问题的根本办法。关键之处在哪里？李长潇站在他的几十个木架上摆放着的几千只"试管"面前沉思时，猛然冒出一个念头：能不能不要它们？于是李长潇开始了他的探索，并且取得了辉煌的成就。这个思维定势，事实上是"定"在非试管不能谈植物微型组织快繁之上，让快繁技术走出试管便是突破。

（二）权威思维定势

有人群的地方总会有权威，权威是任何时代、任何社会都存在的现象，人们对权威普遍怀有尊崇之情，甚至有的人对权威有盲从的心态。一般来说，权威有利于指导人们向着正确的方向去努力，带领人们披荆斩棘向着未来前进。但一旦权威存在误差甚至错误，哪怕只是权威的某个方面或细节发生失误，都可能导致无条件服从权威的人误入歧途，发生错误甚至失败。

罗伯特·科赫（Robert Koch，1843—1910）是德国的一位医生，同时也是一名细菌学家，是世界病原细菌学的奠基人和开拓者。1880 年，罗伯特·科赫利用显微照相技术和微生物分离技术开始对肺结核病进行研究。1881 年 8 月，科赫得出结论，肺结核病是由于结核杆菌侵染了肺部组织导致的，并且患者的痰中也含有这种致病菌，因此肺结核病是互相传染的。1882 年，科赫发表了他的研究成果，并引起巨大反响。科赫没有就此止步，决定找到可以预防结核病的疫苗。科赫采用了巴斯德发明的制备疫苗的方法，通过培养结核杆菌，他得到了结核菌素，并认为结核菌素可以作为疫苗抑制结核杆菌。遗憾的是，他的"结核病疫苗"在实际应用中完全没有效果，许多医生用结核菌素治疗结核病，反倒延误了患者的治疗，一时间，反对意见骤起。后来，细菌学家卡尔梅特（A Calmette，1863—1933）和他的搭档利用牛胆汁培养出了毒性减弱了的牛结核杆菌，把这种杆菌注射给新生儿则有效地预防了结核病的发生，这就是卡介苗。卡介苗的发明极大地降低了结核病的发病率。"结核事件"给科赫的声誉带来了很大的负面影响。尽管如此，科赫还是因为发现了结核病菌而于 1905 年获得了诺贝尔生理学或医学奖。科赫从发现结核病菌到获奖等了 23 年。

我们可以看到，罗伯特·科赫无疑是一位天才，但是他在肺结核疫苗的制备上还是没有跳出权威思维的禁锢，出现了比较严重的失误。如果科赫在当时能够突破权威的束缚，或许就能够避免"结核事件"的发生，其获诺贝尔奖的时间也许会大大提前。在这里，我们只是吸取科赫经历的一些教训，但科赫对人类健康的贡献是毋庸置疑的。

（三）从众思维定势

人类本以群居，且在长期的生存竞争中产生了很强烈的社会认同感。久而久之，人们形成了对多数人的意见选择服从的习惯，会自觉或不自觉地认为多数人认同的事情就是正确的事情，这就是从众思维定势。从众思维定势固然对我们的日常生活具有一定的保护作用，但在创新活动中我们要有意识地避免从众思维对我们的制约，甚至我们应该对人们日常的思考方式和结论进行批判性的分析，使自己始终保持独立的见解和清醒的头脑。

人们从小就知道乌鸦喝水的故事，讲的是乌鸦为了喝到瓶子里的水，用嘴衔小石子放到瓶子里，使没装满水的瓶子里的水位得到提升，喝到了水。大家都夸乌鸦聪明。几年后，老乌鸦的后代 3 只小乌鸦之间进行了一场新的乌鸦喝水竞赛。第一只小乌鸦得到了老乌鸦的嫡传，采用被大家公认为好的办法，到处去找小石子，用数量多的小石子来提升水位，水是喝到了，就是有点费时费力。在场的观众都叫好。第二只小乌鸦善于观察，看了看瓶子放的倾斜角度，在倾斜的基底处用嘴凿了凿，然后把瓶子推了推，产生一个倾斜角，水就流出来了一些，它也喝到了水，且要比第一只快一些。这时，台下的观众开始七嘴八舌地议论起来了，说这是什么办法呀，不算数。就在大家议论的时候，第三只小乌鸦心想我得动点脑筋，要是仿照前两只小乌鸦的做法最多和它们打个平手，灵感一闪，它衔了个麦秆，直接放到瓶子里，吸着喝，结果最快。此时，台下观众像捅了马蜂窝一样，大多数人都说这是违规，应该判第一只小乌鸦赢。但也有的说比赛就是看谁最先喝到水，谁就赢。最后，老乌鸦颇为感慨，真是长江后浪推前浪，一代更比一代强，想当初自己不也是打破常规才被大家表扬的吗，遂判第三只小乌鸦赢。其实，并不是大家都说好的办法才是最佳的办法。后两只小乌鸦打破从众思维定势和老乌鸦敢于承认的勇气都值得人们反思。

（四）经验思维定势

有一个笑话大家可能都非常熟悉：小李要出国旅游，请邻居帮忙看家，照顾自己养的藏獒和鹦鹉。临行前，小李特意叮嘱邻居："藏獒能逗，但鹦鹉不能逗。"小李走后，邻居想起小李的叮嘱，便只去逗逗藏獒。时间长了，他觉得："藏獒我都敢逗，一只小小的鹦鹉怕什么？"于是，他去逗鹦鹉。结果，鹦鹉只说了一句话："咬死他！"于是，藏獒扑向了小李的邻居。

此虽为一个笑话，但也不免说明一个道理：有些事情根据自己的以往经验去判断，结果不一定正确。正如小李的邻居，经验告诉他：鹦鹉很小，无法伤害他。于是，不顾小李的警告最终自食苦果。

经验是通过长期实践摸索而积累下来的，具有一定的借鉴和参考价值。但是我们不能迷信经验，更不能唯经验论。正所谓时移世易，在科技飞速发展的时代，原来可能正确的经验，现在可能变成错误的；原来无法想象的事情，现在可能已经变成现实。

相对于知识来说，经验只是人们在实践过程中取得的感性认识的初步概括和总结，比较粗糙、朴素和表面化，没有深刻反映出事物内在的、本质的特点和规律。创新活动要求我们从以往积累的经验中摆脱出来，看清以往经验适用的时空环境，找到面对对象与以往的不同之处，客观地看待和研究，从而得到新的结论，掌握新的方法，提出新的理论，创造新的产品。

综上所述，在创新的道路上，习惯性思维定势、权威思维定势、从众思维定势和经验思维定势都有可能在自觉或不自觉中发挥作用，成为我们寻找新思路、新方法的"绊脚石"。学习这一章节后，同学们应该在日常的思维活动中有意识地进行自我反思，随时提醒自己不要被哪块"绊脚石"绊倒了。

第二节 创新思维的类型

医学是一门严谨的学科，创新思维能激励医学生在严谨与创新中找寻突破。在日常学习中通过掌握这些思维方法，并且有意识地加以训练，以达到活跃思维、拓展思路的目的。

一、发散思维

（一）发散思维的概念

发散思维亦称"求异思维""分散思维""辐射思维"，指人根据问题所提供的信息，沿着各种不同方向和途径去思考，获得多种新答案的思维形式。心理学家吉尔福特把发散思维定义为"从所给定的信息中产生信息，从同一来源中产生各式各样的为数众多的输出"。它以所思考问题的需要为基点，把所有与之相关的事物作为方向，作为思考的指针，也就是向着多个方向做辐射状的发散思考。我们都有这样的经历，老师上课时常常就一道题目给出多种解答方法，而且也充分鼓励学生这样做。这就是在训练学生进行发散思维（图 2-1）。

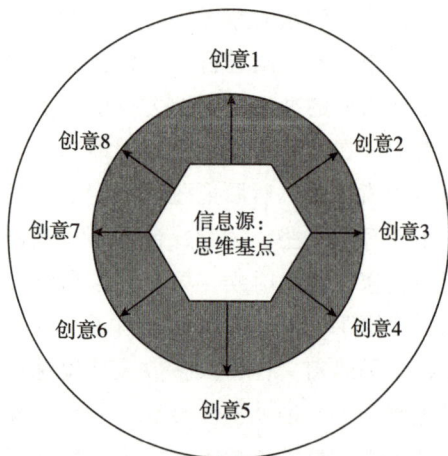

图 2-1 发散思维示意图

对症下药是常识，然而在我们的历史上却留下许多"不药而愈"的佳话。例如，以画治悲。南北朝时，鄱阳王被人杀害后，其王妃悲痛欲绝，茶饭不思，神情恍惚，访遍名医，百般调治，终不见效。眼看卧床不起，奄奄一息，她的哥哥邀请名画家殷蒨做了一幅画，却使患者起死回生。原来画中描绘的是鄱阳王生前和一位宠姬在镜前调笑的丑态，形象逼真，虚实难辨。结果王妃一见，怒发冲冠，指着画中的鄱阳王大骂，结果忧愁哀思一扫而空，从此断绝了思夫之苦，病也渐渐痊愈。

这个例子说明，医疗的过程绝不仅仅是开个药方那么简单，医疗是一个大的概念，要从多个方面、多个角度来考察患者的具体情况，把握其真正的病因，然后根据病证采取恰当的治疗方案，而药物只是其中的一个方面，而非全部。作为患者，也要有一定的心理准备，那就是药不能医治百病，而病也不必都需药来医，只要对症，就可以有很多恰当甚至是有趣的治疗方案。这就是发散思维的体现。

（二）发散思维训练

发散思维包括平面思维、逆向思维、立体思维、侧向思维、横向思维、多路思维、组合思维等等，训练方法可以参考以下两种。

1. 假设推测法 假设的问题不论是任意选取的还是有所限定的，所涉及的都应当是与事实相反的情况，是暂时不可能的或是现实不存在的事物对象和状态。由假设推测法得出的观念可能大多是不切实际的、荒谬的、不可行的，但这并不重要，重要的是有些观念在经过转换后，可以成为合理的有用的思想。

2. 集体发散思维 发散思维不仅需要用上我们自己的全部大脑，有时候还需要用上我们身边的无限资源，集思广益。集体发散思维就是这样的一种思维方法，比如我们常常戏称的"诸葛亮会"。在设计方面，通常采用"头脑风暴法"，让团队成员在没有拘束的规则下能够更自由地思考，进入思想的新区域，从而产生很多的新观点和问题解决方法。

二、联想思维

（一）联想思维的概念

联想思维简称联想，是人们经常用到的思维方法，是一种由一事物的表象、语词、动作或特征联想到他事物的表象、语词、动作或特征的思维活动。通俗地讲，联想一般是由于某人或者某事而引起的相关思考，人们常说的"由此及彼""由表及里""举一反三"等就是联想思维的体现。人们有意识地运用联想的手段，把已有的事物或现象进行相互串联或者给"甲"事物赋予原本自身不具备而"乙"事物具备的特征，从而创造出新事物，这也是创新的手段之一。这种思维模式就是联想思维。

伊拉·梅契尼柯夫（Elie Metchnikoff, 1845—1916），海洋生物学家，诺贝尔奖获得者。他观察透明的海星幼虫消化食物的方式，发现海星的幼虫体内含有一种类似于变形虫的细胞，这种细胞能够自由地游向食物，然后自我变形并把食物包裹起来吞下去。同样透明的水蚤体内也能观察到游走细胞，实验证明它们可吞噬消化酵母菌芽孢。由此，他联想到，其他生物的细胞，比如人的细胞是否可以吞噬细菌呢？于是他开始了进一步的探索，他试着把小木刺刺入海星体内。第二天他发现，木刺的周围充满了游走细胞。1883 年，在维也纳动物学教授克劳斯的建议下，梅契尼柯夫在论文中用"巨噬细胞"来描述具有吞噬细菌功能的细胞，并阐述了其活动方式。梅契尼柯夫的观点后来发展成为细胞免疫学说，与体液免疫学说共同构成了免疫学理论。梅契尼柯夫观察到了海星幼虫的吞噬行为，他如果单纯就此现象发表论文也是一种发现，但是梅契尼柯夫并没有就此止步，而是联想到了其他细胞是否具有这种功能，联想到其他生物体内是否也存在着这种能够吞噬细菌的细胞。这样，他一步一步地找到了细胞免疫的规律，这就是联想思维带来的创新成果。

(二) 联想思维训练

联想思维的运用往往来自灵光一现，可是我们总不能依赖无法掌控而不知何时会来的灵机一动吧？所以我们需要适当的训练。

1. 查阅产品样本法 把两个以上、一般看来彼此无关的产品或设想强制联系起来，用以产生独特设想的方法就是查阅产品样本法。随意拿出两个词语、句子、产品、项目、题目等等，然后任意组合，看看结合的结果会有什么新的事物产生。平时，我们容易被习惯性或经验性的思维所束缚，把彼此毫不相关的东西放在一起，就迫使我们找到这两者之间是否存在着我们日常不曾注意或未曾深入研究的联系。或者，尽管两者仍然没有联系，但是两者结合起来会有意想不到的效果。这实际上是一个克服个人经验的束缚并启发人的灵感的训练方法。

2. 二元坐标联想法 这种方法也叫矩阵联想法。接受过初等数学训练的读者一定知道直角坐标系，也就是由横竖两根相互垂直的直线组成的一个平面度量系统，横向的直线称之为横轴，通常计为 x 轴，垂直的直线称之为纵轴，通常计为 y 轴。在这里不需要像数学那样复杂，我们只需要第一象限，也就是右上角的位置。我们可以把很多不同的词语、句子、产品、项目、题目等东西分别代替数轴上的数字摆在横轴和纵轴上。然后，把这些东西两两组合，看看组合出来的是什么。剔除掉实在没有意义的新组合，把有潜质的新组合留下来，进行进一步的研究。在生活中，我们可以把联想作为一个游戏，经常想一想、试一试，让联想成为一种习惯，一种培养自己摆脱束缚的习惯。

三、想象思维

(一) 想象思维的概念

想象思维是人体大脑通过形象化的概括作用，对脑内已有的记忆表象进行加工、改造或重组的思维活动。想象思维可以说是形象思维的具体化，是人脑借助表象进行加工操作的最主要形式，是人类进行创新及其活动的重要的思维形式。想象力是人类特有的一种心理活动能力，可以称之为创造力的"翅膀"。其实每个人的内心都有创新思维的火花，关键是要开启具有创新意识的想象思维。

想象力是人类特有的能力。从古至今，人类从不缺少想象力，这尤其体现在文学作品中。说到这儿，我们不禁想到一个以想象而闻名世界的人物，他就是儒勒·凡尔纳（Jules Verne，1828—1905）。凡尔纳是一位文学家，被誉为"科幻小说之父"。在文学作品中，他的想象力任由驰骋，从广袤的大陆到浩瀚的海洋，从辽远的太空到深邃的地心。

凡尔纳的主要作品出版于 19 世纪末，其科幻小说中的许多设想和描述在 20 世纪成为现实，所以他的一些作品现在读起来感觉并不"天马行空"，然而在当时却是异想天开，引人遐思。其中最著名的当属在《海底两万里》中尼莫船长驾驶的具有超常续航能力的巨型潜水艇"鹦鹉螺号"。美国建造的世界第一艘核动力潜艇"鹦鹉螺号"（USS Nautilus SSN – 571，1954 年下水）虽然名字来源于一艘 1803 年时的美国海军多桅纵帆船（schooner）及之后袭名的两艘传统动力潜艇，但由于核动力潜艇拥有如小说中虚构的鹦鹉螺号般超长的续航力，使用此命名多少带有影射小说中之鹦鹉螺号的双关意味。另外，法国的无人驾驶机器人潜水艇也以此命名，用以纪念他们的大师。

（二）想象思维训练

1. 原型启发，取类比象　世界上的万事万物无不包含着一定的规律，我们要认真观察生活，从日常生活中的事物引发创造想象；也可以根据两个或两类之间某些方面的相同或相似之处而推出它们在其他方面也可能相同或相似的地方。著名发明家瓦特看到水壶中水沸腾后，蒸汽顶翻了壶盖，由此受到启发，想象将水壶扩而大之，那蒸汽的力量该有多大啊！由此发明了他蒸汽机。古代鲁班从带齿的草叶能划破皮肉开始想象，进而发明了锯。

2. 由果溯因，环环相扣　对任何事物的好奇，善于由这一事物联想到另一事物，一环紧扣一环，穷追不舍，是创新想象的另一重要方法。阿基米德在洗澡时发现，走进装满水的浴盆后，身体会上浮并有水溢出，于是他开始思考"为什么我会上浮""为什么浴缸里的水会溢出""上浮与溢水有什么联系"等一系列问题。一连串的求因联想，使他终于想出了浮力与溢水的关系，得出浮力定律。

贝尔在发明电话的过程中发现，把音叉的一端放在带铁芯的线圈前，让音叉振动，这时线圈中会产生感应电流。用电线把电流送到另一个同样的线圈，结果放在另一线圈前的音叉也会振动，并且发出与前一音叉一样的声音，由此他就想，能否用金属弹簧片代替音叉？进一步他又联想能否用薄铁片代替金属弹簧片？联想的最终结果使他获得了成功。我们做化学试验时就可出色地运用水因法，如钠放入水中会有气体冒出，这是为什么？放出的气体是什么？钠块为何消失了？最后你将消失的钠与放出的气体联系起来，就会得出钠的置换反应。以后进行类似的试验，如钾、钙等，你便可联想出试验的情景。

3. 去伪存真，探微知著　抽取一般事物所具有的共性，然后进行概括，形成一个新的形象。文艺创作就是在头脑中塑造形象，这就是想象的过程。鲁迅先生是这样做的：从许许多多的不同人物、不同的嘴、不同的鼻子、不同的眼睛……抽象出具有典型代表意义的成分，重新组合，概括出一个新的形象。特别是个性的塑造更是如此。比如你要写关于人的说明文，就要先对周围所熟悉的人，包括你的父母、兄弟姐妹、亲戚邻居、老师和同学等进行观察，得出共性的东西，即头、四肢、躯干、五官等。然后再找出不同之处，即每个人都有自己的思想、个性，经过一系列的抽象，然后做出概括，人的形象就在脑海中和笔端下创造出来了。

四、逆向思维

（一）逆向思维的概念

逆向思维也称求异思维，是对司空见惯的似乎已成定论的事物或观点反过来思考的一种思维方式，数学上常指从结论往回推，倒过来的思考。当一个人的思维向一个方向进行，或者形成一个固定的顺向模式时，要转变思维的方向就需要通过相应的学习活动来实现。如果多数人考虑问题是以自我为出发点，那么以他人为出发点考虑问题就是逆向思维；如果多数人考虑问题以现在为出发点，那么以未来为出发点考虑问题就是逆向思维；如果多数人对某一问题持肯定意见，那么持否定意见的就是逆向思维，反之亦然。

（二）逆向思维训练

1. 反转型逆向思维法　这种方法是指从已知事物的相反方向进行思考，产生发明构思的途径。"事物的相反方向"常常从事物的功能、结构、因果关系等三个方面做反向思维。比如，市场上出售的无烟煎鱼锅就是把原有煎鱼锅的热源由锅的下面安装到锅的上面。这是利用逆向思维，对结构进行反转型思考的产物。

2. 转换型逆向思维法 这是指在研究某一问题时，由于解决该问题的手段受阻，而转换成另一种手段，或转换思考角度去思考，以使问题顺利解决的思维方法。如历史上被传为佳话的司马光砸缸的故事，实质上就是一个用转换型逆向思维法的例子。由于司马光不能通过爬进缸中救人的手段解决问题，因而他就转换为另一种手段，砸缸救人，进而顺利地解决了问题。

3. 缺点逆向思维法 这是一种利用事物的缺点，将缺点变为可利用的东西，化被动为主动，化不利为有利的思维方法。这种方法并不以克服事物的缺点为目的，相反，它是将缺点化弊为利找到解决方法。例如，金属腐蚀是一种坏事，但人们利用金属腐蚀原理进行金属粉末的生产，或进行电镀等其他用途，无疑是缺点逆向思维法的一种应用。

五、直觉思维

（一）直觉思维的概念

直觉思维是在早已获得的经验知识的基础上，对事物发展变化没有经过精细地、有条不紊地逻辑推理就直观地做出推断的心理过程。根据直觉依赖基础的不同，可以将直觉思维分为本能直觉、感性直觉和理性直觉3种。

鸡内金俗称"鸡嗉子"，是一味常用中药，因具有消食功效，故通常用来治疗食积。民国时期的名医张锡纯，除了按照传统方法使用鸡内金外，还按照中医的思维方法对鸡内金的功效进行了仔细地研究。他说："鸡内金，鸡之脾胃也，中有瓷、石、铜、铁皆能消化，其善化淤积可知。"也就是说，张锡纯认为，既然鸡内金作为鸡的消化器官，除了可以消化食物以外，还可以把瓷、石、铜、铁的碎片都消化掉，所以鸡内金不仅仅能够消化食积，人体的其他瘀积也能够被其消化。于是张锡纯开始将鸡内金用于治疗血瘀癥瘕。他说："是以男子疵癖、女子癥瘕，久久服之皆能治愈。"他还说："女子干血劳之证，最为难治之证也，是以愈者恒少。惟善用鸡内金者，则治之多能奏效。"一次，张锡纯接待了一位姓韩的妇人，她患有产后癥瘕，多方求医未果。张锡纯按照自己的观点，除三棱、莪术、水蛭外，还用鸡内金消癥，开了处方，结果服用十五六剂后，"下紫黑血块若干，病遂痊愈"。应该说，张锡纯对鸡内金的创新使用是直觉思维的结果。但我们不能否认，其中包含着他对中医理论的深入了解和领会。

（二）直觉思维训练

直觉是不可言传的预感，有人称之为"第六感"，它像人的肌肉一样，可以因锻炼而发达。直觉思维能力的强化可从以下三点入手。

1. 获取广博的知识和丰富的生活经验 直觉的产生不是无缘无故、毫无根基的，它是凭借人们已有的知识和经验才得以出现的，因此，直觉往往比较偏爱知识渊博、经验丰富的人。从这种意义上说，获取广博的知识和丰富的生活经验是直觉强化的基础。

2. 学会接收直觉的信号 直觉思维凭的是"直接的感觉"，但又不是感性认识。人们平常说的"跟着感觉走"，其中除去表面的成分以外，剩下的就是直觉的因素。直觉需要细心体会和领悟，敏感地接收它发出的转瞬即逝的信号。当直觉出现时，不必迟疑，更不能压抑，要顺其自然，顺水推舟，做出判断、得出结论，最起码，也要立即在手机"备忘录"中记下这宝贵的直觉信号。

3. 要培养敏锐的观察力和洞察力　直觉突出的特点是它本身的洞察力和穿透力。因此，直觉与人们的观察力及视角息息相关。观察力敏锐的人，其直觉出现的概率更高，直抵事物本质的效果更强。因此，要有意识地培养自己的观察力，特别是提高对那些不太明显的软事实，如印象、感觉、趋势、情绪等无形事物的观察力。

4. 真诚、客观地对待直觉　直觉虽然是凭借人们已有的知识及经验，凭"直接的感觉"而产生的，但却常常会受到客观环境的影响及个人情感的干扰。特别是后者，当一个人处在某种情感，例如猜忌、埋怨、愤怒等困扰中时，直觉的判断就有可能失去客观性。因此，我们要真诚地对待直觉，产生直觉的过程要尽量排除各种影响和干扰，出现直觉以后，还要回过头来冷静地分析其客观性。

第三节　创新思维的方法

创新思维方法是应用一种或多种科学思维、科学方法、科学工具实现创新技术，在创造发明、科学研究或创造性解决问题的实践活动中所采用的有效方法和程序的总称，常见的创新思维方法有头脑风暴法、六项思考帽法、TRIZ 理论法、思维导图法、设问法、组合法、列举法、类比法等。本节主要介绍头脑风暴法、六项思考帽法、TRIZ 理论法和思维导图法。

一、头脑风暴法

头脑风暴法由美国 BBDO 广告公司的奥斯本首创，是让与会者敞开思想，使各种设想在相互碰撞中激起脑海的创造性"风暴"。它最早是精神病理学上的用语，是指精神病患者的一种胡思乱想的思维状态，在创造学中她被转化为无限制的自由联想和讨论，目的在于产生新观念或激发创造性设想。

（一）头脑风暴法概述

1. 不做任何有关批评的评价　参加头脑风暴会议的每个人都不得对他人的设想提出批评意见，因为批评对创造性思维无疑会产生抑制作用。同时，发言人的自我批评也在禁止之列，有些人习惯于用一些自谦之词，这些自我批评性质的说法同样会破坏会场气氛，影响自由畅想。

2. 欢迎各种离奇的假想　参加者不受任何条条框框限制，放松思想，让思维自由驰骋。从不同角度、不同层次、不同方位大胆地展开想象，尽可能地标新立异，与众不同，提出独创性的想法。

3. 追求设想的数量　意见越多，产生好意见的可能性越大，这是获得高质量创造性设想的条件。

4. 鼓励巧妙地利用并改善他人的设想　探索取长补短和改进办法。除提出自己的意见外，鼓励参加者对他人已经提出的设想进行补充、改进和综合，强调相互启发、相互补充和相互完善，这是智力激励法能否成功的标准。

（二）头脑风暴法应用

1. 确定议题　会议要明确议题，提前通报给与会人员，让与会者有一定准备。

2. 会前准备　①主持人、参与人和议题任务三落实。②组成头脑风暴法小组，小组成员不一定全是专家。③会议之前通知与会成员，告诉会议目的，以便事前做些准备工作，但要防止造成先入为主的后果。

3. 组织形式 召开小型会议：①人数 6~8 人（课堂教学也可以班为单位），最好由不同专业或不同岗位者组成。②时间半小时到 1 小时。③设主持人 1 名，主持人只主持会议，对设想不做评论。设记录员 1~2 人，要求认真将与会者每一设想，无论好坏都要完整记录。

4. 热身阶段 这个阶段的目的是营造一种自由、宽松、祥和的氛围，使大家得以放松，进入一种无拘无束的状态。主持人宣布开会后，先说明会议规则，然后随便谈点有趣的话题或问题，让大家的思维处于轻松和活跃状态。如果所提问题与会议主题有某种联系，人们便会轻松自如地导入会议议题，效果更好。

5. 明确问题 主持人扼要地介绍有待解决的问题。介绍时须简洁、明确，不可过分周全，否则，过多的信息会限制人的思维，干扰思维创新的想象力。

6. 重新表述问题 经过一段讨论后，大家对问题已经有了较深入的理解。为了使大家对问题的表述有新角度、新思维，主持人或记录员要记录大家的发言，并对发言记录进行整理。通过记录的整理和归纳，找出富有创意的见解，以及有启发性的表述，供下一步畅谈时参考。

7. 畅谈阶段 畅谈是头脑风暴法的创意阶段。为了使大家能够畅所欲言，需要制订一定的规则：①不要私下交谈，以免分散注意力。②不要妨碍他人发言，不去评论他人发言，每个人只谈自己的想法。③发表见解时要简单明了，一次发言只谈一种见解。主持人先向大家宣布规则，随后导引大家自由发言，自由想象，自由发挥，使彼此相互启发，相互补充，真正做到知无不言，言无不尽，畅所欲言。然后整理会议记录。

8. 筛选阶段 会议结束后的两天内，主持人向与会者了解会后的新想法和新思路，以此补充会议记录。然后将大家的想法整理成若干方案，再根据设计的一般标准，诸如可识别性、创新性、可实施性等标准进行筛选。经过多次反复比较和优中择优，最后确定 1~3 个最佳方案。这些最佳方案往往是多种创意的优势组合，是大家集体智慧的结果。

在群体决策中，由于群体成员心理的相互影响，易出现多数人意见或一致意见的从众障碍；专家或领导的权威障碍；随意评判的惯性障碍；部分与会者沉默或不够积极的惰性障碍等，形成所谓的"群体思维"。"群体思维"会削弱群体的批判精神和创造力，损害决策的质量。为了保证群体决策的创造性，提高决策质量，管理上发展了一系列改善群体决策的方法，头脑风暴法是较为典型的一个。

二、六项思考帽法

六项思考帽是英国学者爱德华·德·博诺（Edward de Bono）博士开发的一种思维训练模式，或者说是一个全面思考问题的模型。它提供了"平行思维"的工具，避免将时间浪费在互相争执上。它强调的是"能够成为什么"，而非"本身是什么"，是寻求一条向前发展的路，而不是争论谁对谁错。运用德·博诺的六项思考帽，会使混乱的思考变得清晰，使团体中无意义的争论变成集思广益的创造，使每个人变得富有创造性。

（一）六项帽子概述

1. 白色思考帽 白色代表"中立而客观"。戴上白色思考帽，只需要关注事实和数据。尽可能细化，分辨事实和"近似"事实。

2. 红色思考帽　红色代表"情感色彩"。戴上红色思考帽，人可以表现自己的情绪，还可以表达直觉、感受、预感等方面的看法。不能问为什么，认可情绪和感觉在思考中的地位。

3. 黄色思考帽　黄色代表价值与肯定。戴上黄色思考帽，从正面考虑问题，表达满怀希望的、乐观的、建设性的观点。不是盲目乐观，有实现目标的条件，更注重未来而不是现实。

4. 黑色思考帽　戴上黑色思考帽，人们可以运用怀疑、否定、质疑的看法，合乎逻辑地进行批判，尽情发表负面的意见，找出逻辑上的错误，避免成为一个批判会，不要通过批判他人来提升自己，不要试图解释或者抗辩。

5. 绿色思考帽　绿色思考帽寓意创造力和想象力。它具有创造性思考、头脑风暴、求异思维等功能。打破现有的认识，任何荒唐的想法都不要去评判。

6. 蓝色思考帽　蓝色思考帽负责控制和调节思维过程。它负责控制各种思考帽的使用顺序，规划和管理整个思考过程，并做出结论；集中思维，观察、评论和总结，但不要批评。

（二）六项思考帽法的应用

六项思考帽是平行思维工具，是创新思维工具，也是人际沟通的操作框架，更是提高团队智商的有效方法。运用德·博诺的六项思考帽，会使混乱的思考变得更清晰，使团体中无意义的争论变成集思广益的创造，使每个人变得富有创造性，给人以热情、勇气和创造力，让每一次会议、每一次讨论、每一份报告、每一个决策都充满新意和生命力（表2-1）。

表 2-1　六项思考帽在会议中的典型应用步骤

分类	应用流程	应用步骤
白帽	应用陈述问题	戴上"白色思考帽"，思考、搜集各环节的信息，收集各部门存在的问题，找到基础数据
绿帽	提出解决问题的方案	戴上"绿色思考帽"，用创新思维来考虑这些问题，不是一个人思考，而是各层次管理人员都用创新的思维去思考，大家提出各自解决问题的办法、好的建议、好的措施
黄帽	评估该方案的优点	戴上"黄色思考帽"，对所有的想法从"光明面"和"良性面"进行逐个分析
黑帽	列举该方案的缺点	戴上"黑色思考帽"，对每一种想法的危险性和隐患进行分析，找出最佳切合点
红帽	对该方案进行直觉判断	戴上"红色思考帽"，从经验、直觉上对已经过滤的问题进行分析、筛选，做出决定
蓝帽	总结陈述，做出决策	在决策的过程中，还应随时运用"蓝色思考帽"，对讨论的顺序进行调整和控制，甚至有时还要刹车。因为观点可能是正确的，也可能会进入死胡同

三、TRIZ 理论法

TRIZ，直译是"发明问题解决理论"，是苏联发明家、教育家根里奇·阿奇舒勒（G. S. Altshuller）和他的研究团队通过分析大量专利和创新案例后总结出来的。国内形象地翻译为"萃智"或者"萃思"，取其"萃取智慧"或"萃取思考"之义。

TRIZ 是俄文的英文音译的缩写，英文全称是 Theory of the Solution of Inventive Problems，即发明问题解决理论。它是基于知识、面向人的发明问题解决系统化方法学。TRIZ 理论成功地揭示了创造发明的内在规律和原理，着力于澄清和强调系统中存在的矛盾，目的是完全解决矛盾，最终获得理想解。它不是采取折衷或者妥协的做法，而是基于技术的发展演化规律，研究整个设计与开发过程，不再是随机的行为（图2-2）。

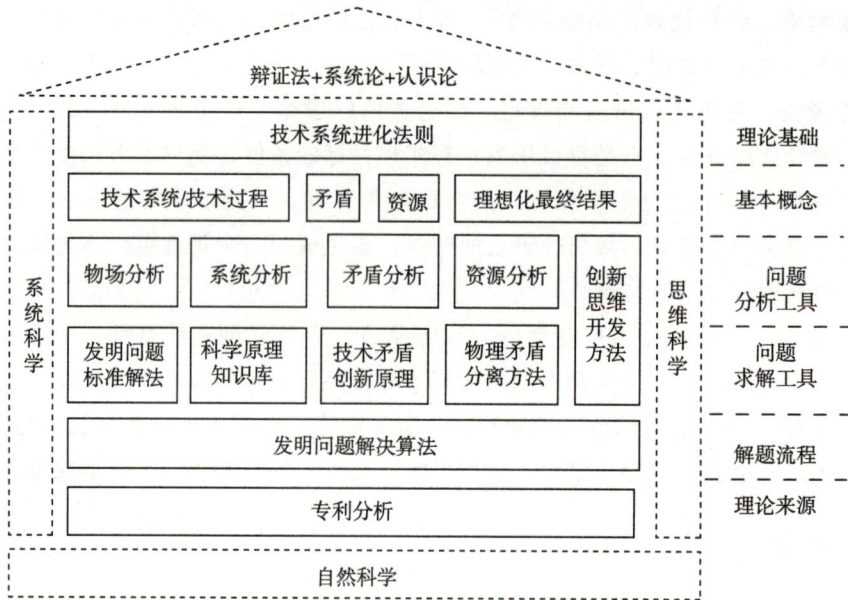

图 2-2　经典 TRIZ 的理论体系结构

（一）TRIZ 理论法概述

TRIZ 的核心是技术进化原理。根据这一原理，技术系统一直处于进化之中，解决矛盾是其进化的推动力。它们大致可以分为 3 类：TRIZ 的理论基础、分析工具和知识数据库。其中，TRIZ 的理论基础对于产品的创新具有重要的指导作用；分析工具是 TRIZ 用来解决矛盾的具体方法或模式，它使 TRIZ 理论能够得以在实际中应用，包括矛盾矩阵、物-场分析、ARIZ 发明问题解决算法等；知识数据库是 TRIZ 理论解决矛盾的精髓，包括矛盾矩阵（39 个工程参数和 40 条发明原理）、76 个标准解决方法（图 2-3）。

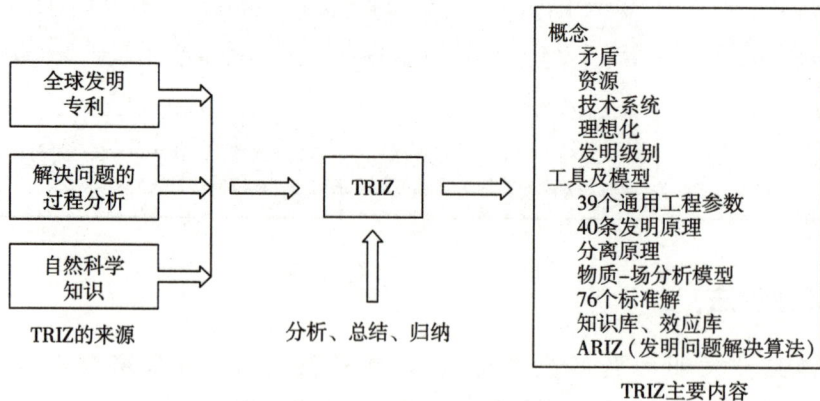

图 2-3　TRIZ 的来源和内容

（二）TRIZ 理论法应用

TRIZ 理论具有很强的实践性，可广泛用于各个领域。它可以扩展人的创新性思维，从而寻求解决问题的办法，为不同行业的技术创新提供启发和参考建议。

1. 技术系统进化法则　阿奇舒勒的技术系统进化论可以与自然科学中的达尔文生物进化论和斯宾塞的社会达尔文主义齐肩，被称为"三大进化论"。产品进化理论主要研究产品在不同阶段的特点可能的进化方向，以便于确定对策，给出产品的可能改进方式。技术系统进化法则又分为提高理想度法则、完备性法则、能量传递法则、协调性法则、子系统的不均衡进化法则、向超系统进化法则、向微观级进化法则、动态性和可控性进化法则。这些法则可应用于市场需求、定性技术预测、产生新技术、专利布局和选择企业战略制定时机等，也可用来解决难题，预测技术系统，产生并加强创造性问题的解决工具。

2. 最终理想解 最终理想解是 TRIZ 保证解法过程收敛性的重要手段，在解题之初就分析并确定最终理想解，使得 TRIZ 在解题的任一阶段都是目标明确的。在解决问题之初，首先抛出各种客观限制条件，通过理想化来定义问题的最终理想解，以明确理想解所在的方向位置，保证在问题解决过程中沿着此目标前进，并获得最终理想解，从而避免传统创新方法中缺乏目标的弊端，提升创新设计效率。

3. 40 条发明原理 阿奇舒勒对大量的专利进行研究、分析和总结后，提炼出 TRIZ 中最重要、具有普遍用途的 40 条发明原理。它的作用主要是解决系统中存在的技术矛盾，为一般发明问题的解决提供强有力的工具。

4. 矛盾矩阵表 TRIZ 在对众多发明问题进行分析的基础上，给出了 39 个标准参数，并由此构造了矛盾矩阵表。创造者只要明确定义问题的工程参数，就可以从矛盾矩阵表中找到对应的、可用于问题解决的发明原理。矛盾矩阵表仍在不断完善之中，到目前为止，仍有许多矛盾单元的解法存在空位，需要补充解法，已经存在某些解决方法的单元也需要进一步充实。

5. 物理矛盾和四大分离原理 当一个技术系统的工程参数具有相反需求的时候，就会出现物理矛盾。比如说，要求系统的某个参数既要出现又不存在，或既要高又要低，或既要大又要小，等等。相对于技术矛盾，物理矛盾是一种更尖锐的矛盾，创新中需要加以解决。物理矛盾所存在的子系统是系统的关键子系统，系统或关键子系统应该具有为满足某个需求的参数特性，但另一个需求要求系统或关键子系统又不能具有这样的参数特性。

分离原理是阿奇舒勒针对物理矛盾的解决而提出的，分离方法共有 11 种，可归纳为四大分离原理，分别是空间分离、时间分离、条件分离和整体与部分的分离。

6. 物-场模型分析 阿奇舒勒认为，每一个技术系统都可以由许多功能不同的子系统组成，因而每一个系统都有它的子系统，而每个子系统又都可以再进一步细分，直到分子、原子、质子与电子等微观层次。无论是大系统、子系统还是微观层次都具有功能，所有的功能都可分解为两种物质和一种场（即二元素组成）。物-场模型分析是 TRIZ 重要的分析工具，它通过研究系统构成的完整性，构成系统各要素之间作用的有效性，以帮助创造者更好地了解系统，并获得解决问题的方向。

7. 发明问题的标准解法 标准解法是阿奇舒勒于 1985 年创立的，共有 76 种，主要用于条件和约束确定后的发明问题的解决，是主要针对物-场模型分析的。如果问题所需要的解可以在 76 种解中获得，问题的解决会变得十分便捷。

8. 发明问题的解决算法 ARIZ（algorithm for inventive problem solving）是 TRIZ 的一种主要工具，是解决发明问题的完整算法。该算法主要针对问题情境复杂、矛盾及其相关部件不明确的技术系统，是一套以客观技术系统进化模式为基础的完整的问题解决综合程序。它通过对初始问题进行一系列变形及再定义等非计算性的逻辑过程，实现对问题的逐步深入分析和转化，最终达到解决问题的目的。

9. 科学效应知识库 TRIZ 的科学效应知识库提供了大量的科学效应，利用这些效应，可以很好地选择并构建对象作用所需的场，同时确定相互作用的对象双方。TRIZ 是基于知识的方法，而科学效应知识库则是知识的重要组成部分。

四、思维导图法

思维导图又叫心智图，是表达发散性思维的有效的图形思维工具，它简单却又极其有效，是一种革命性的思维工具。思维导图提供一个有效的工具，运用图文并重的技巧。思维导图充分运用左右脑的功能，协助人们在科学与艺术、逻辑与想象之间平衡发展。思维导图是应用于记忆、学习、思考等的思维"地图"，利于人脑的扩散思维的展开。

（一）思维导图概述

人类从一出生即开始累积这些庞大且复杂的数据，大脑惊人的储存能力使我们累积了大量的资料，经由思维导图的放射性思考方法，除了加速资料的累积量外，更多的是将数据根据彼此间的关联性分层分类管理，使资料的储存、管理及应用因更系统化而增加大脑运作的效率。同时，思维导图最善用左右脑的功能，借由颜色、图像、符码的使用，不但可以协助我们记忆、增进我们的创造力，也让思维导图更轻松有趣，且具有个人特色及多面性。

思维导图以放射性思考模式为基础的收放自如方式，除了提供一个正确而快速的学习方法与工具外，运用在创意的联想与收敛、项目企划、问题解决与分析、会议管理等方面，往往产生令人惊喜的效果。它是一种展现个人智力潜能极致的方法，可提升思考技巧，大幅增进记忆力、组织力与创造力。它与传统笔记法和学习法有量子跳跃式的差异，主要是因为它源自脑神经生理的学习互动模式，并且开展人人生而具有的放射性思考能力和多感官学习特性。

思维导图为人类提供了一个有效的思维图形工具，运用图文并重的技巧，开启人类大脑的无限潜能。近年来，思维导图完整的逻辑架构及全脑思考的方法被广泛用于学习及工作方面，大大降低了所需耗费的时间及物质资源，对于每个人或公司绩效的大幅提升，必然产生令人无法忽视的巨大功效。思维导图法则见图2-4。

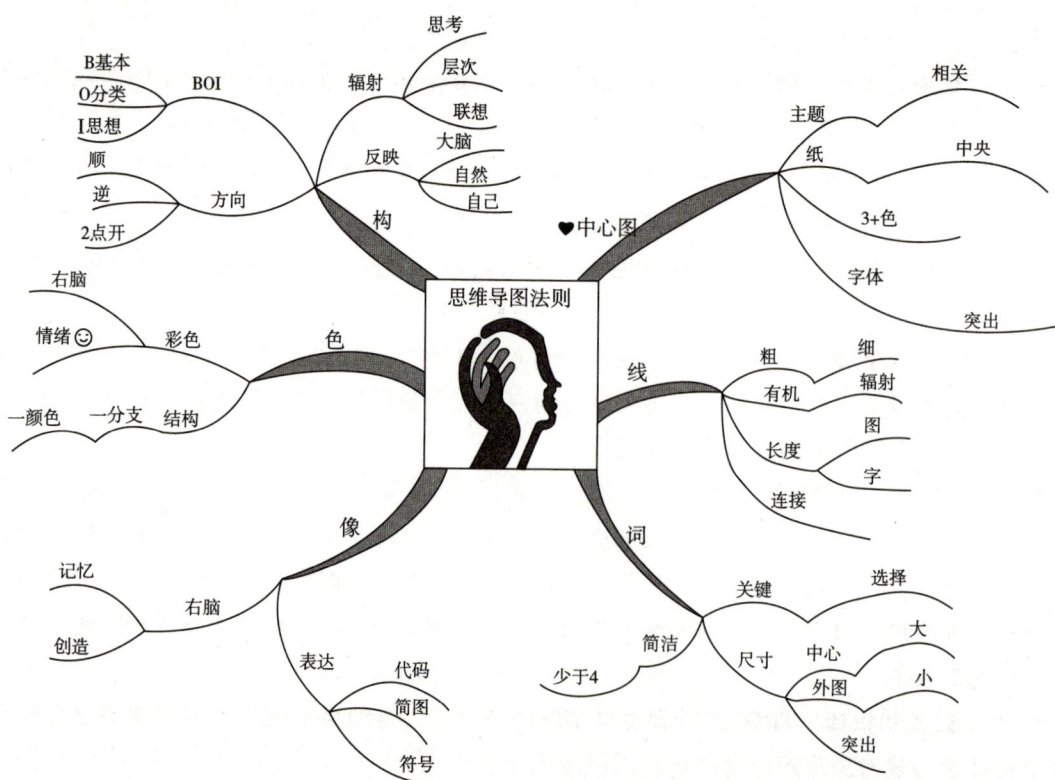

图2-4　思维导图法则

（二）思维导图绘制

1. 准备工作 空白纸张、水笔和铅笔、大脑、想象。

2. 绘制步骤 ①写下中心主题。②扩展层次。③关注关键词。④连线。⑤增加颜色。⑥触发记忆和灵感。

3. 注意事项

（1）清晰明白 将纸张横放在桌前，从中央开始；每条线上只写一个关键词；不同级别主题的线条粗细合理，间隔要安排合理，边界要能"接受"分支概要。

（2）突出重点 一定要用中央图，次主题3~7个；尽可能用色彩丰富的图形；中央图形上要用3种或更多的颜色；图形要有层次感，可以用3D图；字体、线条、图形尽量多一些变化。

（3）使用联想 在分支之间进行连接时可使用箭头；使用代码；使用各种相关的色彩、图示、符号。

（4）形成个人的风格 布局合理，层次分明；条理顺序，使用数字；图形简洁，清楚易懂；夸张手法、有趣；颜色搭配和谐，总体效果好。

4. 误区

（1）文字繁多，缺少重点。

（2）图片过多，重点不突出，扰乱记忆。

（3）节点过多，导致思维导图复杂。

5. 绘制规则

（1）尽量用关键词，少用短语或句子 关键词是独立的意义单元，人的思考是基于关键词进行的。在绘制思维导图的过程中，使用关键词是非常重要的，因为好的关键词有利于进一步联想和想象，从而进一步激发思考，而句子或短语却给联想和想象带来了不便。提炼关键词也是思维加工能力的有效训练。

（2）每条线上一个关键词 每条分支应该只有一个关键词，而不要出现多个关键词。因为多个关键词出现在同一分支上不利于思维的进一步发散和整理。

（3）当句子是独立意义单元时可以用句子 并不是说一定不能使用短语和句子，这要根据句子本身的性质以及思维导图的具体用途来决定。如果句子本身就是一个独立的意义单元且不可拆分时，也可以用句子，如诗句、对联、特殊用语等。还有，当思维导图的目的是向他人准确传达自己的思想而非激发思考时，使用短语和句子能规避一些误解。

如果把创新、创造活动比喻成过河的话，那么方法就是过河的桥或船。以上四种创新思维方法是根据一定的科学规律，能够启发创造性思维，提升创新效率。

第四节 医学与创新

科学技术每一项具有决定意义的突破，都会带来生产力的飞跃，都将改变世界政治、经济乃至科技发展的进程，对人类的生存和发展起到巨大的促进作用，医学也不例外。医学科学理论或技术的每一次重大突破，必将引起新理论的形成、新方法的建立或诊疗手段的改善。纵观医学发展史，每次重大理论的形成和科学发现都对医学的发展和人类健康产生极大的推动作用。随着科学技术和医学的发展，不断出现的创新成果将对人类寿命的延长、人的行为、思维方式、生活方式产生深远的影响。

一、医学专业领域中的创新

医学专业领域的创新对整个医学的发展起着举足轻重的作用，如今，基于医学领域面临的众多难题和重大挑战，医学专业领域的创新就显得尤为重要。结合医学临床实际情况，医药学专业领域创新的重点突破方向可总结为三个方面。

（一）在研究方向上寻找创新

创新点的选择首先涉及临床研究的方向问题，这是临床研究创新的起点。一个好的临床研究项目往往需要一个好的方向。

如何选择临床研究的方向，通常有两种不同的策略。一种策略是在大量文献搜集的基础上确定方向。这种策略的优点是可以在较短的时间内找到可行的研究方向。通过文献可以为研究提供思路和经验，难度相对较低，研究成果的分析总结也可以借助相关的文献资料。相对而言，其缺点就是创新性差一些，这类研究项目很难有原创性，结果发表时往往已经有他人类似的研究工作先期发表，取得的成就会大大减弱。另一种策略是从临床实际工作中遇到的问题入手。这种方法可以提出具有原创性的科研项目，但难度较大，可供借鉴的模板和经验非常少，失败的风险大，研究初期获得基金资助的机会也会非常小。

从创新的角度分析，从临床实际工作中遇到的问题入手进行研究方向选择，虽然比较难，但这种方法更符合"临床研究要解决临床问题"的初衷，更贴近临床工作实际，有更多的创新机会。在与临床医生的沟通和交流过程中，经常问的问题是："在临床工作中遇到的常见问题有哪些？哪些问题是最让你头疼和困扰的？"在那些没有解决的重要的临床问题中，往往蕴含着可以创新的研究方向。

例如，儿科医生结合临床实际情况总结出的一个研究方向：三岁左右的幼儿大多有一些频繁性小动作，诸如眨眼睛、咳嗽等。家长自己在网络上进行搜索，往往会得出多动症的诊断结果，继而担心不已。而幼儿在某一个阶段往往会因为外界一些环境因素，加之自控系统尚不成熟而导致一些阶段性习惯动作的出现。那么"如何从病理和心理双重角度综合分析，进行多动症的判断"就是我们从临床实践中总结出的一个研究方向。因此，医学这个学科绝不能简单地照搬书本，需要我们在实践探索中不断发掘，勇敢创新。

（二）从技术落差中寻找创新

目前，国内医生每年接诊的患者数量众多，但是科学研究上能够与国际水平接轨的却相对较少，原因之一就是我国的临床研究整体水平较国际先进水平差距较大。创业者通过分析，找出各种各样的结果和原因，这些差异就可以成为研究创新的切入点。

例如，最近网络上有一篇非常火的报道，关于"国内医生视为提高免疫力神药的匹多莫德国外尚处于临床试验初期，我们的孩子成了小白鼠"。报道一出，引起了国内很多家长的莫名恐慌。媒体报道多有一些舆论导向性，带有感情色彩。但通过这个报道我们确实不难看出，国内医学领域的研究多是以点带面，全面系统性不够，而且研究时间相对较短。这些都成为我们对一些研究课题系统综合把握和深入研究的阻碍因素。加之很多领域我们确实与国外先进水平存在较大差异。因此，我们可以在总结国内外医疗技术水平的过程中，从差距中寻找创新点，同时结合我国临床研究的实际情况寻找创新切入点，一方面可以造福于民，另一方面也可以使我们在国际舞台上快节奏追赶国际领先水平。

（三）从需求变化中寻找创新

科学研究是对未知领域的探索，过去的研究项目是在当时的社会需求和技术条件下产生的，现在的研究则应该在当前的社会需求和技术条件下产生。改革开放以来，人们的生活环境、经济条件和对健康的需求日新月异，这些变化也可以成为临床研究创新的起点。例如，老龄化趋势在我国是一个不争的事实，老年人群的不断扩大给社会保障和医疗服务体系的构建带来了巨大的负担，同时也给老年医学的发展提供了契机。在老年疾病的诊疗方面，有人会问，现在已经有了各个临床学科，完全可以覆盖老年人群的各种疾病，为什么还要搞老年医学专业呢？随着年龄的增长，人体各器官的功能在逐渐减退，老年人往往同时患有多种疾病，这些病证常常交织在一起，给临床诊疗带来了很多困难。临床上经常会出现这样的情况：老年人在就医过程中遇到某专科医生，其更多关注的是与其专业有关的疾病，而较少考虑非本专业的合并病证，故而诊疗效果往往不够理想。从社会需求和学科发展的角度看，老年医学应该大力发展，而这方面的临床研究工作有很大的创新空间。

在现实生活中，人们对与健康相关的安全性需求的增加，对生活质量提出的更高要求，希望在卫生资源有限的条件下获得更多更好的健康服务的愿望等，这些都可以成为临床研究创新的切入点。

二、医学服务领域中的创新

医疗服务是医院以病人和一定社会人群为主要服务对象，以医学技术为基本服务手段，向社会提供能满足人们医疗保健需要，为人们带来实际利益的医疗产出和非物质形态的服务。医疗产出主要包括医疗及其质量，其能满足人们对医疗服务使用价值的需要；非物质形态的服务主要包括服务态度、承诺、医院形象、公共声誉等，可以给病人带来附加利益和心理上的满足及信任感，具有象征价值，能满足人们精神上的需要。

（一）医疗服务创新的步骤

所谓创新就是利益增值。如果没有增加价值，那只能是一份不同的解决方案，不是创新。创新需要花费时间、精力，有成果！要创新，就要先提出问题。

究竟如何进行创新呢？创新的步骤就是为三组问题寻找答案：为什么创新（why）？为什么不创新（why not）？假如需要进行创新又应该怎么做（what if）？

第一个问题：为什么？创新是向因循的医疗服务行为习惯挑战。比如前几年做同质化的医疗服务，医院该问自己为什么要这么做，这么做究竟是为什么？

第二个问题：为什么不？创新是让医院运营管理的新理念有个机会。比如医院前几年都这样做事，但为什么不持续改进，做得更好呢？

第三个问题：假如又如何？医院知名度和医疗品质的信誉度低，请不到或留不住知名的科室专家或医疗技术专家，吸引患者以及对患者的持续影响能力也会比较弱。即便是做一些持续性改进，哪些改进能够给消费者带来一定的好处，能够给消费者提供新的医疗环境，能够让有创新兴趣的员工得到职业发展的机会？

（二）医疗服务创新的途径

1. 全方位智能网络化服务，创新医疗服务效率 就消费者/病患而言，医疗服务创新的效果主要体现在两个方面，即高效和优质。在就医过程中，如何更快地获得医疗服务，减轻病痛，这是患者最为期待的效果之一。目前很多医疗机构通过一体化智能网络服务系统实现创新，加快了消费者的诊疗速度，满足了人们的高效需求。

目前在智能化网络服务系统方面做得较好的是温州医学院附属第一医院，患者从进入医院开始，导诊、挂号、排队、交费、化验单、打印病例、取药所有环节都可以在设备上自助完成，缴费也不局限于现金支付，银行卡、支付宝等缴费方式都可以选择。系统直接绑定患者手机号码，实时进行检验结果通知。互联网＋医疗服务的模式大大提升了患者就医的效率，节约了时间和精力，这是值得广大医院借鉴的先进案例，可成为其他医疗机构创新的切入点。

2. 加强运营管理，创新医疗服务质量 医疗机构可以从运营机制、资源匹配管理决策等一系列组织管理的角度进行效率提升。组织机构工作效率的提升自然会带来更好的经营环境和管理机制的完善。

优质主要体现在人有别于机器的主动、热情、人性化服务理念。相对于机器的"冷冰冰服务"，医护人员的服务更加彰显服务水平的优良质量。从整个服务流程来看，就医之前的导诊、问诊，都可以通过主动性服务来缓解病患及家属的紧张焦虑情绪。就诊过程中，医护人员的技术专业性，包括会诊等综合性诊疗的及时性，都是为患者提供最优质的医疗服务。就医之后的跟踪回访是未来亟待解决的医疗服务问题。真正的高效、优质服务的创新绝不是单纯体现在医护人员方面，而是医疗机构在管理机制上彻底摒弃以事为主导的理念，用"以人为本"的创新理念进行替换，这样才能使医护人员快乐工作，呈现最好的状态。

三、医药科技领域中的创新

医学科研课题或科技研发的每一个重大变革，都有可能促进新理论的产生、新方法的出现或诊疗手段的完善。医学发展史上的每一次重大革新，都会为人类健康乃至寿命延长起到巨大的推动作用或不可忽视的效果。人类需要创新，医学领域更离不开创新。

（一）新技术、新设备的应用

1. 3D 打印技术的应用 3D 技术是一种快速原型技术，是利用数学模型的原理，通过逐层堆叠的方法打印出粉末塑料、金属和其他材料等。根据原料和成型技术，3D 打印技术可分为几种类型，即光固化立体印刷、熔融沉积成型、选择性激光烧结、三维印刷。其使用的材料主要是黏合材料、熔融材料、光固化材料、生物组织活性细胞材料等。3D 打印技术不同于传统的机械加工技术。在以前科技技术没有这么发达的时候，3D 技术打印主要用于制作模具。由于科学技术的进步，在生物医药领域，3D 打印技术主要用于一些高价值的东西，如髋关节、牙齿等。

2. 计算机辅助诊断（CAD）技术的应用 深度学习是将普通的事物特征抽象化，从而实现对特征进行描述、识别和分类的一种计算机学习技术。深度学习中的无监督式学习、特征数据较强的代表性都极大地推动了它在图像识别、语义分析和疾病诊断等多个领域的发展。与传统 CAD 不同的是，深度学习可以不依据人工提取的特征进行后续的图像处理。有学者指出，深度神经网络提取的特征有时比人类设计的特征更有效。大量超声 CAD 模型的成果构建和优秀的诊断能力也证明了这一点。

3. 微能量技术的应用 微能量医学是利用体外设备产生的机械波或电磁波对疾病或亚健康状态进行预防和治疗的学科。与传统的药物治疗学相比，微能量医学具有绿色、简便、非侵入性、安全有效的特点。较多的研究表明，微能量能促进骨关节软组织损伤的修复、血管和神经的再生，调动募集间充质干细胞，从而显示出广阔的应用前景，适用于多种骨伤科疾病、心脑血管疾病、男科疾病及皮肤创伤愈合。其参与组织修复的作用机制较为复杂，尚有待进一步研究，主要与机械效应、抗炎作用、信号转导、提高基因表达、改善血流、温热效应增强酶活性以及刺激胶原成熟和骨组织改建等作用有关。

4. 人工智能技术的应用 "人工智能 +" 应用于医疗研究已经成为现代科技的热点。美国的五大顶尖医院，如梅奥、克里夫兰等都开始与人工智能公司合作，希望成为人工智能医疗应用领域的中心，对疾病进行探测、诊断、治疗和管理。2017 年 7 月，国务院印发的《新一代人工智能发展规划》指出，人工智能发展进入新阶段。人工智能在医疗行业的多个环节发挥作用，如医学影像识别、生物技术、辅助诊断、药物研发、营养学等领域，其中应用最为广泛的是医学影像识别。

（二）医学领域科技创新的发展方向

历史上，临床中任何一项新的技术、新的装备、新的药品应用都是医学科技发展的结果。从最早的听诊器、手术刀、显微镜到今天的精准医疗、人工智能，医学走过了完整的科技发展历程。

今天，攀升的病发率和死亡率正严重威胁着我国社会经济的发展和人民的健康水平。北京大学医学部主任、中国工程院院士詹启敏说："能否提高我国重大疾病诊疗水平、提高对公众的医疗服务能力、提高健康管理和服务能力，很大程度上取决于医学科技创新的全面发展。"多学科、多方位的医学研究正酝酿着新的重大突破。当前，医学科学发展出现了一些重大的新方向。以分子生物学为核心的生物工程技术酝酿着新的重大突破，为农业、医学和人类健康开辟了全新的前景；人类基因组计划的完成，以及纳米技术的发展带来新一轮医学技术革命，医学将形成产业化。这是一次难得的历史发展机遇，又是一次严峻的挑战。

未来医学科技创新的七大前沿领域包括：①基因组学技术大规模应用。②蛋白组学研究技术与方法实现突破。③干细胞与再生医学临床应用和产业化。④疫苗和抗体在生物医药领域的重要突破。⑤生物治疗及个性化诊疗技术成为现代医学技术发展的重要方向。⑥医疗器械与药物创新齐头并进。⑦大数据和智能医学成为未来发展的重点。

【本章要点】

1. 创新思维是指以新颖独创的方法解决问题的思维过程，这种思维能突破常规思维的界限，以超常规甚至反常规的方法、视角去思考问题，提出与众不同的解决方案，从而产生新颖的、独到的、有社会意义的思维成果。创新思维有广义和狭义之分。狭义的创新思维是指人类认识史上首次产生的、前所未有的、具有较大社会意义的高级思维活动。广义的创新思维是针对某一具体的思维主体而言，具有新颖独特意义的任何思维都可以被视为创新思维。

2. 创新思维具有积极的求异性、系统的整体性和动态的灵活性等特征。在创新的道路上，习惯性思维定势、权威思维定势、从众思维定势和经验思维定势都有可能在自觉或不自觉中发挥作用，成为我们寻找新思路、新方法的"绊脚石"。

3. 创新思维是发散思维、联想思维、想象思维、逆向思维和直觉思维等多种思维形式和要素在内的、相互协同进行的有机结合的高级整体。在日常学习中通过掌握这些思维方法，并且有意识地加以训练，以达到活跃思维、拓展思路的目的。

4. 创新思维方法是应用一种或多种科学思维、科学方法、科学工具实现创新的技术，是在人们创造发明、科学研究或创造性解决问题的实践活动中，所采用的有效方法和程序的总称，常见的创新思维方法有头脑风暴法、六项思考帽法、TRIZ 理论法和思维导图法等。

【推荐网站与资料】

1. 创新方法研究会：https：//www. chinaims. org/
2. 创新方法网·四川：https：//www. chinatriz. net. cn/
3. 创新设计服务平台·四川大学：https：//www. creap. cn/

【思考题】

结合自身专业，如何将创新思维用于学习中。

案例分析

不药之药——发散思维

对症下药是常识，然而在我们的历史上却留下不少"不药而药"的佳话。

先看一个"达生草"助产的故事。

明代湖北罗田县有一胡姓财主，年近四十才娶妻，但是妻子每次怀孕都因难产孩子夭折。于是他又纳一妾，不久也怀了孕。这位胡财主差专人好吃好喝地伺候，眼看夫人肚子渐渐大了起来，但担心随之而来，也恐难产。于是胡财主一边烧香拜佛，一边求医问药，请了名医万密斋到家询诊。万密斋看了以后叹了口气说："可惜，恐怕也可能难产！"胡财主急了，再三请求设法保胎。万密斋沉思后说，想不难产必须做到两条：一是多吃青菜、豆腐，少吃大鱼大肉；二是找一味名叫"达生草"的药物。胡财主说这不难，只要世上有的我就能找到。可万大夫却说："虽然'达生草'就在五里开外的山上，但一定要妇人自己去找才灵验。"胡财主挠头了，说道："她平时不出门，又挺着大肚子，怎么爬山呢？"万密斋说："那就没有办法了，还是另请高明吧。"胡财主无奈，问了"达生草"的形状后便让孕妇每天上山去采药。这下可把孕妇折腾苦了，可是为了顺利生下孩子，她还是咬牙前往。日复一日，几个月过去了，"达生草"没有找到，但孕妇的身子骨倒硬实了。眼看即将临盆，"达生草"还是没有找到，这下胡财主着急了，派人招来万密斋，大发雷霆。

万氏笑曰："'达生草'已经找到啦！"胡财主疑惑地问："在哪儿呢？"万氏说："上次我来看到夫人身体肥胖，顿顿荤腥不断，什么活儿也不干，整天不是睡觉就是坐着，导致气血不调，胎体沉滞，势必难产。如果我直言相告，恐怕你们难以接受。故而出此下策，让夫人每天活动活动。"过不多久，顺产一男孩。胡财主非常高兴。

再说一个以雨治病的故事。

明朝的时候，有一个地方天旱无雨，当地的官员生病，找了数十个医生医治都没有效果。后来有一个医生来了，诊脉后，掐算了一下说："某天的傍晚会下雨。"然后就走了，既没有说这位官员得的是什么病，也没有说治病的方法，也没有开药方。结果到了医生说得那天傍晚，果然天降大雨。官员大喜，起身奔至庭院，一直待到天明，雨停之后，发现病居然好了。第二天，那位医生来访，官员非常高兴，并且问："那天给我看病的时候，没有说我的病，而只说了下雨的事，而今天下了雨，我的病就好了，这是怎么回事呢？"医生说："您的病是因为天旱无雨而导致的忧愁产生的，现在下雨了，病因也就解除了，而病自然就好了。"这个例子与三国时代的孔明借东风而为周瑜治病的故事异曲同工，都体现了"心病还需心来医"的道理。

这两个例子说明，医疗的过程绝不仅仅是开个药方那么简单，医疗是一个大概念，要从多方面、多角度来考量患者的具体情况，把握真正的病因，然后根据病证采取恰当的治疗方法，药物只是其中的一个方面，而非全部。作为患者，也要有一定的心理准备，那就是药不能医治百病，而病也不必都需药来医，只要对症，有很多恰当的治疗方案。这就是发散思维的体现。

（案例来源：根据相关资料整理）

案例讨论

1. 结合案例运用发散思维，列举身边"不药而药"的实例并分享自身感悟。

2. 结合所学专业谈谈创新思维的应用。

【实践练习】

创新思维素质游戏

同学们来做一个思维游戏，测试一下大家的创新思维素质。游戏的规则是这样的，请大家在纸上快速写出联想到的词汇，比如学校、老师、学生、教室……现在给大家的第一个词汇是"医院"或者"解剖学"，请大家由此快速展开联想，在3分钟内联想到的词汇越多越佳。

第三章
创业思维

学习目标

1. 熟练掌握创业思维的原则；设计思维、精益创业流程和步骤；能够熟练运用设计思维和精益创业的各种方法、工具。

2. 熟悉创业思维与管理思维的区别；医学思维、中医思维与创业思维的关系。

3. 了解创业思维、设计思维和精益创业产生的背景和理论来源。

案例导引

Embrace 设计案例

斯坦福大学设计学院的 Jane Chen 在创意设计课上了解到一个惊人的数据，每年全球出生的 2000 万早产儿中，接近 400 万活不到 1 个月就死去了，原因只是因为这些刚出生的小生命得不到及时的保暖。很多贫穷的家庭无力担负价格昂贵的恒温箱，他们只能用加热灯或热水袋这种最原始的工具为孩子保暖，可是这样简陋的方式往往会导致婴儿的器官发育不正常，引发各种疾病，甚至死亡。"我坚信每个人都有活着的权利"，怀着这样的信念，Jane Chen 与她的团队决定从帮助印度地区的早产儿开始他们的创造。

经过头脑风暴之后，团队得出的初步结论是：他们也许要找到印度的医院，将医院和潜在捐赠对象进行对接，并且给每个医院设立恒温箱，这样小孩出生之后就有了一定的基础设施，就能够降低小孩的夭折率。得出这个结论后，这个小组去印度走访了不同的医院，于是有了出乎意料的发现。印度的许多医院都有恒温箱，最大的问题不是缺乏设备，而是所有的设备里都没有婴儿。那么，这些婴儿在哪里呢？

通过深度观察和访谈，这个小组发现，问题与他们想象的相去甚远，真正的痛点是农村的小孩根本无法到达这些医院，一方面，贫困家庭距离医院都很远，另一方面，高额的医疗费用限制了贫困家庭的就医能力。

经过在乡村的进一步访谈与观察他们发现，在这个过程中最合适的解决方案不是给这些医院捐设备，而是做一个有基本保温功能睡袋。这个睡袋不仅能够为新生儿提供基本的保暖功能，而且价格便宜、操作简便，贫穷家庭能够买得起，并且方便新生儿母亲操作。

在了解了这些之后，团队设计了一款价格只有 25 美元、由特制布料做成的袋子。这款产品由一片可以重复加热的加热块与一台加热机器组成。每加热 1 次，可以持续温暖新生儿 6 个小时。特殊的布料可将温度控制在恒温，使用过程不插电，可以重复使用，并且体积小，不受时间和地点的限制。经过几次产品试用，团队还在原来产品的基础上开发出更多的贴心设计，如增加正面的透明小窗，以方便妈妈观察婴儿状态等。团队将这款产品命名为 Embrace。

Embrace 保温袋推出后，投放到了各个国家的贫困地区，在印度、乌干达等地，拯救了超过 15 万个小生命。Jane Chen 还受到了奥巴马总统的接见。

（资料来源：王可越，税琳琳，姜浩，等．设计思维创新引导．北京：清华大学出版社，2017.）

第一节　创业思维概述

宝洁公司前首席运营官罗伯特·麦克唐纳曾指出，这是一个 VUCA 的世界。VUCA 指的是不稳定的（volatile）、不确定性的（uncertain）、复杂的（complex）、模糊的（ambiguous）。创业活动也同样可以理解为处于一个 VUCA 的环境里，在创业的过程中，充满了不确定性，预测与计划很难起作用。那在这样的环境里，如何保证我们的创业活动能够取得成功呢？本节我们将从创业思维入手，关注创业者如何思考和行动。

一、创业思维的理论来源

创业思维是进入 21 世纪后，随着对创业活动及创业教育的持续深入研究出现的新名词。早期的创业研究聚焦于创业者特质，这一时期的研究专注于创业者的个性、习惯和特征，试图从成就需要、自我控制、高风险承担和对不确定性的容忍等方面将创业者和非创业者用一系列人格特质区别开来。然而对创业者特质的研究在学术界并没有形成共识，也没有进一步的科学证据说明这四种特质是天生的还是后天培养的。之后，对创业的研究视角从关注某类特定人群转移到了创业过程。这一时期的代表人物莫里斯（Morris，1998）将创业视为创建企业过程。这一过程由一系列线性活动组成，包括识别机会、开发概念、理解资源需求、获取资源、制定商业计划、实施计划、管理新企业等。而尚恩（Shane）和文卡塔拉曼（Venkataraman，2000）则在这一基础上提出了创业教育领域最为广泛使用的关于创业的定义，即识别、评估和开发机会。

创业的魅力在于结果的不确定性，最终的结果和最初的想法总是相去甚远，结果不是规划出来的。而将创业视作一系列线性活动组成的过程，并从管理的角度去规划和控制这一过程的创业活动，很难适应这个瞬息万变的世界。进入 21 世纪之后，用认知方法论研究创业获得学术界持续关注。此时的研究认为，问题不再是某个个体能否成为一个创业者，而是某个个体如何才能变得富有创业精神、创造机会并针对机会开展行动。

用认知方法论研究创业的代表人物是弗吉尼亚大学教授萨拉斯·D·萨拉斯瓦斯（Saras D·Sarasvathy）。萨拉斯·D·萨拉斯瓦斯认为，所有创业活动都是在一定的环境条件下进行的，环境的变化可能会影响到创业活动的合法性，也会影响到使用资源的收益和成本。环境变化会对创业活动带来约束，同时环境变化还可能会为创业者带来新的资源，从而创造新的机会。环境变化还会影响创业者的初始意向、观念，从而改变创业者的创业行为，使他们产生新的创业意向和愿望，进行又一次新的创业活动。萨拉斯·D·萨拉斯瓦斯通过详细记录 45 名具有 15 年以上创办或经营至少一家上市公司的成功创业者的决策过程之后发现，这些成功的创业者将世界视为具有多种不同的可能性，他们创造并重组新机会，创造而不是寻找新市场，接受并利用意外，并与大量利益相关者交互。对那些成功的专家型创业者来讲，行动是创业的首要行为，行动也是他们控制和管理不确定性的首要方式。创业者通过行动创造或发现机会，以行动来验证效果，以每一次的行动效果作为下一次行动的前提之一，逐步追求创业者满意的效果，最终实现创业愿望，比如成功开发新的产品、新的市场，诞生新的企业。萨拉斯·D·萨拉斯瓦斯将这种思维逻辑称为效果逻辑，以有别于传统的因果逻辑，并在此基础上发展出著名的效果推理理论，即创业者在不确定情形下识别多种可能的潜在市场，不在意预测信息，投资他们可承担损失范围内的资源，并以与外部资源持有者互动过程中建立利益共同体的方式整合更多稀缺资源，充分利用突发事件来创造可能结果的一种思维方式。

国内学者张玉利、秦剑认为，效果推理理论的主要观点可以总结为五个方面。

一是创业者在做出创业动机和创业决策时，首先考虑你是谁、你知道什么、你认识谁，然后考察可能的创业目标和创业机会。这可以通过分析创业者的个人特质、能力知识储备和社会关系网络得出。

二是在创业过程中，创业者是在考虑可接受的风险而非可预期的收益，聚焦于通过掌握的有限资源来实践更多的创业战略。

三是在创业实践中，创业者需要通过战略伙伴联盟，并利用其他利益相关者的承诺来降低创业过程中的不确定性。

四是善于利用权变因素。效果推理理论认为，在创业活动中，不确定性是无法回避的，创业者要善于利用权变因素来处理未预料的不确定性、基于创业过程中的偶然性和其他人的交互来达成累计的各项创业成就。

五是控制一个不可预测的未来而不是预测一个不确定的未来。

萨拉斯·D·萨拉斯瓦斯的效果推理理论是创业思维的重要理论来源，是创业思维的理论模型，为创业思维提供了整体框架和方法论。

二、创业思维的内涵

（一）创业思维的概念

基于萨拉斯·D·萨拉斯瓦斯的效果推理理论，创业思维是一种面对不确定的创业情景进行创业决策的原则和逻辑，是在创业过程中快速行动，在行动中试错和学习，并通过不断调整来实现目标的思维模式，是使创业者变得富有创业精神，能够创造机会，并针对机会展开行动的方法论。作为面对不确定性的创业情景，促进创业者决策的原则和逻辑，创业思维包括手中鸟原则、可承担损失原则、柠檬水原则、疯狂被子原则等四项基本原则和一项统领原则——飞行员原则。作为创业者实现创业目标的思维模式，创业思维是一种快速行动，以行动促进学习和目标实现的创造性行动的思维方式；作为使创业者变得富有创业精神、能够创造机会并针对机会展开行动的方法论，创业思维与设计思维和精益创业等创业方法论一脉相通。

（二）创业思维与管理思维

1. 管理思维的概念　管理思维是指与管理行为相伴而生的思考活动，亦即管理者在履行管理过程中的思考活动。将管理思维与创业思维进行比较，在更多的层面上，其实是两种思维模式的比较。管理思维模式是指管理者反映事物时所具有的某种相对稳定的样式、方法或途径，是管理者反映管理对象时所运用的所有逻辑形式、结构、方法的总和。管理思维的理论根源是因果逻辑，以目标为驱动，以预测为导向，以收益最大化为原则，为实现预期目标设置最佳策略或方案。

2. 管理思维与创业思维的区别　两者的区别主要体现在以下四点。

从目标视角看，管理思维是预测未来，而创业思维是创造未来。管理思维认为，未来是可以预测的，是可以根据已有历史或现在信息对未来进行预测的，所以管理思维会设定明确的目标，并根据目标去实施计划、组织、协调、控制，最终实现目标。创业思维认为，创业涉及的问题是多方面的，而且每个方面还可能变化无穷，可以正确预测结果的可能性是非常低的，重要的是先去做，从做的过程中去变通，去总结到底能够实现什么样的结果。

从资源视角看，管理思维是目标驱动的，创业思维是资源驱动的。管理思维的目标一旦给定，从一定意义上讲，便具有强制性。所以对管理思维来说，资源的积累是企业的主导目标，其利益相关者更多地被视为资源供应者，只有拥有了所需的全部资源，才开始行动，这是管理者最重要的思维方式。而拥有创业思维的创业者从来不这么做，他们从我有什么、我可以干什么和拥有的资源出发去创造无限的多种可能性，其利益相关者与其是共创的关系，而不是被动的资源供应者。

从行动（计划）视角看，管理思维是计划型的，创业思维是行动派。管理思维更多的是制定计划，规定一步一步地去做什么；或者是分解目标，把大目标分解为多个小目标，各小目标实现后再综合协调。管理思维常常把计划外的偶然事件视为棘手的问题，尽量加以规避。创业思维则从资源出发去确定哪些是能做的，先去做，做出来之后，再去思考下一步做什么，是否继续做，而不是上来先做个长时间的计划。创业思维常常把偶然事件看成新机遇，并通过寻找新资源加以利用。

从创业阶段看，管理思维更适用于从 1 到 N 的过程，创业思维则是从 0 到 1。从 1 到 N 就是，当已经验证了这个方法很有效，如果我想拿到 N，那我就一步一步地复制它。当我们做一个产品的时候，只要把每一个工艺流程都设计好了，最后就会出一个合格的产品，我们要做的就是如何更快更好地执行，从 1 到 N。所以，管理思维通常适用于发展到较为成熟阶段的企业进行战略规划和管理。创业思维则主要用于从 0 到 1 的过程，就是在企业初创期，企业发展尚处于不明确阶段，不确定怎么做的时候，更多的是用创业思维去创造。

从结果看，管理思维一般会拿到结果，或者优化；如果没有拿到，就说明执行的不到位。创业思维则是创造更多的可能性，其结果很多时候是不在创业者原来的预期与目标中的。

三、创业思维原则

（一）手中鸟原则（birds in hand）

手中鸟原则又叫从拥有的资源出发原则，它来源于西方谚语 "A bird in the hand is worth two in the bush." （一鸟在手，胜过双鸟在林），意即"自己拥有的资源胜过无法得到的资源"。

创业是由资源驱动的，而非目标驱动的。多数创业者经常会陷于选择何种行动方案的矛盾中而变得犹豫不决。对于具有创业思维的创业者来说，选择什么样的行动方案，不仅与其可以承担的风险相关，更重要的是与创业者及与其共享资源的利益相关者共同拥有的资源相关。当创业走到某一关键性阶段，创业者与共享资源的利益相关者共同拥有的资源不起作用或只能实现较低层次的目标时，具备创业思维的创业者更倾向于改变目标，而不是追求那些他们无法掌控的资源。

1. 从拥有的资源出发开始创业的优势　对于创业者来说，根据已经拥有的、可利用的资源开始创业是一个非常实用的方法，它能让你现在就开始行动和创建新企业，同时又不会放弃更高层次的目标和长期目标。它具有以下优势。

它让你不必急于寻求投资者。

它让你不必等待最佳机会或最佳资源。

它让你可以利用自身长处，而不是以克服自身的短处为前提进行创业。

它让你吸引希望创新并通过制定目标而非仅提供资源的利益相关者。

它让你的利益相关者会越来越多。

它让你创新的可能性大大提升。

它让你找到和创造出适合自身良机的可能性得到大大提升。

它让你创造性地利用自己的闲置性资源。

最重要的是，它降低了你创业可能失败的成本，因为你只在可承受损失的范围内冒险，遭遇失败时能够更快速地恢复。

2. 创业者拥有的三种资源　每个人都是独一无二的，这不仅是创业的出发点，也是将要创造的企业与市场机会的基础因素。很多企业的成功都要追溯到创始人所处的独特境况，甚至看似古怪的个人癖好。子谦国际创业教育学院朱燕空博士根据效果推理理论提出了自我认知 KAR 模型（图 3-1），即每个创业者都拥有 3 种资源：我知道什么（knowledge）、我会做什么（abilities）和我认识谁（relationship）。我知道什么是指每个人受过的教育、训练、专业技能和工作经验构成的独特的价值资源；我是谁是指的特征、兴趣和能力；我认识谁是指你的社会网络和工作网络（专业网络）。通过这三种资源，我们可以快速启动创业方案，投入下一步的行动中去。个人资源清单见表 3-1。

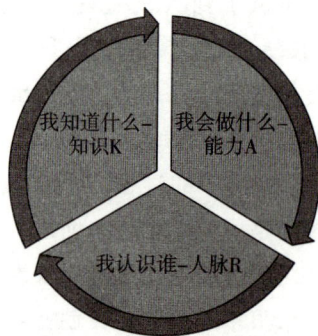

图 3-1　自我认知 KAR 模型

表 3-1　个人资源清单

你知道什么	你会做什么	你认识的人
专业知识	品位、价值观、个人偏好	你的名片盒
工作中学到的知识	激情	同学、校友、家人、朋友
生活中获得的知识	爱好	偶然认识的人
继续教育知识	兴趣	生活中出现的陌生人

（资料来源：朱燕空，罗美娟，祁明德．创业如何教：基于体验的五步教学法．北京：机械工业出版社，2018.）

3. 从个人资源转向价值创造　创业就是将新想法付诸行动，从而创造价值的过程。蒂姆·克拉克等人在《商业模式新生代》中提出了个人价值画布的概念。通过一张个人价值画布，引导使用者从自己拥有的资源出发，产生新的想法，并思考为谁创造价值、如何创造价值、如何传递价值，从而促使使用者将个人资源转向价值创造（图 3-2）。

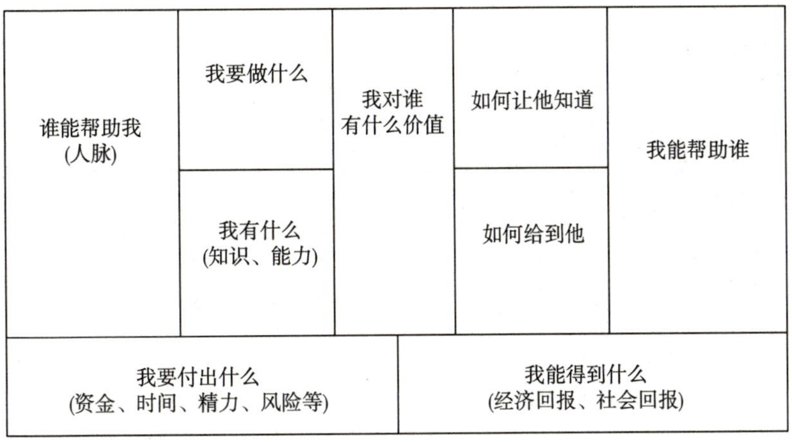

	我要做什么	我对谁有什么价值	如何让他知道	
谁能帮助我（人脉）				我能帮助谁
	我有什么（知识、能力）		如何给到他	
我要付出什么（资金、时间、精力、风险等）			我能得到什么（经济回报、社会回报）	

图 3 - 2　个人价值画布

［资料来源：蒂姆·克拉克，亚历山大蒂姆·奥斯特瓦德．伊夫·皮尼厄．商业模式新生代（个人篇）：一张画布重塑你的职业生涯．毕崇毅译．北京：机械工业出版社，2017．］

个人价值画布由以下 9 个要素构成。

"我能帮助谁"是指我要帮助的对象，需要对他们的属性进行详细的描述，包括身份、职业、性别、年龄、所在区域等。

"我对谁有价值"是指我能给他带来什么价值。

"如何给到他"是指我通过什么渠道为他创造价值。

"如何让他知道"是指我通过什么方式才能让他知道我的价值。

"我要做什么"是指为了传递我的价值，我需要做什么关键活动。

"我有什么"是指我拥有的知识和能力，以及我如何组合这些资源。

"谁能帮助我"是指哪些是我不擅长的，需要合作伙伴提供的资源和帮助。

"我能得到什么"是指我所提供的价值能收获什么，这些收获可能是经济的，可能是人际关系的，也可能是社会价值。

"我需要付出什么"是指我需要付出的资金、时间、精力、风险等成本。

通过个人价值画布，你可以从五个方面重新审视和思考自我认知及你的新想法、新产品：客户（你帮助的对象）、价值（你所能创造和传递的价值）、产品（满足你帮助对象的产品、服务或解决方案）、资源（你所拥有的知识、能力、人脉）及成本收益。

每个人都因自己知识、能力和人脉资源而拥有不同的创业资源，这也是为什么两个创业者出发点相同，所创建的企业可能大不相同的原因。手中鸟原则给每个创业者的启示在于，在创业的过程中，我们应将关注点从"如何建立成功的企业"，或者"如何成为成功的创业者"转向思考"我是谁、我知道什么、我认识谁""我应该追求什么样的创新与机会，并用这些资源创造什么"。这有助于让你专注于自己的优势，而不是盲目地追寻你没有的，从而为创业带来风险。你可以从低成本出发，深入挖掘你所拥有的资源、你所掌握的闲置资源和机会来源，构成你的竞争优势基础。创业就是重新利用你的资源创造新的价值的过程。当你将手中鸟原则运用于创业实践时，创业就不再是令人难以置信的冒险行为，而是在日常生活的可能性和约束下每个人都可以做到的事情。

知 识 链 接

六度分离原则

我们每个人都存在于一个相互联系的网络中，1929年，匈牙利作家凯伦斯在其撰写的一篇短篇小说中提出，生活在这个世界上的每个人平均只需要通过6个中间人就能与全世界每一个人建立联系。这就是所谓的六度分离原则。1967年，斯坦利·米尔格拉姆在一份学术出版物中提出了关于人类如何相互联系的观点。此后的众多研究致力于衡量关联性。人与人之间需要通过几个人建立联系，虽然人口数量与联络方式有所不同，但是大致可以证明，这个数字相当小。因此，不管是六度分离原则还是"小世界"现象，通过个人的关系网和你认识的人的关系网，你能接触到世界上的任何人。有时候与不那么熟悉的人的联系反而是非常珍贵的，因为他们可能会带给我们以前从未有过的视角和想法，这也被称为"弱联结"的力量。

（二）可承担损失原则（affordable loss）

埃里克·伯恩说过一句名言：输者不明了可能的损失，但谈论可能的收益；赢者不谈论可能的收益，但明了可能的损失。创业不是投机，不确定性伴随着创业的整个过程。如何面对不确定性，是创业者必须思考的问题。在商业世界里，负责开发某种新产品的经理往往会分析市场，并为预期目标选择最佳商业策略，以期实现收益最大化。然而创业思维逻辑则恰恰相反，创业者要决定的是可以失去什么，而不是期望得到什么，在决策的时候创业者所依据的往往是其可承受的损失而不是预期的收益情况。在这之后，创业者会在创业过程中吸引其他利益相关者参与进行，并共同考虑他们可承受损失的限度。

1. 如何确认可承担损失　为了探索可承受损失原则，可以通过以下案例帮助理解。

假设你是一个创业者，在一家大型计算机制造公司当了12年工程师，在这期间，你利用自己的空闲时间发明了一种可以识别并回应眼球转动的设备，它有望成为鼠标的替代品。你相信该设备有很大的潜力，你希望你的老板能认可你的创意，但他们并不感兴趣。于是你辞了工作，继续深入研究自己的想法。你在商业计划竞赛中胜出并研发出了产品原型。之后，你面临着一个重大决策。

你已经准备好了原型产品，也做了初步的市场调研，打算将这个设备通过零售渠道进行销售，改进目前市场上已有的或者准备推出的计算机。商业计划竞赛中有位评委很喜欢你的创意，她恰好也是一个风险投资人。她认为，1000万美元的初始投资可能让你在全球个人电脑的市场中占有1%的份额。她建议你把产品价格定为30美元，从中抽取20%的纯利润。而对于这笔投资，风险投资人所期待的回报是拥有你公司40%的股份。

与此同时，你也在跟你父亲的一位朋友商讨此事。你父亲的朋友在经营一家大型的制造厂，他愿意支付你100万美元，用你的技术开发一种免提设备，使工人们可以用此设备在安全、受保护的工作区内控制工业生产系统。你一共需要95万美元来改进自己的产品，将其和生产制造系统相结合，并使之商品化。他愿意将费用预支给你。

由于开发这些机会的时间有限，你不能两者兼顾，只能择一而行。为了做出决定，这里列举出了一些你可能会提出的合理的问题：

哪个选择机会更大？

每个机会的净现值是多少？

你对这两种方案分别会做出哪些投入？

两种方案各有什么风险？

这四个问题中，前两个问题更多地从预测的角度考虑决策制定，后两个问题则更多地从讨论过的创业思维角度进行决策制定。常识告诉我们，计算投资一个企业的损失（也就是你所有的投入）并不困难，但是如果要计算可能的收益，也就是不同商机的规模大小则是件非常困难的事情，而预测净现值不仅涉及对产品需求的预测、竞争对手的预测，还涉及固定成本、可变成本的动态预测，在这些问题的预测上，会出现巨大的差异和广泛的误差。而当将关注点放到两种选择的投入和风险上时，则更容易做出更好的选择。

在两种不同选择的投入上，需认真考虑以下情况。

你的时间承诺。

你的信誉。

你的机会成本。

你的知识。

你的情感承诺。

如何衡量这些？你如何决定是什么构成你的合理投资水平？这些都是很主观的自我评估，并且会随着时间的变化而变化，就像有形成本一样。

在不同选择有哪些潜在风险上，假设你选择了风险投资的选项，这里有一些可能的情景。

根本没有预料中的市场，风险投资人从公司撤资。

有市场，但风险投资人控制了公司，把你解雇了。

你跟风险投资人合不来，你又无法买断她所持有的公司股份。

每年卖出 2.5 万台设备，只够维持收支平衡，公司半死不活，你不得不收拾这一烂摊子。

假设你决定和父亲的朋友合作，以下是你要考虑的情景。

你没能在最后期限前完成，导致你父亲的朋友损失了一个星期的产值，从而对你父亲非常不满。

你交的货有瑕疵，结果导致一位雇员受伤。

该方案的执行成本是你预计的两倍。

就在你和你父亲的朋友合作时，一家新公司发布了跟你产品非常相似的产品，并取得了巨大的成功。

以上哪种情况最糟糕？为什么？哪些在你的掌控之中，哪些不在？在每种情况下，你接下来会怎么做？

思考完上述问题之后，也许在每个创业者心里会做出不同的选择。这是因为可承受损失原则重点考虑的是创业者所处的情境，这些情境包括创业者自身的家境、所处的人生阶段和社会规范等，需要从你的生活状况、当前的承诺、理想抱负及风险倾向来推算的。

在创业决策时，以下两个步骤可以帮助你思考所能承受的损失。

首先要问自己，究竟需要多少创业资金？你需要的资金越少，你需要担心的损失就越小。绝大部分的新创企业是通过小额资金注册成立的，并且主要依赖于非金融方面的投入，例如创业者的时间、来自家庭的支持、合作伙伴的闲置资源等。你可以动用你能够获得的所有资源将你的创意推向市场，以减少成立公司所需要的资金。

其次要问自己，你究竟能够并且愿意为创业承担多大的损失。这需要你清点自己的可利用资源，衡量自己的风险承受能力。

2. 心理账户——不同类型的损失　芝加哥大学行为科学教授查德·塞勒（Richard Thaler）提出，在人的头脑里存在一种有别于钱包（指经济账户）的心理账户，人们会根据钱的来源和用途不同，无意识地将钱进行归类，并赋予不同的价值进行管理。在钱的来源上，比如工资是辛苦积累下来的，放到"勤劳致富"账户中；年终奖被视为一种奖励，放到"奖励"账户中；中彩票的钱，放到"天上掉馅饼"的账户中去；信用卡放到"明天"账户中去（别人家的钱）。在钱的用途上，会分别为不同心理账户的钱规划不同的用途，比如工资的一部分，会被当作教育基金、养老基金等长期储蓄下去，年终奖、中彩票的钱则极有可能被当成娱乐、休闲、投资或其他改善生活品质的支出在短期内花掉。

一般来说，创业者的损失包括以下几种。

（1）时间　时间是另外一种形式的"货币"，人们为创业投入的时间通常被认为是"汗水资本"。因为无论如何我们都可能在某些事情上浪费时间，所以在创业中，损失时间往往比损失金钱更能让人接受。

（2）意外之财　联邦快递的创始人弗里德·史密斯是用他和姐姐共同拥有的400万美元的遗产开启创业之旅的。如果没有这笔遗产，也许就不会有今天的联邦快递。因为人们对轻松得来的意外之财和辛苦赚来的钱放入了不同的心理账户，更容易拿这笔钱去做一些不确定性的事情，比如遗产、彩票、股票价格大幅上涨获得的钱等。

（3）长期积蓄　研究表明，多数创业者也经常预支或者花掉他们为退休或者为家属攒的钱。

（4）房产　有很多决绝的创业者选择用房产抵押贷款的方式进行创业，但是也有很多人不愿意用自己的房产冒险，因为这样的损失在他们看来是不可承担的。

（5）信用卡　因为使用信用卡时，开销和实际支付的联系没有那么明显，在很多人看来，使用信用卡消费感觉不像在花自己的钱，因此也有很多用信用卡创业的例子，像美国电子数据系统公司和家得宝公司等。

（6）向亲友借钱　在家族企业中，亲戚的钱被称为"耐心资本"，因为这些钱似乎比那些严格要求还款日期的资金更能用得起和输得起。

3. 利用可承担损失原则进行创业决策的优势　创业是一个关乎风险是否致命的问题，而非预测能有多大收益的事情。利用可承担损失原则进行创业决策，有助于理解如何一边着手创业一边管理风险的问题，能够降低财务风险，将起步成本最小化；能够让创业者专注于开发那些失败成本较低的创业机会，以及可以为未来赢得更多可能的创业机会。

（三）柠檬水原则（lemonade）

柠檬水原则又称拥抱不确定性原则。柠檬水原则源于西方谚语"When life gives lemons, make lemonade"（当生活给了你柠檬，那就把它变成柠檬水吧）。"柠檬"意味着生活中的苦难、挫折或不幸，"柠檬水"则意味着"有价值的、积极的、令人愉快的结果"。

许多新产品都来自意外事件，而创业者得以将它们转变为机遇。法国科学家爱德华·贝内迪克特斯在实验室失手打破了一个玻璃容器，然而他却发现，玻璃碎片竟然还能粘在一起，原因是另一个实验中的某种塑料溶液在容器内壁形成了一层薄膜，于是安全玻璃在1903年诞生了。纽约的厨师乔治·克莱姆因为生气顾客嫌弃炸土豆口感软而不脆，故意将土豆切成尽可能薄的薄片，下锅炸后再撒上盐，以让抱怨的顾客因为土豆太薄无法用叉子叉起来而感到挫败，但这种意外创造出来的炸薯片却成为风靡全球的食品。在很多时候，柠檬水原则是创业者的核心技能，在创业过程中，创业者要有能力将意外事件转变成新资源、新机会。

1. 创业过程中的偶然事件　偶然事件是非必然的逻辑需求，是随机的，或者没有特殊原因而发生的事件。偶然事件可以分为未预料的人、未预料的事和未预料的信息三类。

（1）未预料的人　生活中偶然与他人的会面可能会给创业带来意想不到的机遇。美国最大的农业企业的创办者杰克·辛普劳在等待债务人的过程中遇到了索科尔，而索科尔需要洋葱粉和洋葱片的需求让辛普劳找到了新的商机，并最终将公司发展成美国最大的农业企业之一。

（2）未预料的事件　马云在创办淘宝的时候，没有预料到作为支付工具的支付宝日后会成为其商业帝国的核心产品。2009年的金融危机，使Zopa公司信贷市场受挫，促使其发展个人借贷，并在新的领域得到发展。

（3）未预料的信息　本田公司刚进入美国摩托车市场的时候，认为应该从事大型摩托车的生产和销售。然而偶然的一天，本田公司的销售小组骑着轻便摩托车在洛杉矶穿梭时，被西尔斯百货的销售代表看见了。销售代表打电话给本田公司，称在美国销售轻便摩托车将会有大潜力。本田汽车公司利用这个偶然得来的信息，为公司赢得了一个举足轻重的市场机遇。

2. 如何利用创业中出现的偶然事件　偶然事件本身不会自动塑造新企业的未来，创业者需要做的是采取行动，创造性地利用它们创造出新的可能性。有时候，创业者遇到的偶然事件是显而易见的积极的事，在这类事件中，创业者所需要做的就是竭尽所能地挖掘偶然事件的价值；有时候，偶然事件是不幸的、消极的事件，这就需要创业者以积极的方式去应对（图3-3）。

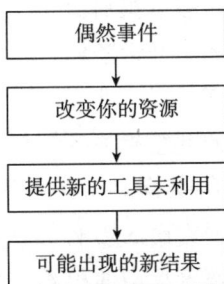

图3-3　从偶然事件到创新结果的路径图

（资料来源：斯图尔特·瑞德，萨拉斯·D·萨拉斯瓦斯，尼克·德鲁，等. 卓有成效的创业. 李华晶，赵向阳译北京：机械工业出版社，2020.）

3. 提高利用偶然事件的概率的方法　偶然事件在生活中和创业中是必然会发生的事情，尽管我们不能准确地预测它于何时、何地、何人身上发生，但是可以通过一些积极的准备，提高应对遇到偶然事件的概率。

（1）编制人际关系网　信息通常从与人的交往中获得，因此，社交活动与信息的获取和定位有重要的联系。在某种程度上，有经验的创业者拥有更丰富的人际关系网，这会使其接触到更多的信息，从而增加遇到偶然事件的可能性。作为创业者，可以通过有意识地多参加社交活动，提高遇到偶然事件的可能性。

（2）求知欲与好奇心　有关研究表明，创业者比经理人拥有更强烈的求知欲和体验新事物的兴趣，他们对待经验性事件的开放性程度更高，更愿意探究偶然性事件背后的真相，尝试接受新事物。因此，作为创业者，要有意识地培养求知欲和好奇心。

（3）培养自我效能感　创业者更愿意把偶然事件看成是改变和创新的机会，而不是威胁，这或许源于他们内心的自我效能感，认可自己的能力并对自己充满信心。所以，经常利用生活中的偶然事件，提升自我效能感也是创业者提高利用偶然事件概率的另一种方法。

（四）疯狂被子原则（patchwork quilt）

疯狂被子原则又称建立合作关系原则。"疯狂被子"这一说法源自美国中西部地区女性之间流行的 Quilting 活动，是不同家庭、不同文化背景的妇女经常把自己家不用的布头拿到一块儿，并聚在一起，把这些几何形状、图案、颜色不同的布头绗缝成一个漂亮的被子。在创业思维中，合作伙伴会带来新工具、新资源和新思路，可以帮助分担创业风险，也能帮你创造新的机会。疯狂被子原则意味着创业者要获得利益相关者的承诺，并与他人建立合作关系，吸引志同道合的伙伴共同创业、共担风险。

Quilting 游戏和拼图游戏的不同在于，拼图游戏只需要将所有的碎片归位，最终的结果只有一种；在拼图游戏中与他人合作，不过是为了更快地完成游戏，而不是共同创造一幅新的作品。而 Quilting 游戏则不同，共同缝被子的人会带来他们的"碎布篮"，并按照自己认为好看的、有意义的方式缝制被子。在这一过程中，缝被子的人要决定和谁一起缝制被子，要决定用谁的"碎布篮"中的哪一块碎布、用什么样的针法或者技术缝制被子。在这一过程中，缝制被子的人要说服利益相关者为什么要这样做，并得到利益相关者的承诺，大家一起贡献自己的"碎布篮"、缝制技艺、品位等，并共同创造一个漂亮的、有意义、有价值的被子。Quilting 的过程是不确定的，最终呈现的结果是由每一步的资源决定的，并由大家共同决定的，所以最终的结果也是大家都能够认可的，不确定的风险也是每个人都能够承担的。

无论是成立新公司、建立新组织，还是开设任何一种机构，这个过程更像是把被子缝制在一起，而不是玩拼图游戏。无论利益相关者承诺了什么，都会成为不断扩大的被子中的一块布，而只有通过大家一起不断协商，以吸引新的利益相关者参与进来，被子的图案才会更有意义。换言之，利益相关者用自己所承诺的资源进行交换，以获得重塑企业目标、影响最终创业结果的机会。因此，与利益相关者互动的过程有两方面的影响：一方面，新的合作伙伴会增加创业的工具或资源，创造新的可能性；另一方面，随着承诺的积累，创业的目标会逐步固化，并且方向也将变得越来越具体，这时候企业决策也自然而然地由关注控制并塑造企业上升为在操控企业的过程中，更多地使用预测手段达到目的。

与利益相关者建立合作的互动关系与其他三个主要原则紧密相连。每个利益相关者都为创业带来新工具、新资源和新手段。每次互动都寻求将个体与其多样的工具相结合，以创造出新颖的、有价值的事物。通过这种方式，创业者与利益相关者之间实现了双向选择。

每个利益相关者投资的东西都是他们能损失得起的（可承受损失）。在效果逻辑过程的起始阶段，没人知道创业这块蛋糕会做成多大，更不用说将来每个人能分多大一份，因此利益相关者无法把预期收益作为选择投资的直接目标。相反，他们是从思考自己是否可以承受投资创业可能出现的损失来考虑的。在这方面，选择也同样是双向的。

每次互动都包含偶然事件（意外事件）。要学会与利益相关者建立更为纯粹的交易关系，这样在面对偶然事件破坏当前既定目标的情况下，利益相关者还可以共同面对当前的风险，并选择创造新价值的机会。

知 识 链 接

请求的艺术

创业者虽然不需要拥有优秀的销售人员的品质，但是需要掌握说服的艺术。你得知道怎样说服他人加入你的企业，他们可能是潜在的客户群或供应商，也可能只是一些感兴趣且有才华的人，甚至他们可能只是一些在你未来的企业中扮演的角色还不完全清晰的人，对于这样的人，如何说服他们与你一起共创未来，需要创业者掌握一些请求的艺术。下面是请求他人经常用到的一些技巧，可以在生活中多加练习。

1. 打磨你的表述直至最适合　思考为什么他愿意首先跟你讨论，怎样将他的经历和你的利益相结合，创作出一个能够将双方利益交织在一起的故事。这个故事需要涉及足够广泛的内容让对方决定成为你的合作伙伴。

2. 开始的时候要具体　谈话之前要想清楚你具体想要的东西，可能是一项投资、一次指导，也可能是一个被引荐给其他人的机会，同时要在脑海中列出一份备用列表。有的时候他人没有时间或者没有兴趣指导你，但是很愿意把你介绍给他的同事。所以，不要因为太在意你自己想要的东西，而忽略了他人提供的东西。

3. 做一个好的倾听者　只有聚精会神地听他人讲话，才能真正了解对方的需求，并在双方的需求中寻找到共同利益突破点，接纳他人提供的东西。

4. 不要期待存在捷径　请求不是一件简单的事情，不能在得到请求的东西之后就放任不管，然后等下次再有需求的时候才又提出新的请求。面对他人的愿景和资源，必须让你的愿景始终保持易于被人采纳和接受的状态。记住，你是在跟已经做出承诺的利益相关者建立关系，而不是在你需要某样东西时才想要得到它。

5. 提出一系列开放式问题　不要总是问"是"或"否"这种封闭式问题，应多提开放性的问题，比如"你认为……怎么样""……要花费你什么""我们怎样才能一起做……""你能告诉我怎样才能……""你能想到我们……的办法吗""你觉得……是最好的办法"？

6. 定好基调并且保持　让他人在最开始就知道你想要展开的对话类型："我想要和你说说我的点子，也很有兴趣听听你一直在从事的工作。"然后确保你不会辜负你的承诺。

7. 不仅仅关注钱　你也许认为你真正需要的是金钱。事实上，虽然你需要钱去买某样东西，但是对他人来说，给你需要的东西也许比给你钱更容易。有这样一个例子，一个成功的创业者在课堂上演讲完后，两个学生请求给他们的企业投资。他们解释说，需要钱来乘飞机飞往世界各地宣传他们的点子。最终，创业家没有给钱，而是为他们提供了许多未使用的飞行里程。

8. 想一想如何退场　如果你足够幸运，你会得到合作伙伴对你的新事业的承诺。如果没有得到，也不要灰心。记住，请求是一个循环反复的过程。你可以在对话结束时，询问是否可以在未来（届时你可以提出不同的请求）再次谈话，或者请求对方推荐其他人给你。

（资料来源：斯图尔特·瑞德，萨拉斯·D·萨拉斯瓦斯，尼克·德鲁，等. 卓有成效的创业. 李华晶，赵向阳译. 北京：机械工业出版社，2020.）

合作伙伴只有在收到创业者的请求后才有可能选择是否加入你的新事业中。在创业的早期阶段，应通过开放式的对话与合作伙伴建立关系，而不只是获得你想要的东西。要让他人看到你预见的机会、倾听他人想要的东西，与合作伙伴之间相互影响，并做出让双方都能受益的行动。切忌只是销售，而是要建立关系。

（五）飞行员原则

飞行员原则又称非预测性控制原则。埃拉·惠勒·威尔科克斯在诗中写道："一艘船驶向东方，一艘船驶向西方，吹拂他们的风来自同样的方向。是那一整套的帆，而不是狂虐的风，决定了他们的前方。"

尽管我们非常渴望能够将创业掌握在自己可掌控范围之内，但是事实上，并不是每件事情都是可控的。在商业战略中，用于做决策的工具有两种，一种是预测，一种是控制。在一个成熟稳定的环境中，将预测作为战略决策的基础，是相对比较容易的。因为预测所需的信息，特别是从环境中得来的大量的历史信息是相对可靠的，可以作为战略决策的基础。但是在创业初期，当企业对外部政策、市场环境等各方面都缺乏影响力的时候，就需要企业能够利用其手段、合作伙伴和行动创造新的机会，重塑市场，以期达到控制创业的目的。

飞行员原则是五大原则中的统领性原则，要求创业者要专注于那些可控制性较强的因素与事件，控制能够控制的，影响能够影响的，预测能够预测的，从而提高不确定性情境的可控制性。

非预测性控制见表 3 - 2。

表 3 - 2　非预测性控制表

原则	视角	不确定性（外部环境）	确定性（创业者）	控制
手中鸟原则	资源	他人的资源是不确定的	自己的资源是确定的	行动并创造未来
可承担损失原则	风险	预期收入是不确定的	最坏的结果是确定的	适当停止
疯狂被子原则	合作	别人的资源是不确定的	别人能够为我所用是确定的	改变自己，影响他人
柠檬水原则	意外	意外是不确定的	可以转化是确定的	控制过程，结果顺其自然

飞行员原则对其他四大原则的统领性表现在以下几方面。

1. 在采取行动的时候，要基于已经拥有的资源，而不是关注缺少的资源，这样才会快速行动。

2. 在评估行动时，要依据失败风险的可承受性，而不是带来的利润，这样有利于控制风险。

3. 在与合作伙伴共创未来的时候，不是依据间接的市场来预测未来，而是基于共同的利益。

4. 在应对创业过程中遇到的各种意外事件的时候，是基于与合作伙伴的共同利益，将各自的目标、资源融合在一起，以增强不确定性环境中的控制力。

第二节　设计思维

随着社会的不断发展，当下不管是企业还是其他各种组织，面临的问题都已经变得非常复杂，以前看待问题的方式已经不足以应对当前问题的复杂性。当越来越多的创新者寻求商业、教育与社会领域的创新与变革时，我们需要一套实用性高且容易被不同文化背景的创新者理解的语言，以便从更高的角度综合把握科技、商业和人文需求，由此设计思维应运而生，而且逐渐被越来越多的企业接受和应用。

一、设计思维概述

（一）设计思维的概念

设计思维这一概念的提出，最早要追溯到 1969 年。诺贝尔奖获得者、经济学家赫布·西蒙（Herbert Simon）在他的著作《人工科学》中提出了将设计作为一种思维方式的概念。1987 年，哈佛大学设计学院教授皮特·罗伊（Peter Rowe）在其出版的《设计思维》一书中，首次使用了

"设计思维"这个概念。1992年，理查德·布坎南（Richard *Buchanan*）发表了《设计思维中的难题》的文章，表达了更为宽泛的设计思维理念，指出设计思维可以扩展到社会生活的各个领域。二十世纪八九十年代，罗尔夫·A·法斯特（Rolf A Faste）在斯坦福大学任教时，把设计思维作为创意活动的一种方式进行了定义和推广，并且通过他的同事、全球知名创新咨询公司IDEO的创始人之一大卫·凯利（David Kelley）在其商业活动中采用。2005年，大卫·凯利和全球最大的软件企业之一SAP的创始人哈索·普拉特纳（Hasso Plattner）共同创办了斯坦福大学设计学院（D. school），旨在将设计思维的方法传授给学生。在这里，来自各个学科的学生聚集一起，运用设计思维解决复杂的挑战，努力让自己成为创新者。这也是设计思维正式作为方法论体系被用于教育教学。目前，斯坦福大学、哈佛大学、麻省理工学院、伊利诺理工大学设计学院、加州大学伯克利分校、普渡大学、东京大学等国际顶尖高校都开设有设计思维相关课程，用于创新人才培养。

今天，设计思维已经被大量运用于为各种企业和社会难题提供实用和创造性的解决方案，它不仅为设计师、政府规划者、社会公益组织等提供解决方案，还帮助大量企业蜕变为世界顶尖公司，并被视为中国大热的"互联网思维"的渊源。从苹果、美国银行、SAP、宜家、百事可乐到通用电气、宝洁、IBM、三星、3M等，都已经把设计思维纳入经营策略，推动其商业创新。

那么，什么是设计思维？IDEO的首席执行官蒂姆·布朗（Tim Brown）认为，设计思维是一种运用设计师的敏感性与方法，以一种技术上可行与商业上可行的方式解决问题，以满足人们需要的方法论。换言之，设计思维就是以人为中心的创新，是解决创新挑战的一种有效的方式。它以人为起点，理解用户，从中获得灵感，并且用一系列有效的创新工具寻求创新解决方案。Embrace的案例就是设计思维的典型代表。

（二）设计思维的内涵

1. 设计思维是一种创新思想体系 设计思维中的设计，不是简单的海报设计、图案设计，而是可以广泛运用到社会和商业各个领域的一种创新思想体系。其设计不仅是构想形式，更是一套复杂的以创新为驱动的问题解决方式。作为一种创新思想体系，设计思维包括以下核心思想。

一是以用户为中心，进入真实世界，找到新视角，获得新洞察。

二是重新界定问题，拓展解决问题的思路。

三是邀请用户、合作伙伴、利益相关方共同参与变革。

四是高速迭代，在实践和反馈中不断摸索，持续改进解决方案。

围绕上述核心思想，设计思维提出以下要求。

一是围绕用户的三要素平衡。即以用户需求为中心，综合考虑科技的可实现性及商业的可持续性。创新者需要具备跨越人文、商业、科技三个领域的能力，能够敏锐地观察、把握需求，结合合适的技术手段解决问题，同时考虑商业方面的可行性，包括成本概念及产业经营意识。如图3-4所示。

二是跨领域的团队合作。波茨坦大学设计思维学院院长乌尔里希·温伯格（Ulrich Weinberg）将互联网时代众创与分享的特征总结为从"智商"（IQ）到"众商"（WeQ）的转化。设计思维鼓励来自不同文化、不同专业领域的成员组建跨领域团队，培育参与文化，鼓励集体智慧，并通过团队工作探寻创新解决方案。目前，大量的跨国企业、初创公司到国际项目团队，越来越多的创业团队都强调跨领域的合作。

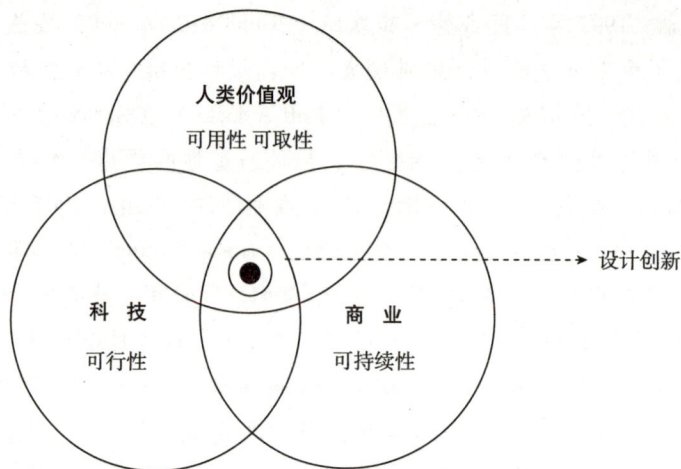

图 3-4 设计创新三要素

三是在做中学，欢迎失败。设计思维主张有想法，更要有行动。立即行动、从行动中获得新的启发和有价值的信息是缓解创新者焦虑的最好方式。通过快速制作原型，以更短的周期进行小范围实验，并不断迭代调整，在失败中学习和调整方向，使得创业想法不断落地和推进。

四是对问题进行开放式探索。设计思维认为，比起"5+5=？"这样的问题，"？+？=10"更重要。因此，设计思维鼓励用差异性、多元化的思维方式解决同一个问题，强化解决方案的效果，而不是实现路径。

2. 设计思维是一种创新方法体系　设计思维认为，创新不是经年累月的积累加上灵感乍现的妙手偶得，人人都可以是创新者，每个人都可以依据具体的规则与步骤参与创新学习与实践。因此，设计思维梳理出了一套具体的流程，每套流程下又涵盖若干方法和工具，使得创新不再遥不可及。这套创新方法体系包括以下几个方面。

（1）循环往复的五个步骤和创新工具　设计思维围绕创新挑战，营造良好的创新环境，用规范化的流程积累创新。这套流程包括共情、定义、构想、原型和测试五个基本步骤，每一步骤都提供许多来自广告创意、工业制造、人类学、新闻传播等各个领域的创新工具。通过流程管理、时间控制和创新工具的使用，强化跨界融合，提高跨学科问题的解决能力。不同步骤间不断迭代循环，构成设计思维创新最基本的框架。

（2）开放、自由的空间　设计思维强调空间的开放性，学生自由、自主地搭建团队空间，并用白板、活动桌椅、辅助工具等营造舒适的空间环境。灵活、自由的空间打破了传统教学的层级观念，教师转变成教练，负责营造创新氛围，推动创新构思，把创新思考抛给学生和团队，令团队成员之间产生多层次的创意连接。

（3）以解决问题为中心的团队合作　设计思维孕育创造力的关键是合作。跨学科、跨专业背景的团队可以从多个角度思考解决问题的方法，每个人都能从伙伴那里学到新的资源、技能和想法，每个人都为了共同的任务贡献智慧，团队成员共同推动创新方案的生成。

因此，设计思维是一套容易被不同文化背景的创新者理解的思维清晰、平衡且有效的创新性语言，是一种创新思想体系，一种创新方法。

二、设计思维的步骤

（一）设计思维步骤的不同观点

关于设计思维的步骤有多种观点，代表性的观点包括以下几种。

赫伯特·西蒙认为，设计思维过程包含 7 步：定义（define）、研究（research）、构想（ideat）、原型（prototype）、选择（choose）、应用（implement）和学习（learn）。罗伯特·麦金（Robert Mckin）认为，设计思维可以进化为表达（express）、测试（test）和循环（cycle）三步。克里斯托夫·梅内尔（Christoph Meiner）与拉里·莱弗（Larry Leifer）认为，设计思维流程包括五步：（再）定义问题［（re）define the problem］、需求发现与标杆管理（needfinding and benchmarking）、构想（ideat）、构建（building）和测试（test）。

在商业设计领域，关于设计思维步骤的代表性观点主要包括：①斯坦福大学的设计思维五步法：共情（empathize）、定义（define）、构想（ideat）、原型（prototype）和测试（test）。②IDEO 的设计思维五步：探索（discovery）、说明（interpretation）、构思（ideation）、实验（experimentation）和改进（evolution）。③中国传媒大学艺术学部设计思维创新中心的设计思维六步：理解、观察、综合、创意、原型和测试。④戴夫·帕特奈克的设计思维三步：问题、方案和测试。

本书中，我们采用斯坦福大学设计学院的五步法，即共情、定义、构想、原型和测试。

（二）设计思维的基本步骤

1. 共情（empathy）　亦称为"同理心"，泛指心理换位、将心比心。在心理学中指设身处地地对他人的情绪和情感的认知性的觉知、把握与理解。建立同理心包括感受到他人的情感和情绪。设计思维的一个重要信念是认定创新应该回到人本身，解决问题要从理解你为之设计的用户起步，要求创新者具备社会化思考的能力，而共情就是团队利用社会化思考方式探索用户需求的方式。

要做到共情，创新者需要做到以下 3 点。

（1）观察　IDEO 的汤姆·凯利指出，"人类学家的角色是创新的主要来源"。设计思维的观察并不仅仅满足于调查问卷所提供的信息，而是主张进入真实环境，跟具体的人接触，倾听和观察他们的行为，甚至是欲言又止的身体语言背后所隐藏的信息，而不是创造凭空想象的故事模型。

（2）站在对方的角度思考问题　创新者常常以我为主揣测用户，而忽略了用户真实的想法。设计思维既不是"己所不欲，勿施于人"，也不是"己之所欲，施之于人"，而是要站在对方的角度考虑问题，通过他人的眼睛和心灵理解世界。

（3）沉浸　要去体验用户所体验的，甚至是把自己变成用户，在真实的环境中体验用户所体验的，并从中寻找需求和问题所在。

在共情这一阶段，创新者得以收集到大量信息，以便在下一阶段中使用，可以对用户的需求，以及该特定产品开发背后的问题形成最佳理解。

2. 定义（define）　即确定问题，对收集到的用户信息加以抽象，以获得有价值的创新工作目标。

从收集到的纷繁复杂的信息中发觉意义是这一阶段的核心，通过发觉意义，创新者可能会对原有的问题形成重构。因此，这一阶段的具体工作任务是要打磨出一段内容明确、操作性很强的任务描述，也就是设计思维中所说的用户要点聚焦（point of view），简称 POV。一个相对成熟的用户要点聚焦，应该包括对特定用户（或提炼综合出的用户）的勾画、用户需求描述和我们洞察到的问题。以 Embrace 项目为例，用户——居住在印度的偏远村庄的无助的新生儿母亲；需求——给新生儿保温，以保证其存活；洞察问题——大多数母亲没法把新生儿带到距离很远的医院使用现代化的保育箱。

在定义阶段，需要注意的是，创新者应该设法用"以用户为中心"的方式来定义问题，即不要将问题定义为你自己的愿望或者公司的需要，比如，我们需要让这些无助的新生儿母亲接受我们的产品。正确的提出问题是触达用户痛点和需求的关键。

3. 构想（ideat） 也叫创意、设想，是针对用户洞察，发展创意点子的过程。在这一阶段，创新者会结合观察阶段所获得的灵感，围绕在定义阶段得出的核心判断，通过特定的创意流程，在短时间内相互激发，输出各种各样的解决方案。

这一阶段是团队成员开始跳出框框思考，为创建的问题找出新的解决方案的过程，通常会用到头脑风暴法。此外，经常用到的创意方法还包括奔驰法，即 SCAMPER 法。

S 代表 substitute（替代）：是否有取代原有功能或材质的新功能、新材质？

C 代表 combine（合并）：哪些功能可以跟原有功能整合？如何整合与使用？

A 代表 adapt（调整）：原有材质、功能或外观是否有微调的空间？

M 代表 modify（修改）：原有材质、功能或外观是否有修改或更夸大的空间？

P 代表 put to other uses（其他用途）：除了现有功能之外，是否还有其他用途？

E 代表 eliminate（消除）：哪些功能可删除，或哪些材质可减少？

R 代表 re－arrange（重排）：顺序能否重组？

在创意阶段，重要的是激发灵感和创意，因此，要尽可能地输出更多的解决方案。IDEO 给出了创意阶段的 7 个原则：暂缓评论、异想天开、借题发挥、不要离题、一次一人发挥、图文并茂、多多益善。

4. 原型（prototype） 原型是最终产品的雏形，是介于创意与产品之间的一个过程。这一阶段的目的就是通过一定介质将头脑里的想法呈现成为原型的过程，这些廉价的原型尽管与最终产品相去甚远，但是却具有以下价值。

（1）用于用户测试 原型制作的一个主要目的就是用低精度的概念原型探索创意实现的各种可能性，然后迅速进行二次迭代。因为低精度的原型有助于探索多个不同的方向，而不是在早期就把所有精力专注在一个创意上。因此，原型制作要遵循 3R 原则，即 Rough、Rapid、Right，而不是花费太多精力去做一个尽善尽美的原型。让创意变得更为直观，并方便获得用户的评价。创新者可以根据测试的目的制作多个原型，以探索设计空间的多种可能。

（2）获得更深刻的共情 比起普通采访和实地观察，原型测试过程中能够获得一些不同类型的信息，这也是在原型阶段进行深度共情的基础。原型可分为功能原型和共情原型。功能原型是为了测试功能，共情原型通常是为了更深入地洞察用户。比如我们可以制作一个六七斤的沙袋绑在肚子上，以体会孕妇生活中面临的真实情景。因此，共情原型不仅是面向终端用户的一个工具，也可以用在团队内容，以助于加深对创意命题的理解。

（3）探索和激发灵感 行动促进认知，做是想的延伸，反过来也是想的源泉。很多时候，最终呈现的效果不一定是在创意阶段讨论得到的，而是在制作原型阶段边做边想、边想边做得到的，所以制作原型的过程又被称为"用手思考"的过程。

（4）尽早失败 原型不是一个完美的解决方案，它只是一个过程性作品，失败发生的越早，越有利于最终产品的成功。IT 行业从早期的瀑布型开发到而今的敏捷开发、精益管理，在这一过程中先进行假设，然后不断开发原型进行验证、迭代是同样的道理。

原型的类型一般包括纸原型、故事板、模型、角色扮演、视频等形式。根据制作精度的不同，有不同的表现形式。最初一般是制作低精度的原型，用来获得快速反馈；后期随着对各种产品功能的要求增加，以及基于外观的更精确地把握，可能需要制作高精度模型；当接近成品的时候，还要进行打样，也就是按照1：1的比例进行等比制作，以便产品正式面市之前进行最后的审视和微调。

5. 测试（test）　测试是企业将最终的新产品和新服务推向市场前，尽量让其更接近市场真实需求的必要环节，是使产品逐渐调整、完善和合理化的过程。项目在正式实施之前进行小规模测试可以快速获得数据和相关反馈，从而验证假设并修正方案，而且在很多情况下，测试之后甚至会推翻原来的方案，产生更精彩的创意。因此，测试环节能够有效帮助团队提升创意投放市场的成功概率，避免在前途未卜的时候就盲目投入大量资金，最终却由于前期没有注意到的因素带来不可控的影响，使整个项目失败。

一般来说，测试的流程主要包括以下几个环节。

（1）设计测试任务　测试任务是根据阶段划分的，一般在战略活动阶段进行概念测试，确保选出符合企业资源和市场需要的产品和服务概念。在这一阶段一般会采取交流沟通的方式，准备多个原型，以便用户进行测评。规划活动阶段进行样品测试，主要是了解原型的功能是否满足用户需求，外观是否具有吸引力，产品或服务的设计带给用户怎样的感觉，确保产品和服务符合前期概念且具备市场优势。战术活动阶段进行新产品试销测试，确保产品和服务正式执行的时候无偏差，并通过试销进一步预测产品的销售前景和利润，以便实现既定的商业价值。

（2）聚焦测试对象　测试对象的选择关系到最终测试结果是否准确，测试对象选择失误会给整个测试造成误差。因此，在测试中一方面要关注有启发性的用户反馈，另一方面也要大胆地提出误差。

（3）构建测试环境　包括物理上和心理上两方面的环境准备。通常采用邀请用户到一个布置环境友好且有暗示性的项目工作空间的方式，将用户自然而然地带入项目角色中去。

测试的方法一般包括原型功能测试、团队交叉测试、极端用户测试和专家测试等，运用不同的方法，可以帮助我们快速、有效地得到测试结果。测试的过程中，需要掌握以下三点原则。

第一，测试是访谈而不是推销产品。常常会出现这样的情形，由于对所创造出来的产品爱不释手，所以不断地向用户展示产品的优点，而忘记了是想通过测试得到进一步完善产品和服务的建议。因此，一定要把测试当作进一步跟用户接触的宝贵机会，用访谈的方式提问、观察、倾听，把更多说话的机会留给用户，以便得到更有价值的反馈。

第二，过程式参与，用户永远是对的。不要向测试对象一次性输入过多信息，可以在简单介绍项目背景及测试目的后，就带着用户进入测试旅程；在用户前进的过程中要与其进行实时互动，鼓励继续探索；当用户发生错误的时候，切记"用户永远是对的"，而不是立即去纠正他们，因为在这些错误操作的背后，隐藏的也许正是产品或服务需要改进的地方。

第三，及时总结。团队可以用四象限法分析测试结果，用以捕捉在实施中哪些设计是有效的，哪些是无效的，记录用户在测试过程中发现的新问题、提出的建议或者团队在测试过程中涌现的新想法。

案例链接

法兰克福机场的安检体验

由于世界范围内各种不稳定因素的不断涌现，给机场安检出了很大难题。如果检查严格，旅客就需要脱去鞋子，解下腰带，脱下大衣，除去围巾等身外之物，不但造成安检效率低下，而且在检查过程中旅客也常常因为衣衫不整而感到尴尬和狼狈。同时安检的时候，旅客还要留心行李不会丢失，这极大地加重了旅途中的心理负担，整个安检的三五分钟令人感觉非常漫长。

负责这个项目的设计思维团队经过一系列创造性工作之后，为机场重新设计了行李手推车。新的手推车进行了更细致的分层和归纳设计，就像宜家的抽屉格子一样，将不同种类的行李规划得井井有条。下层放普通行李，上层放电脑、手机等电子产品，还有专门放置液体的地方。这样旅客在安检之前就能利用候机时间将物品归纳整理好，直接推着手推车，连人带车一起通过安检门，不再需要在安检口停下来手忙脚乱地打开行李，拿出各种需要单独安检的物品。这样一来，旅客通过安检的时间大大缩短了，更为重要的是，旅客不用在被安检人员扫描的时候还要用眼睛的余光盯着自己放置物品的几个安检盒子。一个手推车装下所有物品，随身带走，让旅客更加安心。为了验证方案的可行性，设计团队带着新设计并制作的手推车原型来到机场，与其他的手推车放在一起，并在旁边架起摄像头观察旅客反应，捕捉他们如何阅读提示，如何整理行李和使用手推车，从中获取了很多有价值的反馈。

（资料来源：王可越，税琳琳，姜浩，等. 设计思维创新导引. 北京：清华大学出版社，2017.）

（三）设计思维的迭代循环

设计思维的五个步骤并不是单向的、线性的，而是前后交错、反复链接的，正如 Teo Yu Siang 和交互设计基金会为设计思维做的非线性流程图（图3-5）所展示的一样，流程中的关键要素并不是显而易见的某一个步骤，而在于步骤与步骤之间的联系。设计思维既可以是在完成五个步骤后进入下一个完整的周期，也可能是在中间某一个步骤就链接到其他步骤。这五个阶段不是连续的，不必遵循某种特定的顺序，可以同时进行，也可迭代地重复。

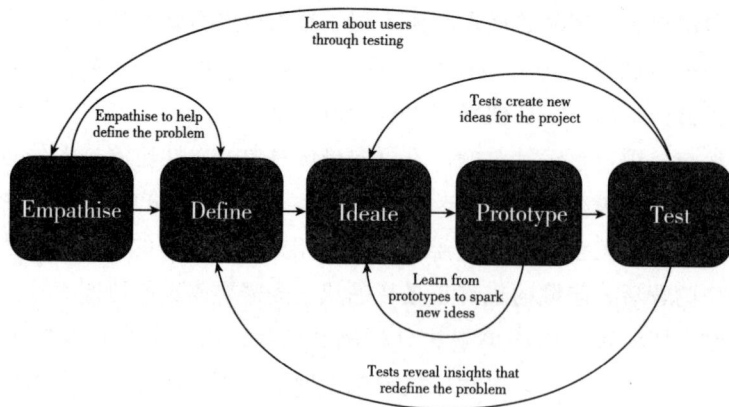

图3-5 设计思维非线性流程图
（作者/版权所有者：**Teo Yu Siang** 和交互设计基金会. 版权证书：**CC BY－NC－SA 3.0**）

在某种意义上，这些阶段应该理解成不同的模式，而不是几个顺序和步骤。它的优点在于，系统地区别了创业者可能会在一个设计项目，甚至是任何问题解决的创新项目中用到的五个阶段（模式）。创业者在后期阶段所获取的信息可反馈运用到早期阶段。信息不断地被用于对现有想法与方案的理解，以及重新去界定问题。这就形成了一个永恒的循环，创业者在其中不停地获得新的见解，形成新的方式，思考产品及其大致用途，以及对用户与目前面临的问题有着更深远、精辟的理解。

三、设计思维工具

设计思维作为创新者的共同语言，不仅仅因为它有一套行之有效的流程和操作步骤，还因为它使用的工具和方法皆是来自广告创意、工业制造、人类学、新闻传播等各个领域的老工具。设计思维用全新的视角将这些新老工具进行重新聚合，使它们焕发出新的效能。

（一）调查研究方法

设计思维要求创新者在处理一项具体的设计任务时，不是一开始就进入具体操作，而应该先问"为什么"，并展开详细的调查和综合分析，之后才能进入"怎么做"环节。设计思维经常用到的调查研究方法有访谈法、体验法和5W1H法等。

1. 访谈法　访谈法是最常见的调研方法，也是通过谈话挖掘用户需求的好方法。访谈看似容易，却需要长时间的训练才能熟练掌握。访谈大致分为以下步骤。

（1）开场　明确访谈的目的。访谈开始时，采访者先进行自我介绍和项目介绍，采访者需用笑容、肢体语言营造良好的访谈氛围，并且要保持谦虚。"本杰明·富兰克林效应"告诉我们，如果你只是请别人帮个小忙，大多数人可能很乐意。因此，如果你向受访者说明"我们是学生，正在研究某个课题，不是在推销产品"的话，他们会更乐意帮你。

（2）破冰　打破与陌生人之间的隔阂，找到一个切入的话题，这样会使受访者感到安全，使沟通更加顺畅，获取更多有价值的信息。破冰的技巧很多，生活化的提问是聊天开始的最好方式，例如寻找一些共同点（家乡、学校等），从一些简单的问题开始，营造访谈氛围等。

（3）开放式提问　开放式提问会引出各种可能性，所以访谈中为了获取尽可能多的信息，需要采用开放式提问。例如，可以用"你觉得某某软件的功能有哪些地方吸引你"这样的问题进行提问，而不是问"你觉得这款应用好玩吗？"

（4）追问，走向纵深　一次问一个问题，尽可能深入挖掘，要学会多问几个"为什么"。用户不太可能一次就把所有的问题说清楚，所以需要采访者一步一步地提问，这样才能把问题弄清楚。有时候受访者企图维护自我形象，在这种情况下，可以找另外的角度，从侧面了解。

（5）关注非语言信息　沟通的信息传递7%来自语言，38%来自语音语调，55%来自身体语言（表情动作等）。例如，皱眉可能表示受访者很为难，受访者一直看手表是否提示访谈时间太长了。如果想了解用户更多的言外之意，《身体语言密码》《微表情》之类的书籍是不错的指南。

（6）倾听　采访者应尽量扮演引导者的角色，引导受访者尽可能真实地表达自己的想法。采访者应尽量避免插嘴，要放慢语速，让受访者尽可能连续表达，提出更多观点。因为受访者只有进入角色并思考所提出的问题时，才会提出有意义的观点。访谈中可以适当进行反馈，以表示采访者在积极倾听，例如用"嗯"（并点头）、"这样啊""这个想法有意思"，并适时记录访谈内容。

2. 体验法　设计思维强调共情，但人类的悲欢并不相通。"站在对方立场上"通常是表面化的。更有效的方法是进入用户的生活、工作环境，体验用户的喜怒哀乐，如此做出的创新方案才更加真实。

（1）体验角色，成为用户　许多时候需要身体力行，扮演用户角色，会让创新者深刻意识到难以言传的创新情境。一家大型医院曾邀请IDEO公司的创新团队协助改善病人体验。IDEO团队进入医院后，一位成员假装成病人，以体会真实病人的感受。结果他发现，病人通常会长时间躺在床上盯着天花板，这对病人的情绪很不友好。由此他们认识到，改善病人体验并非只是大幅改善医疗系统，而是应对病人的心情进行一些小改变。例如，美化天花板；在病房的一面墙上装上白板，让访客写下给病人的话；更换跟医院大厅地板相同颜色的病房地板；分隔公共空间和私人空间，等等。

（2）忘记分析，试着感受　设计师如果过于倚重事实分析，共情环节往往只停留在理论上。设计思维要求创新者打破日常观察的惯性，带着目的，打开所有感官，不带成见地去感受，比如看、说、听、摸、闻等。

（3）从资深用户角度开始创新　由于有更深入的使用经验，故而资深用户最有可能对产品有一套创新想法。如果创新者本身是资深用户，创新发现会更加直接。例如打扫卫生时，很多人都想出了擦地板的省力办法，即用脚踩着抹布，免去了弯腰。有一位主妇在擦地过程中想到，为什么不能把抹布与拖鞋固定在起呢？于是一双可以擦地的拖鞋诞生了，这个点子价值百万美元。资深用户在特定情境之中的体验会转化为有利的创新点。

3. 5W1H 法　5W1H 法是设计思维经常用到的资料收集的方法，无论是在商业领域还是在学术领域，都是调研经常用到的参考框架。这里的 5 个 W 和 1 个 H 分别是 6 个英文疑问词的首字母，覆盖了因创新挑战而需要接触的新知识领域的方方面面。

Who：汇总调研目标人群或用户群体的信息，包括年龄、性别、数量、收入、宗教、种族、兴趣爱好、教育程度等。

What：明晰工作的目标，确定预期解决方案的形式是什么。解决问题的途径既可以是发明一件创新产品，也可以是改善服务；既可以是开发软件，也可以是变革工作流程、组织架构、企业文化等。

When：通过查阅前人的研究成果和收集已有的案例，明确用户在何时会需要类似的解决方案，以及用户会在多长的时间段里用到将被设计出来的产品或服务，用户的使用频度也是需要研究的一个要素。

Where：确定用户会在什么场景下需要这个解决方案。上一个问题和这个问题共同界定了用户遭遇问题的情景，脱离了这样的情境，就有可能不存在原来的问题了。

Why：研究用户为何会需要这个而不是其他的解决方案，由此提升思考问题的维度，从价值角度扩展寻找创意的范围。

How：分析解决方案具体如何实现，需要采取哪些步骤，需要多少人、多少资金，问题解决之后理想状态应该是什么样的，等等。

（二）定义的工具

在综合定义环节，定义目标客户和使用场景是非常重要的。作为以人为中心的创新体系，典型用户画像和用户体验地图是创新者非常重要的工具。

1. 典型用户画像　典型用户画像也称人物角色，是根据用户社会属性、生活习惯和消费行为等信息而抽象出的一个标签化的用户模型。构建用户画像的核心工作是给用户贴"标签"（对用户信息高度精练的特征标识）。用户标签如表 3 - 3。

表 3 - 3　用户标签列表

标签性质	标签内容
属性标签	性别、年龄、职业、消费水平、地域、性格等
兴趣标签	购物、教育、娱乐、金融理财、健身、旅游等
行为标签	近期活跃的行为、近期去过的场景
场景标签	机场、商场、商圈、景区、自定义场景等
定制化标签	与个性化需求相关的其他定制化标签

典型用户画像是许多企业都在用的工具，其具有以下价值：从公司战略层面来说，好的用户画像可以帮助企业进行市场洞察，预估市场规模，更有助于避免同质化，进行个性化营销。从产品本身来说，用户画像可以围绕产品进行人群细分，确定产品的核心人群，从而有助于确定产品定位，优化产品的功能点。例如美妆类 APP，前期可大致锁定画像为一二线城市、喜欢时尚、年龄段在 18~35 岁的女性。从数据管理角度来说，用户画像有助于建立数据资产，挖掘数据价值，使数据分析更为精确，甚至可以进行数据交易，促进数据流通。

用户画像在很大程度上为冰冷的事实增加了人情味，有助于提出正确问题，并从目标用户的角度去回答这些问题。例如："这些人都在想什么、感觉什么、做什么、说什么"，以及"我们试图满足他们的潜在需求是什么"等。

一般来说，定义典型用户画像需要遵循以下标准。

先画出用户的草图，给他起个名字，写下其年龄、收入、文化程度、居住环境、专业特长、个人偏好等属性。

描述与用户有关的教育、生活方式、兴趣、价值观、目标、需求、限制、欲望、态度和行为模式等详细信息。

可以添加一些虚构的个人细节，使画像成为现实的人物角色。

角色吸引型画像的目的是创建描述解决方案的场景。为此，也可以描述一些可能触发使用正在设计的产品或服务的情况。换句话说，可以通过创建以用户画像为特征的场景来赋予每个画像生命。

需要注意的是，上述每一项特征描述都应有现实依据，无论这些依据来自观察访谈还是文献调研。

除了绘制用户半身或全身像的草图以外，也可以拿现场拍摄的有代表性的用户照片（或是剪贴图片）作为形象化、视觉化的手段。

2. 用户体验地图　用户体验地图是一种梳理用户场景和体验问题的设计方法，它是用可视化的形式，将用户在经历一个过程中，用户的所做、所思、所感都分别展现，以便更全面地了解产品带给用户的体验，并发掘可以优化的地方。它可以让你感同身受，也可以让你找出想要改进和更深一步了解的地方。

常见的用户体验地图中，先要有对一位典型用户的描述，然后至少有一条时间线。在时间线上，以节点定义用户的行动细节。节点往往意味着用户与我们所关注的产品或服务有直接或间接的联系。用户的每一项活动都被置于场景中详细考察，在进行关联与比较的时候，我们需要关注的是反复呈现的模式与凸显的异常。

除了必要的时间线这一维度之外，第二个、第三个和更多的分析维度都能被纳入这张图表中。例如，我们经常引入衡量用户体验指标的情感（情绪）曲线，在业务与用户交互的每一个接触点（痛点和兴奋点）记录用户的疑问，体会其顾虑和期待，标注引发的反应和感受，以思考如何用创新的手段改进设计，提升用户的满意度。如表3-4。

表3-4　用户体验地图

用户需求 needs					
时间/阶段 time/stage					
行为 doing					
接触点 touch point					
思考 thinking					
情绪 feeling					
痛点 pain points					
机会点 pooortunities					

（三）创意工具

产生创意是设计思维创新重要的环节，也是最让人兴奋和激动的环节。头脑风暴是这一阶段最常用到的方法。另外，还有6-5-3传递创意法、迪士尼创意法等。

1. 6-5-3传递创意法　为每位创意成员准备一张A3白纸，并做成如图3-6的样式，将创意挑战写在白纸的顶端。所谓6-5-3传递创意法，是要求6个参与者每5分钟产生3个新点子。在完成3个点子之后，这张白纸被顺时针传到下一位成员手中。计时重新开始，以此类推。在每个5分钟之中，已有的创意将激发新点子的诞生。如此，每张纸上都有18个点子，6张纸就会有108个创意诞生。6-5-3传递创意法强迫团队成员快速产出，并基于其他成员的想法产生新的点子。

创 意 设 计 主 题 名 称

	创意1	创意2	创意3
1.成员：			
2.成员：			
3.成员：			
4.成员：			
5.成员：			
6.成员：			

图3-6　6-5-3传递创意法

2. 迪士尼创意法　迪士尼创意法是沃尔特·迪士尼（Walt Disney）及其同事在工作过程中研发出来的思考工具。迪士尼创意法要求创意成员分别充当"梦想家"（dreamer）、"现实主义者"（realist）和"批评家"（critic）来解决问题。

第一步：梦想家在限定时间内抛出大量创意，天马行空，没有限制，一切皆有可能。梦想家寻求最理想的创意及突破性构想。梦想家用视觉构思，想象未来画面。

第二步：现实主义者从实用主义的角度提出意见，考虑哪些资源可以利用，哪些创意可以省钱、省时、省力。现实主义者需要以"执行"为第一指标，以目标和效率为导向，考虑执行者、时间、空间、条件等因素。现实主义者需要考虑创意取得成功的可能性，并以此为标准选择点子。

第三步：批评家需要评测创意的优势、劣势、弱点、长项。批评家需要反思哪些创意还没有被提出，并针对已有创意提出改进意见。批评家要进行以下分析、判断：在什么情况下，我不想执行这个创意？在什么情况下，这个创意会导致失败？在执行者、决策者中，谁会提出反对意见？有哪些因素会导致创意无法执行？

梦想家、现实主义者从不同的侧面贡献新创意，批评家则对创意进行评判、选择。

第三节　精益创业

在这个前所未有的时代，越来越多的初创公司者开始意识到，许多公司失败的原因不是无法做出想要的产品，而是浪费太多的时间、精力和金钱，最后制造出许多不对路的产品，导致无法获取用户。精益创业方法可以帮助初创公司提高创业成功率。

一、精益创业概述

（一）精益创业的产生

精益创业的产生与 21 世纪初硅谷创业家对 GBF（Get Big Fast）式创业思维的反思有关。GBF 式的创业思维主要依靠天才人物的天才设想，在天才人物想出一个好点子后，风险投资马上跟进，然后进行封闭开发，投放市场，并进行大规模复制。这种创业思维被定义为"火箭发射式"的创业思维。20 世纪 90 年代，美国著名的生鲜电商 Webvan 是这种"火箭发射式"创业思维的典型代表。Webvan 在他的商业模式还没有得到验证之前，在其任何一个仓储中心都没有达到满负荷运转之前，就匆忙地把该模式复制了 20 多个城市，最终导致惨痛失败。"火箭发射式"的创业思维是一种线性思维，这种思维方式认为用户需求或痛点是已知的，可以完全准确地把握，而且路径、解决方案也是已知的，创业只需要制定出完美的计划，并完美地执行计划，就能通向成功。

基于 Webvan 的惨痛教训，从 2006 年开始，硅谷开启了一轮新的创业思维，那就是精益创业式的创业思维。在这一轮的创业思维中，有三位代表人物：一位是史蒂夫·布兰克（Steve Blank），他写的书是《四步创业法》和《创业者手册》；一位是领英的创始人里德·霍夫曼（Reid Hoffman）；还有一位就是硅谷创业家埃里克·莱斯（Eric Rise），2012 年 8 月在其撰写的《精益创业》一书中首先提出精益创业一词。这三位代表人物在硅谷发起了一场运动，这场运动的核心是从"火箭发射式"的创业思维转向精益创业思维；从依赖天才人物的天才设想、依赖完美计划和完美执行的思维，转向科学试错、民主创业的思维。创业不再是机械执行的过程，而是要不断地试错，从错误中不断获取知识，然后在不断迭代认知的基础上，最终调整创业路径。目前，精益创业已经成为硅谷创业的主流模式。

（二）精益创业的内涵

精益创业的核心思想是在不确定性的市场环境中，先投入一个极简的原型产品，然后通过不断地学习和有价值的反馈，对产品进行快速迭代优化，以期适应市场。

精益创业最基本的前提是认为用户痛点和解决方案在本质上都是未知的，创业者不知道也无法完美地去预测用户痛点是什么，更无法完美地去设计一个解决方案。我们只能通过不断地科学试错，以及不断地迭代去逼近用户的真实痛点和有效的解决方案。

精益创业是行动导向，而非计划导向，是从行动开始，用科学试错的方式获取认知，完成学习的第一循环；然后将所获取的认知转向行动，由知而行，完成学习的第二循环；之后再不断地重复这个过程，最终形成认知的快速更迭与行动的不断调整。这是精益创业思维最基本的认知模式。如图 3 – 7。

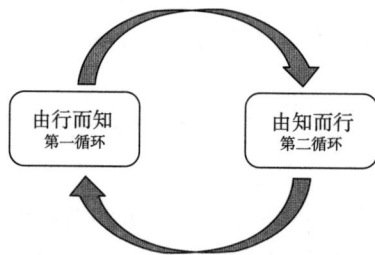

图 3 – 7　精益创业思维认知模式
（资料来源：龚焱. 精益创业方法论. 北京：机械工业出版社，2014.）

精益创业的中心是用户，而不是产品，更不是来自想象中的产品。在整个精益创业的框架里，用户居于核心地位，产品是根据用户的需求来开发的。因此，精益创业的客户开发和产品开发是同步进行的，甚至把客户开发放在产品开发之前。

（三）精益创业的原则

从思维的角度，一般认为精益创业有五项基本原则。

1. 用户导向原则　即从关注创业者和创业企业的自我导向转向用户导向。"火箭发射式"创业是自我导向的，是从初创公司或者创始人本身导入创业过程。精益创业的核心是围绕用户，创业的起点是发现和发掘用户的需求和痛点；产品的设计是围绕用户的需求和痛点展开；产品的迭代围绕如何更好更精准解决用户需求和痛点开展。可以说，精益创业所有的认知和行动都是围绕用户而展开。

2. 行动原则　从计划导向到行动导向。行先于知，而不是用知来引导行，实践是检验假设的唯一原则；把握好度，不能不做计划，也不能忙于计划而行动不足；快速的行动可以带来快速的验证。

3. 试错原则　从理性预测到科学试错。著名哲学大师卡尔·波普尔（Karl Popper）说过"假设并不是科学的，任何假设都只是假设，只有经过验证或者说可证伪的假设才是科学。"精益创业不是关于假设或者计划的一门科学，而是关于如何在创业过程中用科学试错的方式来积累认知，如何提出假设并用科学试错的方法来验证假设的方法。因此，精益创业的试错原则，不是为试错而试错，试错的目的是为了找到对的方向；每次试错都是为了下次更高概率的成功；试错要快，要快速试错。

4. 聚焦原则　从系统思维到单点突破。一开始就想要把产品和服务做得完美无缺是最容易失败的信念；在获得一个单点突破后从单点带动线面的突破是比较保险的做法，在单点尚且没有突破的时候，不要考虑后续的扩展和发展。亚马逊公司接受了 Webvan 失败的教训，在西雅图首先试水其生鲜电商的商业模式，并且经过了 5 年的验证调整后才推向了第二个城市洛杉矶，就是此道理。从亚马逊的发展可以看出，它从"火箭发射式"的系统思维转向单点突破，甚至在单点突破时，主动过滤市场中部分噪音客户，聚焦在最关键的天使客户上。

5. 迭代原则　从完美主义到高速迭代。不怕产品一开始不够完美，怕的是创业者停下来迭代的脚步，每次迭代都是让创业者朝着更好的方向前进的动力。迭代是一个循环往复的升级过程，量变逐渐带来质变。创业者同时需要注意的是，迭代要迅速，在这个市场机会瞬息万变的时代，迭代和速度都是非常关键的。

（四）精益创业的适用领域

如果我们把精益创业理论放在企业不同发展阶段来看的话，那么精益创业并非是一门关于大公司执行的科学，而是关于初创企业如何探索商业模式的方法论。也就是创业公司从 0 到 1 探索的过程。新创公司不是大公司的微缩版，它与大公司最大的区别在于，大公司已经有了被验证的商业模式，更多的是在运营和执行的层面上确认商业模式；新创企业则是探索商业模式，这个过程是一个从无到有、从 0 到 1 的过程。所以在商业模式探索方面，精益创业更适用于从 0 到 1 的初创企业，而非从 1 到 N 的大企业。

但是如果我们把创业看得更宽泛一些，将一些大公司在充满不确定性的情况下在新产品、新服务开发方面也算作一种"初创"的话，精益创业几乎适用于所有行业。在影视行业，"美剧"是典型的精益创业思维方式的应用者。"美剧"往往在正式开机前先拍摄一部先导片。先导片的长度大约有几十分钟，但却把剧中主要的人物关系、矛盾冲突、故事背景等交代得很清楚，然后制作方再邀请几十位观众参加小规模的试映会，根据这些观众的反馈信息决定剧情的修改方向及演员的调整，甚至还以此决定这部剧是否要投拍。在每一季结束时，"美剧"制作方还会根据收视率和观众意见，决定该剧是否要订购新一季内容。像"美剧"这种周拍季播的模式，制作方常常把所有的决策权交给观众，这种方式能极大地降低了制作方的投资成本，并把改进的失败成本降到最低。另外，像中信银行这样的金融服务企业，其信用卡中心也利用精益创业理念进行产品和服务的创新；有些酒店的管理部门也用小步试错的方式进行迭代开发；在传统制造业领域，更有通用这样的大公司在利用精益创业理论进行新产品的迭代开发。精益创业的方法可以运行用到各行各业、在任何规模甚至是庞大的企业中。这也是为什么埃里克·莱斯在《精益创业》一书中提到的"创业者无处不在"的原因。

总体来说，精益创业适用于一些用户需求变化快、产品开发难度不是太高的一些领域，但是一些像汽车发动机制造、航空航天工程等这样的公司，用户需求比较明晰，难点在于技术实现和成本控制，想要反复验证一款产品的功效，成本是非常高的，就不太适合运用精益创业的理念。

二、精益创业的框架与步骤

（一）精益创业的逻辑框架

精益创业的起点是用户探索和用户互动，通过这种方法探索用户痛点并定义用户痛点和解决方案。接着进入用户验证，对用户痛点和解决方案进行科学的试错和验证。验证的结果如果没有用户，那么就需要回转到起点，调整商业模式。在商业模式确定后，进入商业模式放大阶段，也就是商业模式执行，这一阶段更多的是用户积累和公司运营。如图 3 - 8。

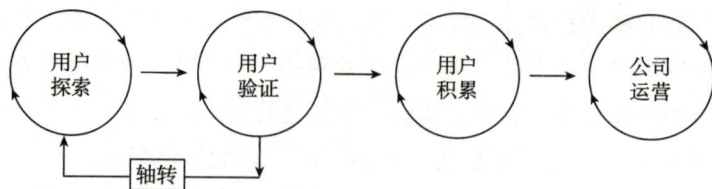

图3-8　精益创业的逻辑框架

（资料来源：龚焱. 精益创业方法论. 北京：机械工业出版社，2014.）

精益创业逻辑框架的第一步就是用户探索，这一步最基本的任务是定义两个基本假设：用户痛点假设和解决方案假设。第二步就是用户验证，这一环节的关键任务就是验证这两个基本假设，同时验证商业模式是否可复制、可规模化，与天使用户之间的大量互动，是验证这两个假设的途径。第三步是轴转。如果在第二环节中得到的验证结果是没有天使用户，那么就需要回转到第一步，即用户探索阶段。轴转是用户开发非常重要的反馈机制，轴转的关键在于快速、敏捷，以及把握时机。因为初创企业在早期的时候，现金流基本是负的，必须在有限的时间内完成探索过程。许多初创企业的失败不是因为商业模式或者产品有问题，而是因为等不到最终完成商业模式验证的那一天。所以轴转的过程必须敏捷和快速，速度越快，对现金流的需求越小。所以精益创业就是一个不断迭代循环的过程，快速迭代是精益创业逻辑框架模型的关键。

（二）精益创业的基本步骤

1. 用户探索　即定义用户痛点假设和解决方案假设阶段。

硅谷早期重要的创造者之一维诺德·科斯拉（Vinod Khosla）说过，"每一个痛点都是一个机会。"那什么是痛点？痛点是消费者暂时未被满足的需求。没有需求，痛点就不是痛点，就是伪需求。做产品最大的限制不是体验不好，体验不好可以改，最大的问题是没有需求。有时候产品也不是一点需求都没有，但是没有它也一样过，这样的需求我们称之为痒点。做产品，要把痛点与痒点区分开来。一般来说，在马斯洛需求理论中，越是底层的需求越是刚需。但是也不是所有的刚需就一定是痛点，痛点还必须满足高频。像上门修锁这样的需求，虽然也是刚需，但是它发生的频率太低了，在这种情况下，客户的黏性就比较差，很难凝聚。

洞察用户的痛点是假设解决方案的前提。有时候，同样的痛点可以有不同的解决方案。以葡萄酒行业的几个案例来看，普通消费者在选择葡萄酒的时候，很难分辨哪些葡萄酒是好的，哪些是性价比更高的。面对整排的葡萄酒货架，由于选择太多，最后就变成了仅仅基于价格的选择。比如今天我想买一瓶50美元的葡萄酒，然后我需要从该价位的所有酒里边挑选一瓶。针对这一痛点，不同的公司提出了不同的解决方案。澳大利亚一家叫"黄尾巴"的公司，它的解决方案就是尽量简化葡萄酒的酒标中的任何专业术语，通过简化、过滤信息的方式帮助用户做出选择。中国的一款叫作"Dr. Wine"（酒博士）的APP则提出了另外的解决方案，用户只需要用这个APP扫描酒标，就能得到这款酒的各种信息。而另一个WSJY公司则提供了另外一个聪明的解决方案。WSJY采取了类似小米手机一样的预售模式，将决策信息转移到自己手中，通过会员制的方式，每季度会为客户配送12种不同的葡萄酒。这样，WSJY就只需要关注12种酒就可以了。然后以预定的准确数量与整个供应商进行整合。WSJY的模式很简单，但是结合了两个关键点，第一是单品思维，就是12种酒；第二是预售模式，就是典型的以用户为中心的精益创业思维模式。

那如何定义用户痛点和解决方案假设，精益创业给出了第一个认知循环模型，即头脑风暴→深度访谈（参与式观察）→从他人失败中学习的用户探索反馈环。如图3-9。

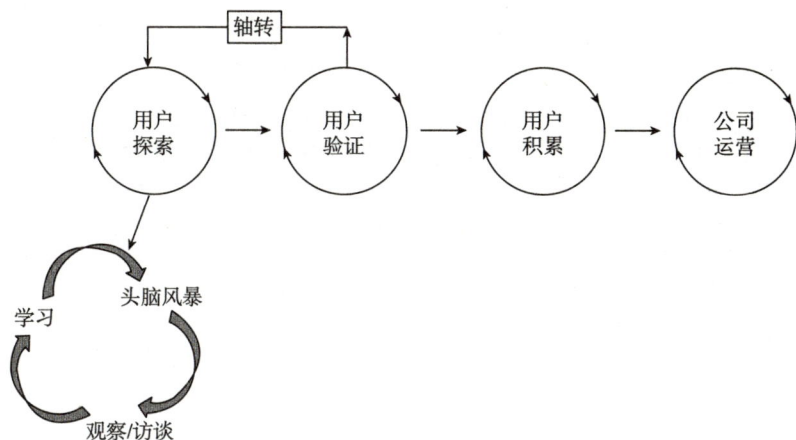

图 3 - 9　用户探索反馈环

（资料来源：龚焱．精益创业方法论．北京：机械工业出版社，2014.）

头脑风暴和观察/访谈都是创业思维最基本的工具和方法，前文已经详细介绍，不再赘述。从他人的失败中学习是第一基本假设经常用到的第三个工具。美国有家 ANM 公司，其商业模式聚焦于电子产品，在美国设计，中国找代工生产，然后在美国销售。这家公司一共有 500 人，其中 50% 的员工每天的工作就是在各大平台阅读各种电子产品的差评，并将差评转变成自己的认知，继而针对性地迭代自己产品的设计。这种从对手的失败中获取认知的代价非常低，几乎为零。

2. 用户验证　即验证用户痛点假设和解决方案假设阶段。

这一阶段的焦点集中在如何验证基本假设，如何验证在用户探索阶段获取的认知。成功的解决方案需要与用户痛点高度吻合，所以这一阶段需要重点关注的是解决方案和用户痛点的匹配度。然而精益创业认为解决方法永远无法实现与用户痛点的高度契合，所以在验证阶段，只能通过不断地迭代，实现对真实的用户痛点和有效的解决方案的不断逼近。

精益创业在本阶段最关键的工具——MVP（minimum viable product），意即最小可行性产品。最小可行性产品是指创业者或者大公司新产品的核心创意先以最少的金钱和精力开发出最简单的原型，不在许多细枝末节上耗费过多的精力。这个原型要能体现出产品的核心价值。MVP 有很多类型，不只是经常说到的产品原型，也可以是静态页面、伪装型按钮、视频、截图、PPT 和邮件等。以美国最大的鞋类电商网站 Zappos 为例，创始人在设计 MVP 的时候，直接将从鞋店拍的照片放到了其网站上，以测试购买者对哪些鞋子更加钟爱。如果有人在网上点击购买某双鞋子，他再去鞋店里把鞋子买下来寄给顾客。这就是一种静态页面形式的 MVP。微信 1.0 版本只有最简单的免费短信和短信群发功能，也是一个最简单的 MVP。不管怎样，MVP 并不针对所有用户，而是只针对天使用户；不追求功能的完善，而只测试核心功能，目的是为了快速试错，不断迭代。这种不断试错、快速迭代的方法和 MVP 一起构成了精益创业的三大法宝。

用 MVP 验证用户痛点和解决方案假设可以分三步走，第一步是设计 MVP，即针对天使用户设计一个最小的产品集合；第二步将 MVP 投入使用，进行测度与数据收集，并将数据和预设的指标进行比较；第三步，从中获取认知，学习和迭代。这是精益创业的第二个认知循环模型，即设计－测度－学习的用户验证反馈环。如图 3 - 10 所示。

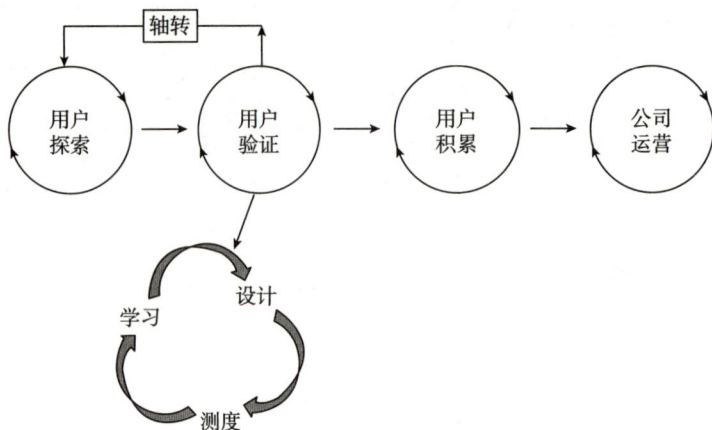

图 3–10　用户验证反馈环

（资料来源：龚焱．精益创业方法论．北京：机械工业出版社，2014．）

三个阶段各有不同的任务和方法，下面详细讲解这三个步骤。

（1）设计 MVP 阶段　MVP 的设计过程有两个关键任务：用户排序和功能排序。用户排序的目的在于不急于放大用户群体，而是主动做减法，主动过滤和筛选用户群，找出最核心的天使用户。功能排序的目的是对功能组合进行排序，找出最核心、与痛点最相关、最小的功能组合。这是设计 MVP 最核心的两点。其本质是在资源有限的前提下，加快迭代速度，快速获取认知。

如何找出天使用户呢？天使用户有两个基本的特点：第一，痛点迫切，所以愿意尝试不成熟、不完美甚至有一定缺陷的产品；第二，愿意积极提供反馈，并愿意积极推广这个产品或解决方案。通过这两点，创业者可以更快速地分辨天使用户和其他用户。

领英公司创始人里德·霍夫曼说过，无论你对产品的 MVP 下多大的力气，都有可能会发现它存在缺陷，所以他对于痛点和功能排序提出了两个关键点：第一，做减法，在做加法之前，聚焦于做减法，事实上，在很多时候做减法可能比做加法更有用；第二，在做减法的过程中加快速度。在 MVP 的测试过程中，速度和迭代是制胜法宝。

案例链接

至简至美的手机 APP——"YO"

在为公司做减法方面，有一个叫"YO"的手机应用几乎做到了极致。"YO"在界面上与早期的微信之类的社交软件比较相似，但是它只有一个功能：如果你闲得没事，想起哪个朋友，要打个招呼，点一下这个朋友的名字，就会发出一条信息给你的朋友，这条信息就是"YO"。除此以外，没有任何其他功能。这款应用一开始的时候，只是为了满足其创始人奥尔·阿贝尔（Or Arbel）老板方便呼叫自己的助手。奥尔·阿贝尔只用 8 个小时的时间就完成了这款 APP。在他将"YO"与好友分享后，它迅速风靡开来。"YO"的投资人霍格表示，他会在晚上 8 点离开办公室时给妻子发一个"YO"，而妻子也会在做好晚饭时给他也发一个"YO"。他朋友家的孩子会使用这款应用提醒自己的父母，他们正等着父母接自己放学。任何人都可以加"世界杯"为好友，以便在每次进球时收到一个"YO"。霍格表示："很多时候，我们只需要一个'YO'就能说清楚自己的需求。我妻子抱怨我没有给她多打几个电话。我告诉她，每当我给你发这个东西时，就表示我在想你。我妻子很高兴，因为我每天都给她发 10 次'YO'。"

虽然这个 APP 看起来有些无厘头，但却像病毒一样在传播。这个 APP 当然不会仅仅停留在这个简单的功能上，这个功能只是"YO"用来进行用户探索和用户验证的第一步，它会快速迭代，不断积累新的功能。阿贝尔希望把"YO"移动 APP 打造成一个聪明的通知平台。注册"YO"软件 APP 后，当餐厅或咖啡馆门前排着长队，留下你的"YO"移动 APP 用户名，轮到你用餐或取咖啡时，你会收到一个"YO"。你购买的股票涨到特定价格了，你喜欢的球队进球了，信用卡缴费期限快到了，你的航班开始登机了，你关注的杂志有新一期了，你喜欢的鞋店上新款了，有人建了一个你感兴趣的登山群，你都可以收到 APP 软件传回一个"YO"。你也可以"YO"一下打开空调、电灯等硬件设备，"YO"一下开始录音，"YO"一下拨打自己的电话逃离无聊的会议和尴尬的谈话。最让霍格惊讶的是在以巴冲突不断的以色列，有人创建了一个账号，每当导弹经过你住所附近时就会"YO"一下。总之，移动 APP 软件"YO"不想做流星，也不当自己是普通产品。

（2）测度与数据收集阶段　本阶段的主要任务是在设置 MVP 的基础上，收集数据，来验证 MVP 的实际效果。

测度 MVP 时，对比试验是一个非常重要的工具，而且需要对比多个产品版本，并同时对测试结果进行定性和定量分析。这里需要强调的是，对比测试不能只看量化数据，定性分析也是非常重要的，包括后续对用户的访谈和观察，都是定性数据的一部分。

测试的方法主要有对比测试、同期群分析和净推荐值。

①对比测试。对比测试又称 AB 测试。AB 测试是为测试的 MVP 制作两个（A/B）或多个（A/B/N）版本，在同一时间维度，分别让组成成分相同（相似）的访客群组（目标人群）随机地访问这些版本，收集各群组的用户体验数据和业务数据，最后分析、评估出最好版本，正式采用的测试方法。在硅谷，初创公司与行业巨头都广泛采用这种方法。谷歌每年大约有 6000 个研究项目，在研发过程中进行超过 1 万次的 AB 测试，即使像将其 Logo 移动一点位置这样细微的调整，谷歌也会测试用户点击数的反应，再决定是否采用新方案。亚马逊更是赢得"AB 测试公司"的绰号。不过在亚马逊的 AB 测试中，强调的是多版本的比较，最多的时候可以将几十个不同的版本同时进行比较。

在进行 AB 测试的时候，有时候因为选择的群体不同会得出不同的结果。国内著名的牙齿洁具公司啄木鸟就曾在其进行的一款新型牙齿洁具测试时，内部员工和天使用户两个群体之间得出了完全相反的结论。啄木鸟公司最终义无反顾地选择了天使用户的选择，因为天使用户才是产品推向市场后，最终的购买群体。这也告诉创业者，无论员工多么聪明，或者花费了多大的努力和代价，在任何时候都不能高估内部的头脑风暴、产品设计以及对产品和市场的判断。内部讨论所得出的认知，在任何时候都只是前提和假设，都需要与外部市场、真正的用户进行进一步验证。

②同期群分析。同期群分析是一个针对总量概念的对比。如果创业者只关注用户数的增长，只单纯地看这样一条曲线，有可能会看到用户数不断增长。但是这种总量测度会掩盖很多不同时期不同用户群的行为差异或者活跃度的差异。总量增长可能会有很多方面的原因，以一家网站来说，可能总的注册用户在不断累积，网站登录用户也在不断增长，但前期用户的活跃度在下降，前期用户也在大量流失，而这个趋势在总量增长的繁荣中被忽视，由于后续用户不断涌入无法被观察到，因而无法正确分析不同时期不同用户群的行为及状态。一个漂亮的平均数完全是用数据创造出来的虚幻景象，会给决策造成误导，因此我们需要掌握一个行之有效的方法来剖析真实的用户行为和用户价值，这个方法就是同期群分析（cohort analysis）。

同期群分析就是试图把这种总量指标分解开，把用户分解成不同时期的群组，对每一时期获得的用户进行不同时期的分析，这样就可以看到用户的活跃度、进入、退出、流失的数据。同期群属于用户分群里的一个细分，是指在规定时间内对具有共同行为特征的用户进行分群。共同行为特征是指在某个时间段内的相似行为，它除了根据不同时间的新增用户分类外，还可以根据不同的行为进行分类。譬如"在 2020 年 6 月第一次购买""在 2020 年 10 月第二周对产品的使用频率开始降低"等。这样就可以得到整个用户群在不同时期更加准确、完整的图景。

以某电商 APP 新增用户 7 日留存率为例（表 3 – 5）。

表 3 – 5　某电商 APP 新增用户 7 日留存率

● 　留存				日 周 月	所有渠道		⫶ 所有版本
首次使用日	新增用户	+1天（%）	+2天（%）	+3天（%）	+4天（%）	+5天（%）	+6天（%）	+7天（%）
2017–10–20	17461	30.6	25.8	19.3	12.2	9.8	8.2	7.9
2017–10–31	10465	22.3	16.9	12.7	9.7	7.6	7.1	
2017–11–01	7497	21.4	18.3	13.9	10.5	8.2		
2017–11–02	11566	27.5	20.6	14.4	10.6			
2017–11–03	9832	23.9	15.5	10.1				
2017–11–04	10656	29.8	17.4					
2017–11–05	3651	24.2						

横向为自然天数排列，纵向为每天的新增用户数，表格内部是计算的每天留存率，一般情况下横向的留存率最终会在某天后停留在一个相对稳定的状态，从图中我们可以看到，在第 5 天留存趋于稳定。这就说明这批用户是稳定留存下来的。否则，如果留存率一直下降，总有一天会归零。从纵向的留存数据看，如果一个产品在健康发展，这个数据应该是越来越好。很显然这个产品并不是，通过同期群数据分析，产品还应该不断优化改进，提升用户体验，从而提高用户留存率。

同期群分析有利于我们更深层地分析用户行为，并揭示总体衡量指标所掩盖的问题。在营销方式和活动效果不断变化的当下，学会运用同期群分析有利于我们预测未来收入和产品发展趋势。

③净推荐值（NPS）。指的是产品的净粉丝量，以产品支持者的数量减去诋毁者的数量，所得净值就是预估产品未来发展空间和潜力的数值。《终极问题》这本书专门介绍了净推荐值这个工具，并且认为在测度用户的黏性时，净推荐值有可能是唯一有效的工具。

我们经常把用户分成三类：一类是粉丝（promoters），是我们最希望得到的；一类是诋毁者（detractors），他们不但不会推荐这个产品，还会反向宣传这个产品；还有一类是中立者（passives），他们对产品没有什么恶感，也没有什么好感，基本上持中立态度。净推荐值是指将粉丝的百分比减去诋毁者的百分比的数值，是很简单的净值表述。用户群中能够带来正向传播的力量抵消掉负向传播的力量，最终所获得的传播的净值就是净推荐值。

净推荐值是与增长密切相关的一个指标。对于初创公司来说，增长有三大引擎。第一大引擎是黏着式增长，也就是用户的新增率超过用户的流失率，通过创造黏度来创造增长。第二大引擎是新创公司渴求的增长方式，即病毒式增长，它的基本前提是推荐系数大于 1，也就是指现有用户群推荐的比例大于 1。即假如现有 10 个用户，通过推荐至少能够带来 10 个新用户，这是病毒式增长的必要条件。第三大引擎是付费式增长，通过传统推送式的营销方式来获取用户。付费式增长的基本前提是用户的终生价值要大于用户的获取成本。一般来说，用户的终生价值要三倍于用户的获取成本，这种付费式增长引擎才值得使用。因此，只有高的净推荐值，才能转化为高的推荐系数，并最终转化为我们希望的用户增长方式。

如图 3-11 所示，如果推荐系数只有 0.9，10 个用户只能带来 9 个新用户，就是最下面的这条平坦的曲线；而当推荐系数超过 1 时，10 个用户可以带来超过 10 个后续用户，就会发生指数型的增长，有可能会产生病毒式的传播效果。

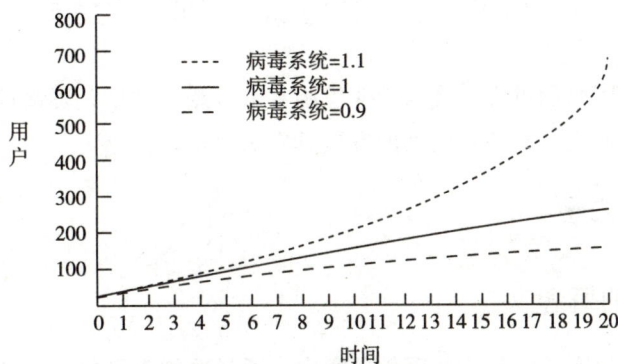

图 3-11 推荐系数与增长关系图

（资料来源：龚焱. 精益创业方法论. 北京：机械工业出版社，2014.）

那如何计算 NPS？最简单的方式是在问卷调查中设置"您是否会愿意将我们的产品推荐给您的朋友或者同事"这样的问题来进行分析。如图 3-12 所示，假如 10 分意味着非常愿意推荐，5 分代表中立，0 分代表一点也不愿意推荐，那么"推荐者"就是选择 9 分或 10 分的用户；"被动者"是选择 7 分或 8 分的用户；"贬损者"是选择 0~6 分的用户。

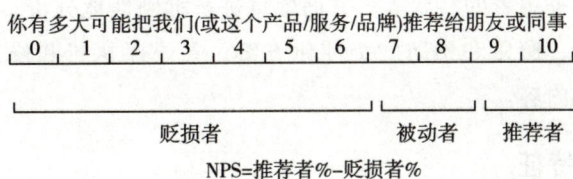

图 3-12 NPS 计算方法

（3）学习与迭代 学习与迭代是验证基本假设的最后一步。在这一过程中，有三个基本原则。第一，也是最重要的原则，就是迭代出来的后续功能，必须是基于用户需求的真实需求，而非简单的功能堆积。第二，尽量限制添加功能的数量，不紧急、不重要的功能不需要修改。第三，整个学习和迭代的过程要非常开放和透明，要克制对每阶段 MVP 尽善尽美的欲望，并永远记住快速迭代，再迭代。以一款目前比较流行的女性手机移动社区 APP——美柚为例，这款 APP 在 2013 年 3 月起步阶段的时候，5 个人的团队只花了 1 个月的时间就做出了第一个 MVP，功能只是记录女性生理周期。随后的 3 个月，美柚推出了具备小贴士功能的第二款 MVP。2013 年 7~10 月，美柚增加了化妆、厨房、减肥、亲子等社区功能，并完成了从记录功能、知识点功能到社区功能的拓展。截至 2014 年 3 月，美柚已经形成了完整的生态圈，并实现了流量变现。这一年的时间美柚进行了数次迭代，每一个大版本的迭代时间在两三个月内完成，小版本的迭代则是以周甚至以天为单位。

以上就是由两个学习反馈闭环构成的精益创业的逻辑框架。它始于用户探索，但并不终于用户验证，而是不断迭代循环，推动创业不断走向更深更远。创业者需要注意的是，不管是用户探索还是用户验证，焦点都不是如何快速、封闭式地开发产品，而是如何把用户纳入创业过程中，如何跟用户不断地互动并获取认知，这往往是过去的"火箭发射式"创业思维所不具备的。精益创业从假设出发，用科学实验方法去收集数据，最终验证假设的过程，也构成了精益创业最重要的三个步骤。在创业思维方法上，精益创业第一次把创业这件事情从完全混沌的状态往科学的角度拉近了一步，成为一种被广泛接纳和认同的创业思维的方法论。

第四节　医学思维与创业思维

医学思维特别是中医原创思维方式与创业思维有诸多相近之处，提高医学生创业思维养成有利于医学生积极树立创业观念，并对医学的发展具有重要推动作用。

一、医学思维的内涵

（一）医学思维的概念

医学思维是指在医学实践、临床及医学研究中，通过医护人员的感觉、直觉和表象等，在对就医者疾病与健康的感性认识的基础上，经过医护人员思考、概括地反映的理性认识。医学思维的产生和形成与临床思维密不可分，早期的医学思维就是临床思维。所以狭义的医学思维也可指临床思维。在现代，医学思维与临床思维已经有了很大不同。广义的医学思维指的是人们从客观上认识生命和健康的基本原理，是集方法和模式于一体的思维。临床思维是指运用医学科学、自然科学、人文社会科学和行为科学的知识，以患者为中心，通过充分的沟通和交流，进行病史采集、体格检查和必要的实验室检查得到第一手资料，结合其他可利用的最佳证据和信息，结合患者的家庭和人文背景，根据患者的症状等多方面信息进行批判性地分析、综合、类比、判断和鉴别诊断，形成诊断、治疗、康复和预防的个性化方案，并予以执行和修正的思维过程和思维活动，是医学思维最重要的内容。

（二）医学思维的特征

1. 系统思维　科技高速迭代升级，医学研究也进入新时代，医学认识、生命及疾病的研究也进入到整体综合阶段，系统医学进入新时期。这就要求医学工作者把认识对象放在系统形式中加以考察，即从系统整体的观点出发，多视角、全方位地分析医疗对象或研究对象，从其整体中看每个局部，从而协调处理好局部与局部、局部与整体的关系，以达到系统整体的最优化处理。医学思维的出发点是整体，落脚点也是整体。系统性思维方式是探讨生命、健康和疾病的奥妙，把握疾病产生、发展和转归规律性的最显著特征。

2. 网络思维　网络思维也是开放思维。在如今的网络时代，网络信息影响着各行业的应用。医学思维适应开放、进步的科技革命浪潮，借鉴网络时代的图像识别、语言识别、模式识别功能，快速做出判断决策，提高医疗和科研效率。网络的错综复杂要求医学工作者要适应网络的特点，适应开放的视野，把医疗工作置于世界大科学、中国大背景中，学习先进经验，经常进行医学和技术方面的交流，发挥思维的潜能，思考时横向与纵向相结合、空间上与时间上相结合，全方位、多节点、纵横交错地分析、研究、判断。

3. 动态思维　现代医学思维在传承古代医学思维精华的同时，也在对古代医学思维守正创新。所以说，医学思维是动态的思维，面对医学工作中的不确定性和统计概率情况，形成了医学工作者动态推理、多值判断或者模糊逻辑的思维方法来解决临床诊断。例如，临床实践中已经下了诊断，但它可能也只有相对的正确性，这在其他自然学科也是较少见的现象。在诊断和处理进程中，病情会继续发生变化，随时可能有新的临床发现乃至治疗反应来丰富对病情本质的认识。动态思维的内涵也就是多元互补性，在正向思维、逆向思维或前导性思维等的共同作用下，实现医疗行为的主动、有效，为新时代医学发展贡献思维范式。

二、中医原创思维

中医药学是融合了中国文化和自然观、哲学观、思维模式等于一体的科学，在长期的临床实践过程中形成的相对稳定的抽象化解释系统，蕴含着相对稳定的世界观、认识论和方法论，孕育了与西医截然不同的中医原创思维模式。中医原创思维是中医学在长期的理论认知和临床实践中逐渐形成的带有鲜明的中国哲学特点的原创性思维方式，它由多种思维形式、方法、手段和要素组成，是中医药学认识自然生命现象、解决医疗实践问题的开拓性的、特有的、与众不同的、创造性的思维方式。它与西医思维最重要的区别不在于思维主体和思维对象的不同，而是思维方式不同，"是经验主义、理性主义和神秘主义的互补、结合和统一"（程雅君）。

（一）中医药原创思维方式

1. 整体思维　整体是指整个机体或事物的统一性、联系性和完整性的总称。整体思维就是用统一、联系的立场、观点和方法来认识、分析、研究及处理事物的一种思维方式。整体思维认为，世界是一个统一的整体，各个事物本身也是一个整体，它不但与其他事物相互联系、相互作用，且事物内部各要素之间也具有普遍联系性。

中医药学以整体关联的视角认知自然生命，一是把人体内脏和体表各部组织、器官看成一个有机的整体；二是重视人与外部世界联系的整体性，即"天人相应观"，强调顺应自然、"天人合一"；三是形气神是统一的整体，相互依存、相互为用，"形以气充，气耗形病，神依气住，气纳神存"；四是强调时间要素的整体性，强调生命的时相性、生命周期性，重视生命的过程、节律和节奏；五是注重组合分析的整体恒动观，把复杂的人体生命现象当作整体来研究，由此把握整体生命动态信息，注重在不同层面、单元之间的连接和组合方式，绝不孤立地看局部病变。中医药学的整体观念，对于观察和探索人体及人体与外界环境的关系和临床诊治疾病具有重要指导意义。

2. 象数思维　象数思维是象思维和数思维的合称。象思维也称取象思维，是在观察事物获得直接经验的基础上，运用客观世界具体的信息及其象征性符号进行表述，依靠比喻、象征、联系、推类等方法进行思维，以发现事物普遍联系及其规律性的一种思维方法。数思维也叫运数思维，即运用"数"进行类比、象征。运数思维是一种特殊的取象思维。中医药学在藏象、脉诊、本草、处方、针法、灸疗、导引的实践中，既使用具体、直观的计量、定量的"数量"之数，也运用定性、标象的"意向"之数，中医药学对"数"的运用，更多的具有"以象为数"的特点。

象数思维归类的方法是归纳与演绎的合一。把纷纭复杂的事物归为有限的几类，是一种归纳法；而依据象数模型去推测同类中其他事物的情况，又是一种演绎。"象数"是一种媒介，有双向功能，既有将万事万物纳入自己这个框架的功能，也有以自己的框架去类推、比拟万事万物的功能。"取象""运数"的方法将看似互不关联的、毫无相通之处的事物有机地联系在一起，建立起意象与物象、物象与物象之间的普遍联系，把原本复杂纷繁、互不连贯的宇宙万物加以整合，使之系统化、简约化，并以此作为推类模型，说明事物的运动规律及关系。象数思维是中医获取知识、经验，建构理论体系及进行临床实践的重要思维方式，对中医药学的形成和发展具有十分重要的影响。

3. 变异思维 变异思维是从变化的观点考察一切事物的思维方式。变异思维包含两个方面的含义：一是一切事物都是过程，在不断地发展变化着；二是每个事物都有各自的特点，事物之间的差异是必然的。"动而不已"是自然界的根本规律，是古人观察世界、认识世界的重要方法。

"物生谓之化，物极谓之变""成败倚伏生乎动，动而不已则变作矣"。这些朴素的辩证法思想体现在中医理论与临床的各个方面。中医的阴阳观、五行观、生命观、疾病观和治疗观无不渗透着这种辩证观，使得中医药学在认识天人关系、认识生命、健康与疾病时具有发展变化的眼光，在临床诊疗过程中，更加注重动态变化与个体差异性。

4. 中和思维 中和思维主要指在观察、分析和研究、处理问题时，注重事物发展过程中各种矛盾的和谐、协调、适度的思维方式。中，即不偏不倚，无太过、无不及的平衡状态；和，是对一切有内在联系的事物进行协调，使之达到和谐状态的过程。中和思维一是指实现事物内部与事物之间客观存在的最佳状态；二是指建立和维护这种关系与状态的方法。中和思维是中国古代哲学的重要思维方式，"中也者，天下之大本也；和也者，天下之达道也。致中和，天地位焉，万物育焉"。"中和"要求人们恰如其分地把握事物发展的"度"，坚持"过犹不及"和"执两用中"的原则，并在承认矛盾的基础上，求同存异。

中和思维一直贯穿在中医药学理论体系的构建及其具体的临床实践中，体现在对人的生命、健康、疾病的认识中。"若五脏元真通畅，人即安和""阴平阳秘，精神乃治；阴阳离决，精气乃绝""气相得则和，不相得则病""阴盛则阳病，阳胜则阴病；阳胜则热，阴胜则寒"。中医药学对于疾病的治疗，在于纠正失"中和"的无序状态，使其达到"中和"有序。中医药学理论中的整体观、阴阳五行学说、辨证论治思想、生命观、发病观、对病和"证"的治疗等，无不是围绕着不偏不倚的"中和"思想来展开的。"中和"思想不仅对中医药学理论体系的建构起了重要作用，而且对指导养生防病、诊疗用药都有重要的指导意义。

（二）中医药原创思维的特点

1. 注重宏观观察 中医学理论体系形成于战国至秦汉之际。受当时社会历史条件的影响和限制，古代医家在对人体组织结构、生理功能和病理变化进行力所能及的观察推测和自身体悟的同时，对人类生活的周围事物，如天文、地理、气象、动物、植物、矿物，以及社会变动等情况进行了广泛的观察和分析，并将观察、分析的结果与人的生理、病理结合起来进行研究，从而得出许多科学的结论。中医药学理论体系中的气一元论、阴阳学说、五行学说、藏象学说及病因病机学说等的形成，莫不是注重宏观观察的结果。

2. 注重整体研究 中医学认为，人是一个有机整体，人与环境之间存在着天然的不可分割的联系，即人体本身的统一性和人与自然环境的统一性。基于这一观点，中医学研究人体正常生命活动和疾病变化时，十分注重从整体上、从自然界变化对人体的影响上来认识问题。它既注重人体解剖组织结构、内在脏腑器官的客观存在，更重视人体各脏腑组织器官之间的联系及功能，强调人体自身内部以及人与外界环境之间的统一和谐。

中医学的这种整体观念，反映在研究思路和方法上，往往是采用由整体到局部的方法，即把个体或局部的事物或现象，放在整体中去考察和研究。而这种注重整体研究的方法，又体现在中医药学理论的各个方面。例如气一元论和阴阳学说都是其注重整体调整的具体体现。

3. 擅长哲学思维　中医学是运用哲学思维进行理性认识的集大成者。中医学借助中国古代的哲学思维和原理，将在医疗实践活动中积累的经验和通过观察而获得的大量感性资料上升为理性认识，构建了自身的理论体系，同时也丰富和发展了中国古代哲学。中医药学原创思维中的中和思维深刻地体现着中医辨证论治的哲学思想；中医学"援物比类""取象比类"的方法，在科学研究中具有启发思路、提供线索、举一反三、触类旁通的作用，在科学史上，许多重要的发明都曾经直接借助于类比法。

4. 强调功能联系　中医学理论体系的形成，受到道家"天下万物生于有，有生于无"的思想和《周易》象数思维方式的影响，强调事物与事物之间的功能性联系。中医学藏象理论的形成，虽然有中国古代解剖学做基础，但主要还是通过对脏腑功能活动的外在"征象"进行整体观察得来的。如《素问·五脏生成》所说："五脏之象，可以类推；五脏相音，可以意识；五色微诊，可以目察。"这里的"音""色"都是脏腑功能活动的外在表现，也就是五脏的"象"。中医学通过对这些"象"的"目察""类推"和"意识"，去探索内在脏腑的奥秘，确定五脏与官窍、五体、外荣的关系。因而中医学脏腑的概念，不仅是一个形态学的概念，更是一个生理病理学的概念，一个功能性的概念。脏腑的结构可以认为是一个在形态性结构框架基础上，赋予了功能性结构成分，形成的形态功能合一性结构。脏腑的内涵是其形态与功能的合一。

5. 与中国传统文化息息相关　中国传统文化的文、史、哲思想，为中医学认识和解决医学问题提供着知识和理论，是中医从业者进行医学思维的文化基础。例如，自然哲学的阴阳五行学说，被中医学引来认识医学事物内部和外部联系的理论基础；传统伦理思想史是中医学形成医学伦理观念和思想的源泉；古代汉语承载着中医文化，是中医学一刻也不能离开的语言文字工具；古代科技发明的思维技巧，为中医认识医学问题提供了丰富的思维经验。

6. 以解决医学难题为发展动力　在我国古代，整个社会的医学难题都需要中医思维去解决，这是中医思维能够不断发展创新的原始动力。例如两汉之际，中原大地伤寒四起，民不聊生，以张仲景为代表的一代名医，深入实践，博采众方，系统总结了前人的经验，创造了中医临床体系，把中医理论思维推向了临床思维的新阶段。此后，无论是金元四大家的崛起，还是瘟病学说的形成，都是因为社会上给医学提出了难题，迫使中医去了解并解决难题，才使得中医思维在解决医学难题中得到不断创新、发展。

三、中医思维与西医思维

任何一种思维模式的产生都有其深刻的文化内涵。由于东西方文化背景、哲学基础及所经历的社会发展道路不同，决定了中西医两种思维模式在理论体系、认识路线、思维方法、诊疗模式等方面既存在联系又有着明显的差异。

（一）中医思维与西医思维的区别

1. 中医以宏观整体认知生命现象，西医以还原分析为特征　中医理论蕴含着系统方法，整体观是中医理论体系的核心之一。中医的系统方法从一开始就强调人体自身的完整性，人与自然的统一性，人与社会环境的相关性，对每一个部分的认识都要把它放在人与整体的联系中予以考察。而西医学是在西方哲学即科学的背景下发展起来的，具有还原分析思维的特征，认为人的整体由部分组合而成，认为只有把部分弄清楚了才有可能真正地把握整体，因此，将人体分解成一个个相对简单的部分，然后进行单独的研究，由器官、系统水平一直追溯到组织、细胞核、分子水平，努力寻找作为病原本质的微观粒子和作为疾病本质的微观客体。

2. 中医注重功能与关系，西医注重实体与结构 中医学探讨人体的生理病理特性不是从解剖、结构、实体的角度，而是注重从事物的功能、属性、行为、程序、关系、效验等方面对事物进行研究，其在理论上展示了作为一种程序系统的人体功能系统不同于解剖学实体结构系统的根本属性。中医理论体现着动态的功能调节关系思维，其思维方式注重事物彼此之间的关系，包括信息、系统、控制等，目的是解释世界是如何存在的，事物之间存在什么样的关系等。如在藏象学说中讲五脏之间的关系，在发病学上讲正邪关系，在治疗学上讲虚实补泻关系、标本缓急关系，在方剂学上讲君、臣、佐、使配伍关系，在药物学上讲升、降、浮、沉关系等。西医学是以解剖学为基础，其思维的着眼点在于形体器质性的改变及具体的各种物理、化学机制，研究逐渐向微细方向深入，甚至到达细胞、亚细胞及分子水平，注重于元素及结构的分析，是一种实体思维。实体思维使人们相信，一切现象、一切表现都是某个实体存在。任何疾病的发生都必须找到客观实体作为确信无疑的证据，如支原体、衣原体、病毒、细菌等，要求实际客观存在，而非虚拟的现实。

3. 中医注重动态变化，西医注重静态观察 中医学认为，人体与外界自然环境的关系，人体生命、健康和疾病是一个普遍联系和永恒运动变化着的过程。如人体的阴阳二气相互对立、制约、转化，始终处于此消彼长的不断变化的状态；五行的相生相克、相乘相侮关系，亦体现了恒动的整体观念。西医的产生和发展有赖于人体解剖学的产生，主要从单个结构考虑生命现象，对组织细胞结构的研究多是在静态方式的条件下进行的。

4. 中医是取向运数的思维方法，西医是形式逻辑加实验的思维方法 中医以象数构建了中医理论，如藏象、三阴三阳、五运六气、经络穴位、解剖生理等与象数皆有深刻联系，是一种非逻辑形式的思维。西医则是在解剖条件下，对人体结构的观察及在动物施以实验控制条件下，对其生理过程的观察等，是逻辑加实象的思维方法。其理论、观点主要是在实验条件控制下进行观察，然后再对观察结果进行抽象和概括的结果。

（二）中医思维与西医思维的联系与融合

中医思维与西医思维虽然是两种不同的思维模式，但两者都强调以患者为中心开展医疗救治活动，患者居于两种思维模式的核心地位。这种以患者为中心的思维模式一方面体现在"医乃仁术""南丁格尔精神"等人本主义的价值观、理念中，另一方面也体现在诊断、治疗、预防和康复等具体的医疗实践活动中。在对疾病的诊断和认知过程上，尽管两者所用的手段、方法和工具不同，但都强调从已知到未知，从现有资源、手段出发开展诊断活动，其认知模式都经历了假设－验证－学习和迭代的过程。

随着复杂性科学研究的兴起和深入，西医学也在重新审视其研究视角，"未来对生命科学的研究应当上升到一个整体的、系统的高度，因为生命是一个整体"（《自然》杂志主编坎贝尔博士）。美国罗彻斯特大学医学院精神病学和内科教授恩格尔在1977年提出了"生物－心理－社会医学模式"，既从生物学角度，又从心理学和社会学角度看待人类健康和疾病模式；以重视对人体生理、病理等时间规律性认识的时间空间生物学、时间治疗学，以及昼夜节律机制等已成为医学研究的重要方向；认为人体处于动态平衡中的功能医学也逐渐被西医学界认可。这些研究都与中医原创思维方式有着千丝万缕的联系。可以预见的是，未来医学发展的方向应当是与当代新近科学哲学思想相结合，融合中西方哲学思维的复杂性科学。

四、中医原创思维与创业思维

中医原创思维中蕴含着丰富的创业思维的理念和方法，深入挖掘中医原创思维中的创新创业元素是医学生开展创新创业实践的宝库。

（一）对世界恒动的、不确定性的认识

中医学认为，"动而不息"是自然界的根本规律，这种"动"的理念体现在生理认知上，即生命过程中有生、长、壮、老的变化，人体的气血津液也是以畅达流通为佳，"贵流不贵滞"；体现在对疾病的认识上，便是以"动"的观念把握疾病的全过程，认为疾病时刻处于不停地变化发展过程中，风寒外感表实证可以入里化热，转成里热证。正是因为疾病时刻处于变化过程中，因此，要求医者治疗时应根据不断出现的新情况、新变化，随时调整治则、治法，以期取得良好效果。这种对世界恒动的把握与创业思维对创业环境不确定性的认知在本质上是一致的。正是基于对创业环境的不确定性的认知，创业者必须从当下出发、从手中的资源出发，一步一步地去创造未来。

（二）对外部资源的借鉴和利用

中医学把人放在所产生的宇宙、天地、社会中看待，既研究人的自然属性，也研究人的社会属性，同时关注人与宇宙、天地、社会的关系。在这样的基础上，中医学把健康看成生命运动的正常态，把疾病看成生命运动的失常态，疾病是由机体内部失常造成的，治疗就是借用外界环境和资源调理生病之人，推动失常态的生病之人走向正常态的健康之人，以达到天人相应、形神合一的目的。这与创业思维不断寻找外部资源来丰富创业者资源，最终推动创业项目健康良性发展的观念在本质上是一致的。

（三）人文关怀的价值属性

中医学是一种人文医学，每一个治疗过程都渗透着对人的尊重和关心，渗透着对患者个体需求的深度满足。中医治疗疾病的过程不是医生单方面将治疗方案施加于患者的过程，而是一个医患共同参与、不断互动、共同努力的过程。这与创业思维所讲的创业者要深度观察、体验用户需求、将用户纳入产品开发过程的理念不谋而合。

（四）辩证的思维模式

中医学以阴阳学说建立了辩证的逻辑体系，这种逻辑体系包含事物之间的对立制约、依存互补、消长转化和动态平衡。"四时之变，寒暑之胜，重阴必阳，重阳必阴，故阴主寒，阳主热，故寒甚则热，热甚则寒，故曰寒生热，热生寒，此阴阳之变也"。这种辩证的思维模式，不是孤立地看待单一事件，而是既看到事物之间的对立和制约关系，也看到其联系和转化。这与创业思维中柠檬水原则可谓一脉相通。

【本章要点】

1. 创业思维有五大原则：手中鸟原则、可承担损失原则、疯狂被子原则、柠檬水原则和飞行员原则。这五大原则告诉创业者，在创业实践中应该从拥有的资源出发，快速行动，评估创业风险，寻找利益相关者，并得到其承诺，与利益相关者共同面对不确定性未来，并创造性地将偶

然事件转化成创业机遇，从而实现对创业过程的有效控制。

2. 创业思维与管理思维的不同在于：从目标视角看，管理思维是预测未来，创业思维是创造未来；从资源视角看，管理思维是目标驱动的，创业思维是资源驱动的；从行动（计划）视角看，管理思维是计划型的，创业思维是行动派；从创业阶段看，管理思维更适用于从 1 到 N 的过程，创业思维则是从 0 到 1；从结果看，管理思维一般会拿到结果或者优化，如果没有拿到就说明执行不到位，创业思维则是创造更多的可能性，其结果很多时候并不在创业者原来的预期与目标中。

3. 设计思维有共情、定义、构想、原型、测试五个基本环节。这五个基本环节并不是单向的、线性的，而是前后交错、反复链接的，设计思维流程中最关键的要素在于步骤与步骤之间的联系。可以是在完成五个步骤后进入下一个完整的周期，也可能是在中间某一个步骤就链接到其他步骤。这五个阶段并不是连续的，它们不必遵循某种特定的顺序，可以同时进行也可迭代地重复。

4. 精益创业的核心思想是在不确定性的市场环境中，先投入一个极简的原型产品，然后通过不断学习和有价值的反馈，对产品进行快速迭代优化，以期适应市场。精益创业最基本的前提是认为用户痛点和解决方案在本质上都是未知的，创业者只能通过不断地科学试错和不断地迭代去逼近用户的真实痛点和有效的解决方案。精益创业是行动导向而非计划导向，是由行动开始，用科学试错的方式获取认知，完成学习的两个循环，最终形成认知的快速更迭与行动的不断调整。精益创业的中心是用户而不是产品，更不是来自想象中的产品。在整个精益创业的框架里，用户居于核心地位，产品是根据用户的需求开发的。因此，精益创业的客户开发和产品开发是同步进行的，甚至把客户开发放在产品开发之前。

5. 精益创业由两个学习反馈闭环构成其一般逻辑框架。它始于用户探索，但并不终于用户验证，而是不断迭代循环，推动创业不断走向更深更远。创业者需要注意的是，不管是用户探索还是用户验证，焦点都不是如何快速、封闭式地开发产品，而是如何把用户纳入创业过程中。

6. 医学思维是指在医学实践、临床及医学研究中，通过医护人员的感觉、直觉和表象等，在对就医者疾病与健康的感性认识的基础上，经过医护人员思考、概括地反映的理性认识，。具有系统性、网状性和动态性。

7. 中医原创思维是中医学在长期的理论认知和临床实践中逐渐形成的带有鲜明中国哲学特点的原创性思维方式，它由多种思维形式、方法、手段和要素组成，是中医学认识自然生命现象、解决医疗实践问题的开拓性的、特有的、与众不同的、创造性的思维方式。其思维方式有整体思维、象数思维、变异思维和中和思维，蕴含着丰富的创业思维理念和方法，是医学生开展创新创业实践的宝库。

【思考题】

1. 用设计思维的方法，就"如何提升门诊患者的就医体验"设计一套可行的解决方案，并思考以下问题。

如何发现患者就诊痛点？

如何设计解决方案？

如何测试你的方案是否有效？

2. 大学里，自习室许多时候并不是人满为患，而是占座率太高，致使一边是空的座位，而另一边是许多人找不到座位。如果你有一个好点子可以解决这一问题，试着用精益创业的方法去做一做。并思考以下问题。

首先，你需要做什么？

在这之后，你需要做什么？

在整个过程中，你需要注意什么？

案例分析

创新支点，撬动医疗

马今，心血管医学硕士，曾经的心内科医生；资深市场人，曾在拜耳负责医药市场营销14年，《健康报》移动健康研究院研究员、天使投资人，医疗创新加速器"阿基米德医疗科技公司"创始人、执行董事及CEO。

2000年，纳斯达克高点时，马今辞去医生职业，投身到互联网领域，想要做专业医疗网站，但是随着纳斯达克回落，专业医疗网站的梦想破灭了。那时正逢外资药企在华开始扩张，他应聘到了拜耳。身在外企，马今觉察到医疗领域最大的创新机会可能就在眼前，"作为一个男人，一直以来我都觉得应该有自己的事业，不能总在打工，否则人生好像欠缺一点什么"。2014年底，他果断决定，加入创业者阵营，与其在拜耳结识的几位朋友及读MBA时认识的非医疗圈的同学共同创立了医疗创新加速器"阿基米德医疗"。

阿基米德医疗主要想解决的痛点是：基于团队对于医疗行业多年的经验和理解，通过对于医疗互联网化的不断探索，帮助医疗创业者梳理思路、对接资源；同时作为创新医疗投资者的显微镜和望远镜，更高效地发现好的企业和项目，并在这些企业发展过程中助其一臂之力。

选择做支点，如何选择客户很重要。通过不断地探索，阿基米德形成了自己的两个品牌项目，一个是"阿米创业工坊"，专为医疗健康领域创业者提供培训，是阿基米德一系列服务的入口，目前每月举办1~2次线下培训，涉及创业的最普遍问题，如商业计划书如何撰写、融资基础知识、公司运营管理等，也会围绕某一创业领域的专业知识和经验进行分享和讨论。另一个品牌项目是与清华大学健康传播研究所战略合作推出的"阿米私董会"，聚集某一创业领域如糖尿病，或热点话题如医生自由执业进行研讨，主要是面对企业或行业组织提供的聚焦目标领域的深入研讨，是医疗创新相关战略层面的品牌项目。

回顾自己的职业发展历程，马今做过临床研究，做过市场，但是这些的难度远远不及创业。

以前无论在医院还是公司，都有实体机构为依托，有非常好的平台，而现在除了以前的经验和医疗圈内的一些人脉，什么都没有。也许面前会出现一个个机会，但只要你抓不住，这些机会就和你没有任何关系。

另外，学医的人思维里往往有很多条条框框，觉得做事情需要遵守一个系统的、规范性的东西，就像临床研究遵守GCP（good clinical practice，药物临床试验管理规范）一样。在医疗领域，要做成任何一件事，都需要数年的积累，这与现在的互联网思维有着很大的差别。

创业需要创新，移动医疗要有互联网思维，如何打破思维里的固有模式，是医疗人创业需要突破和适应的地方。

压力还来自对未来的不确定，移动医疗、医改、大数据、云计算……都是不确定的，可以影响的东西极少。与业务相关的医改将会产生深远影响的重大节点，创业者都无法控制，甚至无法预测其发生的准确节奏，这些不确定性叠加在一起，压力就会很大。

移动医疗是目前很接近风口的一个领域，但真正的方向和步骤还都在摸索，真正走出来还需要很多条件，比如医生自由执业政策的落实，比如更精确的医疗硬件的发展，比如权威数据的积累和分析，比如医生和患者的用户群体观念和使用习惯的培养……

回顾来路，虽然艰难，但马今觉得一切都值得。未来，还有很远的路需要走……

（资料来源：宁静访谈录．https：//www.sohu.com/a/47029164_ 323064. 有删改）

阅读完马今的创业故事，讨论以下问题。

1. 你认为马今的创业过程遵从了创业思维的哪些原则？

2. 站在当下的医疗风口上，你认为马今以后创业可以走的路可能会有哪些？

3. 针对文中提出的这些继续创业的方向，你有什么看法？

【实践练习】

1. 利用每个晚上熄灯前后闲聊的时间，经常与舍友一起玩一下头脑风暴的游戏。

2. 采用用户访谈的方式跟你不是特别熟悉的同学、朋友、老师聊一聊，看看会不会有意外的发现。

学习目标

1. 掌握团队组建与管理的方法。
2. 熟悉创新者应该具备的创业能力。
3. 了解创业者的共性素质特征。

案例导引

用人生最精彩的二十年只为做好一件事

叶子隆，84 级北医医疗系的学生，1990 年进入同仁医院工作。大学刚毕业的他最想做的一件事，就是成为一名好的眼科大夫。当时治疗白内障的常用手术方法还是小切口手术，然而熟练操作这种手术的方法后他发现，治疗白内障最好的手术方法是超声乳化。

为了成为好医生、学习到最先进的手术技术，他找到医院领导申请购进超乳仪器，但并没如愿。因为一台超乳仪器要 100 多万，这对于 20 世纪 90 年代的医院来说，真的是一笔数额不小的投资。然而决心求学的人怎么会因小小的阻碍而退缩呢？于是他找到设备厂商，告诉他们："设备卖不出去是因为没人会使用这个机器，如果你们送一台让我先学会，我可以帮你们办学习班，让更多的人会使用超乳仪器，我还可以让同仁医院的两本眼科杂志免费为咱们登广告。"设备公司一听，便欣然同意。然后他又找到杂志总编，"说有个厂商想在咱们杂志长期登广告，但你要先送他几期"，主编也爽快答应。他又找到院领导，说超乳仪器厂商要送我们一台，但前提是要帮助他们办学习班。领导一听，这是好事啊！就这样，这事就成了。

过去有人说这是诡计多端，现代社会叫整合资源，不同时代看法不同，但做成了好事才是最重要的。超声乳化手术在白内障的治疗方面较传统的小切口手术的切口更小，小切口手术是 6~7mm，而超声乳化只有 1.8~3mm，整整小了一半还多，而且超声乳化的术后反应更轻，医生手术的效率也更高。这些医疗优势让热衷于眼科手术的他如痴如醉，更是没黑没白地潜心钻研了 3 个月。与此同时，设备公司也催着他尽快落实办培训班的承诺，因为真的有好多学员在等着学习呢！于是第一期学习班就在大家对新技术的渴望和探索中开班了。在第一期白内障培训班开幕式上他坦言："大家今天听到的这个超声乳化的知识肯定是最新鲜的，因为我也才学了 3 个月。"

1997 年，叶子隆创立了北京同仁医院眼科研究所白内障超声乳化培训中心，并任培训中心主任。30 岁时，他成为国内公认的白内障手术"四把快刀"之一。

没想到这一开始就是 20 年。2003 年，在缺人、缺钱、缺政策的条件下，叶子隆做出了对自己和对眼科事业产生重大影响的一个决定：走出国有体制，创办自己的品牌。2003 年 2 月，叶子隆创办了太原康明眼科医院；同年6月，创建保定新视眼科医院；2004年11月，创立保定鹰华眼科医院；2008年8月，成立晋中鹰华眼科医院；2010年10月，收购北京华都亚太眼科医院；2015年，创立美尔目眼科医院品牌，开启了直营和加盟连锁经营模式。

把一件好事做下去不容易，能奔着成功去坚持和努力的过程更加弥足珍贵。所幸，叶子隆做好医生的初衷和为此付诸的行动得到了越来越多人的支持，一些国内外的专家专程到保定参观这个培训班，培训班的影响力越来越大。其实他的初心只是为了要台机器把手术做好，只是不停地往前走，不停地把眼前这点事儿干好，就有了高度；再往前走，突然发现自己又成了老师；日复一日，年复一年，越来越多的人加入进来，就有了今天的事业。

时至今日，白内障培训班已经坚持了二十多年，共办了28期，有近两千名学员参加了培训。企业也蒸蒸日上，已有10家医院，其中6家在北京，有员工1200多人。这其中最让他感到欣慰的是，美尔目集团被授予北京大学医学部的教学基地！在做企业的过程中他发现，越是偏远和贫困的地方，越需要医疗资源。所以美尔目把医院的公益脚步迈向了青藏高原，在当地设立了公益慈善工作站，负责筛查患者，方便医院定期去手术。为此专门培训了工作站的两位小伙子，并寄去了裂隙灯、显微镜和一些医疗器械。但万万没想到的是，在2010年的玉树大地震中，工作站的一位小伙子为了保护工作站的眼科设备被坍塌的房屋砸中而去世了。这个小伙子名字叫达杰。叶子隆心想，这孩子怎么这么傻呀？人先跑出来，他再送给十台都没问题，生命多宝贵啊……但同时他也意识到，德不近佛者不为医。同样身为医疗工作者的他们，视医疗中的一切比生命还宝贵。也正是有这样的认知，才有闪闪发光的中国医疗的未来！

在医疗事业的践行发展中，我们用人生中最宝贵的二十年做一件事，为了做好这件事，我们将"分享与奉献"定义为医学事业的愿景。很多时候，分享已然成为我们前进的动力，因为在分享的过程中，我们收获了荣誉和感动，更加成就了自己！

（案例来源：宁静．宁静访谈录：遇见叶子隆：用人生最精彩的二十年，只为做好一件事．http://www.pku.org.cn/people/xyjy/1285761.htm）

案例讨论：

1. 案例主人公叶子隆身上具有哪些创业者的素质与能力？
2. 叶子隆的创业动机是什么？是什么让叶子隆的创业团队逐渐发展壮大？
3. 试述自己应从哪些方面培养自己的创业能力与素质。

第一节 认知创业者

据中国社科院城市与竞争力研究中心与企查查大数据研究院联合发布的《2020中国企业发展数据年报》显示，2020年，我国新增注册市场主体2735.4万家，同比增长12.8%。在"大众创业万众创新"的背景下，越来越多的创业者投入创业的时代浪潮。创业者是主导企业的领导人，是一种需要具有使命、荣誉、责任能力的人。只有全方位认识创业者，才能为创业奠定坚实的组织基础。

一、概述

创业者是指创业活动的推动者，或者是活跃在企业创立和新创企业成长阶段的企业经营者。创业者并不等于企业家，因为多数创业者并不可能完全具备企业家必备的个人品格。创业者只有不断完善个人素质，带领企业获得商业上的成功，才可能逐步转变为真正的企业家。

（一）创业者的概念

国内外学者将创业者的定义分为狭义和广义两种，狭义的创业者是指参与创业活动的核心人员，广义的创业者是指参与创业活动的全部人员。一般情况下，在创业过程中，狭义的创业者会比广义的创业者承担更多风险，也会获得更多收益。欧美的经济学研究将创业者定义为一个组织管理生意或企业，并愿意承担风险的人。

一般来说，创业者被定义为以下几点：创业者是一种主导劳动方式的领导人；创业者是具有使命荣誉、责任能力的人；创业者是组织、运用服务、技术、器物作业的人；创业者是具有思考、推理、判断能力的人；创业者是能使人追随并在追随的过程中获得利益的人；创业者是具有完全权利能力和行为能力的人。

创业者并不是一个特殊人群。创业者之所以成功，不是因为他们"走运"，而是因为他们足够努力，并且具备了一些有助于其成功创业的独特技能和素质。

（二）大学生创业者

大学生创业者是指那些有理想、有胆识，不通过传统就业渠道谋求职业发展，而是为自己开辟一条择业新路，利用自己的知识才能和技术以自筹资金、技术入股、寻求合作等方式主动参与社会竞争，创立新的企业，成为为自己、为社会创造就业机会的人。

当前，我国大学生自主创业的环境不断改善，从中央到地方政府，以及各高校都鼓励和支持大学生自主创业。各级政府为大学生创业制定了一系列的优惠政策，各高校为大学生创业积极营造各方面的条件，对有能力的大学生来说，自主创业遇到了难得的机遇。自主创业要求大学生创业者能结合专业特长，根据市场前景和社会需求，创造出新的产品和服务，并实现自身的人生价值。

二、创业者的类型

创业是一种复杂的社会活动和职业行为，可以从不同的角度对创业者进行划分，如根据创业者创业目标划分，根据创业的背景和动机划分，根据创业过程中所扮演的角色和所发挥的作用划分。

（一）根据创业者创业目标划分

根据创业者的创业目标，创业者可分为谋生型创业者、投资型创业者和事业型创业者。

1. 谋生型创业者　谋生型创业者往往是因为迫于生活压力，或者是为了使自己的生活条件有所改善才决定创业。这种创业者绝大部分是以小资金起步进行创业，一般局限于商业贸易领域，也有少量从事实业，但基本上是规模较小的加工业。

2. 投资型创业者　投资型创业者是在已经拥有了一定经济基础与实力的基础上进行创业。这种创业者的创业目标主要是为了获取更大的经济回报。

3. 事业型创业者　事业型创业者把实现自己的人生梦想作为创业的目标，把创办的企业当作自己毕生的事业。这类创业者成就意识很强，不甘于为他人打工，愿意为理想放弃一份稳定的职业。之所以选择自主创业，是希望通过这一途径证明自己的能力，实现自我价值，得到社会的认可。这类创业者往往在有了一定的创业基础、经历了市场和社会的磨炼之后，会更加明确自己的人生追求。

（二）根据创业的背景和动机划分

根据创业的背景和动机，创业者可分为生存型创业者、变现型创业者和主动型创业者。

1. 生存型创业者　生存型创业者是指处于不同领域的不同行业的不同群体，为了谋生而进行的创业活动。这类创业者在选择创业时，往往从生存角度出发，在创业的过程中具有一定的目标性，所以这类创业者属于创业者中最为稳定的一类，如自主创业的大学生、工人、农民等。

2. 变现型创业者　变现型创业者是指过去在党政机关掌握一定资源或者在国有企业、民营企业当经理人期间积累了大量市场关系，并在适当时机自己开办企业，从而将过去的人脉和市场关系等无形资源变现为有形财富的创业者。

3. 主动型创业者　主动型创业者又可以分为两类：一类是盲动型创业者，一类是冷静型创业者。盲动型创业者大多极为自信，做事冲动。冷静型创业者做什么喜欢深思熟虑，瞻前顾后。这两种创业者在创业的过程中都很容易失败，但一旦成功也往往是一番大事业。

（三）根据创业过程中所处的角色和所发挥的作用划分

根据创业过程中所处的角色和所发挥的作用，创业者可分为独立创业者、主导创业者和跟随创业者。

1. 独立创业者　独立创业者是指自己出资、自己管理的创业者。其创业动机和实践受很多因素影响，如发现很好的商业机会、失去工作或找不到工作、对目前的工作缺乏兴趣、对循规蹈矩的工作模式和个人前途感到失去希望、受他人创业成功的影响等。

独立创业充满挑战和机遇，可以自由发挥创业者的想象力、创造力，充分发挥主观能动性、聪明才智和创新能力；可以主宰自己的工作和生活，按照个人意愿追求自身价值，实现创业的理想和抱负。但是独立创业的难度和风险较大，如可能缺乏管理经验、缺少资金、技术资源、社会资源、客户资源等，生存压力大。

2. 主导创业者与跟随创业者　主导创业者与跟随创业者是相对存在的。在一个创业团队中，带领大家创业的人就是团队的领导者，即主导创业者，其他成员就是跟随创业者，也叫参与创业者。主导创业者与跟随创业者可以组成一个创业的团队，发挥资源优势，共同面对未知风险；但在股权分配与利益分配过程中必须制定合理的分配方案，避免创业危机发生。

三、创业者的特征

创业者并不神秘，许多人身上都拥有创业者的基因，然而阻碍其成为创业者的原因往往是忽视了自身拥有的创造能力，经常会主动抑制这个能力或没有激情来唤醒这个能力。观察无数成功的创业者后不难发现，他们通常具有以下共同的特点。

（一）持续的好奇心

创业者永远不满足对过去事物的认识，总是对未来的事物充满着兴趣。他们愿意超越自己的业务和知识来认识外部世界，他们不拒绝新生的事物与思想，他们不以自己的经验作为判断事物正确与否的标准。他们是思想的先行者，他们总是对自己的弱点好奇，对他人的成功好奇，他们是聆听者。

对于创业所谓的好奇心，就是有对环境、市场、技术及客户需求变化的高度敏感，并通过学习与实践为未来可能的变化做好准备。任何一种商业模式、产品服务都有其生命周期，都有兴衰的过程。创业者要对变化的社会、变化的消费行为、变化的商业模式敏感。

（二）充沛的激情

拥有激情就拥有财富，拥有快乐。拥有激情就能够以积极的心态面对可能发生的困难。现实世界总是充满矛盾，一个人可能会因为遇到一个困难、一件不高兴的事而失去热情，或者唤醒了抱怨愤怒的情绪，也可能会因为在克服和面对这些困难时变得更为成熟和睿智，一个人的态度、心智决定了他的前程。

创业者的性格是坚定的，他们将困难与挑战看成是学习与成长的机会。创业者的心态是平和的，他们不骄不躁，愿意与他人沟通，并创造一个与他人共同成功的环境。创业者很不自我，他们总是在理解他人，认识自己；他们宽容地看待他人，苛刻地要求自己；他们知道没有对个人行为和心智的不断修正，就没有快乐的工作与生活。

（三）尊重与合作

获得成功的人往往是幸运的。他们的成功并不完全来自个人的智慧和努力，而是来自获得的许多外部帮助。创业精神中非常重要的是合作与尊重。

合作是一种能力，许多人因为没有合作精神而没有朋友；合作是一种态度，做事情只想自己，而不想别人的人永远不会赢得尊重和持续合作；合作是一种分享，当自己可以分享的价值更多的时候，合作的机会也就更多；合作更是一种修炼，通过"给予"而"获取"是合作的本质，合作会带来更多的轻松和效率。通过合作，将合作伙伴的能力变成我们的能力。

知 识 链 接

测试你的创业素质

创业是一个充满成就感、诱惑力的词语，但并非每一个人都适合创业。美国 HMO 协会设计出一份问卷，可使创业者在做出决策前对自己有一个初步的了解。下列各题均有四个答案，A. 是，B. 多数，C. 很少，D. 从不。请选择符合你实际情况的答案。

1. 在急需做出决策的时候，你是否在想再让我考虑一下吧？（　）
2. 你是否为自己的优柔寡断找借口，说是得好好慎重考虑，怎能轻易下结论呢？（　）
3. 你是否为避免冒犯某个或某几个有相当实力的客户而有意回避一些关键性的问题，甚至表现得曲意逢迎呢？（　）
4. 你已经有了很多写报告用的参考资料，但仍责令下属部门继续提供？（　）
5. 你处理往来函件时，是否读完就扔进文件筐，不采取任何措施？（　）
6. 你是否无论遇到什么紧急任务都先处理琐碎的日常事务？（　）
7. 你非得在巨大的压力下才肯担当重任吗？（　）
8. 你是否无力抵御或预防妨碍你完成重要任务的干扰与危机？（　）
9. 你在决定重要的行动计划时常忽视其后果吗？（　）
10. 当你需要做出可能不得人心的决策时，是否找借口逃避，而不敢面对？（　）
11. 你是否总是在快下班时才发现有要事没办，只好晚上回家加班？（　）
12. 你是否因不愿承担艰巨任务而寻找各种借口？（　）
13. 你是否常来不及躲避或防御预防困难情形的发生？（　）

14. 你总是拐弯抹角地宣布可能得罪他人的决定？（　　）

15. 你喜欢让别人替你做自己不愿意做的事儿吗？（　　）

诊断结果：分值计算（A.4分，B.3分，C.2分，D.1分）

50~60分：你的个人素质与职业者相差甚远。

40~49分：你不算勤勉，彻底改变拖沓、效率低的缺点，否则创业只是一句空话。

30~39分：大多数情况下充满自信，但有时犹豫不决，不过没关系，有时候犹豫是成熟稳重和深思熟虑的表现。

15~29分：你是一个高效率的决策者和管理者，更是一个成功的创业者，具有良好的心理素质和坚韧不拔的毅力。

第二节　创业者的素质与能力要求

在创业过程中，人是第一要素，发挥着核心的作用。创业的过程艰辛而又漫长，不仅要求创业者拥有强烈的好奇心和冒险精神，也要有明确的创业动机作为内在驱动力。重要的是具备创业所需要的专业技能、决策能力和经营管理能力，所有这些构成了创业者开展创业实践活动需要具备的基本素质与能力。

一、创业者应具备的素质

创业素质是创业行动和创业者所需要的主体要素，包括知识、技能、经验和人格等。素质是能力发展的基础，对于创业者而言，具备优秀的素质就为开创自己的事业打下了良好的基础。

（一）丰富的文化知识

创业者应该充分了解、掌握国家的有关政策、法规，做到用足、用活政策，依法行事，用法律维护自己的合法权益；了解科学的经营管理知识和方法，提高管理水平；掌握与本行业本企业相关的科学技术知识，依靠科技进步增强竞争能力；具备市场经济方面的知识，如财务会计、市场营销、国际贸易、国际金融知识等；具备一些有关世界历史、世界地理、社会生活、文学、艺术等方面的知识。在竞争日益激烈的今天，单凭热情、勇气、经验或只有单一专业知识，要想成功创业是很困难的。创业者要进行创造性思维，要做出正确决策，必须掌握广博的知识，具有一专多能的知识结构。

（二）过硬的心理素质

所谓心理素质是指创业者的心理条件，包括自我意识、性格、气质、情感等心理构成的要素。作为创业者，其自我意识特征应为自信和自主；其性格应刚强、坚韧、果断和开朗；其情感应更富有理性色彩。成功的创业者大多是不以物喜，不以己悲的，成功时不沾沾自喜，得意忘形；在碰到困难、挫折和失败时不灰心丧气，消极悲观。

（三）健康的身体状态

创业是一项繁重和复杂的工作，创业者对健康风险要有充分的准备。创业者工作繁忙、时间长、压力大，如果身体不好，必然力不从心、难以承受创业重任。因此，创业者无论在什么情况下都要培养一种积极乐观的心态、宽广坦荡的胸怀，要力争做到身体健康、体力充沛、精力旺盛、思路敏捷。

（四）坚持不懈的精神

创业领域没有任何捷径可走，只有专心致志和坚持不懈的人，才能克服在通往目标的道路上所遇到的危机和障碍。爱迪生强调指出，创造力依靠的是99％的努力和1％的灵感。他认为，一连串的失败是不断尝试错误的探索性实验，是成功的创新所必需的。经历一次又一次的失败而决不放弃是创业者的主要行为特征。

（五）敢冒风险的勇气

创业者要具备评估风险程度的能力，具有驾驭风险的有效方法和策略。在市场经济大潮中，机会与风险共存。只要从事创业活动，就必然会有某种风险伴随；且事业的范围和规模越大，取得的成就越大，伴随的风险也越大，需要承受风险的心理负担也就越大。成功的创业者总是事先对成功的可能性和失败的风险进行分析比较，选择那些成功的可能性大而失败的可能性小的目标。

（六）高频有效的沟通

创业者要通过语言、文字等多种形式与周围的人们进行有效的交流与沟通，提高办事效率，增加成功的机会。在创业过程中，需要与客户打交道，与公众媒体打交道，与外界销售商打交道，与企业内部员工打交道，这些交往、沟通，可以排除障碍，化解矛盾，降低工作难度，增加信任度，有助于创业的成功。在创业道路上，必须摒弃"同行是冤家"的狭隘观念，学会合作与交往。

（七）积极端正的态度

创业过程中，创业者要善于克制，防止冲动。克制是一种积极的有益的心理品质，它可使人积极有效地控制和调节自己的情绪，使自己的活动始终在正确的轨道上行进，不会因一时的冲动而引发缺乏理智的行为。创业者在创业过程中要自觉接受法律的约束，合法创业、合法经营、依法行事，自觉接受社会公德和职业道德的约束，文明经商、诚实经营、互助互利。当个人利益与法律和社会公德发生冲突时，要能克制个人欲望、约束自己的行为。

（八）居安思危的意识

创业者要有危机意识，在心理上和行动上有所准备，以应付突如其来的变化。在创业实践中，对所有的事都要有"万一……怎么办"的危机意识，居安思危，未雨绸缪，预做准备。创业者本身的经验、学识、能力，尤其是对要涉足行业的了解情况，对创业成功起着重要的作用。在熟悉的行业中创业，市场熟、产品熟、人际关系也熟，就能"驾轻就熟"。因此，创业者要注意自身知识的积累和对自身创业能力的培养。

二、创业者应具备的能力

创业是一项具有挑战性的社会活动，是对创业者综合能力的一种全方位考验，创业能力是实施创业和决定创业能否成功的关键。现代社会竞争日趋激烈，一个人能否在竞争中占据优势成功创业主要取决于所拥有的或者能够运用的各种能力。

（一）专业技术能力

专业技术能力包括专业知识和专业技能。专业知识是指从事某一专业工作所必须具备的知识，一般具有较为系统的内容体系和知识范围。掌握专业知识是培养专业技能的基础。专业技能包括智力技能和操作技能。智力技能是在大脑内部借助于内部语言，以缩简的方式对事物的映像进行加工改造而形成的。操作技能是由一系列外部动作构成的，是经过反复训练形成和巩固起来的一种合乎法则的行动方式。

（二）经营管理能力

经营管理能力是指对人员、资金和企业内部的运营能力。它在较高层次上决定了创业实践活动的效率和成败，既涉及人员的选择、使用、优化和组合，也涉及资金聚集、核算、分配、使用和流动。经营管理能力是一种高层次的综合能力，主要体现在善于经营、善于管理、善于用人、善于理财等几个方面。

1. 善于经营　成功的创业者不仅要有果敢的开拓精神，还必须精通经营之道，熟悉市场行情，了解和掌握生产经营活动的内容、策略和手段。掌握信息要及时准确，对比选优要多设方案，不同意见要兼收并蓄；要懂得市场经营策略、销售策略、定价策略，熟悉生产经营的组织和管理等。

2. 善于管理　所谓管理就是根据企业的内在活动规律，综合运用企业中的人力资源及其他资源，有效实现企业目标的过程。善于管理必须了解生产环节，掌握管理的窍门，精通经营核算，做好生产过程的组织、生产计划的编制、生产的调度、产品的质量控制等。

3. 善于用人　在生产力的诸要素中，人是最活跃的、起决定作用的因素，也是企业能否发展的决定性因素。善于用人，就能调动人的积极性，使人尽其才，才尽其用，使个人的长处得到充分发挥。要做到善于用人，必须统一指挥、权责相配、建立规章、民主管理，还必须论功晋级，按劳取酬。

4. 善于理财　创业者从事生产经营，要获得利润，就必须善于理财。理财是对资金运动过程进行正确的组织、指挥和调节，以保证生产活动的顺利进行，从而减少劳动和物质资源的耗损，降低产品成本，提高资金利用率。不言而喻，善于理财能使资金增值，提高经济效益，这是创业成功的重要保证和标志。

（三）学习总结能力

学习总结能力包括逻辑思维能力、综合应用能力、分析比较能力、归纳总结能力、阅读理解能力和口头表达能力等，还包括独立思考能力、组织决策能力、自我控制能力、经营管理能力、承受挫折能力、人际交往能力，以及在市场经济条件下的竞争能力等。

（四）驾驭信息能力

驾驭信息能力是指对信息的获取、分析、加工、处理、传递的能力，是理解和活用信息的能力。创业过程就是围绕着机会进行识别开发利用的过程，如何正确识别市场机会，并判断市场机会是创业者应当具备的重要技能。例如产品和市场的分析能力、市场容量的科学预测能力、产品或服务的设计与开发能力、工艺与技术能力、生产与制造能力、营销能力、匹配度检查能力等。

（五）领导决策能力

在创业过程中，几乎每个阶段都离不开创业者的决策，创业项目的选择、企业产品的定位、企业的发展战略、企业的商业模式以及盈利模式都需要进行判断。在公司运行中如何激励员工更好地为公司服务，制定目标激励、评判激励、榜样激励、荣誉激励、逆反激励、许诺激励、物质激励等激励机制。能否做出一个正确的决策，直接关系着创业的成败。

（六）抵御风险能力

抵御风险能力是指灵活机动、锐意创新，能根据社会的变化和市场上新的需求，迅速采取相应对策的能力。创业意味着风险，是对创业者心理素质的全面考验。在创业中需要创业者有充分的心理准备来面对创业风险，抵御创业风险。创业者如何面对创业失败，如何确保创业失败也不会影响家庭的正常生活，其抵御风险能力就显得尤为重要。

（七）获取资源能力

资源条件是创业能力的重要构成部分，但创业资源又是有限的，只有合理计划和利用好有限资源，才能实现成功创业。创业资源并不是创业者100%必须具备的，但至少应具备其中的一些重要条件，并有足够的能力来获取其他条件。那种只有所有的资源条件都具备了才能创业成功的想法是不对的。在创业初期，很多创业者都会缺少一些资源，如果等所有的资源条件都到位再进行创业实践的话，那么商机可能就已经流失了。所以创业者要善于整合并利用资源，只有这样才能创业成功。

（八）开拓创新能力

创新是创业的基础，创新是指主体为了一定的目的，遵循事物发展的规律，对事物的整体或其中的某些部分进行变革，从而使其得以更新与发展的活动。创新意识主要由好奇心、求知、竞争、冒险、怀疑、灵感、个人求发展的动力等心理因素和创造性思维、独立性思维等因素组成。

（九）人际沟通能力

社交能力是指学会认识人际关系，正确理解人际关系，培养良好人际关系的能力。创业的过程就是不断熟悉社会，同时让社会熟悉自己、接纳自己的过程。为此，创业者一定要敢于面向社会，闯入社会，把社会看成是自己获得支持，从而获得能量、信息与材料的源泉，即在社会实践中逐步提高自己的创业意识，从而获取创业能力。同时，必须把社会的需要、社会的利益、社会的价值标准与评价原则作为自己行动的一个参照系，把自己所从事的事业与集体的、社会的事业联系起来，提高自己的社交能力，扩大交往，与人合作，取信于他人，取信于社会，为自己营造一个开放的创业环境。

知 识 链 接

创业者的素质与能力

创业者素质是个综合性很强的概念，其内涵深刻丰富，而且具有广泛的外延。美国一个研究部门对数千名CEO和最高管理层人员的调查结果显示，创业家（或企业家）最重要的20项素质与能力按重要程度排列如表4-1所示。

表 4 - 1 创业者素质与创业能力排序

序号	能力	序号	能力
1	财务管理经验与能力	11	行业及技术知识
2	交流与人际关系能力	12	领导与管理能力
3	激励下属的能力	13	对下属的培养与选择能力
4	远见与洞察能力	14	与重要客户建立关系的能力
5	自我激励与自我突破能力	15	创造性
6	决策与计划能力	16	组织能力
7	市场营销能力	17	向下级授权能力
8	建立各种关系的能力	18	个人适应能力
9	人事管理水平	19	工作效率与时间管理水平
10	形成良好企业文化的能力	20	技术发展趋势预测能力

三、中医药院校大学生创业能力与团队组成评估调查

2020 年，辽宁中医药大学孟晓媛团队开展了"中医药院校大学生创业能力和团队建设评估"的专项调查。调查采用随机抽样的方法，选取我国 10 所中医药高校（包括长春中医药大学、成都中医药大学、黑龙江中医药大学、广州中医药大学、陕西中医药大学、天津中医药大学、山东中医药大学、辽宁中医药大学、江西中医药大学、南京中医药大学）的在校大学生作为调查对象，利用"问卷星"开展了调查。问卷分为已成立团队版和未成立团队版，共收回问卷 2914 份，其中已成立团队版 190 份，未成立团队版 2724 份。调查对象来自本科一年级到博士阶段共 9 个年级，15 个专业。

（一）未成立团队版调查结果分析

1. 个人创新创业意向 结果显示，大学生创新创业意向对创新创业结果存在密切的正相关，见表 4 - 2。

表 4 - 2 个人创业意向统计

项目	人数（人）	百分比（%）
你毕业后是否会自主创业		
想过	1192	43.76
无所谓，看情况	1390	51.03
不会选择	142	5.21
如果你想创业，创业最大的动力是什么		
自由，不受制于人	1175	43.14
实现财富自由	1506	55.29
实现自我人生价值	1155	42.40
受家人及身边朋友的影响	111	4.07
避免就业困难的压力	392	14.39
积累经验	425	15.60
其他	127	4.66
如果你选择创业，想选择的领域有哪些		
互联网 + 智能医疗	1404	51.24

续表

项目	人数（人）	百分比（%）
医疗健康服务行业	1538	56.46
养老服务	868	31.86
医药销售	752	27.61
医疗器械	531	19.49
医疗文创产品	762	27.97
其他	735	26.98
你目前是否有参加大学生创新创业竞赛的打算		
已经参加过	205	7.53
正在准备	177	6.50
有想法，但是不知道从何开始	1469	53.93
没有想法	873	32.05
对你来说，创业面临的最大困难是什么		
创业资金不足	1766	64.83
缺乏行业经验	1946	71.44
市场了解不够	1460	53.60
缺乏社会关系	855	31.39
市场风险大	393	14.43
专业技术知识不足	361	13.25
没有合适的合作伙伴	215	7.89
缺乏创新的天赋能力	233	8.55
缺乏人才及核心技术	342	12.56
其他	78	2.86
你期待对创业最有帮助的外部因素是什么		
高校及学生组织	839	30.80
指导老师协助	1381	50.70
企业联合投资	1375	50.48
政府资助	917	33.66
家庭或自己投资	385	14.13
其他	199	7.31
如果你想创业，希望获得学校哪些方面的支持		
技能知识培训	1958	71.88
能力培训	1819	66.78
实践活动	1596	58.59
资金支持	1399	51.36
专家指导	1705	62.59
场地支持	876	32.16
其他	179	10.24
你毕业后是否会自主创业		
想过	1192	43.76
无所谓，看情况	1390	51.03

续表

项目	人数（人）	百分比（%）
不会选择	142	5.21
如果你想创业，最大的动力是什么		
自由，不受制于人	1175	43.14
实现财富自由	1506	55.29
实现自我人生价值	1155	42.40
受家人及身边朋友的影响	111	4.07
避免就业困难的压力	392	14.39
积累经验	425	15.60
其他	127	4.66
如果你选择创业，想选择的领域有哪些		
互联网＋智能医疗	1404	51.24
医疗健康服务行业	1538	56.46
养老服务	868	31.86
医药销售	752	27.61
医疗器械	531	19.49
医疗文创产品	762	27.97
其他	735	26.98
你目前是否有参加大学生创新创业竞赛的打算		
已经参加过	205	7.53
正在准备	177	6.50
有想法，但是不知道从何开始	1469	53.93
没有想法	873	32.05

（1）创业意向不高　调查结果显示，43.76%的大学生想过毕业后进行自主创业，且有半数左右的人创业动力为自由工作、实现财富自由和实现人生价值，这与当代大学生多为独生子女有很大关系。

（2）创业方向集中　由于本次调查对象主要是中医药院校，专业主要集中在医药方面，所以大学生的创业方向都与医药相关。调查发现，选择"互联网＋"智能医疗的人占到51.24%，选择医疗健康服务行业的人占到56.46%，这与我国长期坚持的"科教兴国"发展战略密不可分。随着科技行业的快速发展，人们逐渐体会到了科技为生活带来的便利，因此有半数以上的大学生认为创业应以科技和"互联网＋"为方向。有31.86%的大学生选择了养老行业，这与近年来人口老龄化的增长息息相关。人口老龄化已经成为当下的社会痛点，随之面临的诸多问题，如老年人就医困难或康复治疗等，恰好是医学生所擅长的方向，因此也成为创新创业的主要方向之一。

（3）以赛促创效果有待提升　对于在校大学生来说，创新创业竞赛通常是成为开始创业的敲门砖。有14.03%的大学生已经参加或准备参加创新创业竞赛，有53.93%的人有想法但不知道如何实现。这反映出创新创业课程的重要性。目前很多高校都已配备创新创业方面的教师对学生进行专业辅导，部分学校还开设了"双创"兴趣班，制定扶持创业政策，设立相关资金项目，因此如果学生能够积极参加学校组织的培训，与相关老师进行有效沟通，将有助于创新创业的开展。

2. 创业需求　对于大学生，特别是初入校门的大学生来说，创业是一个似懂非懂的概念，往往是听说过，却不知从何入手。对此，调研组进行了问卷调查，以探知学生对初步创业的需求（表4-3）。

表4-3　大学生的创业困难与创业需求

项目	人数（人）	百分比（%）
对你来说，创业面临的最大困难是什么		
创业资金不足	1766	64.83
缺乏行业经验	1946	71.44
对市场了解不够	1460	53.60
缺乏社会关系	855	31.39
市场风险大	393	14.43
专业技术知识不足	361	13.25
没有合适的合作伙伴	215	7.89
缺乏创新的天赋能力	233	8.55
缺乏人才及核心技术	342	12.56
其他	78	2.86
你期待对创业最有帮助的外部因素是什么		
高校及学生组织	839	30.80
指导老师协助	1381	50.70
企业联合投资	1375	50.48
政府资助	917	33.66
家庭或自己投资	385	14.13
其他	199	7.31
如果你想创业，想获得学校哪些方面的支持		
技能知识培训	1958	71.88
能力培训	1819	66.78
实践活动	1596	58.59
资金支持	1399	51.36
专家指导	1705	62.59
场地支持	876	32.16
其他	179	10.24

（1）缺乏经验是大学生创业过程中最大的困难　对于准备创业的大学生来说，前期准备非常重要，有71.44%的人认为创业过程中最大的困难是缺少行业经验。在校大学生，特别是医学本科生，所学知识或接触的行业人群均以医学类为主，相对其他专业或者高年级的学生接触社会和行业经验较少，对于创业的起始过程与未来发展一无所知，而这也往往成为他们需要克服的最大困难。有64.83%的人认为最大的困难是创业资金不足，有51.36%的人认为最需要的帮助是创业资金。

（2）大学生期盼学校开展技能知识培训　调查结果显示，有71.88%的人希望通过技能知识培训，提高自身能力；有66.78%的人需要专业能力培训；有62.59%的人需要专家的指导。这就提示学校应在创新创业能力方面给学生以帮助，相应地开展创新创业教育，可依托"互联网＋"的优势和网络课程平台，利用学习通、慕课、钉钉或者腾讯会议等平台进行跨专业、跨学校教育，在孵化基地选拔有创业意向和创业潜能的大学生开展各种各样的创业沙龙、创业竞赛和项目路演等活动，在参加活动的同时发现问题并及时解决，提高大学生的创业能力。

3. 团队能力和意识　要想实现创业目标，不仅需要专业的指导，更需要一支稳定的团队予以实现。关于团队能力与团队建设的调查结果见表4-4。

表4-4　团队能力与团队建设

项目	人数（人）	百分比（%）
你的初创团队准备如何组建		
寻找同寝室或班级的人	373	13.69
寻找同专业的人	448	16.45
寻找身边的朋友	587	21.55
到目标地招募	1005	36.89
寻找身边的亲戚、朋友	67	2.46
其他	244	8.96
你组建团队，更关注队员的哪些特质		
性别	22	0.81
专业知识技能	375	13.77
学历	47	1.73
个人综合能力	1890	69.38
性格匹配度	223	8.19
其他	167	6.13
你觉得你的创业团队最需要具备哪些能力的队员		
善于表达	1715	62.96
专业技术	2009	73.75
思维灵活	2093	76.84
把握方向	1628	59.77
踏实肯干	1863	68.39
其他	384	14.10
如果你加入大学生创新创业团队，你会选择成为团队中的哪个角色		
建议者	774	28.41
联络者	518	19.02
创造者	622	22.83
评估者	324	11.89
领导者	486	17.84
你觉得创业者应该具备哪些能力		
头脑清晰	1496	54.92
有很强的凝聚力	1200	44.05
善于创新	809	29.70
善于寻找机会，把握方向	1491	54.74
良好的表达能力	324	11.89
其他	127	4.66
如果选择创业的话，你觉得自己具备以下哪些特质		
创新力	1149	42.18
领导力	1003	36.82

续表

项目	人数（人）	百分比（%）
沟通力	1249	45.85
组织力	851	31.24
抗压力	1041	38.22
学习力	1267	46.51
机会识别力	398	14.61

（1）综合能力是创业合作伙伴的首选要素　有69.38%的人在选择队友时首先考虑的是个人的综合能力，有73.75%的人最需要团队中拥有专业知识储备者。根据贝尔宾团队建设理论，组建一个成功的团队，取决于能否找到团队中合适的角色。要组建一支高效、优质的创新创业团队，必须聚集一群不同专业背景和层次结构的人才，团队中的每个人能各展所长，各个角色要在各自的位置上各司其职，在工作中默契合作，互相弥补，这样才能提高团队的工作效率，激发创新潜能。虽然各中医药院校正逐步从单一学科向综合学科转换，但仍以中医学、中西医结合医学、针灸推拿学和护理学等方面的人员较多，其他专业依然较综合类大学要弱。

（2）成为团队领导者的意愿不强　想要打磨一个好项目，一定离不开优秀的领导者。调查结果显示，有17.84%的人认为自己可以成为团队领导者。但要想成为优秀的领导者，必须具备"凝聚者"和"协调者"两种角色的条件，他们是团队凝聚的核心，能够精准把握团队的前进方向。调查结果显示，拥有机会识别力的人仅占14.61%。拥有机会识别力在团队中扮演的是"智多星"和"外交家"结合的角色，这个角色既需要发现机会和创造机会，更需要努力抓住机会，而这样的人才在身边并不多见。这也可能与本次调查对象为未成立团队有关。其中大多数人还没有投入到创业实践中，所以暂不具备识别创业机会的能力。

（二）已成立团队版调查结果分析

对已成立团队的调查，主要调查成立团队的成功经验及成立过程中存在的不足，将结果与未成立团队比较，以得到实践与理论结合后的分析结果。

1. 创业基本信息　见表4-5。

表4-5　创业基本信息

项目	人数（人）	百分比（%）
你是否是团队的领导者		
是	29	15.26
否	161	84.74
你创业的项目属于什么行业		
医疗器械	53	27.89
医疗销售	56	29.47
医药文创	61	32.11
其他	84	44.21
你的产品或者服务是否已经投入市场		
已经投入市场	56	29.47
正在准备中	33	17.37
目前没有这个安排	101	53.16

续表

项目	人数（人）	百分比（%）
你认为创业成功的最主要因素是什么		
资金实力	8	4.21
好主意	27	14.21
优秀团队	112	58.95
政府资源和社会关系	12	6.32
专利技术	17	8.95
其他	14	7.37

（1）创业项目落地率不高　调查结果显示，团队的产品或者服务已经投入市场或正在准备的不超过半数，有53.16%的产品目前没有投入市场的安排。可见，虽然产品创意雏形已有，但是在实现产品落地和成果转化等方面各个团队依然存在问题。部分团队的立项目标更多的是参与创新创业竞赛，产品理念仍停留在理论层面，没有融合到实践过程中。调查结果还显示，有一大部分团队成员的专业为临床等，就业目标更倾向于成为医生，以实现职业情怀和社会价值，因此仅将创业项目作为大学期间的体验过程。

（2）优秀团队是创业成功的最主要因素　在成功组建团队的成员中，有58.95%的人认为成功的项目离不开优秀团队中的各司其职，可见组建一支高效的团队能够使工作事半功倍。

2. 团队财务和融资情况　与未成立团队不同，已经成立团队的项目在运行过程中已经涉及融资和财务运行等情况，因此问卷设列了融资方面的项目（表4-6）。

表4-6　团队财务和融资情况

项目	人数（人）	百分比（%）
你的创业资金主要来源于哪里		
向银行申请贷款	43	22.63
政府扶持创业基金	73	38.42
企业投资	48	25.26
家人、朋友资助	39	20.53
团队集体融资	73	38.42
其他	66	34.74
你认为创业融资的渠道有哪些		
亲戚、朋友融资	40	21.05
自有资金投入	89	46.84
天使投资	77	40.58
银行贷款	79	41.53
风险投资	20	10.53
其他	33	17.37
在创业过程中，对于财务的评估预算，你更注重哪个方面		
初创企业启动资金	45	23.68
营业收入评估	31	16.32
成本预算评估	65	34.21
利润估算	31	16.32
其他	18	9.47

（1）自有资金是创业的主要资金来源　在已成立团队的调查结果中，46.84%的创业者首先想到的融资方式是自有资金，但是对于创业刚起步的大学生来说，自有资金相对较少，很难维持项目的运行和发展。所以创业项目的资金一般源于银行贷款、政府扶持创业基金、企业投资、家人和朋友资助、团队集体融资等方面。特别是在国家和政府大力扶持大学生创新创业阶段，政府和高校都会对有潜质的项目提供资金扶持，银行方面对大学生创新创业贷款也出台了相关政策，以减轻大学生创业的资金压力。在未成立团队的调查中，大学生最为担心的创业困难就是创业资金不足，而已经成立团队的调查结果显示，创业团队解决资金问题的方式多种多样。由此可见，国家对于创新创业的扶持力度基本可以解决有意向自主创业大学生的后顾之忧。

（2）大学生更关注成本预算　在团队的财务评估预算方面，有23.68%的人较关注启动资金的去向，有34.21%的人更关注成本的预算评估。在大学生创业的初始阶段，大多数团队更担心的是项目是否拥有足够的启动资金，能否完全运营起来而不出现资金的短缺。一般在项目成功运行后，团队的财务重心才会放到收入和利润上。所以归根结底，无论是否已经成立团队，其财务方面的困难主要是在项目的启动阶段。能否解决团队的财务问题已成为创业项目启动的关键性条件。

3. 创业过程中的问题　每一个创业团队在运行过程中几乎都出现过不同的问题，调查结果见表4-7。

表4-7　创业团队在创业过程中遇到的问题

项目	人数（人）	百分比（%）
对你来说，创业过程中主要的困难是什么		
创业资金不足	94	49.47
缺乏行业经验	129	67.89
对市场了解不够	91	47.89
缺乏社会关系	61	32.11
市场风险大	20	10.53
专业知识不足	42	22.11
没有合适的合作伙伴	11	5.79
缺乏创新的天赋能力	29	15.26
缺乏人才以及核心技术	39	20.53
其他	8	4.21
你觉得你的创业模式出现过什么问题		
创业模式较单一，创新不足	114	60.00
技术含量较低，专业性不强	104	54.74
缺乏对国家创业扶持政策的了解与利用	71	37.47
创业团队组建意识不足	56	29.47
创业热情高，但创业动机缺乏	51	26.84
创业者禀赋较差	24	12.63
其他	38	20.00

（1）缺乏行业经验是创业中最大的困难因素　调查结果显示，有67.89%的人认为最主要的困难是缺乏"行业经验"。这与未成立团队的调查结果一致。由此可见，无论是理论还是实践中的困难大多与行业经验不足有关。有20.53%的人认为自己的项目缺乏"人才及核心技术"，15.26%的人认为自己的项目缺乏"创新的天赋能力"。有60%的人认为目前团队的"创业模式

较单一，创新不足"，而创新性地开发大多与团队中的"智多星"密不可分，他们作为团队中的创新灵感来源决定了团队最终能走多远。

（2）创业项目的创新性不高　有54.74%的人认为自己的创业模式中"技术含量较低，专业性不强"，而这主要归于团队中的"专业师"这个角色。在中医药院校，对于医药方面的创新项目来说，"专业师"比较常见。由于他们从事的专业多为临床等专业技能方面，在团队开发方面掌握着独特技术，因此中医药院校中较易寻找。而"智多星"则不同，往往需要高于常人的理论认知和专业的行业经验，在项目的初始阶段可以寻找在创业方面有经验的学长学姐为团队提供宝贵的修改经验，也可以向学校的专业创新创业方面的老师或者创业先行者寻求帮助，让他们为项目注入新的源头活水。等到项目发展到一定阶段，可以再次招募"智多星"型人才，为项目提供其他创意。所以在团队中不能把所有的创意和想法等工作全部交给"专业师"去负责，"智多星"应与"专业师"相结合，这样才能真正做到将项目或者产品的理论与实践进行完美结合。

4. 团队建设能力　调查结果显示，有29.47%的人认为自己在创业过程中存在"创业团队组建意识不足"的问题。在创业过程中，团队成员只有默契配合，才能达到事半功倍的效果。贝尔宾团队角色理论中的每个角色都必不可少，团队建设能力的调查结果见表4-8。

表4-8　团队建设能力

项目	人数（人）	百分比（%）
你所在的初创团队有几个人		
2人及以下	28	14.74
3人	13	6.84
4人	23	12.11
5人及以上	126	66.32
你所在的创业团队成员大多数具有参加学生会及社团，或担任学生干部的经历		
非常符合	63	33.16
基本符合	101	53.16
不符合	26	13.68
你认为你所在的创业团队成员所掌握的技能各不相同，有非常擅长的领域		
非常符合	74	38.95
基本符合	95	50.00
不符合	21	11.05
你觉得创业公司的CEO首要的职责是什么		
制定公司的远景规划	124	65.26
销售	5	2.63
人性化的管理	22	11.58
领导研发团队	34	17.89
寻求投资	5	2.63
你在组建团队的时候更关注队员的什么特质		
性别	0	0.00
专业知识技能	44	23.16
学历	3	1.58
个人综合能力	118	62.11
性格匹配度	11	5.79
其他	14	7.37

续表

项目	人数（人）	百分比（%）
你认为在创业过程中团队成员出现过哪些问题		
团队成员能力不足，不能为团队创造价值	74	38.95
团队成员缺乏学习精神，不能跟上组织发展的步伐	99	52.11
团队成员因个人原因退出创业团队	65	34.21
团队成员因团队内部因素退出团队	28	14.74
团队成员间冲突矛盾，影响团队工作	39	20.53
团队成员丧失创业激情	66	34.74
团队内部出现利益分配不公平	28	14.74
其他	47	24.74
你认为你的团队需要在哪些方面进行改进		
完善利润分配制度	67	35.26
建设学习型组织，不断提高成员素质	119	62.63
举办团队建设活动，提高成员的凝聚力	103	54.21
树立共同愿景目标，完善团队文化	110	57.89
领导者加强与成员间的沟通，了解其是否面临困难	86	45.26
其他	9	4.74
你认为一个理想的创业团队应该注重哪些方面的因素		
核心团队人数控制	60	31.58
成员创业经历和社会工作经历	61	32.11
团队成员知识与技能的丰富与互补	126	66.32
团队成员价值观一致	94	49.47
团队的管理制度	60	31.58
团队成员有共同的目标	62	32.63
其他	7	3.68
你的创业团队是否存在初创成员退出的情况，你认为他们退出的原因是什么		
付出与回报不均衡	21	11.05
为考研或其他方面的因素	85	44.74
为找一份稳定的工作	26	13.68
与团队相处不融洽	9	4.74
认为自我价值得不到体现	15	7.89
无	34	17.89
你认为在团队中影响团队建设的因素有哪些		
成员知识、技能互补	107	56.32
成员个性互补，兴趣一致	93	48.95
彼此熟悉，具有良好的关系基础	91	47.89
有共同的目标愿景	114	60.00
支持创业的资金来源和社会资源	60	31.58
是否有完善的管理机制和团队建设方案	81	42.63
其他	8	4.21

（1）初创团队人数较多　对创业团队的初创核心团队的调查结果显示，有 66.32% 的人把初创团队人数控制在 5 人或 5 人以上。根据贝尔宾团队角色理论，每个团队需要 9 种角色，但并不意味着只需要 9 个人或必须需要 9 个人。他们只是角色的代表，一个人在团队中可分饰不同角色或几个人共同扮演一种角色。调研组的问题只是针对项目的初创团队，在团队运行和发展的过程中，团队人数可以有或增或减的变化。在初创团队中，有 44.74% 的人认为团队中成员的退出与考研、临床实习和找工作有关。中医药院校有相当的人会经历考研和临床实习，这也是临床等专业的必经过程，很多人会因此放弃或暂时退出创业团队。团队在运行过程中，可能会发现存在的不足而招募专业的人才填补空缺，也可能发现一些人不适合现有团队或难以融合而选择退出的情况。所以，初创团队的建设固然重要，但也并不是一成不变的，可以通过后期增减成员，以弥补团队协调性的不足。

（2）综合能力仍然是组建团队的首选要素　调查结果显示，有 62.11% 的人更注重团队成员的个人综合能力，其次是专业技能，这与未成立团队版的调查结果一致。有 88.95% 的人认为团队中的每个人都有自己擅长的领域，他们就是各自领域的"专业师"。有 86.32% 的人会选择有学生会、社团或班级任职经历的人加入团队。有在学生会、社团或者班级任职经历的人，大多综合能力较高，做事效率较高，性格较开朗，善于沟通，即调研组所说的团队中的"外交家"。"外交家"不一定具有专业能力，但通常拥有丰富的知识储备，乐于交际，善于与人沟通，具有成熟的谈判技巧，通常会通过熟练的外交为团队争取到更多的发展机会。

（3）对 CEO 角色认识存在偏差　有 65.26% 的人认为作为创业公司的 CEO，首要的工作职责是制定公司的远景规划，这一角色是贝尔宾团队建设理论中的"完成者"和"鞭策者"。在团队中他们以身作则，能够保质保量完成任务，起到协调作用。他们逻辑严谨，善于行动，知人善用，为团队中的每一个人定制适合的工作，并督促其完成。有了他们，就相当于拥有团队的领航人和鞭策人，能够保证产品或者服务的高质量完成。

（4）创业团队面临较多问题　许多团队在创业过程中都出现了成员能力不足、缺乏学习精神、产生冲突矛盾、丧失创业激情或出现利益分配不公平等问题。有 54.21% 的人认为应该举办一些团队建设活动，来提高成员的凝聚力，所以"凝聚者"在这当中起着调和的作用。"凝聚者"在团队中就是"催化剂"，有了"催化剂"的调配才能使团队更高效地工作，减少团队中出现的问题，提高团队凝聚力。如果团队中缺少"凝聚者"的存在，那么队员不仅没有共同的目标和发展方向，还会导致项目本身变为生锈的轮轴，难以向前驱动。

第三节　创业团队的组建

在信息化高速发展的今天，创业英雄层出不穷。随着人们对创业成功者的深入分析，越来越能看出创业团队的重要性，每一个创业英雄背后，一定有着创业团队的支撑。马云有今天的成绩，跟当年号称"十八罗汉"的创业伙伴支持密不可分。享誉世界的创业公司中，无不在创业历程中经历着创业团队的组建、成长与更新。创业团队对于公司的创业成功来说至关重要。

一、创业团队的内涵与特征

创业团队是由技能互补、贡献互补的创业者组成的特殊群体。该群体在一个共同认同的、能使彼此担负责任的程序规范下，为达成高品质的创业结果而共同努力，相互协作依赖，共同担当。

（一）创业团队的内涵

创业团队是指两个或两个以上的个人参与创立一个事业并有相应的财务利益。这些个人出现在公司启动之前的阶段，即实际制造产品或在市场上提供服务之前的时期。

创业如同拔河比赛，人心齐，泰山移。"宁要一流的人才和二流的项目也不要一流的项目和二流的人才"是风险投资家的箴言。可以说，创业浪潮中的"项目秀""个人秀"的时代正在结束，团队的力量逐渐被越来越多的人看好。尤其是创业的起步阶段，如果没有一个高素质的团队，再优秀的创业计划也难以获得成功。由于团队所具有的协作能力和灵活机动的运作模式，在很多公司内部，团队形式成为新的组织模式。因此，在创业过程中，不仅要求创业者本身具有一定的创业能力，对于团队成员的整体协同作战能力也提出了很高的要求。创业过程实际上就是团队不断成长成熟的过程。

（二）创业团队的特征

当创业者决定创业，并选定了创业项目后最重要的任务就是组建创业团队。创业需要志同道合的伙伴相互支持，分工合作。比尔·盖茨曾说过："我一向排斥'企业家'这个字眼。企业家一词对我是个抽象的概念，我自己是个软件工程师，而我决定要找一群人来一起工作，这群人经过一段时间的成长，创造出越来越多的产品，组建一支优秀的创业团队，对创业者是一项至关重要的工作。"一支优秀的创业团队具有知己知彼、才华各异、目标一致、彼此信任四个特征。

1. 知己知彼 一支优秀创业团队的所有成员都应该非常熟悉，非常了解。团队成员能非常清醒地认识到自己的优势和劣势，同时也了解其他成员的长处和短处，团队成员的熟悉，有利于成员之间工作的合理分配，最大可能地发挥各自的优势。

2. 才华各异 优秀的创业团队应该是成员各有所长，相互补充，相得益彰。一般而言，一支优秀的创业团队必须包括以下几种人：创业意识强的人，可以决定公司未来发展方向，相当于公司战略的决策者；策划能力强的人，能够全面分析整个公司面临的机遇与风险，考虑成本、投资、收益的来源和预期收益以及公司管理规范章程，长远规划设计等工作；执行能力较强的人，具体负责执行过程，包括联系客户接触终端，消费者拓展市场等；技术类团队中至少还拥有研发人员，创业团队还要根据需要有财务、法律、审计等方面的专业人才。

3. 目标一致 拥有共同的目标是创业团队区别于群体的重要特征。创业团队的企业目标、企业文化、企业发展路径必须一致，大学生创业初期困难和失败不可避免，因此目标一致就显得尤为重要。共同的创业目标可以将分散的个体凝聚成一股强劲的力量，成员能够全身心地为团队发展贡献力量，这才是创业团队最需要的。尤其在遇到困难的时候，团队成员能够志同道合，为共同的目标奋斗就有希望。

4. 彼此信任 信任是解决分歧、达成一致的唯一途径。大学生创业团队不仅要志同道合，更得彼此信任。最初创业时要把最基本的责、权、利说得明白透彻，尤其是股权利益分配，包括资产、融资、人事安排等，这样在企业发展壮大后，才不会出现因利益、股权等分配问题产生矛盾，导致创业团队的解体。

（三）创业团队的分工

为了实现团队的共同目标，需要创业团队实施各种各样的功能。这些功能往往难以依靠创业者个人完成。因此，创业团队虽小，但是应当"五脏俱全"。优秀的创业团队必须能够实现有效的分工，形成优势互补，相得益彰。

1. 领导者 创业团队成员必须有一个核心的创业者作为团队的领导者。这一领导者并不是单单依靠资金、技术、专利等因素决定的，其领导地位往往来自创业伙伴在同窗或共事过程中发自内心的认可。在创业中，开始提出创业机会，并且组织起团队的初始创业者有可能成为核心领导者，但是随着创业活动的进一步深入，如果其素质无法跟上创业活动的发展，就有可能出现新的取代者。

2. 管理者 创业团队中还需要能够有效进行内部整合的人，这个人能够把创业团队的战略规划往下推行。作为即将创立或者刚刚创立的企业，内部往往缺乏规范的组织制度和章程。因此，员工的招募和管理、企业内部的生产和经营等方面缺乏明确的规章制度予以指导，这种情况下往往需要一个团队成员专门从事企业内部管理。这样能够形成较好的协调机制。

3. 销售者 在创业团队中，应当拥有一个专门从事市场营销、对外联系的成员。这些工作尤其需要独特的沟通联系能力，应当有专门的主管人员。为了有效推进市场开拓，该团队成员应当拥有相关领域的经验。因为市场开拓能力很大程度上与以往的工作经历和社会阅历相关。新创企业能否快速打开市场也与企业所能拥有的社会关系密切相关，因此，创业团队应当积极吸收拥有良好工作经验和广泛社会关系的市场开发管理人员。

4. 研发者 如果创业者所要建立的是一个技术类的公司，那么还应该有一个技术研发主管。对于高技术创业来说，创业者往往自身就是技术领域的佼佼者，其创业活动往往是基于自己在实验室中开发出的项目。但是很多情况下，核心创业领导者不能兼任技术管理工作，因为他所关注更多的是企业战略层面的问题，而技术研发问题需要专业人士来专门管理。

5. 专业领域人员 如果条件允许，创业团队还需要有人掌握必要的财务、法律、审计、等方面的专业知识，从事这些方面的管理工作。虽然创业团队可以求助于外部的支持机构来完成财务、法律、等方面的管理事务，但是在很多情况下，创业团队需要自行处理这些问题，特别是涉及一些企业内部机密的时候。因此，创业者也要有意识地吸收这方面的创业伙伴。在一个创业团队中，不能出现两个核心成员位置重复的情况。因为只要优势重复、职位重复，以后必然少不了矛盾出现，最终甚至导致整个创业团队散伙。

知识链接

9种团队角色描述

在一个团队中，每个成员常常具有不同的优势与劣势，在团队中发挥作用也各有不同。一般来说，成员在团队中的角色定位有9种，把具有某些能力、特性的团队成员安排到最能发挥其个人潜能的位置上，才能有利于实现团队功能的最大化。优秀的创业团队必须具备以下9种角色（表4-9）。

表4-9 9种团队角色描述

角色	角色描述	可允许的缺点	不可允许的缺点
栽培者	解决难题，富有创造力和想象力，不墨守成规	过度专注思想而忽略现实	当与他人合作会更加有效果时，不愿与他人交流思想
资源探索者	外向，热情，健谈，发掘机会，增进联系	热情很快冷却	不遵循安排，令顾客失望
协调者	成熟、自信、称职的主事人，阐明目标，促使决策的制定，分工合理	如果发现其他人可完成工作，就不愿亲力亲为	完全信赖团队的努力

续表

角色	角色描述	可允许的缺点	不可允许的缺点
塑形者	善于激励，充满活力，在压力下成长，有克服困难的动力和勇气	易沮丧与动怒	无法以幽默或礼貌的方式平息局面
监控者	冷静，有战略眼光与识别力，对选择进行比较并做出正确选择	有理性的怀疑	失去理性，讽刺一切
团队工作者	协作的，温和的，感觉敏锐的，老练的，建设性的，善于倾听，防止摩擦，平息争端	面对重大事项，优柔寡断	逃避承担责任
贯彻者	纪律性强，值得信赖，有保守倾向，办事高效利索，把想法变为实际行动	坚守教条，相信经验	阻止变化
完成者	勤勤恳恳，尽职尽责，积极投入，找出差错与遗漏，准时完成任务	完美主义	过于执着的行为
专家	目标专一，自我鞭策，敢于奉献，提供专门的知识与经验	为了学而学	忽略本领域以外的技能

（资料来源：BELBIN M. Team Roles at Work. Oxford：Butterworth – Heinemann, 1996：58.）

二、创业团队的类型

创业团队并非一成不变，根据创业团队的地位平等和成员之间的依赖强弱，可分为不同类型，包括风铃型创业团队、环型创业团队、星型创业团队和散点型创业团队。

（一）风铃型创业团队

风铃型创业团队是指存在一个领袖式的主导人物，但成员相互间的独立性较强。团队中的领袖往往是掌握了较强的技术或者较好的创意，寻找合伙人加入该创业团队的人，在选择合伙人的时候，领袖会根据自己的判断，选择适合的人作为自己的支持者。

风铃型创业团队有以下几个特点：领袖的话语权较大；做决策速度较快；权力集中，导致决策失败的可能性增加；在领袖与支持者的意见不统一时，支持者较为被动，但是如果支持者离开团队，这种冲突对团队的影响相对较小；不易形成权力重叠；寻找创业目标的速度较快，团队的执行力很强。

（二）环型创业团队

环型创业团队是由怀揣着共同的目标且相互依赖的成员组成的团队。这种创业团队没有一个明确的领导，而且它的形成常常是经过成员的共同协商后，将创业理念厘清，最终组合在一起的。对于初创企业而言，每一个伙伴都要找准自己在团队中的定位，并尽到自己作为协作者的职责。

环型创业团队的特点：团队中各个成员的话语权较平等，没有特定的领袖；在决策的时候，往往是大家相互讨论，因而做决策的速度较慢；做出错误决策的可能性较小；在各个协作者的意见不统一时，成员倾向于采用协商的态度来解决冲突，不过一旦冲突升级，有成员离开团队，那么将对整个团队的结构产生很大的影响；由于团队成员的平等性，团队当中容易形成权力重叠；寻找团队目标的速度较慢，团队的执行力较强。

（三）星型创业团队

星型创业团队集合了领导和成员的相互依赖两种特点。这种类型的创业团队存在一个核心人物，他并不像领袖那样，有着绝对的权威，而是在决策的时候，充分考虑团队成员的意见。另外，团队成员之间是相互依赖的，成员的地位也是平等的，因此，核心人物更多的是负责协调和统筹内部管理工作。

新型创业团队的特点：核心人物的选择多数是由团队成员投票决定的，所以具有令人信服的领导地位；由于核心人物的存在，团队做决策的速度较快；由于核心人物考虑成员的意见，所有决策失误的可能性小；当核心人物与普通成员发生意见冲突时，普通成员较为被动，且冲突升级时，普通成员可能会离队；不易形成权力重叠；寻找团队目标的速度比较快；团队的执行力非常强。

（四）散点型创业团队

散点型创业团队是指团队中不存在权威的领导，成员之间相互独立，工作中并不相互依赖。由于缺乏上述两种特点，这种创业团队的内部存在较严格的规则，以约束和聚合团队成员。这种类型的创业团队往往出现在创业初期，而且团队中仅仅有一个模糊的创业目标。也就是说，这种团队提出的创业概念是笼统的、有待讨论的。随着理念日渐清晰，散点型创业团队往往会朝其他类型发展。一个创业团队如果一直保持着松散状态，对企业的长期发展是很不利的。

散点型创业团队的特点：各成员的话语权较为平等；团队做决策的速度较慢；做出错误决策的可能性较小；成员之间发生意见冲突的时候往往会平等讨论，通过协商解决问题；有可能形成权力重叠；寻找团队目标的速度较慢；团队的执行力较弱。

创业团队的类型见图 4 - 1。

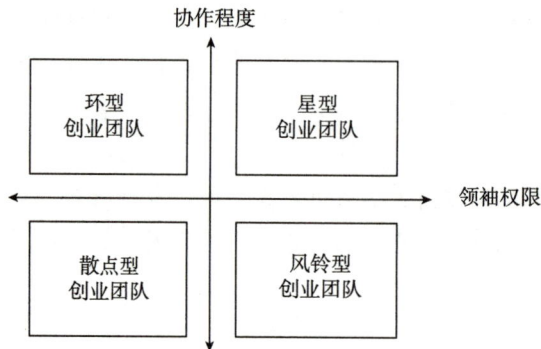

图 4 - 1　创业团队的类型

创业团队的划分不是绝对的，由于领袖权限和协作程度不同，创业团队在图中的坐标可以落在任何位置。因此，一个创业团队的类型有可能介于两种类型之间。另外，就像散点型创业团队会像其他类型演变一样，其他三种类型的创业团队也有可能互相演变。在企业发展的特定阶段，创业团队在不同类型之间演变，对企业来说是非常有利的。在实际创业过程中，大学生在创业时往往会选择风铃型或环型创业团队，在企业越来越成熟时，才将团队转变成星型。

三、大学生创业团队组建

创业发起者根据项目进展情况，需要持续地吸纳创业伙伴，完善团队。作为一个发起者，如何才能吸引团队成员、具备什么样的条件才能组建团队、通过哪些渠道组建团队都是在创业中需要关注的问题。

（一）思维互补

不同思维方式的组合有利于系统地看问题，而不陷入片面和单一的视角。思维方式不同源于不同的年龄、学习经历、工作经验和生长环境，思维方式的差异化对于理解个性化客户和用户都具有重要意义。团队成员不能是清一色的技术成员，也不能全都是搞终端销售的，优秀的创业团队成员各有各的长处，大家结合在一起，正好互相补充，相得益彰。

（二）技能互补

所有的想法都要通过行动予以落实，技术是将精神转化为物质的重要载体，技能代表着某个人在某个领域的深度积累，是一种经验，也是一种职业态度。如果说思维代表着看问题的格局，技能则是落实格局的细节，格局和细节都很重要。创业团队需要不同技能的人，技能有共性的一面，例如设计，设计一个组织、系统、产品、服务、流程、商业模式等，人人都需要了解设计。技能又有个性的一面，一个设计想法的落地，需要体验、沟通、创新、原型开发、测试、呈现等。

（三）资源互补

创业者永远面临着资源的稀缺性，需要创业团队创造性地整合资源，将想法变成现实。资源整合首先要从自己所拥有的资源开始，所以团队成员所拥有的资源也是其存在的理由。资源并不属于某一个人，而是流向价值创造最大的地方。根据六度分离理论，每个人最快通过五个人就可以找到你想找的人，所以创业团队的所有人都可以整合自己身边的资源，为团队做贡献。

著名的管理大师德鲁克认为："企业家就是赋予资源以生产财富的能力的人。"资源是一个企业在向社会提供产品或服务的过程中，所拥有的或能够支配的用以实现企业战略目标的各种要素和要素的组合。创业需要资源，没有真正意义的"白手起家"，创业者不可能完全靠一己之力轻松做老板，每一个人创业都必然有其凭依的条件，也就是其拥有的资源。

（四）性格互补

一群人一起做一件不确定的事情，是一个漫长而艰辛的过程。创业团队需要不同性格的人。有人让俞敏洪和马云从《西游记》唐僧四师徒中挑出最适合创业的选两个人，马云选了猪八戒和沙僧，俞敏洪选了孙悟空和沙僧。大部分的创业团队可能都有类似"猪八戒"这种性格的人，他们的存在好像没有价值，但是他们在默默地贡献着创业团队所需要的氛围。创业不仅仅是一份工作，也是一种生活方式。很多创业者因为过分关注于工作和事业而忽略了生活。创业是一个慢慢地将想法变成现实的过程，需要不同性格的人将生活的不同层面带入创业过程，创业才能更加持久。

知识链接

大学生创业能力的个性化设计

大学生具有创业热情，但由于经验欠缺、能力不足、意识偏差等原因，导致创业成功的概率明显偏低。作为一名大学生创业者，第一要思考你具备什么样的能力？第二要思考这些能力在怎样的情况下是优势？在怎样的情况下是劣势？要跳出传统的框框进行思考，优势一定"优"吗？劣势一定"劣"吗？根据这一思想，认真分析自身具备的创业能力，并进行重新梳理和整合，充分利用自己的优势进行创业（表4–10）。

表4–10 大学生创业能力的个性化设计

说明：从自主创业的角度认真填写下表，评估自己的创业能力。

1. 体力（力量、速度、耐力、灵活、其他）
你的优势是：
你的劣势是：
针对创业你采取的对策是：
2. 脑力（算术、语言、悟性、记忆、逻辑、其他）
你的优势是：
你的劣势是：
针对创业你采取的对策是：
3. 兴趣（书籍、汽车、其他）
你的优势是：
你的劣势是：
针对创业你采取的对策是：
4. 性格（内向、外向、热情、严谨、其他）
你的优势是：
你的劣势是：
针对创业你采取的对策是：
5. 技术（经营管理、销售、阅读、其他）
你的优势是：
你的劣势是：
针对创业你采取的对策是：
6. 知识（学历、阅历、社会常识、其他）
你的优势是：
你的劣势是：
针对创业你采取的对策是：
7. 学习能力（手艺、语言、其他）
你的优势是：
你的劣势是：
针对创业你采取的对策是：
8. 经验（销售经验、管理经验、营商经验、其他）
你的优势是：
你的劣势是：
针对创业你采取的对策是：
9. 人际交往
你的优势是：
你的劣势是：
针对创业你采取的对策是：
10. 其他能力
你的优势是：

你的劣势是：
针对创业你采取的对策是：
按重要性顺序排列，你的能力优势是： 1. 2. 3. 4.
按重要性顺序排列，你的能力劣势是： 1. 2. 3. 4.
扬长避短，整合你自己的创业能力，并转化为创业核心竞争力的战略是：

第四节　创业团队管理

创业团队管理是在维系团队稳定的前提下，发挥团队多样性优势。有效的团队管理能使原本分散的个体和具有不同能力、不同个性的人组成一个有共同目标、相互协调的整体。创业团队管理就是使团队具有不断改善、不断革新的精神，使每个人的才能不停留在原有水平上，而是不断地发展和增强。

一、创业团队的成长

从创业团队的生命周期来看，团队发展到追逐权力阶段，冲突会增加，矛盾会加剧，效率会降低，部分核心成员会选择离开团队，许多团队在这个阶段就停止了发展。对于初创企业来说，此时的生存和发展可能面临重大危机。如何突破这个瓶颈，实现团队自我超越是创业团队建设应考虑的关键问题。

事实上，在创业过程中，创业团队的成员构成和组织架构都经常变动。创业团队变动从短期看，更多地会增加创业风险，一旦团队遭到破坏，创业资本、技术、人才等创业资源都会流失。从长期看，创业团队变动不可避免，在变动的过程中，可能结构会更合理，共同点更多。创业过程是团队成员磨合的过程，这个磨合过程可能会出现以下3种结果。

1. 创业团队成员之间更加了解，合作力量大于冲突，重视团队资源，承认团队力量，团队合作意愿更强烈，团队合作文化进一步形成。尽管团队成员之间可能在经营理念、个人利益等方面存在分歧、矛盾，但共同的价值取向、企业的整体利益在维持团队稳定和发展中起着主要作用。

2. 团队合作力量和意愿与冲突和矛盾的力量能够相对平衡，或者使冲突力量离散，形成相互牵制，维持相对稳定。这种创业团队达成一致共识的时间少，但能够相互妥协，追求利益共同点，而这种妥协可能以牺牲效率为代价。这种创业团队在发展过程中可能面临矛盾进一步激化、内力量增加、平衡难以维持等问题。

3. 团队成员经历一段时间磨合后很难形成共同点，团队文化无法建成，团体消除矛盾和冲突的力量及意愿不足，这时团队就面临解散的风险。因此，随着初创企业的发展，创业团队的领导者要注重权利和地位的激励机制，将创业成员的工作成效、职业发展、地位提升有效地结合起来，建立并维护创业团队的运作原则，使团队成员之间相互尊重和信任，能够倾听彼此的意见，明确的创业团队分工可以让成员们在各自的领域中独当一面，这对团队的凝聚具有非常积极的作用。

二、创业团队的管理

(一) 在组织设计方面

组织设计是通过对组织资源的整合和优化，确立企业某一阶段的最合理的管控模式，实现组织资源价值最大化和组织绩效最大化。通俗地说，也就是在人员有限的状况下通过组织设计提高组织的执行力和战斗力。企业组织设计一般流程是：在企业的组织中，对构成企业组织的各要素进行排列、组合，明确管理层次，分清各部门、各岗位之间的职责和相互协作关系，以期获得最佳的工作业绩。企业的组织设计实质上是一个组织变革的过程，它把企业的愿景、任务、流程、权力和责任重新进行有效组合和协调。

目前流行的组织设计趋势是尽可能减少组织内部的管理层级，即扁平化组织结构。扁平化组织结构的优点是管理层级相对较少，所以其信息传递速度快、失真少。高层领导更容易了解组织内部的真实状况，加快信息流的速率，提高决策效率，同时也减少了员工职业上升通道的层级，更有利于调动员工积极性。但是扁平化结构，管理者的管理幅度较宽，对下属的关注有限，往往难以做到及时的指导与支撑，所以高能力、高素质员工是扁平管理的基础和前提。如果员工素质水平有限，扁平化的管理也许会起到相反作用，因此企业应根据自身的实际状况来决定管理幅度和层级，判断是否采用扁平化管理。

(二) 在绩效评价方面

绩效评价是整个创业团队管理的枢纽，是企业内许多人事决策如报酬计划、人事调整、绩效改进和培训计划的基础。绩效评价的实质在于为员工树立一个标杆，表明在企业中什么工作产出和工作行为是有价值的，是应该追求和获得奖励的。尽管团队工作方式在许多企业得到倡导并付诸实践，但是绩效评价体系却似乎并没有完全适应这种新的工作方式。管理专家认为，传统的绩效评价体系至少要在两个方面做出适应性变革，一是传统绩效评价体系重视对既往工作绩效的考核，忽视对未来绩效改进的引导，更多地把绩效评价作为一种兑现奖励的测量手段，而不是作为一种改进绩效的管理手段；二是传统绩效评价建立的基础是个人绩效报酬计划，与个人绩效考核密切相关，在这种制度引导下，可能会抽空团队运作的动力基础。

不同的绩效评价制度会产生不同的工作行为，强调团队绩效很可能引起某些成员的不满，总会有人认为自己的贡献大于其他人，如果不对其做出确认，其努力程度一定会低于其潜在水平。同时强调团队整体绩效也在某种程度上割断了以个人为基础的绩效评价体系与晋升等人事决策之间的直接联系，为此必须开发和借助于其他方法，如团队推荐提名等辅助人事决策。目前许多优秀企业实行"360度绩效评价"，它将员工的上下左右工作关系人员作为评价者或评价信息源，评价维度是多元化的，不仅是个人工作结果，还包括对团队和他人的支持、沟通行为和结果。这使得绩效评价过程成为沟通协调和追求发展的机制，真正回归到了绩效评价的本质。

(三) 在奖励制度方面

单打独斗的时代已经过去，企业处于快速变动的时代，决定生死的关键正是团队。团队最理想的状态是成员间彼此水乳交融，有共同的目标和愿景，了解彼此该如何互补。道理似乎很简单，但对一般企业而言，要从过去控制金字塔的组织转变成为自发的团队，过程是痛苦的。只有贯彻执行团队运作和基本技巧才能坚持到底。只要其中任一环节出了问题，很可能整个团队运作便陷入僵局。要让团队运作成功，任何制度都应该以团队为主。如果不重新评估奖励制度，仍维持以个人为奖励主体，那么员工往往会找借口，以自己的绩效为重，而不愿花心思组织团队。设计团队奖励制度时，应该注意下列事项。

1. 奖励制度应与企业文化、管理风格等相符合，即使有与其他制度相抵触的地方，也应尽量以奖励制度为重。

2. 奖金报酬、工作升迁等个人奖励方式不适合奖励团队的成就。

3. 仔细研究衡量成员对团队贡献的标准，例如以成员花费在团队的时间为标准，就不是适当的方式。

4. 奖励团队的时间要得当，不要等到年终再做总整理，最好在每个计划结束时就立即奖励。

（四）在人员招聘与配置方面

在人员的招聘、甄选和配置过程中，过去往往重视人的硬素质，即可测量的知识、技能等，这与传统"命令－服从"式工作方式是相应的。企业希望得到的是能准确、高效完成工作的高手，但在团队工作方式下，决定团队和企业绩效的关键要素是团队的整体素质和积极性。整体高素质既来自于每个成员的高素质，更来自成员之间的素质互补。整体的高积极性既来自对每个人的鼓励，更来自团队成员之间的融洽，实际上是团队文化的整合。因此，仅仅靠单打独斗型的工作高手是不能保证团队的高绩效的。在为团队选择新成员时，不仅要重视可测量的硬素质，更要重视难以直接测量的软素质，如合作精神、沟通技巧；既要考虑其自身素质、个性结构，还要考虑与团队其他成员素质和个性的互补，以形成良好的团队。整体素质结构既要重视素质的合适与否，更要重视文化的合适与否。

三、创业团队的建设

（一）创业团队人员招聘

人员招聘是大学生创业团队及时寻找、吸引并鼓励符合要求的人到本团队任职和工作的过程，是团队运作的重要环节。团队需要招聘员工可能基于几种情况：新设立一个团队、组织扩张、调整不合理的人员结构、员工因故离职而出现职位空缺，等等。

通常人员招聘有内部提升和外部招聘两种途径，两种方式各有优劣势。人员招聘要按照一定的程序并遵循必要的原则进行。

1. 招聘依据　通常，创业团队结构设计中的职位说明书对各职位已有了明确规定。在人员招聘时，可以通过职务分析来确定某一职务的具体要求。职务分析的主要内容有这个职务是做什么的？应该怎样做？具备什么知识和技能的人才能胜任？有没有其他方法实现目标？如果有的话，新的要求是什么？

2. 制定计划　当创业团队出现需要填补的职位时，要根据职位的类型、数量、时间等要求确定招聘计划，同时成立相应的招聘工作委员会或小组。招聘人员要以相应的方式，通过适当的媒介，公布待聘职务的数量、类型及对候选人的具体要求等，向创业团队内外公开招聘，鼓励符合条件的候选人积极应聘。

3. 能力考核　在初选的基础上，需要对余下的应聘者进行材料审查和背景调查，并在确认之后进行细致的测试与评估，其内容包括以下几方面。

（1）**智力与知识测试**　该测试是通过考试的方法测评候选人的基本素质，包括智力测试和知识测试两种形式。智力测试的目的是通过候选人对某些问题的回答，测试其思维能力、记忆能力、应变能力和观察分析复杂事物的能力等。知识测试是了解候选人是否具备待聘职务所要求的基本技能和管理知识，缺乏这些基本知识，候选人将无法进行正常工作。

（2）竞聘演讲与答辩　这是对知识测试和智力测试的一种补充。测试可能不足以完全反映一个人的素质全貌，不能完全表明一个人运用知识和智力的综合能力，发表竞聘演讲，介绍自己任职后的计划和愿景，并就选聘人员的提问进行答辩，以展示才华。

（3）案例分析与候选人实际能力考核　在竞聘演说与答辩后，还需对每个候选人的实际操作能力进行分析。测试和评估候选人分析问题和解决问题的能力可借助"情景模拟"或称"案例分析"的方法。这种方法是将候选人置于一个模拟的工作情景中，运用各种评价技术观察其工作能力和应变能力，以判断是否符合某项工作的要求。

（二）创业团队人员分工

创业团队人员分工明确，职责清晰，有助于团队成员各司其职，各尽其力，心往一处想，劲往一处使，避免因不规范而扯皮现象的发生。合理的团队分工可以有效提高团队的整体效率，提高团队的整体作战能力，使团队真正实现高效。团队人员分工要遵循角色分工要清晰，成员职责要明确，职责确定要以人为本，注重个体发展，立足现实、确定发展目标等五个方面。

1. 角色分工要清晰　在团队中成员一旦出现角色模糊、角色超载、角色冲突、角色错位、角色缺位等情况，都会使成员之间角色不清、互相推诿，最终降低团队的整体效率。只有清晰的角色定位与分工，才能使团队得到高效发展。角色定位工具分为团队角色分析工具和团队成员主观因素测试工具。在团队角色分类前，采用角色测试表进行必要测试，有利于角色分工的顺利进行。

2. 职责要明确　效率是与团队成员的职责直接相关的。要使团队有效率，条件之一是团队成员要明白并接受各自的职责。职责不明、职责混乱，最终势必降低团队效率。所以，任何团队要想达到高效，必须做到职责权限和工作范围明确。

3. 职责确定要以人为本　团队成员的职责确定要坚持以人为本的原则，要关注成员的素质和能力，根据每个成员的能力、特点和水平，将其放到最适合的角色岗位上，为其提供施展才华的平台。职责明确有利于团队成员发挥其专长，并促进其个人成长，不仅能极大地提高团队成员的主动性和积极性，而且有利于团队取得更高的效益。

4. 注重个体发展　团队中的每一位成员都非常重要，"一个都不能少"。因此，在确定团队角色职责时，要恪守每位成员都同等重要这一理念，避免出现只强调这个成员而忽视那个成员的情况，从而充分调动和发挥团队全体成员的才能、特长，组成高效的团队。

5. 立足现实，确定发展目标　立足现实，清楚期望值就是对团队成员要有一个全方位的认知，要分析团队成员各自的性格特征、能力、体力和环境等，了解和把握好团队成员的期望值，由此去确定其职责，使其角色安排适当，能够充分调动其积极性，为提高团队效率贡献力量。

（三）创业团队文化建设

创业团队文化是指创业团队成员为了创业团队的利益与目标而团结协作的工作作风。创业团队文化的核心是一种合作的精神，一种和谐的氛围，一种进取的心态。在创业团队的各个资源要素中，人是最活跃的要素。团队发展归根到底要靠人才，要把团队中的各种人才调动起来，使他们在不同的岗位中发挥各自的作用。

优秀的创业团队文化理念包括凝聚力、合作精神、完美主义、绩效导向、追求价值创造、公正性、共同分享、共同担当等元素。团队文化可以通过团队讨论、章程制定、文化手册等形式确定下来，凝练为企业发展的愿景、使命、价值观、管理理念、行动纲领等。当然，更重要的是团队成员要一以贯之地执行团队所认同的文化，并努力形成"集体精神、分享认知、共担责任、协作进取"四维结构式的优秀创业团队文化。

1. 塑造统一的团队价值观　价值观是一切行动、任务的最高依据和准则，创业团队践行它就会为团队注入生命力，为团队奠定持续发展的基石。卓越企业的经验显示，一个团队拥有统一的价值观，可以提供团队成员一份恒久支持的力量，一份比金钱收入更具意义的工作原动力。统一的团队价值观表现在创业团队成员有同样一个奋斗目标，知道自己和公司想要什么，该往哪个方向走，并且为之努力和拼搏。如果每个人都有自己的想法，那么就很难形成凝聚力，也就很难拧成一股绳朝着目标前行了。

2. 构建良好的团队文化　团队文化是团队成员在相互合作的过程中，为实现各自的人生价值，并为完成团队共同目标而形成的一种潜意识文化，是团队在创业过程中创造的具有团队特色的精神财富的总和。它是团队领导倡导、培植、并身体力行的结果，通过各种方式灌输到全体团队成员的日常行为中去，日积月累地逐步形成。团队文化一旦形成，就会反过来对团队管理发挥巨大的影响和制约作用。良好的团队文化能够让每一位成员更加尊重和信任彼此，团队成员之间的关系会因此变得更加协调，让团队成员的工作态度变得更加积极主动，进而让整个团队紧紧地凝聚在一起，最终将团队竞争力提升到一个全新的高度。

3. 建立有效的激励机制　创业团队建立激励机制是指采取有效的激励方法，建立调动员工主观能动性、规范员工行为的体系，使团队成员努力地去完成任务和目标，从而实现组织目标。哈佛大学的研究表明，如果没有激励，一个人的能力只能发挥20%~30%；如果加以激励，则可以发挥到70%~90%，其中50%~60%的差距就是激励的作用所致。因此，人尽其才的前提是要建立有效的激励机制。

激励一般有两种方式：一是物质激励，二是精神激励。与物质激励相比，精神激励能在较高层次上调动人的工作积极性，不但成本较低，而且维持时间也长。因此，激励要根据员工不同的心理期望，采取不同的激励方法。在创业实践中，要树立一种均衡、兼顾的激励思想，根据员工对企业的不同期望要求，对不同群体采取不同的激励方法和差异性的激励措施，建立起符合企业本身的激励机制。

4. 组织必要的团队活动　团队活动能够增强企业的凝聚力和融合度，提升团队精神和整体意识，改进组织内部沟通与信息交流，形成积极向上的组织气氛。团队活动的形式丰富多样，有燃烧团队激情的户外活动、缔造团队精神的拓展训练、放松团队心情的徒步穿越等等。团队活动最核心的作用在于增进员工之间的沟通交流。例如，新入职的员工和老员工或领导之间比较生疏，往往一次团队活动就能让大家快速地建立感情。部门与部门之间平时交流少，合作不顺利有矛盾时，可以做破冰和互动游戏，在团队活动中了解对方的工作内容和工作性质。

四、创业团队的股权分配

创业过程是艰难的，只有创业团队齐心协力，同舟共济，团队才能稳步向前发展。股权分配是创业团队建立中重要的一环，不仅要明确团队价值观，还要建立明确的规则，最终让各股东达成共识。任何一家优秀的创业公司，一定有优秀的团队在打拼。合伙人股权架构设计是最重要也是最难的一部分，如何量化创业团队的股权是团队应该探讨的主要问题。

（一）股权分配的原则

团队成员有提供资金的投资人，有提供场地或人脉的资源型合伙人，有技术能力过硬的技术合伙人，还有销售和运维背景的市场合伙人和运营合伙人等，这些角色千差万别，给团队带来的贡献很难量化，如果有一个约定俗成的估值标准，则股权分配会比较客观。股权架构设计必须遵守三大原则。

1. 分配简单明晰　初创公司的合伙人一般是 3~5 个，最合理的架构通常是 3 个人。相互之间需要一段时间的磨合，了解各自特长、工作经历等。不要小看这个过程，再好的股权设计合伙人之间沟通和理念不一致都会给公司的发展埋下隐患。创业团队因为合伙人之间的不和最终失败的不在少数，找合伙人一定要实事求是，宁缺毋滥。

2. 选择最终决策者　通俗点说就是要选出最后拍板的人。在大公司有董事会，一般来说最后拍板的是大股东，初创公司一般是创始人或者多个创始人共同表决。但不管怎样，这个最终决策者头脑要清晰，对股权分配设计要有所了解，最终决策者一旦拍板，其他合伙人和股东都要无条件服从。

3. 按照标准确定股权分配　也就是说，投入的要素贡献越高（贡献要素不仅包括实物资产和资金等硬指标，还包括劳动付出、时间精力等个人投入的软指标），股权（股份）比例应当越高，即没有功劳也有苦劳也是一种贡献。小型的初创团队股权设计一定要小巧和灵活变通，不要过于复杂。

在股权（股份）分配的时候，客观的操作方法是将创始人在创业项目中的贡献，按照市场价值进行估值，然后算出所有股东和合伙人要素贡献的总估值，最后折算出创始人和合伙人之间持有的股权比例。这样先要对创业资源的各种要素进行市场估值，像资金、技术专利等很好量化，场地、人脉及实物则需要具体分析。

案例链接

马化腾五兄弟：难得的创业团队

腾讯的马化腾创业五兄弟，堪称难得，其理性堪称标本。1998 年秋天，马化腾与他的同学张志东"合资"注册了深圳腾讯计算机系统有限公司。之后又吸纳了三位股东：曾李青、许晨晔、陈一丹。这五个创始人的 QQ 号，据说是从 10001 到 10005。为避免彼此争夺权力，马化腾在创立腾讯之初就与四个伙伴约定：各展所长、各管一摊。马化腾是 CEO（首席执行官），张志东是 CTO（首席技术官），曾李青是 COO（首席运营官），许晨晔是 CIO（首席信息官），陈一丹是 CAO（首席行政官）。

都说一山不容二虎，尤其是在企业迅速壮大的过程中，要保持创始人团队的稳定合作尤其不易。在这个背后，工程师出身的马化腾从一开始对于合作框架的理性设计功不可没。

从股份构成上看，5 个人一共凑了 50 万元，其中马化腾出资 23.75 万元，占 47.5% 的股份；张志东出资 10 万元，占 20% 的股份；曾李青出资 6.25 万元，占 12.5% 的股份；其他两人各出资 5 万元，各占 10% 的股份。

虽然主要资金由马化腾所出，但他却自愿将所占的股份降到一半以下，47.5%。"要他们的总和比我多一点点，不要形成一种垄断、独裁的局面"。同时，他自己又一定要出主要的资金，占大股。"如果没有一个主心骨，股份大家平分，到时候也肯定会出问题，同样完蛋"。

保持稳定的另一个关键因素就在于搭档之间的"合理组合"。

据《中国互联网史》作者林军回忆："马化腾非常聪明，但非常固执，注重用户体验，愿意从普通用户的角度去看产品。张志东是脑袋非常活跃、对技术很沉迷的一个人。马化腾技术上也非常好，但是他的长处是能够把很多事情简单化，而张志东更多的是把一件事情做得完美。"

许晨晔和马化腾、张志东同为深圳大学计算机系的同学，他是一个非常随和而有自己观点，但不轻易表达的人，是有名的"好好先生"。陈一丹是马化腾在深圳中学时的同学，后来也就读深圳大学。他十分严谨，又是一个非常张扬的人，他能在不同的状态下激起大家的激情。

当然，经过几次稀释，最后他们上市所持有的股份比例只有当初的1/3，但即便是这样，他们每个人的身价都还是达到了数百亿元人民币，是一个皆大欢喜的结局。

马化腾的成功之处就在于他一开始就很好地设计了创业团队的责、权、利。能力越大，责任越大，权力越大，收益也就越大。

（资料来源：金融界．马化腾五兄弟：难得的创业团队．2011年5月4日．http://biz.jrj.com.cn/2011/05/0410109882546-2.shtml）

（二）股权估值的计算方法

1. 劳动力　劳动力要素的市场估值最直接的参考标准就是人才市场的薪资和绩效水平。例如，某技术合伙人海归高才生，参考目前市场同等岗位的待遇水平来进行股权比例的估值参考，合伙人和打工者的区别在于：合伙人的薪资＝股权＋基本薪资＋绩效＋期权，合伙人为公司节省的市场劳动力成本差价就是他的劳动力要素估值。

2. 技术/知识产权　知识产权要素估值比较好操作，相当于技术合伙人授权专利技术给创业公司使用。如果所有权没有变更，专利使用费就是技术合伙人贡献的价值。技术入股如果是初步成型的技术开发模型可以折算成转让价，没有作品的话，按照项目开发未来估值计算，可参考同行竞品的开发成本。

3. 人脉/资金资源　创业资源的要素估值比较抽象，如果合伙人提供的人脉资源能解决企业创业阶段的问题，例如融资、销售渠道或者法务关系的门路，创始人可以按照佣金折算成合伙人的股权比例，或者是直接折算现金价值，衡量的标准不一，具体的估值算法因人而异。

（三）股权架构设计要点

1. 创业团队在早期要预留一部分股权　有的创始人在设计股权架构的时候将其全部分掉，那么项目进行到一半新进来的合伙人怎么办？而且找合伙人的时候，股权激励是对方比较看重的地方，这个要事先考虑到。

2. 企业融资要事先预估　很多创业项目做大后准备上市，结果创始人原始股权被稀释后少得可怜，这就是没有做好融资实现预估的后果，为公司辛苦十几二十年，回报明显不呈正比。

3. 投入要素估值浮动，股权一定要分批授予　投入要素估值不同时期的价值是不同的，也就是权重。创业初期资金比较紧缺，权重大；后期融资多了，不缺钱，权重就下降了。股权一定要按照时间或者项目/融资进度分批授予，这样就不会出现合伙人做到一半离职后还能拥有稳定的股权增值，这对团队其他人的付出是不公平的。

创业前关系、股权分配与团队稳定性之间的关系见表 4 - 11。

表 4 - 11　创业前关系、股权分配与和团队稳定性之间的关系

股权分配基础＼创业前关系	亲友	前同事
平均分配原则	稳定	不稳定 违反商业利益取向
公平分配原则	不稳定 违反社会关系取向	最稳定

【本章要点】

1. 创业者是指创业活动的推动者，或是活跃在企业创立和新创企业成长阶段的企业经营者。成功的创业者通常具有的共同特征是持续的好奇心、充满激情、尊重与合作。

2. 创业素质是创业行动和创业者所需要的主体要素，包括知识、技能、经验和人格等。优秀的创业者应具备丰富的文化知识、过硬的心理素质、健康的身体状态、坚持不懈的精神、敢冒风险的勇气、高频有效的沟通、积极端正的态度和居安思危的意识。

3. 一支优秀的创业团队具有知己知彼、才华各异、目标一致、彼此信任四个特征。优秀的创业团队必须能够实现有效的分工，形成优势互补，相得益彰。对于大学生而言，创业团队组建应遵循思维互补、技能互补、资源互补和性格互补的原则。

4. 创业团队的管理是在维系团队稳定的前提下，发挥团队多样性优势。有效的团队管理能使本来分散的个体具有不同的能力。不同个性的人组成一个有共同目标、相互协调的整体创业团队，管理就是使团队具有不断改善、不断革新的精神，使每个人的才能不停留在原有水平，而是不断地发展和增强。

【思考题】

1. 创业者需要具备哪些素质和能力？如何提高创业者的素质和能力？
2. 创业者的创业动机驱动因素有哪些？
3. 创业团队的组建应遵循哪些原则？
4. 根据本章所学内容，对自己创业的优势、劣势进行分析，写一份创业准备的自我评价。

学习目标

1. 掌握创业机会的定义与性质，能够分析创意与机会之间的联系和区别；掌握创业机会的来源和识别创业机会的一般过程。

2. 熟悉识别与评估创业机会的要素和系统方法。

3. 了解大健康产业发展的时代现状和大健康产业创业机会产生的内外条件；了解识别创业风险的方法，知晓创业风险的应对策略。

案例导引

廖杰远：互联网科技驱动医疗变革

2010 年廖杰远带领团队创建微医，以"健康有道，就医不难"为使命，为医院提供基于移动互联网的就医流程优化，为医生提供在线诊室，为患者提供分诊导诊、预约挂号、医疗支付、院外候诊、检查检验报告查询、处方查询、医生咨询、商保直付、在线配药等服务。其核心业务覆盖医疗、医药、医检、健保等领域，是行业内唯一覆盖"互联网＋医疗健康"全产业链的数字健康平台，为广大用户提供线上线下融合的一站式医疗和健保服务。

廖杰远进军医疗行业创业的初衷，就是用自己熟悉的 IT 技术让患者看病能够方便一点。创业之初，廖杰远研究中国老百姓"看病难"的原因，他发现问题的症结是全科＋专科医疗协作体系欠缺；双轨制改革有待探索；供应链和医保支付效率低下，从而导致医疗行业整体的困局。发现了痛点，如何解决？廖杰远与自己的老本行结合了起来。他要借助大数据、人工智能和云计算驱动医疗、医药和医保的升级。

一、将医院由信息孤岛变成信息大陆

初期微医在全国各大医院发布了 1700 多套前置服务器，成为保障互联网和医院内网交互的"金牌门将"。平台建好后，微医推出的第一项服务就是挂号，患者可以免费在线预约医院医生。通过 APP，在得到患者授权后，医生可以很方便地获得患者的病历，从而能够更高效、全面地诊断。

二、快速为患者分诊

如何快速为患者分诊，匹配到最合适的医生成为需要解决的关键问题。2015 年，微医创建了全国首家互联网医院——乌镇互联网医院，实现了医生跨省多点执业、远程诊疗和电子处方三个方面的突破，开创了中国在线诊疗、处方流转、医保在线支付等新业态。微医互联网总医院广泛连接各级医疗机构、医生等供给侧资源，持续推进新业态在全国范围内规模化落地运营。廖杰远希望借助科技的力量，推动中国医疗进步，在未来形成"50%医疗服务在家庭完成，35%医疗服务在基层医疗机构完成，15%大病、重病、疑难病才到大医院"的高效分级诊疗格局，真正做到以健康为中心，提高医疗健康服务的可及性、便捷性。

三、建立全科医生制

作为人工智能专家和曾经引领创新行业风潮的资深科技人，廖杰远对互联网的商业模式有着精准的洞察。他说："互联网有一个规律，这个产业链里面已经具备了的要素千万不要再做，互联网的优势是实现生产要素的重组，而不是去生产新的要素。但是如果业务链缺失某个关键要素，迫不得已，你必须硬着头皮去补，就像阿里和京东必须做好物流和电子支付才能真正普及电商。鉴于全科医生在中国医疗体系里的缺失，微医必须要做先行者。"2017年3月19日，首家微医全科中心开业，首次打通互联网医疗服务线上线下结合的最后一公里。经过1年的运营，微医全科已经形成了硬件配置、制度流程、医疗安全、服务质量等全体系的高质量、标准化的建设和运营能力，并获得了全国第一个健康管理学院办学资质，将成为未来中国全科医师和健康管理师的培养摇篮。

借助互联网技术，微医已深度连接起医院、医生、患者、医保、医疗健康企业等各方，并搭建起线上线下结合、全科专科融合的医疗资源供应体系，构建起中国式的互联网医疗平台，向亿万家庭提供管理式医疗健康服务。此外，微医把大专家的智慧信息化、智能化形成一个"21世纪赤脚医生"系统，应用于基层。微医联合浙大睿医人工智能研究中心研发的AI辅助系统逐步落地基层；借助云巡诊车，将大专家的智慧、基层最需要的检查检验能力等"输送"给基层医生，真正实现了提效率、强基层的目标。

"创业，创新，从哪里开始？就从身边开始，创业最简单的方式就是从我们身边的难点、痛点开始，真正为行业创造价值"。廖杰远是这样说的也是这样做的。随着科技创新逐渐成为医疗改革的重要工具，以中国微医为代表的模式正在通过创新的技术、工具、方法，拓宽基层医疗的覆盖面，提升优质医疗的可及性，推动"从疾病治疗为中心"到"以健康为中心"的转变。

（资料来源：新华网 http：//www.xinhuanet.com/money/2018－09/29/c＿129963696.htm 和 https：//www.sohu.com/a/228819506＿391301 有删改）

案例讨论：

1. 哪些要素影响了廖杰远识别与开发互联网科技驱动医疗变革？

2. 有人说创业机会是客观存在的，也有人说创业机会是主观创造的。结合廖杰远创办微医的过程，谈谈你的观点。

创业机会既是一个先决性、判定性的条件，也是初创企业运营过程中动态的要素。因此，它的产生和消逝既取决于创业者个人的偶然性创新创意，也带有客观市场需求发展变化的必然性。它不仅决定着一个创意能否发展成为一个项目、一个企业，也影响着项目、企业在运营过程中的判断、决策，甚至终结。

第一节   创业机会概述

马克·吐温说："我极少能看到机会，往往在我看到机会的时候，它已经不再是机会了。"创业就是适时寻找市场机会，发现市场需求，通过投资项目或经营企业满足这种市场需求的活动。创业机会是创业的驱动要素之一，识别和把握创业机会是创新创业活动过程的关键。那么核心问题要弄清楚什么是创业机会，创业机会来自哪里，如何才能敏锐识别出创业机会，怎么判断某个机会是个好机会，如何评估机会的价值并利用创业机会。创业机会不仅决定着一个创意能否发展为一个项目、一个企业，也影响着项目、企业在运营过程中的判断、决策，甚至终结。

一、创业机会的概念

创业机会是创业过程的源头，在整个创业过程中占据十分重要的地位。约瑟夫·熊彼特（Joseph Alois Schumpeter）在 1934 年把创业机会定义为通过把资源创造性地结合起来，满足市场的需要，创造价值的一种可能性。斯科特·谢恩（Scott A. Shane）和塞恩凯伦·文卡塔拉曼（Sankaran Venkataraman）在 2000 年对创业机会做了较为全面的总结，指出创业机会实际上是新产品、新服务、新材料，甚至是一种新的组织方式，能够被引入生产并且以高于成本的方式实现销售。德夫·杜塔（Dev K. Dutta）和玛丽·克罗桑（Mary M. Crossan）在 2005 年提出，创业机会是一系列的环境条件，这种环境条件导致创业者通过现存风险或创造新风险将一种或更多种新产品或新服务引入市场。

这些关于创业机会的定义，体现了不同历史时期，随着经济社会的演进，人们理解创业机会的变化和发展。综合这些定义，可以把创业机会理解为有利于创业的一组条件的形成，是在环境条件的一系列有益的变化下，根据市场需求，通过创造性地整合资源，能够孕育出新产品、新业务，从而创造价值并使创业者获取价值的可能性。在富于变化的市场环境中，创业机会具有以下特征。

1. 隐蔽性 创业机会并没有具体的形象，可以供创业者观察触摸和聆听。创业机会总是隐藏在社会经济现象深处，留给有准备和有洞见的人去发现、识别和开发。创业机会的隐蔽性也与消费者需求的潜在性相关，消费者的潜在需求存在于消费者的心里，有的外显为消费者的购买行为，有的需要留心洞察才能把握。

2. 时效性 创业机会的时效性是指机会是有窗口期的。杰弗里·蒂蒙斯（Jeffry A. Timmons）提供的机会之窗模型（图 5-1）很好地表述了行业或产品周期演化中的创业机会。只有在机会之窗的时间段进入行业开展创业，取得成功的可能性才更大。而太早进入，机会之窗还未打开，市场还没有接受度。太晚进入，则错过机会，很难具有竞争力。创业机会存在于一定时空范围之内，我们常说机会稍纵即逝，因为消费需求总是不断演变的，持久的消费形态已经变少了，人们总是在不断地追逐新的消费对象和消费方式，生活节奏越来越快，热潮时尚风格的周期不断缩短，产品和服务的生命周期也随着消费者的需求变化而不断变短。

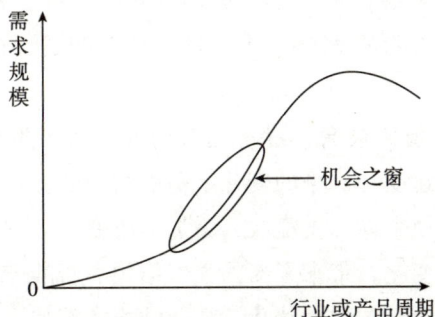

图 5-1 创业之窗模型

3. 偶然性 创业机会的偶然性体现在创业机会出现的具体时间和空间上的不确定性，以及具体需求形态的变化和发展主体的不同上。对一个企业来说，创业机会的发现和捕捉带有很大的不确定性，任何创业机会的产生多少都会有些"意外"的因素。比如 2020 年新冠肺炎引发的救援物资的需求机会和在线问诊、在线办公系统、在线教育等的创业机会，其偶然性为有资源能力的企业提供了开拓市场的新商机。

4. 时代性　任何时代都有其特有的消费水平、消费空间、产业结构和社会结构，时代的变化发展必然会带来新的创业机会。例如改革开放初期，人们很难想象会有庞大的休闲行业、旅游市场。因为当时人们的收入主要用于解决基本生活需求，即使有休闲、旅游消费的欲望，个人的可支配收入也不足以支撑。而现在，个人的可支配收入增加，拓展出新的消费需求和消费水平，不仅带动了旅游、交通的发展，还带动了整个服务业的变革。在这个变化过程中只要随时随地处处留心，就会发现不同时代的经济发展变化必然带来新的创业机会。从时代发展的必然性来看，机会总是存在的，一种需求得到满足，另一种需求又会产生；一类机会消失了，另一类机会又会出现。

二、创业机会的来源

创业始于对创业机会的搜索，那么创业机会从哪里来是一个备受关注的问题。布鲁斯·巴林杰（Bruce R. Barringer）提出了创业机会的三大常见来源，即社会变迁的趋势、尚未解决的问题、市场缝隙（图 5-2）。

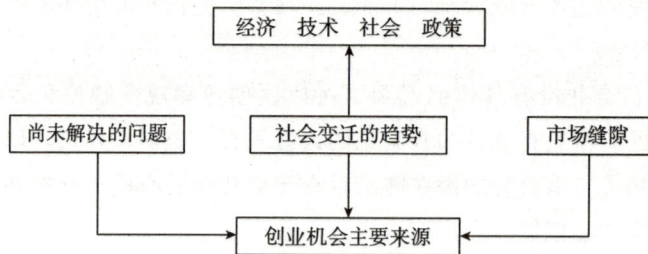

图 5-2　创业机会的来源

（一）社会变迁的趋势

社会变迁的趋势主要体现在经济趋势的变化、技术变革、社会结构的变化和政策环境的变化这四大方面。每个人都是社会生态系统的有机部分。每个人的生活都有着一定的经济状态和生活各方面的支出能力水平，并生活在家庭和社区的社会结构网络中，生活在技术系统之中和特定的政治和管制的环境中。这些要素的任何一个方面的变化发展都会偏离或打破原有的社会结构平衡，进而促进新的社会结构和社会平衡的产生，形成社会变迁。这个过程中也许就隐藏着创业机会。

1. 经济趋势的变化带来的创业机会　经济趋势的变化是产生创业机会的根本力量。经济趋势的变化一般包括经济发展的速度与水平的变化、消费结构的变化和产业结构的变化。以中国为例，改革开放以来的经济发展使个体可支配收入增加，改变了人们的消费能力和消费需求，进而促进了消费群体、消费空间的变化，带来了新的消费结构和新的产业结构的变化，产生了新的市场需求和创业机会。例如，农业到新型城镇化、产业结构的新型工业化和服务业比重的增加。创业者通过了解整个经济趋势的变化辨别哪些是蕴藏创业机会的领域。

2. 技术变革带来的创业机会　新技术、新发明以及技术的新应用带来了新的产品和服务，能够更好地满足顾客的需求。技术变革给创业者创造的商机主要表现在以下几个方面。

（1）**新技术替代旧技术**　当某一领域出现了新的科技突破和技术，并且它们足以替代某些旧技术时，创业的机会就来了。例如，移动互联网技术对传统电信业的冲击和随之带来的手机社交平台和手机购物平台技术，大大改变了人们的沟通方式和消费方式。

（2）**新兴技术的出现**　例如基因技术的出现为疾病的预防和早期干预提供了新的解决方案。好莱坞影星安吉丽娜·朱莉曾利用基因检测技术发现了一个从母亲遗传的基因变异，使患乳腺癌的概率高达80%之多，为了防患于未然，进行了乳腺切除手术，实现了疾病的预防。基因技术使得很多癌症的预防性治疗收效显著，给人类的健康带来福音。在中国，创业企业华大基因就是一个鲜明的例子。新型基因检查技术不断发展，给未来的疾病管理带来新的理念和机会。

（3）**新技术的新应用**　是指新的技术和原有产业的产业结构和原有的生产方式的结合带来的新机会。比如借用互联网技术助推的O2O模式，将线下的商务机会与互联网结合，让互联网成为线下交易的前台，从而带来诸如像本草生活、企鹅杏仁、叮当快药等新型医疗服务模式，创造了巨大的创业机会。

3. 社会结构变化带来的创业机会　社会结构本身的变化包括人口结构的变化、区域聚集、城镇化进程、国际化和全球化发展等，这些发展带来的改变成为创业机会的重要来源。例如，中国人口老龄化趋势大大促进了养老健康产业的发展，包括老年卫生保健服务业、家政服务业、日用品行业、理财行业、教育行业、旅游行业等。此外，整个社会年龄层对健康的关注日益增强，由此催生了健康服务产业的发展，如绿色食品、养生餐厅、健康俱乐部，以及体育、生理、心理、护理等行业不断拓展。再如区域聚集形成的产业集聚可以降低企业交易成本，提高企业创新能力，不仅有利于产生规模经济，放大社会经济发展活力，还有利于知识外溢和技术扩展，从而使当地企业拥有把握聚集效应、协同效应乃至扩散效应带来的创业机会。还有在国家推进新型城镇化建设过程中，如何以人为核心优化布局，注重生态文明建设，培育城镇特色鲜明的优势产业，其中也隐藏着创业机会。此外，国际化和全球化发展，使得中国企业拥有全球视野看待问题和分析国际市场的机会，为企业走向国际提供了中国方案，打开了新机遇之门。

4. 政策变化带来的创业机会　一个消费者、一个群体、一个社区都在整个社会的管制环境中。政治制度、法律制度、产业政策、社会管理政策随着时代的发展不断被修正、完善，制度放宽或收紧的同时也影响着各种创业机会。由于政策限定，某些行业曾具有严格的准入门槛，如医院、银行、民用航空等，一旦政策放开就带来新的商业机会。以民营医院为例，在中华人民共和国成立之初，所有的医疗机构都是国家所有，统一支出和盈利。随着改革开放，经济发展，为了适应市场经济的需要，更好地发展医疗事业，国家允许私人资金、外来资金投资医疗卫生事业。20世纪80年代，民营医院已经在中国医疗行业中出现。直至2013年，《民营医院蓝皮书》指出，我国民营医院在机构总量上发展速度较快，呈现出迅速增加的发展态势。另外，国家全面开放二孩政策，给婴幼儿看护、幼儿早期教育等带来了创业机会。新医改带来的建设覆盖城乡居民的公共卫生服务体系、医疗服务体系、医疗保障体系、药品供应保障体系的一系列医药卫生体制改革为医疗行业发展带来新机遇。总之，创业者从国家的宏观趋势和政府的政策导向中可以发掘创业机会，以此成为立足市场的出发点和基石。

（二）尚未解决的问题

由现实中存在的某些未被解决的问题而产生的创业机会，常常被称为问题型机会。创业者总能发现他人没有发现的问题，并将问题转变成自己的机会。从世界的整体视角来看，需要解决的问题在各个领域仍旧很多。不同类型的问题带来各领域的创业机会。例如，为提高静脉穿刺成功率，减少患者痛苦，改善医患关系，西安蓝茗医疗科技有限公司推出了静脉显像仪；为解决稀缺血型者难以找到同血型的问题，中国稀缺血型者之家"中希网"诞生；为解决医美市场信息不对称的问题，金星创立了医美平台"新氧"等。现实中很多创业者正是从发现问题、解决问题的过程中去识别各种创业机会。美国卫生教育和福利部前部长约翰·加德纳（J. Gardner）曾说，每个问题都是一个被精巧掩饰的机会。创业机会最初的来源是用户的未解决问题。创业的本质就是通过解决用户的问题来满足用户的需求。如果没有足够的实际经验，直接寻找创业机会是不容易的，而从发现问题入手相对容易很多。这种方法尤其适合没有经验的大学生学习怎样寻找创业机会。

（三）市场缝隙

成功创建新企业会面临的挑战之一，是经营现存企业的人也想从机会开发中获益。现存企业由于积累的既往市场经验和市场资源优势，能够拿出一部分利润投入研究与开发工作，有更多的资源支持机会的开发，同时还会因为已经建立起的声誉容易获得客户的信任。相对而言，大部分机会有利于现存企业。尽管现存企业的创建者和管理者也想从机会中获益，但由于机会的特点不同，有的机会让现存企业开发更合适，而有的创业机会则对新企业有利。因而创业者需要发挥主观能动性，开发适合个人和新企业的机会。创业者应以关注市场缝隙为经常采取的策略，关注现存企业特别是大企业不愿意做或做不好的事情，积极开发对自己有利的机会。

创业者要意识到在社会发展过程中有各种各样的市场需求。有的是供需不平衡导致的量的空缺，比如新冠肺炎期间口罩的紧缺。有的是特定人群没有被照顾到的空缺，比如为盲人和视障群体设计的辅助软件 APP 产品 Be my eyes，成为公益创业机会发现中的典型案例。有的是市场中产品的跨界流动或跨区域流动产生的市场需求，比如陈欧发现尾品对于二三线城市中产家庭的需求满足而把握创办唯品会的机会。其中有的部分市场需求是普遍的，而在普遍需求中也有一些特殊的市场需求。例如，服装是普遍需求，但不同人群的服装需求属于特殊需求，如大尺码的鞋子虽然是小众需求，却也是刚需。因此在社会发展过程中，市场需求多元化带来了很多细分市场。创业者如何把握细分领域的市场机会十分重要。

创业机会无论是源于社会变迁的趋势，还是源于尚未解决的问题以及市场缝隙，创业者作为把握创业机会的能动性个体，需要保持敏锐的市场洞察力，紧跟时代的发展潮流，进行充分的市场调研，寻找有利的创业机会。

案例链接

Be My Eyes：带盲人找回生活的尊严

在童话王国丹麦，有这样一款公益开源应用——Be My Eyes，它是为盲人和视障群体设计的辅助软件。它通过全球志愿者在同一个"社区"的联动，来帮助视力受损的人群克服日常生活不便，从而更好地生活。截至 2019 年 9 月 9 日，Be My Eyes 社区已经入驻了 149360 位盲人和低视力人士、2794745 名志愿者，遍布在全球 150 多个国家，并且每天还在持续增长中。

Be My Eyes 的寓意：让每个人都能成为他人的眼睛。但是帮助盲人的不是 APP 本身，而是接通世界另一头的健康人。在 Be My Eyes，视力正常的用户可以申请为志愿者，帮助盲人。盲人或视力受损的用户可以请求志愿者的帮助，志愿者们将在手机上收到通知。一旦有视力正常的用户第一时间接受了帮助请求，就会在双方之间建立实时音视频连接。

视力正常的志愿者可以使用视频连接，通过盲人或视障人士的手机后置摄像头提供帮助。而当盲人需要帮助时，系统会随机拨给空闲的人，我们只需要看着视频画面，告诉他们并解决他们的问题就可以了。例如，一些已经过期的牛奶是无法用摸来感受它是否变质的，我们用 Be My Eyes 则可以通过视频画面告知盲人，避免误饮过期牛奶。再如通过视频的方式帮助盲人识别物体、颜色、找东西、读信，引导他们搭乘公交等。有的志愿者成功帮助了国外一个盲人老奶奶认真数了钱和阅读食品营养成分。别看它操作简单，但确实帮盲人省了不少事，把满满的爱和帮助传递了过去。有的志愿者成功帮助了一位盲人男士指路到地铁站，举手之劳，却使自己开心一整天。

Be My Eyes 通过实时视频连接，借助用户的网络，就可以让"眼睛共享"，有效帮助视觉上有障碍的人们克服生活中遇到的困难，让盲人群体的生活更便利，让盲人生活得更有尊严，也让献出爱心的人体会到公益带给自己的回馈。

（资料来源：https：//m. sohu. com/a/339898290_117018/?_trans_=010005_pcwzywxewmsm）

扫描上方二维码可以观看 Be My Eyes 的产品宣传片

第二节　创业机会的识别与评估

创业过程开始于创业者对创业机会的识别，基于不同的机会来源，创业者对相应经济系统中的创业机会提出设想，初步形成若干创意后，要进一步对形成的创意进行筛选，识别有价值的创业机会。

一、创业机会的识别

创业机会的识别是指从创意中筛选合适的机会，是指创业者依据一定的标准和方法，通过对整体市场环境和行业环境的分析和判断，再借助其自身拥有的认知结构和先前经验等，从一系列的初始创意中对创业机会进行初步评价与筛选的过程。这是从市场价值和可行性角度对创意的初步评估。通过创业机会的识别，机会的潜在预期价值及创业者的自身能力得到了反复权衡，创业者对创业机会的战略定位越来越明确。

针对创业机会的具体识别阶段，林赛（Lindsay）和克雷格（Craig）在 2002 年提出，从创意中筛选合适的创业机会需解决两个问题。第一个问题即搜索到的创意是否能称之为创业机会。如果是，需考虑的第二个问题即它是否是创业者所期待的机会，是否与创业者的个人特质相符合。因此，创业机会的具体识别分为两个步骤：第一步是机会的标准化识别阶段，创业者用标准化的机会模式判断所遇到的机会是否理想。第二步是机会的个性化识别阶段，考察创业机会与创业者自身特点的匹配程度，即创业机会对于特定的创业者来说是否有价值、是否属于自己、能否掌控。

（一）从创意到创业机会

威廉·拜格雷夫（William D. Bygrave）在《创业学》一书中指出："创意是创业的必要因素，但不充分。"在实际的创业案例中我们可以发现，创业者起初常常会有一个不错的创意，但想成功创业，还需要先问自己：这个创意是一个有吸引力的机会吗？创意的产生对后续机会的识别提供了基础性的源头，但从一个创意到成为一个可行的机会是一个需要反复验证的过程。如何判断创意能否转化为创业机会？对于创业者来说是需要认真思考的问题。创业者一般会从创意的新颖性、真实性和价值性这三个方面系统考察创意是否具有创业指向。

1. 独特新颖，难以模仿　创意的新颖性可以是新的技术、新的解决方案，也可以是差异化的解决办法，还可以是更好的措施。另外，新颖性还意味着一定程度上的领先性，可以加大模仿的难度，不少创业者选择创业机会时会关注国家政策优先支持的领域，这其实就是在寻找领先型的项目。不具有新颖性的创意，不仅将来不会吸引到投资者和消费者，对创业者本人都不会有激励作用。

2. 客观真实，可操作性　有价值的创意并不是空想的，而是要有真实性的意义，具有实用价值。简单的判断标准就是能够开发出可以把握创业机会的产品和服务。而且市场上存在对相应产品和服务的真实需求，或者可以找到让潜在消费者接受产品和服务的方法。

3. 具备对用户的价值与对创业者的价值　好的创意首先要能给消费者带来真正的价值，要与市场需求相匹配，经得起市场的测试和检验。同时，有价值的创意还必须给创业者带来价值，这是创业动机产生的前提。

在现实世界中，对新的或者改进的产品与服务常常涌现出各种各样的创意。企业家、发明人、革新家、大学生的新创意往往也层出不穷。但有一个新创意并不意味着就一定是一个创业机会。即使有了十分吸引人的创意，也还只能是一个初步的设想。在创业机会的发现阶段，创业者的创意只是一种概念。这种概念是一种模糊的机会认知，它可能满足也可能不满足创业机会的标准，是否具有商业价值存在不确定性。这种模糊的机会认知好比未被验证的假设，需要经过进一步的识别、评估、阐释、验证和实施的动态过程，进而判断其是否具有市场价值，以及能否被开发成现实的产品或服务去最终满足市场需求。

（二）创业机会识别过程中的主体要素

创业机会识别过程中的主体要素涉及创业者的能动性和资源能力。创业机会识别过程是在人的主体要素与机会的客体要素之间反复互动、寻找交集和适配的过程。在这一过程中，创业者将积极调动自己有激情的领域、兴趣爱好、先验知识所包含的资源和能力，充分与外在社会网络、信息和环境进行动态互动，不断扩大自己对创业机会的认知和建构。在这个过程中，创业者作为具有主动性、目的性和创造性的能动者，在特定情境的规则和资源影响下，伴随着与他人和外界社会资源的互动和交流，进行机会的识别和塑造。

亚历山大（Alexaner Ardichvili）和理查德（Richard N. Cardozo）于2000年提出机会识别过程模型（图5-3），指出创业者能否提出某个创意，发现并将其识别为创业机会，创业者的先验知识、创业警觉性、社会网络对创业机会的识别具有不可忽视的作用。

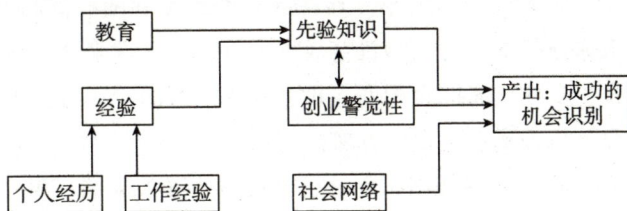

图5-3　机会识别过程模型

第一，先验知识是一种教育和经验的结合，构成了创业者在面对相同的信息时做出决策或行动的重要参考变量或诱因，有助于提高创业者识别创业机会时的信息加工能力。例如，医学领域的专业人员具有的专业知识和对不同人群健康问题的全面了解会使他们格外有能力地找出可能解决人的健康问题的机会。如王仕锐创办的"医联"服务慢病管理、熊磊创办的"思路迪"进行精准抗癌药物研发都是得益于专业知识带来的机会洞见。此外，对他人健康问题有所了解的非医学专业人员也可能基于自己的先前经验，找到改善他人健康状况的机会。例如，从娱乐资讯聚合移动新媒体猫扑网积累IT经验的金星，通过对医疗美容行业的信息不对称问题进行分析，以平台加社区的互联网思维创办的"新氧"医美平台，体现了创业者先前的创业知识和行业经验对机会识别的重要影响。

第二，创业警觉性是关注和警觉与目标相关信息的倾向，是没有刻意搜寻就注意到被他人忽略的机会的能力。不同的创业者，创业警觉性不同。就像我们通常发现的那样：当一个创业机会出现时，某些人能够敏锐发现其价值，而另一些人难以发现。创业者捕捉创业机会很大程度上依赖创业者个体的一些个性特征和所拥有的特定领域的知识与能力优势，使其在识别机会时能够保持创业警觉性，能够更加关注可用信息的最重要方面，并且更高效地处理这些信息，从而有利于识别更多机会。当然，较高创业警觉性与创业者社会网络、个体跟环境之间的互动等因素也紧密相关。

第三，社会网络作为社会活动参与者及其相互之间联系的有机整体，承载了相关的信息、知识、社会情感等多种错综复杂的社会资源。创业者所处的社会网络起着连接创业机会与创业者的桥梁作用，个人通过社会网络更易于识别出环境中的创业机会。初始创业决策很大程度上取决于创业者从其社会网络中所获取的知识和社会资源。而个人社会网络的复杂程度、多样性、网络中各种社会关系的强度和密集程度均会对创业机会的识别产生深刻影响。创业者与外在社会网络之间保持积极互动和从建立的社会关系网络中感知变化是促进创业者获得特定领域的优势信息，开辟更为广泛的机会集的重要影响要素，可以对创业机会的发现和持续开发起到积极促进作用。创业者个体可以通过社会网络扩大自身创业所需的知识边界，促成创业行为的形成。

创业机会代表了创业者成功满足一个相当大却尚未满足的市场需求的可能性。创业者的主体要素使得创业机会识别本身产生异质性和多元的可能。创业活动是创业者与创业机会的结合，一方面创业者识别并开发创业机会；另一方面，创业机会也在选择创业者。只有当创业者与创业机会之间存在恰当的匹配关系，创业活动才最可能发生，也更可能取得成功。

二、创业机会的评估

创业者识别出的创业机会并不一定都能够驾驭，也不一定都要进行开发。只有那些具备特定特征并经得起评估的创业机会才值得投入时间和精力付诸实施。因而掌握创业机会评估的方法和技巧，有助于将那些真正适合的创业机会挖掘出来。

霍华德·史蒂文森（Howard Stevenson）等人在《新企业与创业》中提出，评估创业机会要考虑五个重要问题。第一，回答机会的大小、存在的时间跨度和随时间机会成长的速度。第二，潜在的利润是否可以用来弥补资本、时间和机会成本的投入，并带来令人满意的收益。第三，机会是否开辟了额外的扩张、多样化或综合的商业机会选择。第四，在可能的障碍面前，收益是否会持久。第五，产品或服务是否真正满足了真实的需求。

隆杰内克（Longenecker）等人则提出了创业机会评估的五项标准。第一，对产品有明确界定的市场需求，推出的时机也是恰当的。第二，投资的项目能够维持持久的竞争优势。第三，投资必须具有一定程度的高回报，从而允许一些投资中的失误。第四，创业者与机会之间必须互相合适。第五，机会中不存在致命的缺陷。

此外，对于评估创业机会比较有代表性的还有杰弗里·蒂蒙斯（Jeffry A. Timmons）等人提出的包括行业和市场、经济因素、收获条件、竞争优势、管理团队、致命缺陷问题、个人标准、理想与现实的战略差异共8个方面53项指标的创业机会评价体系（表5-1）。威廉·拜格雷夫（William D. Bygrave）等提出的包括用户的可识别性和消费心理、市场的发展趋势、市场规模、市场增长、消费的价格和频次、市场竞争、关键成功要素、供应商、政府规定、国际环境共11个类别30项细化指标对创业机会进行评估的机会清单（表5-2）。还有罗伯特 D·赫里斯（Robert D. Hisrich）提出的包括开发产品（服务）的想法、竞争对手的产品、企业的分析，加上创意的独特性与市场规模、趋势、特征及增长率这两个主要部分，以及创业者和创业团队的背景、受教育程度、技能、行业经验与将想法转变成商业实体的时间规划两个次要部分，共22项的机会评估计划（表5-3）。

表 5-1　杰弗里·蒂蒙斯创业机会评价体系

评价方面	评价指标
行业和市场	1. 市场容易识别，可以带来持续收入 2. 顾客可以接受产品或服务，愿意为此付费 3. 产品的附加价值高 4. 产品对市场的影响力高 5 将要开发的产品生命长久 6. 项目所在的行业是新兴行业，竞争不完善 7. 市场规模大，销售潜力达到1000万元到10亿元 8. 市场成长率在30%~50%甚至更高 9. 现有厂商的生产能力几乎完全饱和 10. 在五年内能占据市场的领导地位，达到20%以上 11. 拥有低成本的供货商，具有成本优势
经济因素	12. 达到盈亏平衡点所需要的时间在两年以下 13. 盈亏平衡点不会逐渐提高 14. 投资回报率在25%以上 15. 项目对资金的要求不是很大，能够获得融资 16. 销售额的年增长率高于15% 17. 有良好的现金流量，能占到销售额的20%以上 18. 能获得持久的毛利，毛利率要达到40%以上 19. 能获得持久的税后利润，税后利润率要超过10% 20. 资产集中程度低 21. 运营资金不多，需求量是逐渐增加的 22. 研究开发工作对资金的要求不高

续表

评价方面	评价指标
收获条件	23. 项目带来附加价值，具有较高的战略意义 24. 存在现有的货可预料的退出方式 25. 资本市场环境有利，可以实现资本的流动
竞争优势	26. 固定成本和可变成本低 27. 对成本、价格和销售的控制较高 28. 已经获得或可以获得对专利所有权的保护 29. 竞争对手尚未觉醒，竞争较弱 30. 拥有专利或具有某种独占性 31. 拥有发展良好的网络关系，容易获得合同 32. 拥有杰出的关键人员和管理团队
管理团队	33. 创业者团队是一个优秀管理者的组合 34. 行业和技术经验达到了本行业内的最高水平 35. 管理团队的正直廉洁程度能达到最高水准 36. 管理团队知道自己缺乏哪方面的知识
致命缺陷问题	37. 不存在任何致命缺陷问题
个人标准	38. 个人目标与创业活动相符合 39. 创业家可以做到在有限的风险下实现成功 40. 创业家能接受薪水减少等损失 41. 创业家渴望进行创业这种生活方式，而不只是为了赚大钱 42. 创业家可以承受适当的风险 43. 创业家在压力下状态依然良好
理想与现实的战略差异	44. 理想与现实情况相吻合 45. 管理团队已经是最好的 46. 在客户服务管理方面有很好的服务理念 47. 所创办的事业顺应时代潮流 48. 所采取的技术具有突破性，不存在许多替代品或竞争对手 49. 具备灵活的适应能力，能快速地进行取舍 50. 始终在寻找新的机会 51. 定价与市场领先者几乎持平 52. 能够获得销售渠道，或已经拥有现成的网络 53. 能够允许失败

（资料来源：杰弗里·蒂蒙斯，小斯蒂芬·斯皮内利. 创业学. 周伟民，吕长春译. 6 版. 北京：人民邮电出版社，2005.）

表 5 - 2　威廉·拜格雷夫机会清单

评价方面	评价指标	更好的机会	更差的机会
顾客	可辨认	明确的核心顾客	一些可能的顾客群
	背景特征	明确地界定且集中	模糊的界定且不集中
	心理统计特征	明确地界定且集中	模糊的界定且不集中
趋势	宏观市场	多样且聚集	少样且分散
	目标市场	多样且聚集	少样且分散
	机会窗口	正在开发	已关闭
	结构市场	新兴/分散化	成熟/下降
市场规模	规模大小	庞大的核心顾客群	小的核心顾客群和少许次要目标客户群
	需求	多于供给	少于供给
市场增长	市场增长率	20% 或更高	低于 20%

续表

评价方面	评价指标	更好的机会	更差的机会
价格/频率/价值	价格	毛利大于40%	毛利小于40%
	频率	经常且重复	一次
	价值	充分体现在价格上	渗透定价
	运营成本	低且灵活	高且固定
	净收益	大于10%	小于10%
	市场容量	非常大	中等
分布	在价值链的哪个部分	高利润、高控制权	低利润、低控制权
竞争	市场结构	新兴	成熟
	直接竞争者数量	少量	很多
	间接竞争者数量	少量	很多
	替代者数量	少量	很多
	隐形的竞争者	不太可能	有可能
	竞争者的实力	弱	强
关键成功因素	相对的位置	强	弱
供应商	相对的控制权	弱	强
	在价值链中所控制的毛利	低	高
政府	监管	低	高
	税收	低	高
全球环境	顾客	感兴趣且可接近	不感兴趣或者不能接近
	竞争	不存在或者弱	存在且强
	供应商	热切	不可得

（资料来源：威廉·拜格雷夫，安德鲁·查克阿拉基斯．创业学．唐炎钊，刘雪锋，白云涛，等译．北京：北京大学出版社，2017.）

表 5-3　罗伯特 D·赫里斯机会评估计划

评估部分	具体内容
一、开发产品（服务）的想法、竞争对手的产品和企业的分析以及创意的独特性（主要部分）	1. 产品或服务的描述 2. 产品或服务的市场需求 3. 产品或服务的具体细节 4. 竞争产品的特点和所满足的市场需求 5. 拥有产品市场空间的公司 6. 产品或服务的独特卖点
二、市场规模、趋势、特征及增长率（主要部分）	7. 已被满足的市场需求 8. 社会形势所强调的市场需求 9. 可供描述市场需求的任何一个市场调查数据 10. 国际的或国内的市场规模、趋势和特征 11. 市场的增长率
三、创业者和创业团队的背景、受教育程度、技能和行业经验（次要部分）	12. 为什么这个机会吸引了你 13. 如何将产品/服务的概念与你的背景和经验相融合 14. 什么商业技能是你所拥有的 15. 什么商业技能是被需要的 16. 你所知的拥有这些技能的人是谁

续表

评估部分	具体内容
四、将想法转变成商业实体的时间规划（次要部分）	17. 确定每一个步骤 18. 确定活动顺序，使关键步骤形成一定的秩序 19. 确定每一步需要完成的任务 20. 确定每一步所需的时间和资金 21. 确定总共所需的时间和资金 22. 确定所需资金的来源

［资料来源：（美）罗伯特 D·赫里斯，迈克尔 P·彼得斯，迪安 A·谢泼德 . 创业学 . 蔡莉，葛宝山，李雪灵，等译 . 9 版 . 北京：机械工业出版社，2017.］

　　面对初步识别具有价值潜力的创业机会，创业者会通过一系列市场测试和评估促进从机会出现到施行的所有思考与行动，让概念物化或程序化，将问题或需求转化成有逻辑的商业架构。然而，大学生创新创业实践中缺乏相应的行业工作经验和创业知识，结合这一群体的创业学习实际，香港城市大学创业教育研究学者孙洪义编制了创业机会评估量表（OA 量表），可供一般大学生进行创业机会评估时参考使用（表 5-4）。

表 5-4　创业机会评估量表（OA 量表）

请简单地对你的解决方案进行描述：
· 用户问题

· 产品创意

· 市场需求

· 行业趋势

· 可营利性

· 行业竞争

评价指标	机会评分				
	完全不同意	基本不同意	不确定	基本同意	完全同意
1. 该产品切实解决了用户的迫切问题	0	1	3	5	7
2. 该产品的技术可行性很高	0	1	3	5	7
3. 该产品具有创新性	0	1	3	5	7
4. 该产品的制造成本合理	0	1	3	5	7
5. 用户对该产品有强烈的需求	0	1	3	5	7
6. 该产品市场需求很大	0	1	3	5	7
7. 该产品的目标用户选择清晰合理	0	1	3	5	7
8. 该产品所在行业的发展前景很好	0	1	3	5	7
9. 该产品相比竞争对手具有竞争优势	0	1	3	5	7
10. 该产品的获利机会很大	0	1	3	5	7
总计得分					

（资料来源：孙洪义 . 创新创业基础 . 北京：机械工业出版社，2016.）

　　运用 OA 量表对创业机会进行评估，可以对产品（服务）与用户、市场和行业的匹配度进行评估。具体可以从用户问题、产品创意、市场需求、行业趋势、可营利性及行业竞争 6 大方面和下设 10 个项目的五级评量方式对创业机会进行评估。其中，第 1 项是对用户问题的评估；第 2～4 项是对产品创意的评估；第 5～7 项是对市场需求的评估；第 8～10 项分别是对行业趋势、行业竞争和可营利性的评估。一个有潜力的商业机会究竟可以放在一个多高的位置上，通过评估量表的量化，创业者可对创业机会的每一部分都有一个初始的判断，并以各个要素的最终汇总得分来判定创业机会的吸引力指数。

1. 用户问题 判定解决方案是否有效解决了用户问题，是创业机会评估的第一步。用户面对的困惑或要解决的问题、表明了用户的内在需求。解决方案是否切实、有效地解决了用户迫切需要解决的问题，决定了该解决方案的实用性和有效性。创业者一般可以选取具有代表性的用户，对其进行访谈和调研，做出初始判断。

2. 产品创意 产品创意主要是对产品的可行性、创新性和成本与价格的合理性三个指标进行评估。

第一，产品是整个解决方案或创业机会的价值所在，如果产品不具有可行性，那么整个解决方案或创业机会无异于纸上谈兵。产品的可行性检验分为实验室产品原型的可行性测试和工厂量产式产品的可行性检测。部分产品在实验室环境进行测试，完全可以生产并实现其设计功能，但是并不能在工厂实现批量化生产，或在非实验室环境下其功能没有办法完全实现。同样，服务的可行性也分为小规模测试和商业运行环境测试。部分服务业务，在小规模、小人群或特定区域测试是完全可以运行的，但是一旦在真正的商业运营环境中，用户规模变大、区域多样化、时间随机性更强时，实现起来就会出现困难。这些都是在评估产品可行性时应该注意的问题。

第二，只有具有创新性的产品在市场中才具有竞争力和生命力，才能得到可持续发展。创新是一个周而复始、循环往复的过程，这个过程包括开拓性创新、模仿性创新和适应性创新。在创业机会评估中，首先要评估产品（服务）是否具有创新性；其次要判断如果具有创新性，属于哪种创新；最后要判定这种创新性的产品（服务）能否被用户接受，是否存在经济价值。

第三，对于制造成本和价格的合理性评估是考察产品市场可行性的另一个方面。有吸引力的创业机会总是对成本有较强的控制力。在不存在行业领导者、竞争相对分散的市场中，成本的控制可以构成对外竞争的有效壁垒。用户在购买产品时，主要会从性能和价格两个方面进行考量，在产品性能与同类产品相同或优于同类产品时，价格因素将成为影响消费决策的最为重要的因素。

3. 市场需求 在市场需求方面，可从用户对产品的需求、产品的市场规模和目标用户的选择三个指标进行评估。

第一，用户对产品的需求是基于产品能够解决用户实际问题，迎合用户的需求，并为用户提供更高的附加值。用户对产品的需求意味着用户群是可以触及的，他们没有对其他品牌特别忠诚，并且对产品有着强烈的购买欲。

第二，产品的市场规模是指高潜力的创业机会应该面向大规模的、成长型的市场销售产品。在大规模市场中，即使获得很小的一块市场份额，也可以产生极大的、持续增长的销售量。除了考虑市场规模外，还要考虑市场类型。高潜力的创业机会一般会选择成长型的市场。例如，一个数十亿美元的市场，规模很大，但是可能这个市场过于成熟、稳定，已经进入市场发展的成熟期，那么要在这种市场上获得 1% 的市场份额，几乎意味着要与世界 500 强公司竞争。

第三，目标用户的选择可以使创业者认知主要的用户群，进而整合资源，更贴近消费者。威廉姆将消费者分为主要目标人群（PTA）、次要目标人群（STA）和边缘目标人群（TTA）三类。在创业初期，创业者应该更加关注主要目标人群，因为他们是最有可能频繁地在保有利润的价格上进行购买的。要通过观察，了解他们的购买频次、偏好、参与的活动，以及年龄、性别、职业、收入等特性，从而根据目标用户的特点提供适当、高效的用户沟通方式。目标用户定位清晰与否直接影响运营阶段的策略制定。

4. 可营利性　创业成功与否的一个最为重要的评估指标就是创建的企业能否实现盈利。因此，在创业机会评估阶段，提前对创业项目的可营利性进行评估，可一定程度地减少企业运营阶段所面对的风险。对于初创企业而言，具有高而持续的毛利率的潜力很重要。相比毛利率在20%以下的项目，毛利率在40%~50%的项目能为企业发展提供一个巨大的缓冲，并有助于企业更早地达到盈亏平衡点。另外，初创企业实现盈利还必须有清晰的盈利模式，在市场竞争中逐步形成企业特有的赖以盈利的商务结构及其对应的业务结构。

5. 行业趋势　行业发展是遵循一定生命周期的，像一般生命一样，行业也经历着萌芽、发展、成熟和衰退的过程。部分行业看似市场规模很大，但是已经进入了行业发展的成熟期，那么该行业会出现高度集中、完全竞争等特性。这样的行业是缺乏创业潜力的，行业中已经形成了强大的进入壁垒，竞争十分激烈，对资本要求较高，不是初创企业的最好选择。而处于萌芽和发展阶段的行业，没有统一的行业标准，也没有行业巨头，对于初创企业而言，反倒有着良好的发展潜力和强大的吸引力。在这种不断变化的市场环境中，充满了潜在的创业机会。潜在的创业机会常常隐藏于极为细小的细分市场中，在这些细分市场中常常会出现流行的先驱，而流行通常预示着新兴市场的出现，意味着开启行业发展的新一轮生命周期。

6. 行业竞争　我们常听到一些刚创业的创业者说："我有一个很好的创意，最棒的是它没有竞争对手。"创业者盲目乐观自信在创业初期比较常见。但这种想法十分危险，在任何行业的任何细分市场中，不可能完全没有竞争对手。竞争对手不仅指同行业的竞争对手，还可以是潜在的竞争对手，可替代产品同样也可以是竞争对手。竞争对手的设定很重要，如何确保竞争优势则更为重要。创业机会获得或能够获得专利所有权的保护、法律法规或契约的优势是很有吸引力的。在技术、产品、市场、人员、资源、区域、市场容量方面的领先竞争者也具有很大的潜力。此外，拥有行业顶尖声誉和品牌带来的影响力也是一个巨大的优势。如果一个企业无法把其他竞争者阻挡在行业外，或者自己现在就面临着进入壁垒，那么这个创业机会是缺乏吸引力的。

在瞬息万变的市场环境中，创业机会的评估是具有时效性、特定性和区域性的。因此，创业机会评估是随环境、时间和人员的变化而变化的，是一个反复循环的过程。评估不仅仅是为了选出创业机会，更是为了辅助创业者更加清晰、全面地认识自己的创业方案，并且有针对性地进行改进，从而为发掘真正有市场潜力、可实际运行的创业机会打下坚实的基础。

案例链接

新氧降维打法开拓亿万级医美市场

北京新氧科技有限公司创始人兼CEO金星，作为技术男出身的创业者，在互联网行业有十多年的工作经验，先后任职tom.com开发经理、猫扑网产品运营总监、腾讯财付通产品运营总监、im2.0运营副总裁。他曾连续创业3次，两次失败，新氧是金星的第三次创业。

其实，金星第一次创业项目的创意非常好，有点像后来的美丽说和蘑菇街，但是早了两年。因为当初智能手机硬件的普及程度和功能限制，以及市场资源的协作效率不理想，无法支撑当时看似宏伟的商业模式。创业失败让金星明白了创业不仅仅需要一个好的想法和能做好的产品，选择时机从一定意义上讲更重要。

2013年11月，金星选择了创办整形O2O平台新氧，类似于医美界的"大众点评"，用科技的方式帮助爱美者安全、健康变美。创办新氧之初，中国医美领域的基础信息化工作还比较薄弱，非常传统，几乎属于纯线下领域，对互联网的应用基本只应用在营销领域，需要用互联网的方式进行数据化，让整个行业优化升级。金星之所以在医疗行业选择医美这个领域，是因为医美行业当时的市场增量非常大，且行业的痛点也很明确。从金星的角度看医美赛道，第一，它的未来增长潜力巨大。第二，这个赛道痛点非常明确，对于消费者来讲，很多人想整形，又怕整形，这就是痛点。第三，这个赛道是一个蓝海，2013年开始做的时候，还没有任何一家大公司去做，而且金星觉得，即使以后也很少有大公司会亲自下场做，因为这个行业非常特殊。第四，这个行业有盈利前景，百度每年最大的单一广告来源就在医美行业，每年为百度贡献1/6的收入，整个行业的商业价值巨大。从这四个角度，金星认为医美是一个非常好的赛道，这也是两次创业失败带给他的判断。用金星的话说，失败给他最大的财富是懂得去挑选创业赛道，会明白一个好赛道要有哪几个标准/哪几个条件。综合这些维度，金星跨界投身医美行业创业。

金星考虑到，与其跟自己有同等经验或更多经验的人竞争，不如把自己的互联网经验灌注到传统行业中，做"降维打击"，这样他的优势就非常强大了。如果回到十年前，金星自己可能也想不到自己会做医美创业。当时的互联网创业者都热衷于做一个平台级的互联网产品，看不上传统企业，都希望做纯粹的互联网公司。但是在几年的沉淀之后，金星发现，纯粹的互联网大平台的机会已经消失了，这些平台就像是水、电、煤一样的基础设施，而这些基础设施是由那些已经是大平台的公司来打造和管理的，新的机会在于新兴的细分领域，以及传统行业的互联网升级。

在创业时金星还怀有一个心愿，就是能够改变当时医美行业中良莠不齐的问题。国内很多对医美行业的误解、恐惧都源于行业中的一些不规范现象。比如正规非正规医疗机构鱼龙混杂、整体水平参差不齐，很多医美机构利用消费者对行业的不了解，通过过度营销从中牟取暴利。金星期望通过新氧这个医美信息平台，让整个行业的规范、价格及信息更透明。

金星对医疗领域的创业有一点感触是与其他行业不同的。很多互联网创业都在强调狼性文化，而金星认为，医美领域的创业更重要的是要有一颗慈悲心，每个员工都要有一颗医者的心。医美领域不同于互联网企业，互联网企业中一个程序员写出一个bug，数据或许会不准；但在新氧平台上的数据不准，就有可能导致用户的风险，而这个风险有可能会让用户抱憾终身。所以金星要求自己和员工不能只把眼光盯在平台的数据上，更要透过平台看到用户、看到自己的行为可能给用户带来的影响，了解自己所做工作的意义。

截至2020年年底，新氧已成为中国最大、最受欢迎的提供查询、挑选和预约医美服务的在线平台，业务覆盖全国超过350个城市，吸引了6000多家认证医美机构供用户选择，包括医院、门诊部、诊所、齿科等。入驻新氧的医美机构，其价格在平台上一目了然，使消费者对价格有一个相对透明的判断。新氧平台上有超过350万篇的美丽日记，提供真实有效的决策辅助资讯。通过消费者给出的真实反馈，平台可以过滤掉服务不好、价格虚高的机构，从而提升整个行业的水平和素质。

（材料来源：http://www.onlylady.com/brand/2016/1116/3873051.shtml）

案例讨论：

1. 结合案例，分析金星是凭借对哪些要素的判断决定对医美行业做出改变的。

2. 有哪些主体要素影响金星选择开发新氧这个创业机会。

第三节　大健康产业的创业分析

大健康是根据时代发展、社会需求与疾病谱的改变提出的一种全局的理念。大健康产业可以理解为围绕满足各类健康（身体、精神、环境）需求的所有产业总称，是指与维持健康、修复健康、促进健康相关的一系列健康产品生产经营、服务提供和信息传播等产业的统称，产业范畴上包括药品、医疗器械、中药材、医用材料、保健食品、保健产品（健康用品）、健康器械等在内的健康制造业；以及包含医疗服务、健康管理、健康养老、调理康复、科学健身、营养保健、健康检测、健康咨询、健康信息、健康保险、健康理财等在内的健康服务业。

大健康产业涉及国民经济的多个产业，第一产业涵盖有机农业和中草药种植业等；第二产业涵盖健康食品业、医药制造业、健康装备器材制造业等；第三产业涵盖医疗卫生服务业、环境和公共设施管理业、健康管理业、健康金融服务业等。近年来，随着产业规模的快速增长和产业链的持续延伸拓展，健康产业已成为世界许多国家，特别是美欧发达国家和广大新兴市场国家有效应对金融危机冲击、增强经济发展活力、满足多样化健康需求、加快抢占全球健康产业分工新制高点的战略选择。美国著名经济学家保罗在《财富第五波》（The New Wellness Revolution）一书中曾预言："大健康时代是继机械化时代、电气化时代、计算机时代与信息网络时代之后的全球财富第五波。"大健康产业是具有巨大市场潜力的新兴产业，必将掀起世界各国政府与产业界关注和发展大健康产业的热潮。

一、中国大健康产业现状

大健康产业作为世界上增长最快的产业之一，与发达国家相比，我国大健康产业仍处于初创阶段。在发达国家，大健康产业占国民生产总值比重超过15%，而我国大健康产业仅占国民生产总值的4%~5%，发展空间巨大。此外，在产业结构方面，发达国家已经形成较全面均衡的产业细分，而我国大健康产业细分失衡，除医疗及医疗用品外，其他细分产业尚处于开发初期，巨大潜力尚待全面发掘。例如，美国将大健康产业分为五大板块，家庭及社区保健服务、医院医疗服务、医疗商品、健康风险管理服务、长期护理服务。从占比来看，家庭及社区保健服务占50%左右，为大健康领域最大的一个板块。在我国仍以医院医疗服务和医疗商品为主，二者占中国大健康产业的95%以上（图5-4）。

虽然我国大健康产业发展仍处于初级阶段，但市场潜力巨大，规模不断增长。伴随中国经济持续快速发展，城镇化进程加速，慢性病发病率不断增长，人口老龄化程度日益加深，加之医学技术进步，医疗与互联网加速融合，人民群众健康消费需求持续释放，健康产业不断发展。在中国，大健康产业市场规模由2010年的19308亿元，上升至2016年的56073亿元，增长了近两倍。2017年我国大健康产业规模达6.2万亿元。2018年我国大健康产业规模近7万亿元。2019年大健康产业规模突破8万亿元。2020年，国家卫健委发布的《2019年我国卫生健康事业发展统计公报》显示，我国医疗服务水平稳步提升，中医药服务能力继续增强，重点人群健康服务扎实推进，综合监督水平不断提升，各项工作取得了新进展、新成效，城乡居民健康水平持续提高。

美国大健康产业结构图　　中国大健康产业结构图

□ 家庭及社区保健服务50%　　　□ 医院医疗服务、医疗商品95%

■ 医院医疗服务19%　　　　　　■ 其他5%

▨ 医疗商品14%

□ 健康风险管理服务11%

■ 长期护理服务6%

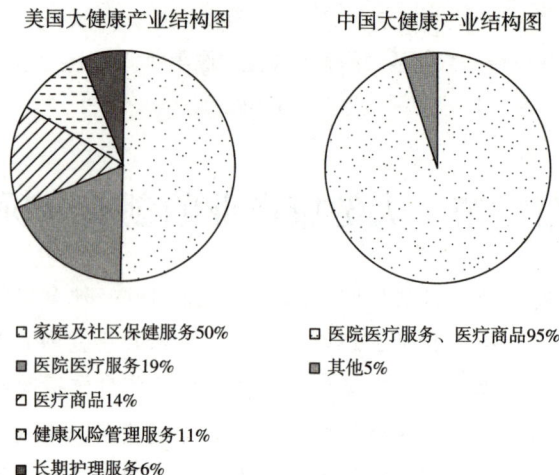

图 5-4　中美大健康产业结构对比

由于我国面临着工业化、城镇化、人口老龄化以及疾病谱、生态环境、生活方式不断变化等带来的新挑战，需要统筹解决关系人民健康的重大和长远问题。《国务院关于促进健康服务业发展的若干意见》提出，2020 年基本建立覆盖全生命周期的健康服务业体系，开启中国大健康产业的"掘金"时代。《"健康中国 2030"规划纲要》等重要文件的发布，标志着在国家政策下，大健康产业即将迎来关键的发展期。对于中国来说，在"健康中国"已上升为国家战略的背景下，"投资于健康"可以促进"人口红利"转化为"健康红利"。发展大健康产业是提高经济发展质量和效益的现实选择，代表了中国经济发展的新方向，代表了绿色生产方式的新主流，代表了人民群众对美好生活的新诉求，具有极其重要的时代意义。

二、大健康产业的创业机会

在我国，医疗领域的痛点繁多，存在大量未被满足的需求，而且随着消费升级、人口老龄化、技术创新、政策驱动行业持续增长，医疗大健康领域无疑是一个跨越经济周期、成长迅速、确定性强的朝阳产业。

在我国，大健康产业的创业机会直接体现在国民对健康的刚需上。众所周知，中国的健康产业面向 14 亿人口，潜在消费市场巨大，其中两亿老年人口的健康事业蕴藏着新机遇。另外，慢性疾病和亚健康人群数目庞大。中国人因慢性病而死亡的占到了整个疾病死亡率的 85%，因慢性病而引起的疾病负担占到整个疾病负担的 70%。更不容忽视的是，现代生活节奏的加快及环境污染的加剧，导致健康隐患越来越多，各种老年病、慢性疾病越来越年轻化。据世界卫生组织统计，全球有 75% 的人群存在亚健康问题，亚健康问题成为人类健康的一大阻碍。而大健康产业不同于传统医疗产业发展模式，是一种从单一救治模式转向"防-治-养"一体化的服务模式。随着中国经济实力的不断提升，国内居民生活水平得到快速的提高，"消费升级"与"生命健康"已然成为今后一段时期的核心关注领域。而健康消费升级必然会激活健康服务市场，并催动投资新风口。例如阿里巴巴、百度、腾讯为代表的互联网巨头积极布局互联网医疗；万达集团、宝能集团、娃哈哈、苏宁等传统企业，以及私募股权投资机构、基金等资本也向健康医疗产业渗透，在诸如医疗相关数据互通、智慧医疗、精准医疗、健康管理、医药电商、大健康保险、养老保健、保健食品开发等多元细分领域进行积极探索，对大健康产业资源进行重组和合理化配置，探索大健康产业新的服务模式。

　　我国大健康产业由医疗性健康服务和非医疗性健康服务两大部分构成，已形成了四大基本产业群体：一是以医疗服务机构为主体的医疗产业；二是以药品、医疗器械、医疗耗材产销为主体的医药产业；三是以保健食品、健康产品、健康养生为主体的保健产业；四是以养老产业、健康管理服务产业、医疗旅游等为主体的新兴健康产业。

　　从各细分子领域来看，跟健康服务与保健相关的细分领域增速明显高于传统医疗和医药产业。自2010年以来，健康养老、健康品产业、健康管理服务、医疗产业、医药产业的复合增速分别为28.1%、27.7%、19.7%、16.5%和15.5%。中国在养老、保健、健康管理等领域的发展增速明显高于传统医疗和医药产业。在医养结合、构建大健康格局的主题下，健康服务与保健领域必然会获得更大的上升和扩展空间。此外，大健康产业的创业机会更是得益于国家的政策红利，国家近年出台了一系列促进大健康产业发展的政策（表5-5）。

表5-5　国家出台的促进大健康产业发展的系列政策

年度（年）	相关政策
2007	新医改方案发布
2012	国务院印发《关于"十二五"期间深化医药卫生体制改革规划暨实施方案的通知》，提出了切实可行的新医改方案和"健康中国2020"的健康发展战略。"健康中国2020"战略明确提出，到2020年，我国卫生总费用占GDP的比重要增加到6.5%~7%，提高约两个百分点，未来政府医疗健康投入将持续增加
2012	党的十八大报告指出：要坚持为人民健康服务的方向，坚持预防为主。重点推进医疗保障、医疗服务、公共卫生、药品供应、监管体制综合改革。健全全民医保体系。巩固基本药物制度。深化公立医院改革，鼓励社会办医。扶持中医药和民族医药事业发展，改革和完善食品药品安全监管体制机制
2013	国务院总理李克强主持召开国务院常务会议，研究部署促进健康服务业发展
2014	国家发展和改革委员会等10部门联合印发《关于加快推进健康与养老服务工程建设的通知》，鼓励社会资本参与建设运营健康与养老服务项目
2015	国务院发布的《国务院关于积极推进"互联网+"行动的指导意见》明确提出"促进智慧健康养老产业发展"，无疑会大大推动健康产业的快速发展
2015	国务院办公厅印发《中医药健康服务发展规划（2015—2020年）》，对我国中医药健康服务发展进行全面部署。这是贯彻落实《国务院关于促进健康服务业发展的若干意见》制定的专项规划，也是我国第一个关于中医药健康服务发展的国家级规划
2016	中共中央、国务院发布《"健康中国2030"规划纲要》，是为推进健康中国建设、提高人民健康水平，根据党的十八届五中全会战略部署制定
2016	国务院发布《"十三五"卫生与健康规划》，是为推进健康中国建设，根据《中华人民共和国国民经济和社会发展第十三个五年规划纲要》和《"健康中国2023"规划纲要》而编制
2016	国务院办公厅印发《关于促进和规范健康医疗大数据应用发展的指导意见》，将健康医疗大数据列为国家重要的基础性战略资源，提出顺应新兴信息技术发展趋势，规范和推动健康医疗大数据融合共享、开放应用
2017	党的十九次全国代表大会报告再次提出"健康中国战略"，大健康行业上升为国家战略
2017	国务院办公厅印发《关于支持社会力量提供多层次多样化医疗服务的意见》，切实落实政府责任、保障人民群众基本医疗卫生需求的基础上，为进一步激发医疗领域社会投资活力，调动社会办医积极性，支持社会力量提供多层次多样化医疗服务
2017	中共中央办公厅、国务院办公厅印发《关于深化审评审批制度改革鼓励药品医疗器械创新的意见》，促进药品医疗器械产业结构调整和技术创新，提高产业竞争力，满足公众临床需要，深化审评审批制度改革鼓励药品医疗器械创新
2018	国务院办公厅印发《关于促进"互联网+医疗健康"发展的意见》，推动实施健康中国战略，健全"互联网+医疗健康"服务体系、完善"互联网+医疗健康"支撑体系、加强行业监管和安全保障，提升医疗卫生现代化管理水平，优化资源配置，创新服务模式，提高服务效率，降低服务成本，提高医疗健康服务的可及性

年度（年）	相关政策
2018	国家卫生计生委员会、国家中医药管理局等部门颁布的《进一步改善医疗服务行动计划（2018—2020 年）》和国家卫生健康委员会等 11 部门颁发的《关于促进护理服务业改革与发展的指导意见》，从医疗切入，推动医养结合融合发展
2019	国务院印发关于在海南博鳌乐城国际医疗旅游先行区暂时调整实施《中华人民共和国药品管理法实施条例》有关规定的决定，进一步支持海南省试点发展国际医疗旅游相关产业
2019	国家卫生健康委员会、国家中医药管理局联合印发的《互联网诊疗管理办法（试行）》《互联网医院管理办法（试行）》《远程医疗服务管理规范（试行）》3 个文件，旨在进一步规范互联网诊疗行为，发挥远程医疗服务积极作用，提高医疗服务效率，保证医疗质量和医疗安全
2019	国家卫生健康委员会、国家中医药管理局联合印发的《关于坚持以人民健康为中心推动医疗服务高质量发展的意见》，坚持以人民为中心的发展理念，充分调动并发挥医务人员的积极性、主动性，推动医疗服务高质量发展，保障医疗安全
2019	国家药品监督管理局、国家卫生健康委员会联合印发的《定制式医疗器械监督管理规定（试行）》公告，根据《国务院关于修改〈医疗器械监督管理条例〉的决定》规定，规范定制式医疗器械注册监督管理，保障定制式医疗器械的安全性、有效性，满足患者个性化需求
2020	国家卫生健康委员会、国家中医药管理局联合印发的《关于提升社会办医疗机构管理能力和医疗质量安全水平的通知》，强调加强社会办医疗机构管理和内涵建设，提升社会办医疗机构管理能力和医疗质量安全水平，促进社会办医持续、健康、规范发展

在中国，以国家政策的推动为契机，真正把健康作为一个产业还不到 20 年的时间，健康产业真正飞速发展不过是 10 年以内的事情，从新医改到"健康中国"战略，国家政策层面的规范和支持进一步提升了大健康产业的地位。

政策的利好、市场的繁荣、技术的更新、需求的爆发都在推动大健康产业前行，中国健康产业的一些细分领域仍是一片蓝海，以保健、养老、精准医疗、中高端医疗器械等为代表的新兴产业形态正在不断变化，并且不断聚集的产业技术力量和资本力量势必促进包括物联网、大数据、人工智能及基因编辑等新一代技术应用于助推大健康产业的发展和升级，为大健康产业的战略发展提供有力保障，使医疗大健康产业赋予更多的时代特性，不断催生出新模式、新行业及新业态。未来大健康产业的发展将会以多样化、多元化的产品形态和服务形态不断完善的产业生态，为人民群众提供更优质的健康医疗环境。

第四节　创业风险

有价值的创业机会背后必然也有风险，创业者选择创业意味着需要承担一定的风险。当创业者面对一个有可塑性的创业机会时，不仅要评估创业机会的正面因素，发掘其保障因素和潜在价值，也需要权衡好风险与收益之间的关系。创业者由于个体经验等因素的限制，在识别创业机会时如果不能对风险和自己承担风险的能力有充分的认识，会对后续创业造成潜在威胁，甚至招致失败。

一、创业风险概述

创业风险是指企业在创立过程中由于创业环境的不确定性，创业机会与创业企业的复杂性，创业者、创业团队与创业投资者的能力与实力的有限性而导致创业活动偏离预期目标的可能性及其后果。在创业过程中，风险的存在是常态。德鲁克指出，成功的创业者不是盲目的风险承担者，他们会采用各种方法降低风险。创业者在创业开始阶段要对承担的风险和可能获得的利益进行评估，只有面对的风险是能够承担的，才可投入创业实践。

创业者应对的风险一般分为系统风险和非系统风险两大类。系统风险是指由某种全局性的共同因素所引起的风险。这种风险常常源于企业外部的大环境，是创业者或初创企业本身无法控制或难以采取有效方法消除的风险。因此，系统风险也称为"客观风险"或"不可分散风险"，比如法律法规政策、宏观经济周期、区域文化、风俗以及自然力量等带来的风险。非系统风险是指非外部因素引发的风险。通常是由特定创业者、初创企业自身因素引起的，只对该创业者或初创企业产生影响。企业经营的非系统风险主要包括机会选择风险、人力资源风险、技术风险、管理风险、财务风险等。多数情况下，在企业活动启动之前，风险还是潜在的，只有企业活动启动甚至进入正常程序后，某些风险因素才会爆发。因此，在创业筹划阶段，创业者需对未来可能遇到的风险因素有一个理性的认知和把握。

二、创业风险的识别与评估

投资者在评估创业项目时，一方面是对创业机会本身是否具有潜力进行评估，另一方面是对创业者识别风险、评估风险及解决风险的能力进行评估。

创业风险的识别首先要清楚创业风险可能从哪里来。陈震红等曾就创业风险的来源进行研究，指出环境、过程、创业者本身是创业风险三个主要来源。这些来源形成了各种各样的风险因素，成为创业者必须面对和解决的困难（表5-6）。创业者务必对这些风险有所认识和识别，对照自己的创业项目检验风险主要来源是什么，因素是哪些，可能会有怎样的表现，通过认真分析更好地应对风险，解决问题，化解困难。

表5-6　创业风险的来源、因素和表现

风险来源	风险因素	风险表现
创业者	创业技能	缺乏必要的创业技能，"不会"创业
	创业管理	缺乏管理经验，管不好项目
	创业团队	团队出现分歧，不能集中目标
	风险意识	缺乏创业风险意识，无应对策略
创业过程	项目选择	盲目选择创业项目，不能用己之长
	市场竞争	对竞争的激烈程度意识不够，无应对策略
	核心竞争力	缺乏核心竞争力，是假创新
	人力资源	关键人才流失
创业环境	政策环境	对政策的变化缺乏敏感
	资金支持	资金过于紧张，无法持续运行
	资源支持	缺乏项目必需的关键资源，难以为继
	其他	各种难以预见的困难

（资料来源：黄远征，陈劲，张有明．创新与创业基础教程．北京：清华大学出版社，2017．）

此外，关于风险识别，保罗·伯恩斯（Paul Burns）基于情境计划法（scenario planning）提供了一个便于创业者在刚开始创业时使用的创业风险清单，对经营过程进行情景化描述，在描述情景的同时对创业风险进行识别（表5-7）。

表 5 - 7　创业风险清单

法律法规政策：开展业务是否被允许	生产力：是否达到目标
区域文化、风俗：业务是否容易被接受	行政：过程及程序是否运行良好
延迟营业：有什么主要活动引致延迟	品牌识别：是否已成立
竞争者：他们在做什么	知识产权：是否安全
竞争优势：是否已被侵蚀	技术：变化如何影响你
市场：如何变化	投资：需要更多投资吗
用户价值主张：是否已实行	存货/库存：是否足够或太多
产品/（服务）质量：是否足够好	推销：是否在控制之内
用户服务：他们满意吗	债务人/应收款项：是否在控制之内
现金流量表：是否足够	利率：变化将如何影响你
销售：是否达到目标	兑换率：变化将如何影响你
利润：是否达到目标	管理团队：组织得好吗
运营：主要活动是否受控	

（资料来源：Paul Burns. New Venture Creation – A framework for entrepreneurial start – ups. London：Palgrave Macmillan，2014.）

　　在创业过程中，无论面对什么类型的风险，不同风险通常在发生的概率、影响力和可控性三个维度上水平不同，应用三个维度看待风险可以更加立体地对风险进行评估（图 5 – 5）。

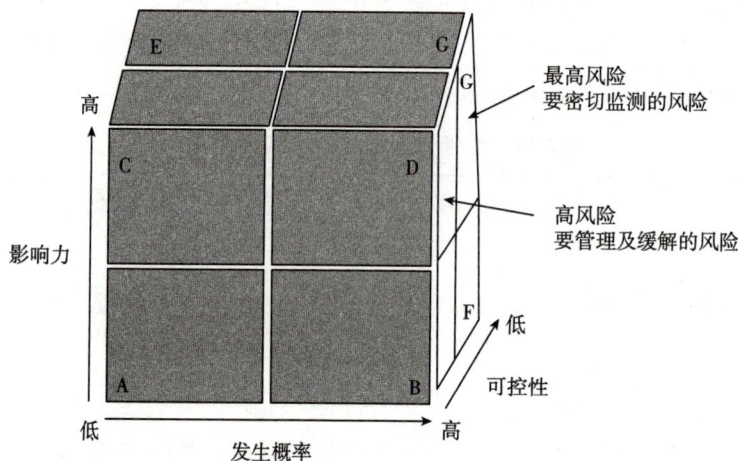

图 5 - 5　风险的类型

　　这里我们将风险发生概率定为 P，风险影响力定为 I，风险可控性定为 C，通过三个维度的评分可以计算出事件的风险指数（RI），计算公式为：

$$RI = \frac{P \times I}{C}$$

　　从公式中可以看出，风险指数越高，说明该事件对创业项目构成的风险越大。由于风险防控的核心目标是以最小的成本获得最大的安全保障，所以创业者需要发挥能动性对创业风险进行合理管控，做好应对措施。

三、创业风险应对策略

　　创业是高风险的事情，创业者真正要做的事情是一直持续而系统地降低创业风险。对此创业者需要意识到在识别风险时无论采用的方法多么先进,分析得多么彻底,都不要期望可以识别出所有的风险,企业经营过程中有很多不可控因素,因此,创业者要客观评估自己的创业风险承担能力,随时做好防范和应对风险的准备。

(一) 创业风险承担能力

创业者在进行风险识别的过程中,不但要确定其决定接受的风险程度,还要对其实际能承受风险的程度进行评估。创业风险承担能力是指创业者所能承受的最大风险。创业者在可承受的范围内采取行动,不超出自己承受能力的风险,以此采取合适的创业决策,减少创业过程中的不确定性。影响创业者风险承担能力的因素主要有以下 4 个方面。

1. 特定时间段所要承担的风险 从创意到商业构想,再到创业企业的建立,不同阶段的创业风险大小会有所不同。一般来讲,随着时间的推移和创业活动的深入,创业者面临的风险会逐渐增大。创业者首先要能够根据风险的来源及其对创业活动的影响程度,估计处在不同时间段所要承受的风险。

2. 可用于承担风险的资金 一般来讲,创业者的年龄和家庭状况会对创业者用于承担风险的资金有所影响。刚毕业的大学生,因为很少有创业资金积累,故用于承担风险的资金较少。同样,家庭比较困难的创业者会更多地考虑家庭基本生活对资金的需求,以及较少的家庭支持等,其用于承担风险的资金一般也会较少。正常情况下,用于承担风险的资金数量和创业者的风险承担能力呈正相关关系。

3. 从其他渠道取得收入的能力 从其他渠道取得收入的能力越强、创业失败对于创业者的情绪和生活水平的影响越小,创业者能够用来偿还创业失败所引致的债务的能力就越强,其风险承担能力也就越强。因此,从其他渠道取得收入的能力与创业者的风险承担能力也呈正相关关系。

4. 风险管理能力 创业者的风险管理能力会影响到创业风险发生时采取的风险抑制措施的效果,从而影响到损失大小。风险管理能力越强,在风险因素导致风险事件发生并进而可能形成风险损失时,创业者就越能及时采取有效的风险防范措施,对损失情况进行抑制,避免损失的进一步扩大,减少损失所产生的危害。所以创业者的风险管理能力越强,其风险承担能力就越强,两者也呈正相关关系。

(二) 创业风险应对策略

创业风险的应对策略是指创业者在风险评估的基础上,选择最佳的风险管理技术,采取及时、有效的方法进行防范和控制,用最为经济、合理的方法综合处理风险,以实现最大安全保障的一种科学管控方法。根据风险的发生概率有高有低和风险的影响力有大有小,我们可以参考风险应对策略矩阵中的风险转嫁、风险规避、风险降低和风险自留的方法 (图 5-6)。

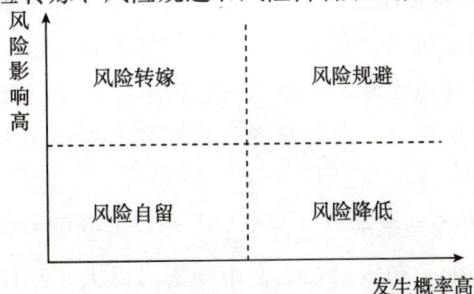

图 5-6 风险应对策略矩阵

1. 风险转嫁 有些风险发生的可能性其实很小，但如果一旦发生则会造成巨大的损失。比如癌症，患癌症的概率并不高，但如果很不幸患了癌症，就很难治好。就算能治好，也要花很多的钱。对于这样的风险，应该转嫁。比如买保险，是转嫁风险很重要的手段。对于初创企业来说，转嫁风险是指企业为避免承担风险损失，有意识地将损失或与损失有关的财务后果转嫁给他人承担的一种风险管理方法。具体来说，创业者可以采用保险转嫁、转让转嫁和合同转嫁等方式。比如，航空公司为了转嫁油价波动的风险，可以购买原油期货，锁定价格；外贸公司进行远期外汇买卖，以转嫁汇率波动的风险。

2. 风险规避 如果风险发生的概率较高，发生之后带来的损失也很大，实际上就不能叫"风险"了，因为它接近一定会发生。规避风险是指没有办法回避损失发生的可能性，创业者选择从根本上回避特定的风险，或中途放弃某些既有的风险带来的利益。

3. 风险降低 对于比较有可能发生、损失也尚可接受的风险，要降低风险发生的可能性。这也是我们常说的"预防"。通常在风险损失发生前，可采取消除或减少可能引发损失的各种因素的手段，以达到降低风险损失发生概率的目的。比如，给项目设置合理检查点，预防项目的失控风险；跟客户保持联系，预防客户的流失风险等。

4. 风险自留 对于发生概率较低、发生了也没什么大不了的风险，可以选择风险自留。风险自留是指创业者自我承担风险损失的一种方法，在损失短期内可以预测及最大损失不影响创业活动的正常进行时采用。比如，客户退货是小概率事件，退几件货不会带来什么巨大损失。对于这样的风险，可以留一笔费用做管理储备预算，专门用来消化这些损失。

总的来看，任何应对策略背后，体现的都是创业者关于创业风险的认知。商业环境富于动态变化的复杂性和不确定性特征，必然要求创业者充分认识创业项目中存在的风险因素和自己的创业风险承担能力。创业者要知道自己面对较强的不确定性，创业项目也可能失败，并且事先不知道有多大概率成功。面临可能这样或那样的风险，创业者需采用科学的方法，对那些能够预测的风险进行深入分析，权衡风险与收益的关系，通过与团队成员探讨或请教外部专家等方法预测和评估自身的风险承担能力，制定相应的风险应对策略。

【本章要点】

1. 创业机会是有利于创业的一组条件的形成情况，是在环境条件的一系列有益的变化下，根据市场需求，通过创造性的整合资源，能够孕育出新产品、新业务，从而创造价值并收获价值的可能性。创业机会包括持续性需求、满足需求的创意、实施创意的能力和资源。创业机会具有隐蔽性、时效性、偶然性和时代性，在创业主体要素和客体条件共同作用下，成为创业过程的核心驱动力。

2. 创业机会一般来源于时代变迁的趋势、尚未解决的问题和市场缝隙。创业者可以发现创业机会，也能够创造和构建创业机会。创业者有了好的创意后，需对创意是否具有创业指向进行正确认识。创业者在与外部环境互动的过程中，应利用各种渠道和方式获取有关环境变化的有益信息，发现具有潜在价值的机会，融合标准化识别和个性化识别的方式，对创业机会进行识别、评估、塑造，甚至修正。

3. 在"健康中国"已上升为国家战略的背景下，发展大健康产业代表了中国经济发展的新方向。我国大健康产业发展仍处于初级阶段，但市场潜力巨大，规模不断增长，中国健康产业的一些细分领域仍然是一片蓝海。随着大健康产业发展的内外部条件变化，从新医改到互联网医疗、精准医疗以及健康养老等新服务新业态的发展，为医疗领域的创新创业提供了多元的市场机会。

4. 创业是在可承受损失的范围内，大胆尝试，细心求证，在市场验证中通过不断校正，进行风险控制，面向市场做出合理回应和有效行动的复合过程。创业者对创业风险要有理性认识，并能够客观评价自身的风险承担能力，权衡创业机会的风险与收益关系，保持与利益相关者开放的沟通和信息互动，从而进行合理判断和决策。

【推荐网站或资料】

1. 《创新之路》纪录片第七集《市场为王》。
https：//tv.cctv.com/2016/06/05/VIDEefdDZ59yKgmt5UT7g6FZ160605.shtml

2. ［美］尼古拉斯·拉鲁索，芭芭拉·斯珀里尔，吉安里克·法鲁吉亚. 向世界最好的医院学创新. 张秋洋，孙刚，李鸿秀，译. 北京：机械工业出版社，2019.

3. ［美］克莱顿·克里斯坦森. 创新者的窘境. 胡建桥译. 北京：中信出版社，2010.

【思考题】

"樊登读书"创始人樊登先生2018年9月11日在中国传媒大学分享《新媒体创业》公开课时提出过这样一个观点："创业一定是想要解决一个社会问题，你发现这个社会问题没解决，心里不舒服。一开始没想到自己能解决，有可能解决不掉，在做的过程当中不断提升自己的能力，直到最后找到一个秘密，可以解决掉这个社会问题，这才是创业的过程。"结合本章所学思考并讨论你对这个观点的看法。

案例分析

丁香园的创业过程与业务管控

2000年，李天天还是哈尔滨医科大学的一名研究生。一次偶然的机会他接触到医学专用检索网站PubMed，瞬间被其中海量的资源和方便的检索方式吸引。但很多检索技术他都不会使用，于是他便开办了一个论坛，取名丁香园，跟网友一起探讨医学文献检索的方法和技巧，并相互分享和讨论医学文献。这个开头跟很多专业小众网站的成立类似，由兴趣驱使，网站作为平台聚集了一批兴趣相近的会员。但是在用户的第一波热情减退后，要如何继续保持活跃度呢？

李天天为此研究了天涯和猫扑，两者都是以猎奇、八卦的内容保持活跃度，当然这种内容并不适用于本质是严肃学术交流的丁香园，但利用用户好奇心态的思路是可以借鉴的。医生们的猎奇点无疑在于最新的研究成果或者独特病例。于是李天天开始在论坛上发表专业研究的帖子，因为专业讨论的一个特点是思想碰撞，越讨论越热烈，不会出现没话说的情况。

有了方向，下一步就是克服现实操作的难度。虽然是医学院的研究生，但是李天天并不擅长每一个医学分支领域，所以丁香园需要一批业内权威来主持论坛里的讨论。丁香园的网友多数是专科医生或者研究人员，其中不乏各个领域的佼佼者。于是在寒暑假，李天天便开始拜访网友，经常一聊就是几个小时，聊行业发展，也聊丁香园的未来，有时累极了就睡在人家沙发上。丁香园的各大版主硬是被李天天谈下来了。专业权威担任版主迅速提升了用户的黏性和活跃度，丁香园迎来了一个用户增长高峰，2004年用户人数达到4万人，丁香园度过了第一次生存危机。

随着用户人数越来越多，服务器、网站运营、管理等都需要钱。但在2006年之前，网站一直靠李天天等创始人的自有资金滚动发展，再有天使投资人投的一点钱，加上服务器托管等费用，也就 15 万元左右。然而，丁香国的各个板块都是来自全国各地的志愿者版主在管理，想要转型，需要征得他们的同意。他们担心商家的引入会影响学术的中立性，然后网站就变味了。要如何才能征得他们的同意呢？

那段时间，李天天跑遍全国会见各版主，苦口婆心地劝说讲解丁香园商业化的重要性，不做就等于在等死。最后，版主们表示理解并支持，李天天则投桃报李，保证丁香园将继续保持学术的纯洁性。此后，丁香园开始走学术和商业相互独立的两条线管理模式：论坛由七人管理委员会组成的最高管理机构全权负责，所有丁香园公司的员工都不得进入管委会。如果公司要借助丁香园论坛的人气进行商业广告或项目运作，事先必须在管委会备案，版主同意则项目放行，以此来避免伤害学术独立性的事件发生。早期的丁香园由用户生成内容，后期又依靠用户建立了一套供长期发展的制度。

2006 年丁香园商业化开始，到 2009 年实现连续盈利，主要来自企业会员缴纳的会费和广告两部分。2010 年初，丁香园完成了 DMC 领投的 A 轮融资。2012 年 12 月完成 B 轮融资，金额在千万美元左右。2014 年丁香园完成 C 轮融资，腾讯对其战略投资规模为 7000 万美元。丁香园加快扩张步伐，加大人力投入和移动互联网投入，推出多款医药类 APP。到目前为止，丁香园是中国最大的医疗领域连接者及数字化领域专业服务提供商。

自成立以来，丁香园打造了国内最大的医疗学术论坛及一系列移动产品，并全资筹建了线下诊所。通过专业权威的内容分享平台、丰富全面的数据积累、标准化高质量的医疗服务，丁香园连接医院、医生、科研人士、患者、生物医药企业和保险，覆盖千万大众用户。

（资料来源：张福利，张赢盈 . 全国医学类院校创新创业教育基础指南 . 西安：西安交通大学出版社，2018.）

案例讨论：

1. 结合案例分析丁香园从创办到业务管控过程中遇到了哪些类型的风险。
2. 丁香园相应有哪些风险管控与风险规避的做法是值得借鉴的。

第六章

创业资源

1. 掌握创业者资源整合的机制和技能。
2. 熟悉创业者资源管理的重要性。
3. 了解创业者资源的独特性。

案例导引

积累资源，整合资源，助力医疗创新的成长

马今，心血管医学硕士，曾经的心内科医生；资深市场人，曾在拜耳负责医药市场营销14年，《健康报》移动健康研究院研究员；天使投资人，医疗创新加速器"阿基米德医疗科技公司"创始人、执行董事及CEO。

学医并非自愿

马今直言"学医并非自愿"，原来，因为父母年纪较大，在"文革"时期受到冲击，身体一直不好，就觉得家里应该有个医生，于是，他奉父母之命学了医。"学医需要大量记忆，很多东西又孤立不成体系，而我喜欢逻辑性强比较系统的东西，所以我对医学本身一直不是很感兴趣。"

1992年，马今毕业于首都医科大学，之后做了7年医生。其中前4年在一家区级医院急诊室摸爬滚打，后3年在安贞医院心内科读硕士学位。"那时整天做手术，主要是冠状动脉造影，也和上级医生放支架，也许'吃线'多了，那段时间我不断发烧、扁桃体发炎、腹泻等"。硕士毕业后，不适应上手术台照放射线的马今离开了临床一线，也就此放弃了最初学医当医生的"父母之愿"。

积累资源黄金阶段

离开医院的马今，在2000年3月纳斯达克高点时，投身到互联网公司。"互联网那时在中国热起来不久，那时一心想进入互联网，还曾经做过一个心血管网站的DEMO，成功出售过域名，也许早在15年前我就与互联网结了缘。"第二年纳斯达克回落，专业医疗网站的梦想破灭了。那时正逢外资药企在华开始扩张，他应聘到了拜耳。在医学部一年半以后转到市场部，"我没有做过销售，是拜耳第一个没有做过销售依靠学术背景成长起来的产品经理"。

在拜耳市场部，马今先后管理过很多慢病产品，包括尼膜同、拜唐苹、拜新同、拜阿司匹林、胰岛素、血糖仪，等等，"对于拜耳，我一直怀着一颗感恩的心"。2007~2011年，他负责当年医药市场第二大处方药拜唐苹的市场推广。"我很骄傲，那时拜唐苹一个产品销售额占拜耳中国销售额的约三分之一"。近些年，外资企业的现状与以往已大为不同，外资药企及其重点产

品的增长正在放缓。医疗是相对保守的行业，创新不易；而中国医药市场的格局已发生改变，2014 年被称为中国移动医疗元年，医改力度也正逐渐加大。身在外企，马今觉察到医疗领域最大的创新机会可能就在眼前，"作为一个男人，一直以来我都觉得应该有自己的事业，不能总在打工，否则人生好像欠缺一点什么"。

加入创业者阵营

2014 年底，他果断决定，加入创业者阵营，与几位朋友共同创立了医疗创新加速器"阿基米德医疗"。"阿基米德医疗"主要想解决的痛点是基于团队对于医疗行业多年的经验和理解，通过对医疗互联网化的不断探索，帮助医疗创业者梳理思路、对接资源；同时，作为创新医疗投资者的"显微镜"和"望远镜"，更高效地发现好的企业和项目，并在这些企业发展过程中助其一臂之力。

当问到为什么没有选择他最熟悉的领域创业，而是定位于医疗创新孵化器，马今说，选择做医疗创新项目的孵化/加速器主要缘于他们团队的成员大部分是来自拜耳的同事，还有他读 MBA 时非医疗圈的同学，他们在并购、企业管理方面的经验比较丰富。另外，现在各细分领域都有很多创业公司，就他们的团队组成来说，单做某个领域的产品，资源不能发挥到最大，而失败的风险不小。比如糖尿病领域，做的企业很多，相对比较成熟，他们很难做得比这些成熟企业更好。但是如果策划和启动一些项目，形成一个行业性的系统化服务，可能对移动医疗的贡献更大，这也是过去长期做市场的思路，也就成为阿基米德医疗创业的初衷。

在移动医疗大环境下，未来外企会有更多人出来做与医疗创新有关的事，基于希望能帮助这些创业者，同时也基于做一点想做和能做的事的想法，马今与朋友一起创办了阿基米德医疗孵化器。目前美国有 20 多个医疗垂直孵化/加速器，马今和团队成员在创立初期确实仔细研究过。美国已经形成帮助创业者成长的导师群体和文化，这是美国以 YC 为代表的孵化器快速发展的基础。另外，美国大型医疗药械企业与孵化/加速器的合作非常多，很多项目属于定向孵化。而中国医疗创新必须密切关注医改政策可能提供的机会，这是在中国医疗创新垂直领域做孵化/加速服务必须考虑的因素。中国孵化器的模式大体历经了从最初的纯物理空间供应商到物理空间搭载基础行政服务孵化器，再到创新型孵化器三代转换，孵化器的迭代逐渐呈现出重服务、轻资产的趋势。

目前国内医疗创新垂直领域的孵化器有三家：阿基米德、贝壳社、健盟，前不久阿基米德一起与中欧协作了奇璞加速器项目。随着医疗创业企业的增多，垂直孵化器在不断增多，孵化器之间的合作共赢也在逐渐深入。

（资料来源：宁静访谈录）

案例讨论：

1. 马今所创立的阿基米德孵化器整合了哪些创业资源。
2. 马今的哪些经历和资源为创业打下了坚固的基础。
3. 如果你作为一名创业者，从这个案例中你获得的启示是什么。

第一节 创业资源概述

常言道："巧妇难为无米之炊"，同样，没有创业资源，创业者只能望"商"兴叹。作为一名创业者，如何获取创业资源、怎样评估并整合创业资源，关系着创业的成败。只有运用好创业资源，通过整合资源的方式，不断突破资源约束和限制，才能将创业推向成功。

一、创业资源的内涵

创业的前提条件之一就是创业者拥有或者能够支配一定的资源。所谓资源，依照目前战略管理中很有影响的资源基础理论（resource – based theory，RBT）的观点，企业是一组异质性资源的组合，而资源是企业在向社会提供产品或服务的过程中，所拥有的或者所能够支配的用以实现企业目标的各种要素及要素组合。

创业资源是创业创立过程中能够利用、控制、整合的要素及要素组合，是创业企业开展生产经营活动的核心要素之一，是企业创立及成长过程中所需要的各种生产要素和支撑条件。简单地说，"创业资源"就是创业者所需具备的一些创业条件。

从某种意义上来说，创业是突破资源的约束和限制，创造价值的过程。创业资源在创业机会识别阶段和企业成长阶段都具有重要的作用，是创业的核心要素，资源的获取对于创业者和创业企业都有积极的影响。核心的创业资源对于创业者拥有并维持竞争优势、对于创业导向有显著的正向影响作用，对于新创企业的绩效有显著的促进作用。创业者需具有较强的创业机会识别能力和资源整合能力，才能够更好地利用资源。

二、创业资源的类型

创业资源是新企业创立及成长过程中必需的资源，可以从不同角度进行分类。尽管学术界对于创业资源类型的界定尚未有统一标准，但是日前对创业资源的多视角分类有助于人们理解创业资源的来源、构成及资源的获取与整合。

目前，学术界对创业资源的分类一般有以下 3 种类型。

（一）根据来源分类

根据来源，创业资源可以分为自有资源和外部资源。

1. 自有资源 自有资源是指创业者或创业团队自身所拥有的可用于创业的资源，如自有资金、自有技术、自己获得的创业机会信息、自建的营销网络、控制的物质资源或管理才能等。甚至在有些时候，创业者所发现的创业机会就是其所拥有的唯一创业资源。在这个问题上，我们也许可以从阿玛尔·毕海德的话中得到启示："准创始人中绝大部分面临的最大挑战不是筹集资金，而是如何在没有资金的情况下把事情办好的智慧和干劲。"自有资源可以通过内部培育和开发，企业通过一定的方式在内部开发无形资产、培训员工及促进内部学习等获取有益的资源。

2. 外部资源 外部资源是指创业者从外部获取的各种资源，包括从朋友、亲戚、商务伙伴或其他投资者筹集到的投资资金、经营空间、设备或其他原材料等，或通过提供未来服务、机会等换取到的。外部资源是实现企业成长的重要来源。由于企业受自有资源"瓶颈"的影响，需要吸取适合本企业发展的新鲜资源，其中关键是具有资源的使用权并能控制或影响资源部署。自有资源的拥有状况（特别是技术和人力资源）会影响到外部资源的获得和运用。

（二）根据存在形态分类

根据存在形态，创业资源可以分为有形资源和无形资源。

1. 有形资源（实体资源） 有形资源是指能够看得见的并且可以量化的资产，像土地、写字楼、工厂、车间、机器设备，以及正式的（信息）报告系统、技术手段等均属于有形资源。它主要体现在财务资源和实物资源上，是具有物质形态、价值可用货币度量的资源。

2. 无形资源（虚拟资源）　无形资源是指那些非物质的、看不见摸不着的人文资源，如思想观念、理论知识、科学技术、宗教信仰、文化传统、道德伦理等。它是植根于组织历史、伴随组织成长而积累起来的、以独特方式存在、并且不易被竞争对手了解和模仿的资产。这类资产的外在特点是无形的，虽然看不见摸不着，但其存在是可以意会和感知的。企业中的管理者和员工所掌握的知识与技能、相互之间的信任程度、交往方式、思想观念、创新能力、领导风格、管理制度、产品或服务的声誉等都可归于无形资源一类。

有形资源与无形资源相比，有形资源越用越少，边际效应递减；无形资源不会越用越少，且边际效应递增。所以无形资源更具价值创造的潜力，往往是撬动有形资源的重要杠杆，能够为创业者带来无可比拟的竞争优势。

（三）根据对企业成长作用进行分类

对于直接参与企业日常生产、经营活动的资源称之为要素资源；未直接参与企业生产、经营活动的资源，但其存在可以极大地提高企业运营的有效性资源称之为环境资源。

1. 要素资源

（1）**物质资源**　物质资源是指企业的一些硬件设备，如工厂、工作设备、产品原材料、日常工作必备品等。这些物质资源都是企业的必备品，是企业的基础，在企业发展初期，这些都是首要的必备品，当这些物质资源发生短缺时可以依靠资金资源来弥补。

（2）**资金资源**　任何一个企业的发展都离不开资金的支持，在一个企业中物质资源、人才资源、技术资源等等都需要资金资源的支持。一个企业的资金资源状况可以决定一个企业的产品状况、管理状况及未来的发展状况。资金资源是企业的生命线，企业管理人员要对资金资源进行合理的分配，对资金资源的如何分配将会决定企业在未来的发展中是否协调。

（3）**人才资源**　人才资源包括高级科技人才和管理人才的引进、高水平专家顾问队伍的建设等。创业者是新创企业中最重要的人力资源，因为创业者能从混乱中看到市场机会。创业者的价值观和信念更是新创企业的基石，合适的员工也是创业人才资源的重要部分。众所周知，一个企业是由众多的员工构成的，在这些员工中有一大部分是具有较强专业知识的专业人才。这些专业人才组成了企业的核心，引导着企业的方向，人才是一个企业的主心骨。在当今时代，企业对人才的需求量很大，人才可以促进一个企业的转型升级，可以通过自身本领研发新产品，提高企业的创新力度，提高企业的竞争力，促进企业更好更快发展。

（4）**管理资源**　管理团队也是创业过程中重要的资源之一。医药类企业创业者大多是医学技术人才出身，随着创业企业发展到一定阶段，管理体系逐渐健全，各项规章制度逐步完善，组织架构也日益明晰。这意味着拥有一套完整而高效的管理制度是创业企业的宝贵资源。公司需要从外部引进一些专业管理人才，因为他们能够为企业带来专业的建议和革命性的管理思路，专业的管理咨询策划将有助于提高新创业企业的生产和运作效率。当然，在创业过程中要融合来自不同背景的管理团队的风格、理念和方法，消解矛盾，共同促进新创企业成长。

（5）**技术资源**　技术资源是指企业经过不断地研发而获得的一定科技成果或工艺方法。这些技术资源代表着一个企业的发展潜力和企业活力，可以不断地提升企业的创新力度，促进企业产品的不断更新换代。大学生创业者正值青春年华，思维天马行空，在创新方面的优势很大，并且拥有较强的专业知识，对企业创新有一定的促进作用。

2. 环境资源

（1）**政策资源**　政策资源包括允许个人从事科技创业活动、允许技术入股、支持海外与国内的高科技合作、为留学生回国创业解决户口和子女入学等后顾之忧、简化政府的办事手续等。政府的各种创业扶持政策主要包括财政扶持政策、融资政策、税收政策、科技政策、产业政策、中介服务政策、创业扶持政策、队伍经济技术合作与交流政策、政府采购政策、人才政策等。

（2）信息资源　信息资源包括及时的展览会宣传和推介信息、丰富的中介合作信息、良好的采购销售渠道信息等。

（3）文化资源　文化资源包括高科技企业之间相互学习和交流的文化氛围、相互合作和支持的文化氛围，以及相互追赶和超越的文化氛围等。

（4）品牌资源　品牌资源包括借助大学或优秀企业的品牌、借助科技园或孵化器的品牌，以及借助社会上有影响力的人士对企业的认可等。

第二节　创业资源的评估与获取

创业者在创业之初需对团队所拥有的知识资源、技术资源、管理资源、人脉资源、政府资源、货币资源、市场资源等多种资源进行梳理，并通过科学的办法进行评估，从而以最小的成本获取各项创业资源。

一、创业资源评估

（一）创业资源评估的概念

创业资源评估是指由创业者、投资者等相关人员通过一定的科学方法，对创业者所拥有的有形资源、无形资源及人才资源进行全方位评估、论证，以预判创业成功概率的一种方法。进行评估的创业资源包括知识资源、技术资源、管理资源、人脉资源、政府资源、货币资源、市场资源等多种资源类型。

（二）创业资源评估的类型

判断一个创业机会的好坏与否，除了要看它本身的价值以外，还要看它与创业者的匹配性。这里主要包括两个方面：一是要看创业者的喜好与创业项目的性质、要求的匹配程度。实践表明，比较成功的创业者，要么是对创业项目有着强烈的兴趣和爱好，要么是其本身所受的教育和经历与该项目有着不解之缘，至少创业者不能对自身所从事的事业怀有厌恶心理。从国内外的经验看，很多成功的创业者都将创业项目看作一种事业、一种爱好，而不是一种赚钱工具。也正因如此，创业者才能始终保持高昂的创业激情，在遇到困难和挫折时，能想尽办法去加以克服，而不是畏难和退缩。通常一个好的创业者要具有积极的进取心和事业精神，这与他是否对其事业有感情是分不开的。如果一个人不喜欢自己所做的工作，那很难想象他会付出很大的努力，全身心地做事。

二是表现在人的自身条件是否符合创业项目的要求。除了资本金、专业技术和管理经验的要求外，还包括他在其他方面的物质或生理条件，如身体健康状况和自身的优缺点。

如果创业者没有强健的体魄，就最好不选择那些对体力要求较高的项目；如果创业者不擅长推销，那么最好不要选择对推销技能要求较高的创业项目，即使其获利前景很广阔。因此，创业者要找出自己感兴趣的领域，确定该工作是自己的优势所在，明确切入社会的起点及提供辅助支持、后续支援的方式。其中最重要的是明确自我人生目标，即给自我人生定位。自我定位，规划未来就是明确"我能干什么""社会可以提供给我什么机会""我选择干什么""我怎么干"等，使创业想法可操作，为进入社会提供明确方向。因此，在启动创业之前对所拥有的资源进行评估是必要的。资源评估可以分为直接评估和间接评估两类。

1. 直接评估

（1）明确自身优势　先要明确自己的能力大小。创业者要进行自我分析，明确自身的优势和劣势。在深入分析自身的基础上，根据过去的经验，选择、推断未来潜在的工作方向与机会，彻底解决"我能干什么"的问题。只有从自身实际出发，顺应社会潮流，有的放矢，才能马到成功。个体是不同的、有差异的，创业者要学会扬长避短，找出自己与众不同的地方，并发扬光大。

（2）行业选择　选择熟悉的业务是挣钱的一个好开端，代表着创业者能够拥有更多的信息资源。了解产品市场前景、竞品优劣及消费者需求，知晓市场的发展趋势，有利于做出正确的判断与决策。从专业技术条件看，任何一个行业都需要自己的专业知识。俗话说"隔行如隔山"，没有这种专门知识，盲目涉足一个陌生的行业是很危险的。对一个创业机会进行评价时，要看它是否需要专门的制作技术或管理技术。创业者必须正视创业项目中的市场、专业技术和管理问题，要及早地做好准备。

（3）测算资金实力　创业者需客观评价现有资金和财产，包括但不限于银行存款、股票、债券、贵重物品、亲友借款、银行贷款等。基于上述评估，可以测算出启动资金的大致数额，并考虑资金在后续的运营中是否充裕。

（4）梳理人脉及社会关系　人际关系包括人缘关系、业务关系、办事渠道、信息来源等，是一笔无形资产。因此，在创业前期要充分利用人际关系网，打通办事渠道，获取更多信息，避免因人地生疏、信息闭塞、办事门路不熟等而对事业发展造成限制。

2. 间接评估

（1）评估项目的见效时间　项目的见效时间是达到盈亏平衡点和实现现金流所需要的时间。所谓盈亏平衡点是指企业销售收入等于总成本的那一点，也就是不赔不赚的那个节点。项目应有能力在两年内达到盈亏平衡点和实现正现金流，一旦达到盈亏平衡点和实现正现金流的时间超过3年，则该项目就要慎重考虑。面对创业机会，创业者要预估开始阶段市场需求情况、销售收入、成本达到多少，进而确定盈亏情况，再根据市场成长情况及成本的变动情况，估算大约需要多久才能达到盈亏平衡点。

（2）评估市场容量和成长性　市场容量是指产品的适用对象和购买人群，也就是既符合产品定位又有购买意愿的总人数。一些新产品在初期市场容量较小，但是随着市场环境的变化，例如居民收入水平的变化、人口结构的变化，人们对这一产品或服务的需求就会增加，这就是成长性。项目的成长性在选择项目的各项参考因素中可能会起着举足轻重的作用。测评一个创业项目的成长性，需要比较全面的知识结构以及比较灵活务实的思维、动态的角度和长远的目光。创业者要把自身条件和发现的商机进行对照，综合客观评估自己的创业条件和选择的商机是否匹配，以此来选定自己的创业项目。

二、创业资源获取

创业资源获取来自两个方面：自有资源和外部资源。拥有资源使用权或能控制和影响资源配置是获取外部资源的关键之处。对于特定的创业资源，应当根据创业项目及创业者自身的实际情况综合考虑获取方法。

（一）影响创业资源获取的因素

资源获取是在识别资源的基础上，得到所需资源并用之于创业过程的行为。对于新创企业而言，能够从外界获取所需资源的关键是资源所有者对创业者或创业团队的认可，而这一认可在很大程度上取决于创业项目的商业价值。除此以外，影响资源获取的因素还有很多，其中主要因素有社会网络、创业者以往的工作经验、创业者的管理能力和资源整合能力等。

1. 社会网络　社会网络存在多个维度，能够提供企业正常运转所需的各种资源，也是新创企业最重要的资源之一。社会网络是隐性知识传播的重要渠道，它能通过促进信息（包括技能、特定的方法或生产工艺等）的快速传递来协助组织学习，同时还可以大大降低企业的交易成本，帮助获取与企业需求相匹配的资源，因此对于创业资源的获取具有重要意义。

不同的社会网络和网络地位为人们之间的沟通协作提供了不同的渠道。在社会网络中，处于优势地位的创业者具有较好的社会关系依托，可以有选择地了解不同对象的效用需求，有针对性地对不同对象传递商业创意的不同方面，有目的地获取不同资源所有者的不同理解和信任，最终成功地从不同网络成员那里获取所需的不同资源，为自己进行资源配量方式创新提供基础。

2. 创业者以往的工作经验　创业者以往的工作经验分为创业经验和行业经验两大类。其中，创业经验是指先前创建过新的企业或组织，是创业者在此过程中所获得的感性和理性的观念、知识和技能等，它能提供诸如机会识别与评估、资源获取和公司组织化等方面的信息。行业经验是指创业者在某行业中的先前工作经历，它能够提供有关行业规范和规则、供应商和客户网络以及雇佣惯例等信息。

创业过程本身就是一个知识转移的过程。从先前创业经验中转移来的知识能够提高企业家有效识别和处理创业机会的能力，有助于发现、获取创业资源。拥有创业经验的创业者有一种"创业思维定势"，能够驱使其寻求和追求那些最好的机会。因此，创业者拥有较多的创业经验更容易获得可取的特定机会，从更多的途径获取到创业资源。此外，先前的创业经验还有助于创业者克服新企业面临的新的不利因素。这些都有助于创业者规避风险，增强资源获取的能力。

3. 创业者的管理能力　创业资源获取的关键往往取决于企业的软实力。创业者的管理能力是企业软实力的主要表现，管理能力越强，获取资源的可能性越大。创业者的管理能力可以从沟通能力、团队激励和合作能力、行政管理能力、学习能力和外部协调能力等多方面予以衡量。

"创业教育之父"杰弗里·蒂蒙斯曾说过，作为一位领跑者和企业文化的创造者，创业带头人是团队的核心，既是队员，也是教练。良好的沟通能力可以使创业团队表现出坚强的凝聚力，采取共同的行动，从而更容易获取必要的外在资源。团队激励和合作能力有助于企业综合能力的提升，产生团队外溢效果，获取必要的资产和资源。较强的行政管理能力有利于将各种资源进行较完美的匹配与组合，使企业的正常运作更有效率，企业因而会根据成员的要求和组织发展的需要，去吸引更多的人力资源和其他无形资产。学习能力可以不断使创业者提升自身管理能力，了解外部市场的变化和创业企业内部的需求，从而对其做出理性判断，运用一定的方式获取企业所需的资源。外部协调能力是创业者个人才能的外向性应用，创业者的外部协调能力越强，与合作者（如供应商、销售商等）达成一致的可能性就越大，就可以利用外部资源为企业服务，得到资源获取的外在效应，在获取必要资源的同时为企业创造良好的发展环境。

4. 创业者的资源整合能力　资源整合能力是指在创业过程中，以人为载体，在资源整合过程中所表现出的对资源的识别、获取、配置和利用的主体能力。创业资源在未整合之前大多是零散的、一般性的商业资源，要发挥其最大的效用，转化为竞争优势，为企业创造新的价值就需要新创企业运用科学方法将不同来源、不同效用的资源进行优化配置，使有价值的资源充分整合起来，发挥"1＋1＞2"的放大效应。

（二）创业资源获取的途径

1. 获取技术资源的途径

（1）大量吸引和录用相关技术人才及技术持有者加入创业团队。

（2）通过购买相关的成熟技术及前景性技术，进行技术市场寿命分析，再通过后续的完善开发，从而达到商业化要求。

（3）做到自主研发，申请专利，购买技术和技术持有者。

2. 获取人力资源的途径

（1）打工，使创业者及其团队拥有丰富的知识技能及人际关系。

（2）模拟公司运作，这样可以提前了解市场知识，了解企业运作的经验。

（3）参加校园创业大赛或者挑战杯大赛，锻炼自己的组织能力，从实践中掌握技能。

3. 获取外部资金资源的途径

（1）依靠合作伙伴及值得信赖的亲朋好友筹集资金。

（2）寻找正规银行进行抵押、银行贷款或企业贷款。

（3）寻求当地政府的帮助，争取政府计划的资金支持。

（4）通过学校，申请大学生创业基金甚至风险投资基金。

4. 获取市场与政策资源的途径

（1）政府机构，了解相关政策。

（2）同行创业者/企业。

（3）专业信息机构。

（4）图书馆及学校相关研究基地。

（5）新闻媒体及互联网。

（三）创业资源获取的技能

成功的创业活动必须对机会、创业团队和资源三者进行最适当的匹配，并且还要随着事业的发展而不断进行动态平衡。创业过程由机会启动，在创业团队建立以后就应该设法获得创业所必需的资源，这样才能顺利实施创业计划。为了合理获取、利用资源，创业者往往需要制定设计精巧、用资谨慎的创业战略，而创业团队则是实现创业这个目标的关键组织要素，为此创业者或创业团队必须具有高超的领导力和沟通能力，能够适应市场环境的变化。

1. 沟通能力 为了获取创业资源，创业者及其团队应该有较好的人际沟通能力、沟通技巧及顺畅的沟通机制。人际沟通能力是指通过情感、态度、思想、观点的交流，建立良好协作关系的能力。有效性和适当性是评价沟通能力水平的重要指标。有效性即沟通行为有助于个人目标、关系目标实现的程度；适当性即沟通行为与情境和关系限制保持一致的程度。

沟通技巧是指参与沟通的人具有收集和发送信息的能力，能通过书写、口头与肢体语言的媒介，有效、明确地向他人表达自己的想法、感受与态度，亦能较快、正确地解读他人的信息，从而了解他人的想法、感受与态度。沟通技能涉及许多方面，如简化运用语言、积极倾听、重视反馈、控制情绪等。虽然拥有沟通技巧并不意味着一定会成功地获取创业资源，但缺乏沟通技巧一定会使创业者遇到更多麻烦和障碍。

在获取资源的过程中，与各方沟通是必不可少的，因此创业者及其团队必须与各方建立顺畅的沟通机制，派出有一定沟通能力的团队成员负责与各方沟通，这是获取创业资源成功与否的关键因素。

无论是人与人之间还是企业与企业之间的良好感情的建立，都是双方持续不断地顺畅沟通的结果。创业者获取资源、整合资源的过程就是与新创企业内外部的资源供给者充分沟通的过程。在企业外部，创业者需要与外部的投资者、银行、媒体、同行从业者、消费者、供应商等通过沟通建立联系，获得信任，消除利益分歧，争取对方的扶持与帮助，取得共赢的结果；在企业内部，创业者需要通过顺畅沟通，鼓舞士气，吸引人才，留住人才，进而提升企业的运营绩效。

2. 战略领导力 创业者的战略领导能力是创业者能力与新创企业战略管理过程的契合点，是创业者能力在企业战略管理各个阶段中体现出的一种独特的思考型实践能力，包括战略思维能力、战略决策能力、战略规划能力和战略控制能力。新创企业的成长伴随着不断创新和创业活动，扩大企业经营规模，实现从创业期走向成长期。受到知识、经验和资源有限的约束，在起步阶段解决不确定性和模糊性成为创业成长最棘手的问题。新创企业与大企业不同，不能依赖市场的惯性取得成功，不能错误地使用资源。新创企业要想获得生存并持续成长，应该很清晰地看到所处的竞争环境，更应该考虑商业战略。

创业企业的创立与创业者个人的追求目标、价值观和创业能力是密不可分的，这也成为新创企业最初的战略愿景。对创业企业的企业家而言，需要具有出色的言语表达能力，把自己创新的想法不断地传输给企业的各个部门，需要将企业的战略意图适当地向企业外界表达出来，以此获取企业所需要的资源。因此，在新创企业获取资源、整合资源的过程中，如果创业者具备战略领导力，则最容易打动资源所有者。

第三节 创业资源整合

资源整合是整个创业活动的主线。初创期创业者可以支配的资源数量、规模决定了创业模式的选择，随着创业过程的开展，创业者需要采用不同的资源整合方式来适应不同的发展阶段下资源利用特点、资源控制重点的变化，整合内外部资源，以获得良好的创业绩效。资源整合是企业战略调整的手段，也是企业经营管理的日常工作。整合的目的是优化资源配置，争取将整体优势发挥到最大程度。

一、创业资源整合的主要方式

资源整合是一个为长远利益而实现的战略决策，随着市场的变化与发展，企业的各种资源必须随之整合与优化，这需要极强的战略协调能力。企业必须设立动态战略综合指标，及时调控企业的资源能力，从而完善企业的战略。根据企业之间整合资源的方式不同，可以把资源整合分为三种形式：纵向整合、横向整合和平台式整合。

（一）纵向整合

纵向整合是处于一条价值链上的两个或者多个厂商联合在一起结成利益共同体，致力于整合产业价值链资源，创造更大的价值。传统的"原材料供应→设计制造→产品分销"就是一条典型的纵向价值链，企业在其中要考虑的问题是自己在价值链上的位置、自己的工作选择是否得当、自身的优势及所需资源。

（二）横向整合

横向整合是把目光集中在价值链中的某一个环节，探讨利用哪些资源，怎样组合这些资源，才能最有效地组成这个环节，提高该环节的效用和价值。它与纵向资源整合不同，纵向资源整合是把不同的资源看作是位于价值链上的不同环节，强调的是每个企业要找准自己的位置，做最有比较优势的事情，并协调各环节的不同工作，共同创造价值链的最大化价值。横向整合的资源往往不是处于产业链内，而是处于本产业链外。

（三）平台式整合

无论是纵向还是横向资源整合都是把企业自己作为所整合资源的一部分，考虑怎样联合别的资源得到最佳效果。而平台式资源整合却不同，它考虑的是企业作为一个平台，在此基础上整合供应方、需求方甚至第三方的资源，同时增加这双方的收益或者降低双方的交易成本，达到双赢局面。

现在所有的展览会都是通过平台式资源整合方式打造供求双方的平台，通过满足双方各自的需求而盈利。一个展会至少要整合三方面的资源：一是参展商，二是专业观众，三是为展会服务的服务商（如物流商、酒店、搭建商、保洁、安保、展馆、旅游商等）。从理论上看，有纵向资源整合、横向资源整合和平台式资源整合3种方式，但在现实应用中很难截然分开，甚至还相互交叉在一起。

二、创业资源整合的技巧

创业初期，创业者所能获取与利用的资源都相当匮乏，而优秀的创业者在创业过程中所体现出的卓越创业技能之一，就是创造性地整合和运用资源，特别是其中能够创造竞争优势，并带来持续竞争优势的战略资源。尽管创业型企业资源比较匮乏，但其实际上所拥有的创业精神、独特创意及社会关系等资源同样具有战略性。因此，对创业者而言，一方面要借助自身的创造性，用有限的资源创造尽可能大的价值；另一方面更要设法去获取和整合各类战略资源。

（一）资源拼凑

资源拼凑是指将新元素与已有的元素重新组合，形成在资源利用方面的创新行为，重组为新的对象或者在原先的基础上增加复杂度。创业者可以通过自己的独有经验和技巧，利用身边能够找到的一切资源进加以整合创造。例如，很多高新技术企业的创业者并不是专业科班出身，出于兴趣或其他原因，对某个领域的技术略知一二，却凭此发现了机会，并迅速实现了相关资源的整合。可见整合已有的资源，快速应对新情况是创业的利器之一。拼凑者善于用发现的眼光，洞悉身边各种资源的属性，将它们创造性地整合起来。这种整合很多时候甚至不是事前仔细计划好的，而往往是具体情况具体分析、"摸着石头过河"的产物。而这也正体现了创业的不确定性特性，并考验创业者的资源整合能力。

（二）步步为营

"步步为营"指的是创业者分多个阶段投入资源，并在每个阶段投入最有限的资源。步步为营策略最突出的表现就是节俭，也就是最大限度地降低资源的使用量和管理成本。但过分强调降低成本，会影响产品和服务质量，甚至会制约企业发展。比如为了求生存和发展，有的创业者不注重环境保护，或者盗用他人的知识产权，甚至以次充好。这样的创业活动尽管短期可能赚取利润，但长期而言，发展潜力有限。所以需要"有原则地保持节俭"。步步为营策略表现为自力更生，减少对外部资源的依赖，目的是降低经营风险，加强对所创事业的控制。很多时候，步步为营不仅是一种最经济的方法，也是创业者在资源受限的情况下寻找实现企业理想目的和目标的途径，更是在有限资源的约束下获取满意收益的方法。习惯于步步为营的创业者会形成一种审慎控制和管理的价值理念，这对创业型企业的成长与向稳健成熟发展期的过渡尤其重要。

（三）发挥资源杠杆效应

杠杆效应是指在资源受到约束的情况下，创业者能够利用关键资源或者利用他人或者其他企业的资源来达成自己创业的目的，用一种资源补足另一种资源，产生更高的复合价值，或者利用一种资源撬动和获得其他资源的一种手段。创业者不可一味地积累资源，应当更擅长于资源互换，进行资源结构更新和调整，积累战略性资源。对创业者来说，容易产生杠杆效应的资源主要包括人力资本和社会资本等非物质资源。

在个体分析层面，社会资本是嵌入、来自并浮现在个体关系网络之中的真实或潜在资源的总和。它有助于个体开展目的性行动，并为个体带来行为优势。外部联系人之间社会交往频繁的创业者所获取的相关商业信息更加丰富，有助于提升创业者对特定商业活动的深入认识和理解，使创业者更容易识别常规商业活动中难以被其他人发现的顾客需求，进而更容易获得财务和物质资源，这正是其杠杆作用所在。

（四）设置合理利益机制

资源通常与利益相关，创业者之所以能够从家庭成员那里获得支持，就因为家庭成员之间不仅是利益相关者，更是利益整体。既然资源与利益相关，创业者在整合资源时，就一定要设计好有助于资源整合的利益机制，借助利益机制把包括潜在的和非直接的资源提供者整合起来，借力发展。因此，整合资源需要关注有利益关系的组织或个人，要尽可能多地找到利益相关者。同时，分析清楚这些组织或个体和自己以及自己想做的事情有利益关系，利益关系越强、越直接，整合到资源的可能性就越大，这是资源整合的基本前提。

三、创业内部资源整合

创业资源整合是指创业者对不同来源、不同层次、不同结构、不同内容的创业资源进行识别与选择、汲取与配置、激活和有机融合，使其具有较强的柔性、条理性、系统性和价值性，并创造出新的资源的一个复杂的动态过程。内部资源整合是企业战略调整的手段，也是企业经营管理的日常工作。

（一）资金管理

资金管理的实质是使新业务由旧业务的收入来支撑，以保障资金来源。在这种资金获取办法下，由于新业务本身不但没有收益，反而必须投入大量的资金而导致"新业务招损"。在此过程中，可能会打击到旧业务员工的积极性，对企业发展不利，特别是当企业从专业化向多元化转变时更是如此。解决这个问题的办法是对新项目使用种子支助资金，采取内部风险投资的方式，或其他有偿使用资金的办法。

（二）人才分配

企业创业的另一个问题是人才支持。当项目处于种子阶段时，主要由少数几个人在运作和管理，一旦进入了孵育发展阶段，就必须有得力的人才来进行规划管理。因此，在新旧项目争夺人才之时，为了使两个项目的发展不受人才问题的影响，企业必须注意在发展过程中培养新的人才，稀释各部门的人才密度，给人才施加压力，也就是俗称的"裁员"。

（三）工作时间分配

企业创业相对首创企业来说，一个大问题是创业者的工作时间和精力难有保障。一般来说，企业内部的创业者既要完成当前的工作，又要进行开发工作，因此，工作时间分配经常顾此失彼。

为了保证员工有充足的时间孵化创新性的想法，组织应该从制度上给他们以保证，同时调整其工作负担，避免对员工各方面施加过多的时间压力，允许他们长时间解决创新问题。如柯达公司的创业者将20%的工作时间用于完善创业设想，如果设想可行，创业者可以离开原岗位。

（四）企业创业的营销资源管理

企业创业的营销资源管理主要是指营销资源的分配和新市场的开拓。企业创业是一种以市场为导向的活动，市场对新产品的接受程度直接关系到创业成败，但开始时新产品在市场中几乎不为人所知，因此，企业必须集中销售资源，致力于新产品的市场开拓。这里也存在新旧项目营销资源竞争的问题。为了解决这个问题，企业必须加大营销投入。

四、创业外部资源整合

创业资源的整合是在创业初期、上升期、稳定期等阶段进行，不同阶段创业具有不同的特点，常见的外部资源整合模式有业务外包、合资、企业并购、联合研发产品、特许经营、资源共享等。

（一）业务外包

所谓业务外包（outsourcing），也称资源外包、资源外置，是指企业基于契约，将一些非核心的、辅助性的功能或业务外包给外部的专业化厂商，利用它们的专长和优势来提高企业的整体效率和竞争力，从而达到降低成本、提高效率、充分发挥自身核心竞争力和增强企业对环境的迅速应变能力的一种管理模式。

案例链接

雨水集团的生产外包

重庆的雨水集团就是利用典型的业务外包这种方式来整合社会资源的。在20世纪90年代公司的发展初期，公司的资源，特别是土地、厂房、生产的机器设备等有形资源欠缺，甚至连办公地点都没有，也没有那么庞大的资金去购买这些资源，拥有的只是一个化妆品的专利技术。在这种情况下，按传统的思维方式，经营根本无法进行。但公司通过采取业务外包的方式，充分利用社会资源解决了这个问题，把生产外包，委托一家制药厂为其生产产品（公司只是付给一点生产的费用），连公司的办公场所都是租用的，但是公司控制了这个价值链中的关键环节——专利和销售。最终，公司的经营得以继续，并蓬勃发展。

根据核心能力观点，企业应集中有限资源强化其核心业务，对于其他非核心职能部门则应实行外购或外包。实施业务外包，企业不仅可以降低经营成本，提高效率，集中资源发挥自己的核心优势，更好地满足客户需求，增强市场竞争力，而且可以充分利用外部资源，弥补自身资源和能力的不足，同时，业务外包还能使企业保持管理与业务的灵活性和多样性。

业务外包的具体形式有生产外包、销售外包、供应外包、人力资源外包、信息技术服务外包及研发外包。业务外包理论强调企业专注于自己的核心能力部分，如果某一业务职能不是市场上最有效率的，并且该业务职能又不是企业的核心能力，那么就应该把它外包给外部效率更高的专业化厂商去做。

（资料来源：根据相关资料整理）

（二）合资

企业通过合资经营的形式将各自不同的资源组合在一起，共同经营，共担风险，实现双方资源和能力的互补，达到共同发展的目的。在下列情况下，合资是一种比较好的策略：①一个企业单独运作时不经济或有风险。②通过集合两个或更多企业的资源和能力能够为一个企业带来更多的资源，使之成为一个强有力的竞争者。③能克服进口份额、关税、国家政治和文化障碍。

（三）企业并购

企业并购也是企业取得外部经营资源、谋求对外发展的策略之一，并购可以获得出让公司经营资源的支配权。企业并购的方式主要有：①整体并购：是指企业以资产为基础，确定并购价格，受让目标公司的全部产权的并购行为。②投资控股并购：是指企业向目标公司投资，将目标公司改组为自己的控股子公司的并购行为。③股权有偿转让：是指企业根据股权协议价格，受让目标公司全部或部分股权，从而获得目标公司控制权的并购行为。④资产置换：是指企业用一定价值的资产，并购等值的优质资产的产权交易行为。另外，从并购的方向上看，有横向并购、纵向并购和混合并购3种。

（四）联合研发产品

在产品技术日益分散化的今天，已经没有哪个企业能够长期拥有生产某种产品的全部最新技术，企业单纯依靠自己的能力已经很难掌握竞争的主动权。为此，大多数企业的对策是尽量采用外部资源，并积极创造条件以实现内外资源的优势相长。

新产品的开发是个复杂的过程，从寻求创意到新产品问世往往需要花费大量的时间，而市场环境的复杂多变又使新产品开发上市的成功率极低。企业间共同开发与提供新产品，可以利用共同的资源进行技术交流，减少人力资源闲置，节省研究开发费用，分散高风险，共同攻克技术难题。

两个企业或者多个企业联合开发一项新的产品，企业各自都可以利用新产品改造现有的产品，提高产品的质量或创新卖点，从而提高市场竞争力。

案例链接

朝柴和江汽联合开发产品

东风朝阳柴油机有限责任公司（简称朝柴）和安徽江淮汽车股份有限公司（简称江汽）是汽车行业里多年的合作伙伴，产销量和社会保有量分别在汽车和发动机行业中一直处于领先地位。

2005年7月1日，国家将全面实施欧Ⅱ标准，江汽适应市场和用户的需求，推出了符合新标准的威铃和帅铃。朝柴也适时推出了适应市场和用户需求的两款新动力发动机4D47和QD32，这两款发动机是朝柴公司全新开发和引进的高品质产品，其中QD32是引进日产柴油机技术，4D47则已经实现凸轮轴顶置，与国内现有发动机相比，在工艺和设计上已经实现了质的变革，使得这两款发动机在性能和技术上有着领跑者的品质风范。

如果江汽的帅铃、威铃装配朝柴的QD32、4D47，这将为用户提供超越其愿望、更能有效带来经济利益的新价值。于是江汽和朝柴联合开发了具有"新标准、新动力、新价值"的全新产品——威铃和帅铃新版轻卡，其中威铃装配朝柴自主研发的4D47发动机，帅铃则装配朝柴引进日产柴技术的QD32发动机。新产品推出后，朝柴和江淮公司在全国10个地区进行联合推广行动，在全国各地震撼登场，被市场认可。

（资料来源：根据相关资料整理）

（五）特许经营

特许经营是指特许经营权拥有者以合同约定的形式，允许被特许经营者有偿使用其名称、商标、专有技术、产品及运作管理经验等从事经营活动的商业经营模式。拥有重要无形资产的一方，撬动了广泛的社会资源，迅速扩大规模，获取额外收益。在酒店业，"如家快捷"是比较成功的特许经营方式。

（六）资源共享

资源共享就是把属于本企业的资源与其他企业共享，其共享方式可以是有偿的，也可以是无偿的。资源共享一方面可以充分利用现有资源提高资源利用率，另一方面可以避免因重复建设、投资和维护造成的浪费，是实现优势互补和高效、低成本目标的重要措施。

任何企业不可能在所有资源类型中都拥有绝对优势，即使同一资源在不同企业中也表现出极强的比较优势，从而构成了企业资源互补融合的基础。特别是已经固化在企业组织内部的某些资源，不可完全流动交易，如营销渠道、市场经验、客户数据库资料等无形资源，不便通过市场交易直接获取。要获取对方的这些独特的资源，必须与之建立合作关系，实现双方的共享和互补。

（七）联合调查

市场调查是整个营销活动的起点，是获取决策信息和决策依据的途径，但市场调查工作量太大、专业性太强、费用太高，而企业联合起来就可以避免以上各种不足。

企业在做这样的调查时，可以寻找同类（目标客户相同）但不同细分市场产品的企业。例如，生产儿童服饰的厂商，可以联合儿童玩具厂商、儿童食品厂商、儿童图书厂商等一起，共同对当地政治环境、法律环境、经济环境、技术环境、文化环境、消费者状况等进行调查。当然，在调查各自行业发展状况、同行对手情况、同类产品情况等项目时，这些企业不能使用完全相同的调查结果，还得区分对待。

如果选择同业竞争对手做联合调查伙伴，则可以使用完全相同的调查问卷，以最大程度地节约调查资源。由于竞争等种种原因，这样的联合调查比较少见。在这种情况下，如果由专业机构或者当地行业协会出面协调，组织同业机构进行联合调查，则参与企业均可共同受益。

除了横向联合以外，企业也可以选择纵向联合进行市场调查。向上，可以和自己的供应商联合调查；向下，可以和自己的经销商、零售商一起进行市场调查。比如大型超市，作为消费型商品的重要销售终端，与它们进行合作，能够帮助企业事半功倍地获取宝贵的市场资料。因为超市POS机记录下来的数据经过分析处理，得到的结果足以让任何厂商心动。通过这些数据分析结果，厂商知道的不仅仅是当期的产品销售量，甚至还能够知道每一种包装规格的产品的销量，达到单品管理的效果。除此之外，数据中还有此类品牌的销售量与其竞争品牌销售量的对比分析，这种最真实可信的数据远比咨询公司的数据结果可靠，而且节省直接调研费用。

如果企业进入一个比较陌生的新市场，例如国内企业进入国际市场之初，最好与当地现成的、专业的、高质量的公司结成合作伙伴，联合对方进行市场调查。否则，由于对当地语言、风土人情、政策法规等情况极为陌生，进行市场调查会很困难。

（八）产品价值包拓宽

要拓宽产品价值包，企业可以给自己的产品寻找一些配套的商品，使整个组合能够提供给消费者一个完整的功能空间，方便消费者使用，从而使自己产品的价值扩大化、完整化。吉列刮胡刀配上永备电池同时销售、雀巢咖啡提倡与三花奶共饮就是比较典型的功能组合。这种组合可以扩大产品的功能空间，方便消费者的操作和使用，提高产品的附加值。

（九）渠道共享

渠道建设是企业市场营销活动中非常重要的一环，也是企业面临的最棘手的问题之一。企业可以在渠道设计、渠道决策、中间商选择、中间商控制、中间商激励、中间商调整等方面相互合作，以强化渠道管理，决胜终端。

渠道是一种资源，异业或同业间渠道的借用与共享，可以将售点和展示点的口径大大拓宽，构筑超越竞争者的优势渠道。通过渠道共享，企业既可以借助共生伙伴的渠道把产品安全、及时、高效、经济地从生产者手中转移到消费者手中，又可以降低渠道建设成本，提高分销效率。

（十）联合品牌

联合品牌策略是一种复合品牌策略，指两个公司的品牌同时出现在同一个产品上。这是一种伴随着市场激烈竞争而出现的新型品牌策略，它体现了公司间的相互合作。品牌联合是一种重要的品牌资产利用方式，对于品牌联合的发起方来说，实施品牌联合的主要动机是希望借助其他品牌所拥有的品牌资产来影响消费者对新产品的态度，进而增加购买意愿，并借以改善本品牌的品牌形象或强化某种品牌特征。联合品牌策略的优点在于它结合了不同公司的优势，可增强产品的竞争力，降低促销费用。

【本章要点】

1. 创业活动是资源高度约束的情况下开展的商业活动，大多数创业者在启动创业活动之初资源都相当匮乏，因此，资源整合和管理能力就必然要成为创业者开展创业活动的必修课程。

2. 创业需要资源。我国大学生创业成功率不高的一个很重要的原因就是掌握的创业资源不足。所以，如何发掘创业资源，并有效利用这些资源就成为推动大学生创业、提高创业成功率的必然要求。

3. 创业资源主要包括人力资源、财务资源、物质资源、技术资源、管理资源、品牌资源、市场资源、政策资源、信息资源等。每种创业资源都有相应的获取途径，熟悉这些途径对能否有效获取创业资源至关重要。

4. 学术界用"Bootstrapping"这一词描述这一过程中创业者利用资源的方法，主要指在缺乏资源的情况下，创业者分多个阶段投入资源，并且在每个阶段或决策点投入最少的资源，所以也可以称为"步步为营"。

5. 优秀的创业者在创业过程中所展现出的卓越的创业技能之一就是创造性地整合资源。创造性地整合资源需要设计出共赢的利益机制，利益机制在各类资源整合中的作用是相近的，包括人力、资金等资源。

6. 能否创业成功和创业者在创业之初能控制多少资源的关系不大。创业者有效利用资源的能力对创业成功的重要性要远胜于其所拥有的创业资源。作为创业者的大学生要熟练掌握各种资源利用的技巧。

7. 企业家精神、创新、潜在成长性是创业者获得外部资源支持的有利因素。

【思考题】

设想一个创业项目，思考并与同学、朋友进行讨论，这个项目需要哪些资源？如何获取这些资源？

案例讨论

借力修建天桥背后的资源撬动逻辑

在天津生活的人都知道国际商场，天津市第一家上市公司。国际商场毗邻南京路，这是一条十分繁忙的主干道，道路对面就是滨江道繁华的商业街。国际商场刚开业时，门前没有过街天桥，行人穿越南京路很不方便，也不安全。建一座过街天桥这是很正常的事情，估计经过的人都会自然而然地想到这一问题。但绝大多数人都认为过街天桥应该由政府建，所以想想、发发牢骚也就算了。

一天，一位年轻人走过这里，他没认为建过街天桥是政府该干的事，而是直接去找政府商量，提出自己出钱建过街天桥，希望得到政府批准，前提是在建好的天桥上挂广告牌。不花钱还让老百姓高兴，再说天桥也不注明谁出资建的，政府觉得不错就同意了。这个年轻人拿到政府的批文，便去找可口可乐这些著名的大公司洽谈广告业务。在这么繁华的街道上立广告牌，当然是件好事情。就这样，这位年轻人从大公司那里拿到了广告的定金，用这笔钱建了天桥后还略有剩余。过街天桥建好了，广告也挂上了，年轻人从大公司那里拿到余款，这就是他的第一桶金。

（资料来源：根据相关材料整理）

思考并讨论：

为了解释创造性地整合外部资源，不妨再来回顾和分析上面这个真实的故事。这是一个"无中生有"的故事，也是一个近似于"空手套白狼"的故事。故事中的主角，一位年轻人，看到了修天桥防止行人横穿马路的客观需求，他没有钱，也自己没花一分钱，却把天桥建了起来。建天桥的钱是大公司出的，为什么大公司愿意出钱，因为要做广告。这位年轻人是怎么把各方面资源撬动起来的呢？

【课堂讨论】

真格基金创始人、新东方联合创始人徐小平曾经说过这样一句话："创业是你人生资源总和的爆发。"你如何理解这句话？以小组为单位进行讨论。

【实践练习】

开展体验式练习"资源整合谈判"，体验资源谈判的过程，如何在谈判中表现出信心，陈述时抓住重点，条理清楚；从资源提供者的角度出发，使其充分了解投资会给投资者带来什么样的好处。同时超越纯粹的财务资源目标，寻找创业早期阶段创业者至关重要但并不明显的非财务资源。

学习目标

1. 掌握商业模式的本质；掌握商业模式画布九大模块，能熟练运用商业模式画布分析商业模式典型案例。
2. 熟悉商业模式的不同类型。
3. 了解现代医药产业典型商业模式案例。

案例导引

改变你在产业链上的位置：卡地纳健康医院

在商业世界高度发达的今天，全心全意为客户服务已经不再是一种竞争的优势，具备优势的应该是如何为客户服务。

卡地纳健康公司成立于1971年，早期的主要业务是食品行业。1979年，公司开始开展药品销售。到了1987年，药品销售业务几乎增加到食品销售业务的两倍。第二年，卡地纳健康公司出售了负责食品销售业务的部门，并在纽约证券交易所上市。从1997年首次进入世界500强以来，卡地纳从最开始的400多名一路上升到2005年的48名，全美第17名。到现在为止，卡地纳健康集团已经成为美国90%的医院药品和营养食品的供应商。这样的非凡成就并非侥幸。

从食品转行做药品分销之后，卡地纳一直在优化与客户之间的角色定位。卡地纳常年做药品分销业务，接触到的医院很多，经年累月，对医院多年的弊端和难题了然于胸。医院是一个技术密集型行业，也是一个劳动密集型行业。如何实现医疗的安全性、有效性和成本节约是医院最为头痛的事情，也是一件不容易做到的事情。

然而医院最棘手的问题却正是卡地纳的长项所在。多年的药品分销经历，卡地纳练就了高效运输、管理和跟踪药品的本领。现在只是把触角稍微延伸一下到医院的药房而已。从20世纪80年代末至今，卡地纳先后收购了经营自动供给和药品销售的Pyxis公司、医院药品管理的Owen健康关怀公司、药品专营权利的国际Shoppe药品公司、药品运输渠道发展及联合生产的R.P Scherer公司和自动化流体包装公司、外科医疗产品生产及销售的Allegiance公司。根据业务需要，卡地纳对它们先升级，再整合，把对医院的配套管理服务作为自己新的业务重点，开始实施业务定位的转型。

不妨从实例中去感受一下。

就拿收购Pyxis公司来说，这是一家制造用于药品管理的自动化机器的小公司。被收购之前，Pyxis已经拥有比较完善的自动化售药管理系统。护士只要把患者的数据输入系统，机器就可以精确给出剂量正好的药品。这个系统还通过指纹识别，保证药品的发放安全可控。但是卡地纳对

Pyxis 有更高的期望。卡地纳通过把它的分销系统与 Pyxis 的信息化系统对接，为客户即医院药房提供更高的价值，并逐渐把触角延伸到对医院的管理上。

Pyxis 系统主要做三件事情：①把药品管理记录转化为病人记录，监控药品使用过程是否安全，收集相关数据作为医生和药剂师的临床数据参考。②把药品需求数据跟卡地纳分销系统对接，使订单、存货管理部分实现自动化，减少药品管理和运营成本。③把药品使用数据跟医院结账系统对接，缩短结账时间，提高精确度。Pyxis 系统使卡地纳获得了新的利润增长点，医院则从药品管理中解放出来，减少了人员成本。卡地纳与医院的黏度更大了，占据了自动售药机市场 90% 的份额。

卡地纳还发展了医疗手术用品的定制分销系统。简单地说，一个手术需要用到纱布、绷带、手套、吸入管等物品。以往的做法是医院批发到仓库，手术前由工作人员挑选后放在盘子里送到手术室，既费时，又易出错。卡地纳改变了这一做法，其在线定制系统可以让外科医生提前模拟手术过程，并定制相关的设备和物品。其中，卡地纳自己的产品只占 1/3。手术当天早上，已定制好的物品会通过卡地纳的分销系统送到医院，按照医用标准打包，并按照手术流程顺序摆放好。医院少了库存，节省了医用人员挑选和医疗用品运输的时间。医生用上了得心应手的工具，不再担心失误。通过定制分销系统，卡地纳在外科医生心中建立了牢不可破的地位。

自动售药机和定制分销系统方便了医院，释放了外科医生和护士，卡地纳因此提高了自身在客户心目中的地位，也实现了核心业务的巨大增长，在分销业务的市场份额，从原来的 4% 提高到 30% 以上。

分销系统还使卡地纳和另外一个客户——上游制药公司联系得更为紧密。通过分销系统，卡地纳收集到了各种药品的销售信息，比如什么产品卖得好、主要在哪些市场热销、使用者都是哪些人。卡地纳把这些信息及时地反馈给制药公司，制药公司就可根据市场需求及时调整策略，更加快速、有效地占领市场，大大缩短了设计、生产、销售周期，大大降低了运营成本。

至此，以卡地纳为中心，向上向下深度延伸，卡地纳及其合作伙伴形成了一条从药品研制、配方、检测、生产、包装到分销、药房管理的产业链。卡地纳作为一个整合型的企业，通过改变自身在产业链中的位置屹立于竞争激烈的保健品批发市场。从以前站在医院和制药公司"面前"的药品分销商，变成了现在站在它们"后面"为其做管理、做药品分销定制、提供销售数据等的支撑"后勤部长"。更值得一提的是，定位改变后需要的关键资源能力（主要是药品分销系统）都是卡地纳原来就具备的。也就是说，同样的资源能力，卡地纳把它用在了刀刃上，实现了资源能力利用效果的最大化，这点恐怕才是卡地纳成功的关键点。

（资料来源：魏炜，朱武祥. 发现商业模式. 北京：机械工业出版社，2020. 有删改）

案例讨论：

1. 商业模式变化后，卡地纳对自己的定位有什么改变。
2. 你认为卡地纳改变商业模式的立足点是什么。
3. 从这个案例中，你得到了什么启示。

第一节 概 述

现代管理学之父彼得·德鲁克说过：当今企业之间的竞争，不是产品之间的竞争，而是商业模式之间的竞争。好的商业模式可以举重若轻，化繁为简，在赢得顾客、吸引投资者和创造利润等方面形成良性循环，使企业经营达到事半功倍的效果。统计表明，全球超过 60% 的成功创新来自商业模式的创新。越来越多的创业者和风险投资者都日益意识到，良好的商业模式会成为创业成功的关键，是企业立足的根本。

一、商业模式的内涵及相关概念区分

（一）商业模式的内涵

1. 商业模式的概念　商业模式这一词汇出现在 20 世纪 50 年代，但直到 20 世纪 90 年代才开始被广泛使用和传播。虽然商业模式这个词的诞生已经超过了半个世纪，而且在移动互联网快速发展的当下，商业模式创新的重要性日益突出，但是对于商业模式的定义依然没有一个权威的版本。不少研究者曾尝试从不同角度进行定义。蒂默尔斯最早在 1998 年的《Business Models for Electronic Markets》中将商业模式定义为产品、服务、信息流的架构，也包括企业获利来源、企业内各成员角色以及其所带来的潜在利益。奥弗尔在 2001 年的《Internet Business Models and Strategies：Text and Cases》中对商业模式给出了更宽泛、更具体的定义。他认为，企业商业模式应该包括企业资源、企业活动、企业成本、产业因素及企业定位。企业活动与其余四项密切相关，反映出企业的财务成本及所拥有的有形和无形资源，也与企业本身所处的产业环境及定位有关。

长期从事商业模式研究和咨询工作的埃森哲公司认为，商业模式至少需要满足两个必要条件：必须是一个整体、有一定结构，而不仅仅是一个单一的组成因素；组成部分之间必须有内在联系，这个内在联系把各个组成部分有机地关联起来，使其互相支持，共同作用，形成一个良性的循环。因此，商业模式实际上是一种包含了一系列要素及其关系的概念性工具，用以阐明某个特定实体的商业逻辑，描述了公司所能为顾客提供的价值，以及公司的内部结构、合作伙伴网络和关系资本等用以实现（创造、营销和交付）这一价值并产生可持续、可营利性收入的要素。按照这个观点，商业模式应具备五个特征：包含诸多要素及其关系；是一个特定公司的商业逻辑；是对顾客价值的描述；是对公司的框架和它的合作伙伴网络及关系资本的描述；能够产生营利性和可持续性的收入流。

上述关于商业模式的定义虽然强调不同的内容，且具有自身的局限性，但仍有不少相通之处。第一，它们都强调企业的盈利能力，即靠什么获取利润；第二，它们都考虑到合作伙伴、客户、员工的效益问题，即如何为多方创造价值，并履行自己的社会责任；第三，它们都承认商业模式是一个集合性的整体概念，容纳了诸多不同的系统，以及这些系统间的关系。因此可以说，商业模式是为持续实现各方利益，创造最大价值，将内外各要素整合起来，有效适应市场需求，达成持续盈利目标而构建的高效运转系统。

2. 商业模式的本质　商业模式以价值创造为核心，描述了一个企业如何创造价值、传递价值和获取价值的基本原则。商业模式本质上是企业为客户创造并传递价值，使客户感受并享受到企业为其创造的价值的系统逻辑，反映的是利益相关者之间的交易关系。因此，在为顾客创造价值、传递价值，并从中捕捉价值的流程中，商业模式的本质是由若干因素构成的一组盈利逻辑关系的链条。它回答了创业的 7 项基本问题（表 7-1）。

表 7-1　创业的 7 项基本问题

序号	基本问题
1	谁是企业的顾客
2	企业能为顾客提供怎样（独特）的价值和服务

续表

序号	基本问题
3	企业的产品与服务应该选择什么时机投入市场
4	企业的产品与服务应该投放在哪部分市场
5	企业的产品与服务为什么能赢得客户
6	企业的产品和服务如何定价，并从中获得利润
7	企业能在多大程度上为顾客提供（独特）价值和服务

上述创业的 7 项基本问题回答了一个企业在何时、何地、为何、如何和在多大程度上为谁提供什么样的产品和服务的问题。随着互联网时代的全面到来，越来越多的蓝海市场被开拓，商业模式的创新已经成为改变人们生活和未来时代的重要力量。把握商业模式的本质问题，有助于创业企业更加精准、全面地梳理自己的商业模式，掌握其中的要点环节，帮助创业者理性思考公司盈利和发展的核心因素，以及各个环节之间的相互关系，从而实现有限资源的最大化利用和公司的可持续健康发展。

（二）商业模式相关概念的区分

1. 商业模式与企业战略　企业战略是对企业各种战略的统称，其中既包括竞争战略，也包括营销战略、发展战略、品牌战略、融资战略、技术开发战略、人才开发战略、资源开发战略等。企业战略是指企业根据环境变化，依据本身资源和实力选择适合的经营领域和产品，形成自己的核心竞争力，并通过差异化在竞争中取胜。

企业战略与商业模式都是创业者在高维度对企业发展的谋篇布局，二者密切联系，又有本质区别。企业战略着重于分析市场，通过制定发展战略打败竞争者，而商业模式是以建立互利共生的商业生态系统为目标；前者仅着眼于企业自身，而后者将视野拓展至企业与利益相关者构成的整个生态系统；前者通过描绘战略地图来实现，具有目的性、动态性、过程性，而后者通过构建生态系统来实现，具有系统性、稳定性和持久性。

2. 商业模式与盈利模式　盈利模式是指按照利益相关者划分的企业的收入结构、成本结构及相应的目标利润，是对企业经营要素进行价值识别和管理，在经营要素中找到盈利机会，即探求企业利润来源、生产过程及产出方式的系统方法。

商业模式不等同于盈利模式。虽然商业模式的目标落脚于盈利，但它背后的逻辑是为多方创造价值，其本身是无关盈利、利润的。换言之，商业模式强调价值驱动，盈利模式则强调利润驱动。例如，如果创业者开的是鲜花店，把原来价值 20 元的鲜花搭配制作成价值 100 元的花束，这一创造价值的过程不仅提升了鲜花的价值，而且为客户带去了美的享受。至于做成花束之后是每束鲜花单独售卖给客户，还是采取会员制，以包月、包年的方式售卖给客户，这才是盈利模式。如今，对于一些获得大量风险投资支撑的新兴企业而言，单纯性的盈利已经不再是创业者的首要考虑，商业模式的发展和完善才是力图推动的重点。滴滴等顺风车平台前期疯狂地烧钱补贴，一方面是为了在出行产品中抢占市场份额，另一方面也是为了打破原有的出租车出行模式，塑造共享经济新的商业模式。

二、商业模式的构成体系

价值是商业模式的核心关键词，国内学者原磊在《商业模式体系重构》中提出了商业模式的"3 - 4 - 8"构成体系，从远、中、近 3 个维度对商业模式进行了全面立体的考察和分析（图 7 -

1）。"4"是构成单元，包括价值主张、价值网络、价值维护、价值实现；"3"是联系四个构成单元的界面，包括顾客价值、伙伴价值、企业价值；"8"是每个构成单元中的组成要素，包括目标顾客、价值内容、网络形态、业务定位、伙伴关系、隔绝机制、收入模式、成本管理。

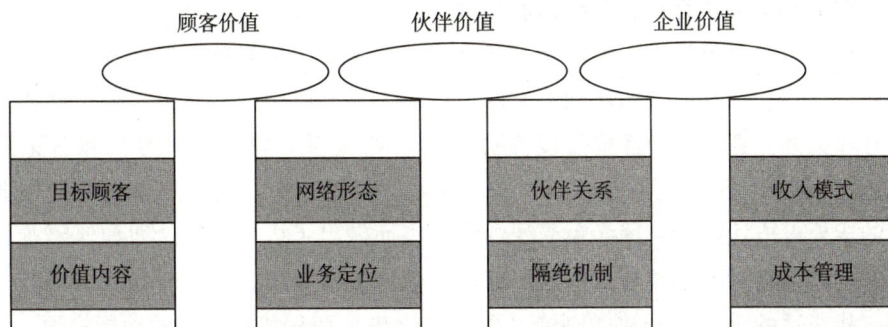

图 7 - 1　商业模式的"3 - 4 - 8"构成体系

[资料来源：原磊. 商业模式体系重构. 中国工业经济，2007（6）：70 - 79.]

（一）商业模式的构成单元与组成要素

1. 价值主张　价值主张是指企业通过价值链上的资源整合，以独特的方式为客户创造的价值。简言之，价值主张就是为客户创造什么样的价值。

价值主张包括目标客户和价值内容。目标客户即创业企业针对的目标客户，它解决的是企业瞄准什么市场传递价值的问题，可以分为防御型顾客、营利型顾客、资产型顾客和增值型顾客。价值内容即创业企业通过提供什么产品或服务为顾客创造价值，它解决的是企业向客户传递什么价值的问题，包含功能价值、体验价值、信息价值和文化价值。

成功商业模式的基础是要有一个非常有影响力的客户价值主张。清晰的、独特的、一致的价值主张是商业模式成功的关键，它能够给客户带来显著的价值。企业在提出自己价值主张的时候，必须充分考虑自身的战略资源与核心能力，并以此为基础，找到一种全新的要素组合和应用方式来实现价值创新。同时，企业还必须通过价值创新，对自身的核心能力和战略资源进行不断地维护、强化和重新培育。

2. 价值网络　价值网络泛指创业企业同其他商业伙伴之间为有效提供和创造价值并实现其商业化而形成的合作关系网络。构建合理的价值网络能够保证企业按照精心设计的价值主张向目标顾客高效率地传递价值内容。

价值网络包括网络形态和业务定位。网络形态是指为实现价值主张所必需的资源组合和能力安排，解决的是企业应当构建何种形态的网络，以使得价值创造活动最有效率的问题，包含产品流形态、收益流形态和信息流形态三种网络形态。业务定位是指对企业在价值网中所从事业务范围的描述，解决的是区分哪些业务应当外包，哪些业务应当由企业自身完成的问题，可以分解为系统分解集成商、专有零件（模块）供应商、通用零件（模块）供应商三种相对独立的功能模块。

随着技术进步和顾客个性化的需求主张，现实中的价值网络变得更为复杂，原有网络参与者除了顾客、供应商、竞争者和互补者之外，还包括其他多种类型的经济主体，如广告商、商业伙伴、联盟企业、中介机构（渠道商、贸易商等各种服务提供商）和政府等。这些不同类型的参与者之间通过特定的方式建立起直接或间接的竞争与合作关系，并互为依存、彼此联动构成了一个复杂的利益共同体，被称为价值网络生态系统。不同的价值网络生态系统构成了不同的价值网络形态。

3. 价值维护　价值维护是创业企业为得到创业伙伴的有力支撑或隔绝竞争者迅速模仿而做的必要维护措施。国内外大量案例表明，许多商业模式的失败都是因为没有建立有效的价值维护，以致价值创造活动无法维持，最终彻底失败。

创业企业进行有效价值维护，通常需要建立伙伴关系和隔绝竞争机制两种。伙伴关系是企业与价值网络合作伙伴在相互信任的基础上，双方或多方在价值创造活动中采取了共担风险、共享利益的长期合作关系。通常分为正式制度安排（如产权关系、契约关系等）和非正式制度安排（如文化习俗、价值观、伦理道德等）两种相对独立的功能模块。隔绝竞争机制是创业企业为企业价值创造的成果、方法及价值网络免受侵蚀和伤害而做出了机制安排，即如何隔绝市场破坏者和模仿者，使价值创造活动不被外来因素所破坏，通常包括封闭式隔绝（如法令限制、市场规模与规模经济、战略适配等）和开放式隔绝（即先占优势）两种相对独立的功能模块。

4. 价值实现　价值实现是指创业企业通过各种收入流来获取财富的途径。一般来说，商业模式以顾客价值创造为起点，以企业价值实现为重点。

创业企业价值实现的具体内容主要包括收入模式和成本管理两个要素。收入模式是创业企业获得收入的方式，即创业企业如何对创造出来的价值进行回收，主要包括收入源（凭什么收费）、收入点（对谁收费）和收入方式（怎样收费）三种相对独立的功能模块。成本管理是创业企业管理成本的方式，创业企业要解决的根本问题是在创造价值的活动中，如何进行成本布局和成本控制，以实现盈利最大化，主要包括成本布局和成本控制两个相对独立的功能模块。

商业模式三个级别的价值子模块见表 7 - 2。

表 7 - 2　商业模式三个级别的价值子模块

单元模块	结构模块	功能模块
价值主张	目标顾客	防御型顾客、营利型顾客、资产型顾客、增值型顾客
	价值内容	功能价值、体验价值、信息价值、文化价值
价值网络	网络形态	产品流形态、收益流形态、信息流形态
	业务定位	系统分解集成商、专有零件（模块）供应商、通用零件（模块）供应商
价值维护	伙伴关系	正式制度安排、非正式制度安排
	隔绝机制	封闭式隔绝、开放式隔绝
价值实现	收入模式	收入源、收入点、收入方式
	成本管理	成本布局、成本控制

［资料来源：原磊. 商业模式体系重构. 中国工业经济，2007（6）：70 - 79.］

（二）商业模式的联系界面

1. 顾客价值　顾客价值是指企业实际提供给顾客的特定利益组合，是通过价值主张和价值网络的协同作用得到的。对于企业来讲，价值网络为价值主张服务，同时企业在提出价值主张的时候，也必须要考虑价值网络的可操作性。

2. 伙伴价值　伙伴价值是指企业实际提供给伙伴的特定利益组合，是通过价值网络和价值维护的协同作用得到的。对于企业来讲，要想维护价值网络的高效运转，必须要与伙伴共同创造和共同分享价值，实现"共赢"。不同形态的价值网络中，伙伴的讨价还价能力不同，因此伙伴价值的高低同时取决于价值网络和价值维护两方面的作用。

3. 企业价值　企业价值是指企业实现的最终赢利，是通过价值维护和价值实现的共同作用得到的。对于企业来讲，利润水平的高低既取决于自身，也取决于伙伴和竞争对手的情况，因此要想获得较高的利润水平，必须要同时注意好两个方面。商业模式的核心功能在于创造价值和获取价值。

上述体系构成的逻辑链条，解释了商业模式创造价值、实现持续盈利的因果关系。企业不仅为顾客创造价值，还为股东、合作伙伴等其他利益相关者创造价值，最终完成整体企业价值的实现。

第二节　商业模式设计

"今天的商场上已经没有什么秘密了，秘密不是你的核心竞争力，团队和商业模式才是你的核心竞争力。"

——阿里巴巴创始人　马云

商业模式是创新者的舞台，商业模式的创新比产品或技术的创新更能够带来更大价值的变化。互联网等信息技术的迅猛发展使信息交流越来越便捷，资源可以在全球范围内迅速实现跨行业的重组，由此带来的行业边界模糊和资源链接成本的降低让众多企业有机会通过重新设计商业模式来塑造新的竞争优势。对于面临"新进入者缺陷"的新创企业来说，打破行业原有的价值创造与获取方式、设计新颖的商业模式成为其进入行业并塑造行业优势的重要途径。因此，设计商业模式是创业者面临的最大挑战之一。本节将梳理商业模式设计的基本逻辑，并详解商业模式设计工具——商业画布。

一、商业模式设计逻辑

商业模式是以价值创造为核心的，如果一个企业的价值内涵不明晰，则无法向客户和合作伙伴传递准确的价值内涵，也就无法从客户处获取价值，也就无法建立合理的商业模式。因此，价值发现、价值匹配和价值创造是建立有效商业模式的一个最基本逻辑。

（一）价值发现：明确价值创造的来源

价值发现是价值创造的来源。通过可行性分析，创业者所认定的创新性产品和技术只是创业的手段，最终赢利与否取决于是否拥有顾客。创业者在对创新性产品和服务识别的基础上，进一步明确和细化顾客价值所在，确定价值主张是商业模式开发的关键。因此，价值发现是建立在对客户精准分析上的关注客户、思维创新、合作共赢、资源整合等一系列理念的应用，其主要立足于发现市场需求，深入分析企业的价值链环境和客户需求，判定企业的利润区分布和市场容量，分析产品服务的市场价值。

创新是要为客户创造出"新"的价值，把未满足的需求或潜在的需求，转化为机会并创造出新的客户满意度。不能真正为客户带来价值的创业活动注定会失败。1991年，摩托罗拉为开发卫星电话成立了独立的铱星公司，它生产的卫星电话叫铱星手机，价格是3000美元，每分钟通话费3~8美元，目标市场定位于传统网络无法覆盖地区的人士，如国际商务旅行者、边远地区的建筑工人、海员、世界各地的军队和近海石油钻塔的工作人员等。但是直到1999年7月，铱星卫星手机的用户也仅有两万个，远远达不到贷款合约的要求。铱星公司不得不在1999年8月申请破产。

客户需求的空间是无限的，企业必须持续不断地发现市场需求，适时调整并设计商业模式，抓住并掌握企业发展时机和机遇。

（二）价值匹配：明确合作伙伴，实现价值创造

客户价值主张和企业价值主张如果没有相应的资源（客户资源、产品渠道）与企业内生能力作为支撑，是很难形成商业模式的，尤其难以实现持续赢利的结果。一般来说，新创企业满足顾客需要的资源和能力相对有限，亲自去打造和构建满足客户需求的所有能力也常常面临着很大的成本壁垒和不确定性风险。因此，为了在机会窗口内取得先发优势，并最大限度地控制机会开发的风险，几乎所有的新企业都要与其他企业形成合作关系，以使其商业模式有效运作。

携程旅行网现已发展成为中国最大的集宾馆预订、机票预订、度假产品预订、旅游信息查询及特约商户服务为一体的综合性旅行服务网络公司，是目前中国最大的宾馆分销商，为中国旅游行业的发展开辟了新的思路。然而，携程不是经销商，而是信息服务供给商，所提供的信息中介服务，一方面使全国的旅行者能及时找到所需要的酒店，并获得最低的客房价格；另一方面又能使遍布全国各地的宾馆、酒店提高入住率，获得应有的消费者，携程公司由此获得了巨大的经济效益。携程的商业模式就是牢牢把握价值匹配的原则，实现客户和企业的双重价值创造。

（三）价值获取：制定竞争策略，占有创新价值

价值获取是价值创造的目的，即创业企业在给目标客户创造并传递价值的同时，以怎样的方式方法和途径来使企业获取价值。价值获取是新企业能够生存下来并获取竞争优势的关键，也是有效商业模式设计的核心逻辑之一。传统纸媒商业模式的三次转型，事实上就是纸媒行业价值获取方式的转型。发行量超过50万份的《潇湘晨报》，第一次售卖的是产品，即报纸，一份报纸的生产成本至少1元，但报纸定价却只有0.5元。这虽然是亏损的，但通过低价获得了50万的读者。第二次售卖的是50万读者的注意力，从广告业主处获得更多的广告收入，这是支持企业赢利的主要来源。第三次售卖的是《潇湘晨报》的影响力，将其影响力转换到办车展、房展，获得超额的增值业务收入。

许多创业企业是新产品或服务的开拓者，但却不是创新价值的占有者。这种现象发生的根本原因在于这些企业忽视了对创新价值的获取。因此，对于新创企业来说，收入源（凭什么收费）、收入点（对谁收费）和收入方式（怎样收费）是企业获取价值必须考虑的。

总体来说，价值发现、价值匹配和价值获取是商业模式有效设计的三个逻辑性原则，在商业模式创新设计过程中，每一项思考都不能忽略。新企业只有认真遵循了这些原则，才能真正开发出同时为顾客、企业及合作伙伴创造经济价值的有效商业模式。

二、商业模式画布

（一）商业模式画布的概念

商业模式画布是亚历山大·奥斯特瓦德和伊夫·皮尼厄在《商业模式新生代》中推出的一款经典商业模式设计工具。它是一套用来描述商业模式、可视化商业模式、评估商业模式及改变商业模式的通用设计工具，包括客户细分、价值主张、渠道通路、客户关系、收入来源、核心资源、关键业务、重要合作、成本结构等九大模块（图7-2）。

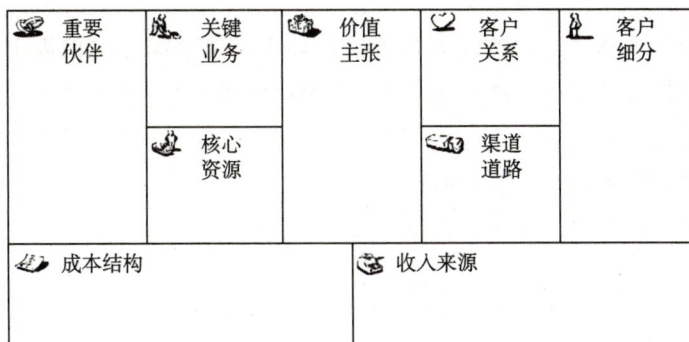

图 7 - 2　商业模式画布

　　整体来说，商业模式画布回答了为谁提供、提供什么、如何提供和如何盈利四方面的商业问题，具有完整性、相互性、可视化的特点（图 7 -3）。

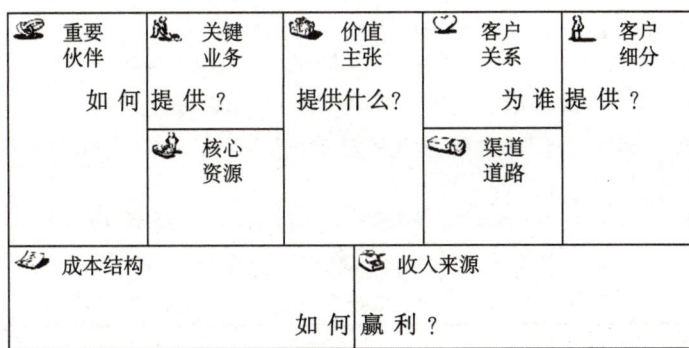

图 7 - 3　商业模式画布的四大问题

（资料来源：李家华. 创业基础 . 2 版. 北京：清华大学出版社，2015.）

（二）商业画布模块

　　1. 客户细分　客户细分描述的是一家企业想要获得的和期望服务的不同的目标人群和机构。解决的是在为谁创造价值、谁才是最重要的客户的问题。一个商业模式可以服务于一个或多个客户群体，但是一个企业需要谨慎选择其服务的客户群体，并根据客户群体的个性化需求设计相应的商业模式。客户细分的依据有很多，比如性别、年龄、地域、收入层次等，这些依据可以是单一的也可以是组合的，比如"30 ~ 50 岁中高收入女性"（表 7 - 3）。

表 7 - 3　不同市场类型客户细分的依据

序号	市场类型	客户细分依据
1	大众市场	价值主张、渠道通路和客户关系会聚焦在有基本相同的问题和需求的一个大范围的客户群体中，一般集中在消费电子行业
2	利基市场	价值主张、渠道通路和客户关系以迎合特定客户细分群体为目标，专为特定需求定制，常见于"供应商 - 采购商"的关系中
3	区隔化市场	顾客的需求略有不同，细分市场的区隔略有不同，为客户提供的服务业因而不同，比如 VIP 会员和普通会员
4	多元化市场	业务较为多元的企业，其客户需求和细分也会不同，比如亚马逊公司的在线存储空间业务和按需服务器使用业务
5	多边平台或多边市场	客户细分群体较多，并且相互依存，如当前许多自媒体平台，既需要庞大的粉丝群体来吸引广告商家，也需要广告商家为平台生产的内容买单

2. 价值主张 价值主张就是为特定客户细分群体提供能够满足他们需求或者解决其问题的产品或服务。价值主张是赢得顾客的核心要素，在商业模式中处于中心地位。提出价值主张，创业者需要回答以下问题。

（1）我们该向客户传递什么样的价值？

（2）我们正在帮助客户解决哪一类难题？

（3）我们正在满足哪些客户需求？

（4）我们正在提供给客户细分群体哪些系列的产品和服务？

每一个价值主张就是一个产品和（或）服务的组合。价值主张可以是创新性的，并带来一种新的或革命性的产品或服务，也可以是与既有的产品或服务相似，但增添了新的特点和属性（表7-4）。

表7-4 价值主张的影响要素

序号	影响因素	关系
1	价格	以更低、更实惠的价格提供同质化的价值以满足价格敏感客户群体，以迅速打开市场知名度
2	可达性	为尚未被开发的客户提供产品和服务也可以创造价值
3	便利性	为客户提供更加便捷、更易操作的产品和服务，已经成为互联网时代越来越多产品和服务的价值主张
4	设计	设计是价值主张的重要参考要素，优秀的设计可以令产品脱颖而出
5	客户体验	给客户更舒适、更贴心和人性化的体验，从而创造出价值
6	风险控制	降低或把控客户购买产品或服务时的风险，也可以创造价值

3. 渠道通路 渠道通路描述的是一家企业如何同它的客户群体达成沟通并建立联系，以便向对方传递自身的价值主张。渠道通路并非单单指销售渠道，还包括接触客户的渠道、与客户沟通的渠道、让客户了解价值主张的渠道等。因此，在建立渠道通路的时候，创业者需要了解以下情况。

（1）通过哪些渠道可以接触我们的客户细分群体？

（2）我们现在如何接触他们？我们的渠道如何整合？

（3）哪些渠道最有效？哪些渠道成本效益最好？

（4）如何把我们的渠道与客户的例行程序进行整合？

渠道分为直接渠道和间接渠道，或自有渠道和合作方渠道。自有渠道可以是直接的也可以是间接的；合作方渠道是间接的。使用合作方渠道会导致利润降低，但这些渠道可以帮助一个组织扩张客户的范围，并且从合作方的强项中获益。自有渠道尤其是直接的自有渠道利润较高，但渠道本身的建立和运营成本也会很高。创业者建立渠道通路的难点在于整合各种类型的渠道，并找到最佳平衡，以创造最佳的客户体验和最大化的收益。每一个渠道都可以划分成五个相互独立的阶段（表7-5）。

表7-5 渠道通路的类型与阶段

渠道类型			渠道阶段				
自有渠道	直接渠道	销售人员	1. 知名度 如何扩大公司产品和服务的知名度	2. 评价 如何帮助客户评价我们的价值主张	3. 购买 客户如何购买到我们的某项产品和服务	4. 传递 我们如何向客户传递我们的价值主张	5. 售后 如何向客户提供售后支持
		网络销售					
合作方渠道	间接渠道	自有商铺					
		合作方商铺					
		批发商					

4. 客户关系 客户关系是讲述企业与特定客户细分群体建立的关系类型。客户关系是商业模式中的重要一环，由商业模式决定的客户关系将对整体的客户体验产生深刻的影响，不同的价值主张和客户细分对客户关系有不同的要求。企业需要建立什么样的客户关系，创业者需要回答如下问题。

（1）每个客户细分群体希望我们与之建立和保持何种关系？

（2）哪些关系我们已经建立了？

（3）这些关系成本高低状况如何？

（4）如何把他们与商业模式的其余部分进行整合？

一般来说，客户关系类型分为私人服务、专属私人服务、自主服务、自动化服务、社区和共同创作6种类型（表7-6）。

表7-6 客户关系类型

序号	类型	内容
1	私人服务	基于人际互动的客户关系
2	专属私人服务	为每一个客户指定一个固定的客户经理，并建立起关系最深、最亲密的关系类型
3	自助服务	为客户提供自助服务所必需的所有条件，与客户不直接接触
4	自动化服务	整合更加精细的自动化过程，为客户提供自助服务
5	社区	利用社区与客户或潜在客户建立更为深入的联系，促进社区成员间互动
6	共同创作	与客户一起创造价值，超越传统的客户与供应商间的关系

5. 收入来源 收入来源是企业从每一个客户群体获得的现金收益（扣除成本）。企业可以有多个收入来源，收入来源的组成和多少与客户细分和渠道通路有直接的关系。一个商业模式可能包含的收益来源分为两种不同类型：一是交易收入，由客户一次性支付产生；一是因向客户传递了新的价值主张或提供了售后支持而带来的客户持续支付。如何获取收入来源，大学生创业者需要重点思考关注以下问题。

（1）什么样的价值能让顾客愿意付费？

（2）顾客现在付费买什么？

（3）顾客如何支付费用的？

（4）顾客更愿意采用什么方式支付？

（5）现有的每个收入来源占总收入的比例是多少？

创业企业的7种收入来源见表7-7。

表7-7 创业企业的7种收入来源

序号	类型	内容
1	资产销售	销售实物产品的所有权，如房屋、图书、生活用品等
2	使用收费	通过提供特定的服务收费，为客户提供的服务越多，收费越多
3	订阅收费	通过提供连续的或重复使用的服务收费，如订阅服务、会员卡服务等
4	租赁收费	将某一特定资产在某一个时期专门供给某人使用收取的费用。出租者获取的是持续性收入，租赁者只需要承担一个限定时间内的费用
5	授权收费	知识产权授权使用收费，常见于传媒行业和专利授权等
6	经济收费	提供中介服务收取佣金，如各种中介服务和网络平台
7	广告收费	为特定产品、服务或品牌提供广告宣传服务获得的收入

6. 核心资源 核心资源是保障一个商业模式顺利运行所需要的最重要的资源，这些资源使得企业得以创造并提供价值主张，获得市场，保持与某个客户群体的客户关系并获得收益。不同类型的商业模式需要不同的核心资源，可以是实体资源、金融资源、知识性资源或人力资源。核心资源可以是自有的，也可以通过租赁获得，或者从重要的合作伙伴处获得。获取核心资源，大学生创业者需要明确以下几点。

（1）我们的价值主张需要什么样的核心资源？

（2）我们的渠道通路需要什么样的核心资源？

（3）客观关系的维系需要什么样的核心资源？

（4）收入来源需要什么样的核心资源？

核心资源的类别见表7-8。

表7-8 核心资源的类别

序号	类型	内容
1	实体资产	主要包括生产设施、不动产、系统、销售网点等实体资产
2	知识性资产	以知识产权为主要代表的知识性资产，如商标品牌、专利和版权顾客数据库等
3	人力资源	在知识密集型产业和创意产业等企业发展中，人力资源是至关重要的
4	金融资产	金融资源或财务担保，如现金、信贷额度或股票期权值

7. 关键业务 关键业务是为了确保商业模式的可行，企业必须做的最重要的事情。大学生创业者必须思考：为了保证价值主张、渠道通路、客户关系和收入来源环节顺利进行，需要哪些关键业务？创业企业的关键业务主要有制造产品、搭建平台或网络、提供解决方案三种（表7-9）。

表7-9 创业企业的3种关键业务

序号	类型	解释
1	制造产品	设计、制造满足客户需求的产品是企业商业模式的核心
2	平台/网络	平台管理、服务提供和平台推广是以平台为核心资源的商业模式的关键业务
3	解决方案	为顾客提供新的解决方案，并为客户提供知识管理和持续培训

8. 重要合作 重要合作是指让商业模式有效运作所需的供应商与合作伙伴的网络。企业内外部的合作很多，但需要特别关注的是对商业模式成败起着决定作用的合作，如果是"少了它就寸步难行"而不是"少了他无所谓"，那么这无疑就是重要合作。企业可以通过建立联盟来优化自身的商业模式，降低风险或者获得资源。

一般来说，重要合作可以分为战略联盟关系、战略合作关系、合资关系、供应商关系4种类型（表7-10）。

表7-10 重要合作的4种类型

序号	类型	解释
1	战略联盟关系	与关联度很大的不同行业企业进行合作，属于一种非竞争关系
2	战略合作关系	为了对抗更强大的对手，两家本为竞争关系的同行业企业联合建立的关系
3	合资关系	需要借助其他企业进入新领域，一般是为开发新业务而构建的关系
4	供应商关系	与稳定可靠的供应商建立的重要合作关系

9. 成本结构　成本结构是指商业模式运转所引发的所有成本的构成比例，是产品或服务成本中各项费用（如人力资源、原材料、土地、设备、信息、通路、技术、能源、资金、关系维护、管理培训等）所占的比例或各项成本项目占总成本的比重。

大学生创业者需要思考以下问题。

（1）什么是我们商业模式中最重要的固有成本？

（2）哪些核心资源花费最多？

（3）哪些关键业务花费最多？

成本最小化是每一个商业模式的追求，但低成本结构在某些商业模式中会显得尤为重要。因此，可以将商业模式的成本结构分为成本导向型和价值导向型两种（表7-11）。

表7-11　成本结构的两种类型

序号	类型	解释
1	成本导向	聚焦于最大限度地将成本最小化，创造和维持最经济的成本结构，采用低价的价值主张，最大限度自动化和广泛外包。例如，廉价航空
2	价值导向	专注于创造价值，增值型的价值主张和高度个性化服务通常是价值驱动型商业模式为特征。例如，豪华酒店

以上九个模块是构建商业模式需要回答的基本问题。商业模式是创新者的舞台，商业模式的构建是创业者面临的最大挑战之一。一个好的商业模式必然是创新的商业模式，商业模式的创新也是创业者能力的最好体现。大学生创业者需要在实践中不断验证和调整，直到寻求到可以让企业持续发展的商业模式。

第三节　商业模式类型

商业模式是一个整体而系统的综合性概念，上文所讲的九个模块之间都具有密切的内在联系，彼此有机关联，相互支持，协同作用，最终形成了一套良性的流程。由于商业模式涉及众多不同类型、不同行业的企业，因此商业模式很难进行一种统一的分类。但是我们依然可以按照组成要素及其关系的相似性和不同点，将有着相似特征、相似商业模式模块设置或相似商业行为方式的商业模式进行归类。2010年出版的《商业模式新生代》中，亚历山大·奥斯特瓦德按照组成要素及其关系的相似性和不同点，将商业模式分为5种类型。

一、分拆式商业模式

分拆式商业模式是一种将创业企业基本业务拆分为客户关系管理、新产品研发及基础设施管理3种不同类型的商业模式。每种类型的业务有着不同的经济、竞争和文化规则，它们可能共存于同一家企业中，但在理想的情况下，这3种业务类型应该分拆成相互独立的实体，以避免产生冲突或不必要的消长（表7-12）。

表7-12　三类分拆式商业模式的特点

项目	客户关系管理型	产品创新型	基础设施管理型
经济驱动因素	获客成本较高，要求从每个客户手中都获得高份额收益，因此获客的范围是关键	先发优势，早期进入市场可以获得高溢价和大量市场份额，速度是关键	固定成本高，要求必须通过规模量产降低单位成本，规模经济是关键

续表

项目	客户关系管理型	产品创新型	基础设施管理型
竞争驱动因素	竞争关系通常针对获客范围，少量龙头企业统领市场	竞争关系通常是针对人才而起，进入门槛较低，小公司积极活跃	针对规模而竞争，市场迅速固化，大公司统领市场
文化驱动因素	高度服务导向，用户至上心态	以员工为中心，鼓励创新型人才	关注成本，强调标准化、可预测性和生产效率

以新产品研发为主要商业模式的企业，关键业务和价值主张聚焦于研发业务，以推出新的产品和服务到市场上。这一模式中的一切重要伙伴关系都围绕理解和服务客户，建立强有力的客户关系而产生，创新人才是其核心资源，对创新人才的争夺使得其成本居高不下，也使得其产品具备高溢价收费的可能。新产品研发型商业模式画布特点见图7-4。

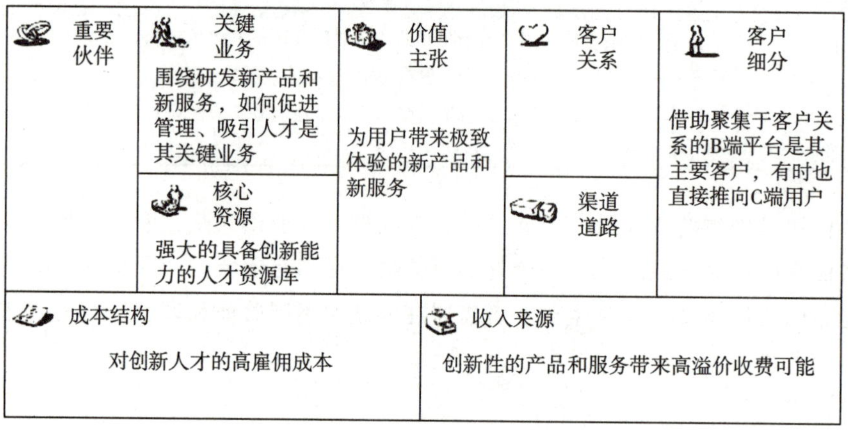

图7-4　新产品研发型商业模式画布特点

以客户关系管理为主要商业模式的企业，以高度服务导向、提供强价值体验为价值主张，其关键业务聚焦于新产品开发和老客户维护，以为其提供产品、服务创新及基础设施合作伙伴为重要伙伴，基础客户以及逐渐加入的新用户是其核心资源，获客成本较高，以宽范围的产品，从客户手中获取大的收入份额。客户关系管理型商业模式画布特点见图7-5。

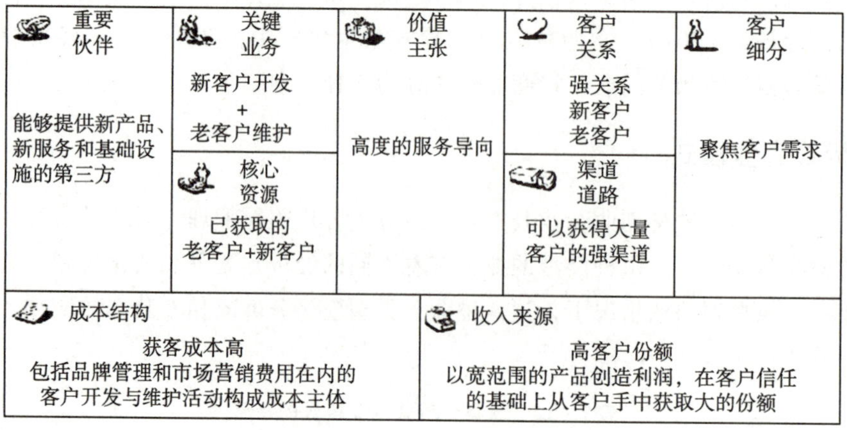

图7-5　客户关系管理型商业模式画布特点

以基础设施管理为主要商业模式的企业，以提供基础设施及相关服务为价值主张，企业关键业务专注于提供基础设施服务，其特点是高固定成本，以规模和产量来摊薄单位成本，利润多具有低溢价特点，收入来源于薄利多销。基础设施管理型商业模式画布特点如图7-6。

重要 伙伴	关键 业务 企业业务及产出专注 于提供基础设施开发 及维护 核心 资源 大规模 高量产	价值 主张	客户 关系 渠道 道路	客户 细分 客户集中于B端
成本结构 高固定成本，以规模和量产摊薄单位成本			收入来源 产品低溢价，薄利多销	

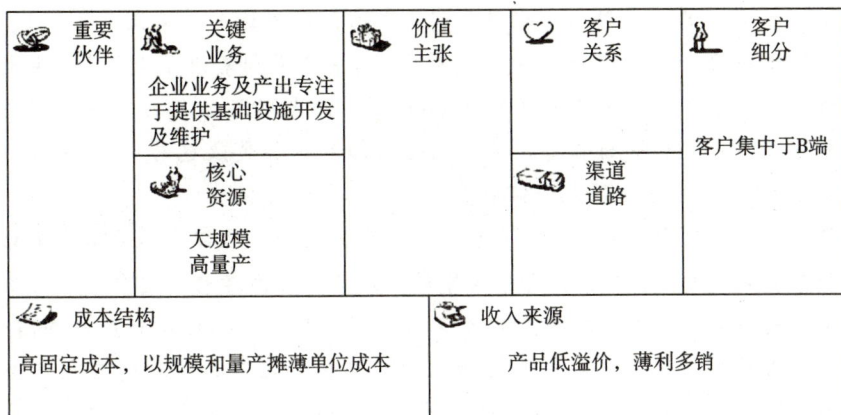

图 7-6　基础设施管理型商业模式画布特点

分拆式商业模式往往能使创业企业运营得更好：一些部门在拆分前依赖其他部门的营收，但在拆分后由于盈亏自负而激发了自己的生存意志；一些业务在拆分前可能只提供服务给公司内部，但拆分后通常可以面对整个市场；不同部门在拆分前可能会互抢资源、互扯后腿，但拆分后能更专注于发展自己的核心业务。传统的移动通信企业针对网络质量展开竞争，而现在却与竞争对手达成网络共享协议，或者将网络运营业务外包给设备生产厂家，因为对于移动通信企业来说，其核心资产已经不再是网络本身，而是其品牌和客户关系。对于小企业来说，分拆式商业模式并非必由之路，因为过小的规模将无可拆分，而且还可能因此面临成本增加和经营复杂的风险，企业组织架构是阶段性改变，而非一蹴而就的。

二、长尾式商业模式

长尾式商业模式是一种多样少量地销售公司产品的商业模式。它致力于提供相当多类别的小众产品，其中每一种的卖出量相对较少，但将这些小众产品的销售汇总，所得收入也像传统模式销售所得一样可观。长尾式商业模式不同于传统模式下以销售少数的明星产品，负担起绝大部分的收益，它要求低库存成本和强大的平台支撑，以保证小众商品能够及时被感兴趣的买家获得。

长尾式商业模式的出现和成功的前提很大程度上依赖于互联网时代的信息和网络背景，互联网和信息技术的发展使得生产工具和销售渠道得到普及，链接供需双方的搜寻成本降低。以品类齐全、薄利多销著称的浙江义乌小商品销售模式正是长尾式商业模式的体现。在各类内容平台上，持续的内容产出和曝光之下，一些中小网红与精准粉丝保持着强关联，最终通过电商变现，完成成功的低成本创业。

案例链接

lulu. com 图书出版模式

传统的图书出版模式建立在对以往读者阅读经验选择的基础上，出版商们最感兴趣的是那些印刷后针对广大读者可以热卖的图书——畅销书。因此，作者通常要倾尽心力，既要获得出版社和编辑的信任，又要取悦读者，这样才能有获得出版的机会。与此相反，希望不大的作者及其作品将会被拒之门外，因为编辑、设计、印刷、推广卖得不好的图书可能无利可图。Lulu. com 将传统以畅销书为中心的出版模式转变为提供让每个人都能出版作品的服务。它通过为作者提供清样、出版和在线商场分销作品的工具，消除了传统模式的高进入门槛。

实际上，Lulu.com 吸引的作者越多，就越有可能成功，因为这些作者同时也会成为消费者。简单地说，Lulu.com 是一个多边的平台，通过用户自主生成利基内容所形成的长尾来连接和服务作者和读者。成千上万的作者都在使用 Lulu.com 的自助服务工具出版和销售自己的书籍，也可以根据实际订单来印刷书籍。特定主题的作品销售失败也与 Lulu.com 无关，因为这样的失败并不会给 Lulu.com 带来任何成本——边际成本为 0。

长尾式商业模式聚焦于大量小众客户和小众内容提供者，通常依赖互联网来维护其与小众客户或小众内容提供者客户关系，并搭建服务于用户和生产者的多边平台。其价值主张的特点是提供宽范围的热销产品。这些产品可以与热销品共存，也可以与用户共同创造产品，并促进产品的二次开发。多边平台的开发和维护，以及小众产品的获得与生产是其核心资源。小众产品的提供者是这个模式的重要合作伙伴，其收入来源比较多，诸如广告、产品销售或订阅费等。长尾式商业模式画布特点如图 7-7。

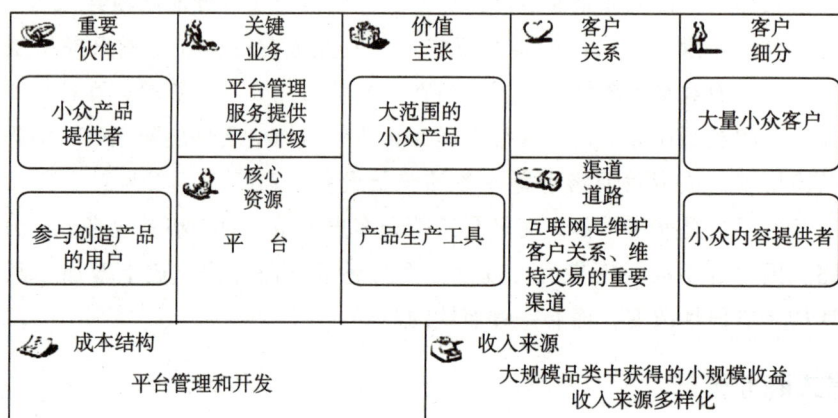

重要伙伴	关键业务	价值主张	客户关系	客户细分
小众产品提供者 参与创造产品的用户	平台管理服务提供平台升级 **核心资源** 平台	大范围的小众产品 产品生产工具	互联网是维护客户关系、维持交易的重要渠道（**渠道道路**）	大量小众客户 小众内容提供者
成本结构 平台管理和开发			**收入来源** 大规模品类中获得的小规模收益 收入来源多样化	

图 7-7　长尾式商业模式画布特点

三、多边平台商业模式

多边平台商业模式是一种将两个或更多独立但相互依存的客户群体连接在一起的商业模式。这类商业模式的关键在于平台中具有相同业务连接的不同客户群体的存在，企业通过充当链接这些群体的平台而创造价值。一个多边平台的价值提升在它所吸引的用户数量的增加。采用该模式的企业通常有以下特点：有两个或更多的客户细分群体，每一个都有各自的价值主张和各自的收益流；这些客户群体之间相互依存，哪一个也无法独立存在。

多边平台的运营者需要关注的问题是：企业能否为平台各个"边"的群体吸引到足够数量的用户？哪一部分群体对价格更敏感？是否可以通过对该群体施以补贴吸引到他们？另一部分群体的加入创造的收益是否足以覆盖补贴成本？

多边平台作为商业模式的企业有着特殊的结构，它们有两个或更多的客户细分群体，每一个都有各自的价值主张和各自的收益流，而且这些客户群体之间相互依存，哪一个都无法独立存在。所以如果需要以特定的价值主张创造价值，必须吸引用户群体，将客户群体进行精准配对，并通过平台提供的交易渠道降低交易成本。这种商业模式的核心资源就是平台，其关键业务也与平台管理、平台升级和平台能提供的服务有关。其成本主要来自平台的维护和开发，每个客户群体都会产生一个收益流，一个或更多的客户群体可能享受免费服务，或者享受来自另一个客户群体的收益流产生的折价补贴。因此，选择对的客户群体作为补贴对象是一个关键的定价策略，这决定着该多边平台的商业模式是否能够成功。多边平台商业模式画布特点如图 7-8。

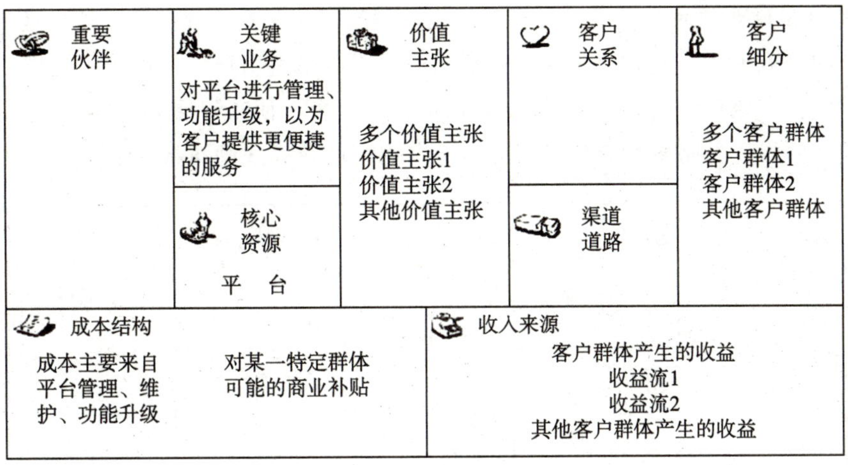

重要伙伴	关键业务 对平台进行管理、功能升级，以为客户提供更便捷的服务	价值主张 多个价值主张 价值主张1 价值主张2 其他价值主张	客户关系	客户细分 多个客户群体 客户群体1 客户群体2 其他客户群体
	核心资源 平　台		渠道道路	
成本结构 成本主要来自平台管理、维护、功能升级	对某一特定群体可能的商业补贴		收入来源 客户群体产生的收益 收益流1 收益流2 其他客户群体产生的收益	

图7-8　多边平台商业模式画布特点

在商业模式创新迭代的互联网时代，多边平台商业模式几乎集结了21世纪以来规模最大、成长最快的企业：淘宝联结了买家和卖家，让天下没有难做的生意；携程联结了驴友和酒店、景区、航空公司等，让旅游出行更便捷。由此可见，成功的多边平台通过降低搜索成本或交易成本，为参与的不同客户群体创造了巨大价值，从而能在各自的行业中占据优越位置，其他行业参与者在很大程度上也会围绕和依赖多边平台企业而发展。

四、免费式商业模式

免费式商业模式是指在一种商业模式中，因为有来自其他付费的客户群体的财务支持，使得至少有一个关键的客户群体可以持续免费地享受服务。它的本质是交叉补贴，即资金在不同的产品之间、人与人之间、现在与未来之间、货币与非货币市场之间转移，享受免费服务的客户群体的数量是该模式得以成功的关键。无论在互联网虚拟经济还是线下实体经济中，免费式商业模式都占有极其重要的地位。

免费式商业模式的运用极为灵活，它常常与其他模式结合并衍生出免费增值模式、免费内容模式和诱钓模式等更多新的商业模式。

（1）免费增值商业模式　例如，百度文库采用免费增值模式，即为多数用户提供免费的内容阅读服务，但对于小部分有下载需求的用户提供收费的升级服务。在该模式中，平台是免费增值模式最重要的资产，因为它使得免费的基础服务以低边际成本实现，免费用户向增值用户的转化率是衡量该模式成功与否的重要指标。免费增值商业模式画布特点如图7-9。

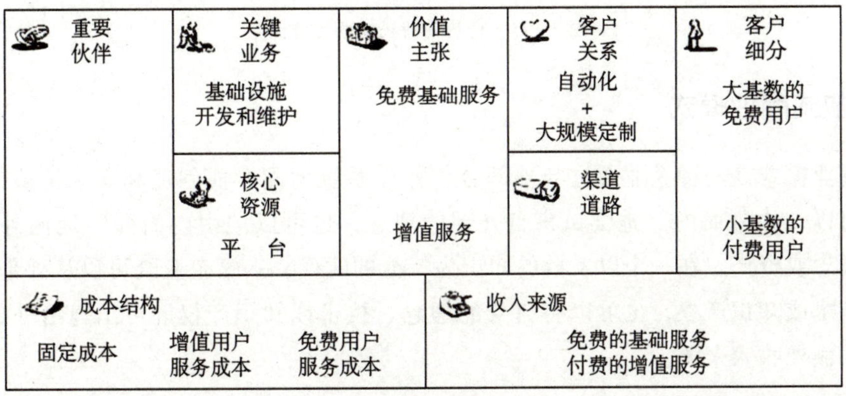

重要伙伴	关键业务 基础设施开发和维护	价值主张 免费基础服务	客户关系 自动化 + 大规模定制	客户细分 大基数的免费用户
	核心资源 平　台	增值服务	渠道道路	小基数的付费用户
成本结构 固定成本	增值用户服务成本　免费用户服务成本		收入来源 免费的基础服务 付费的增值服务	

图7-9　免费增值商业模式画布特点

（2）**免费内容商业模式** 腾讯、爱奇艺等视频网站采用免费内容模式，这也是一种基于多边平台商业模式的表现形式。网站一边通过免费的视频资源吸引用户，一边将用户作为流量售卖给广告商获得营收。在该模式中，好的产品或服务及高流量，使得平台对广告商的吸引力大大增强，广告收费转而得以补贴免费产品及服务。免费内容商业模式画布特点如图7-10。

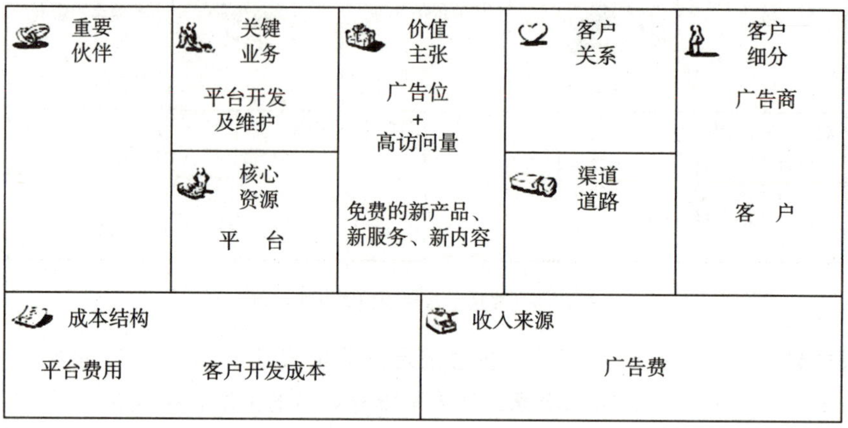

图7-10 免费内容商业模式画布特点

（3）**诱钓商业模式** 中国联通等通信服务商常常采用诱钓模式，即通过初始的免费送手机，吸引消费者对手机服务的持续消费。这种模式的特点就是初始提供的产品与后续产品或服务之间的紧密连接或锁定关系。消费者被当下低价或免费的初始产品或服务带来的即时满足所吸引，并持续购买陷阱式产品或服务。诱钓商业模式画布特点如图7-11。

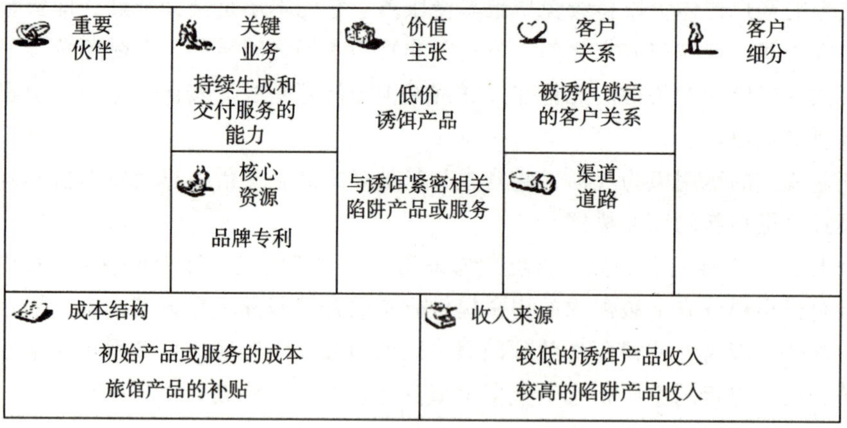

图7-11 诱钓商业模式画布特点

五、开放式商业模式

开放式商业模式是一种企业通过与外部合作伙伴系统地配合而创造和获取价值的商业模式。创业企业既可以"由外而内"地尝试来自外部的理念，也可以"由内而外"地向外部合作伙伴输出公司的理念或资产。在一个以发散的知识为特征的时代，一家企业既可以从外部组织引入需要的理念、技术或知识产权，也可以将自身的理念、技术或知识产权许可出售给外部组织使用，以增加企业的额外收入来源。

案例链接

宝洁公司和华为公司的开放式商业模式

宝洁公司是应用"由外而内"的开放式商业模式的成功典范。为了连接企业内部资源和外部世界的研究活动，宝洁公司通过建设 Inno Centives 等网站，将技术创业家、退休专家等联结到企业内部的技术创新中来，成功地将企业内部研发需求快速、高效地通过外部专家得以解决。

这种"由外而内"的开放式商业模式非常适合拥有强势品牌、强大分销渠道和良好客户关系的知名公司，可以使企业通过构建外部资源创新来挖掘现有客户关系的价值。宝洁公司的这种商业模式是典型的"由外而内"的开放式商业模式，而华为公司则正好相反。

华为公司每年在海内外申请大量专利，这些专利有一部分处于闲置而无法实用化的状态。华为公司每年通过将企业自有的专利和知识产权与技术相对领先的西方公司进行交叉许可，大大降低单向的专利许可费用，从而带来巨大效益。华为每年花费数千万美元在全球申请专利，但经过交叉许可后，每年节省的专利许可费可达数亿美元甚至 10 亿美元以上。这种"由内而外"的开放式商业模式通常适用于投入大量精力进行研发，而沉淀了许多暂时无法实用化的知识产权的企业。

第四节 医药卫生相关的创新性商业模式

互联网经济和健康产业的蓬勃发展，使得企业通过推动商业模式创新、管理创新和制度创新，改善和提升顾客、利益相关方或整个社会的利益，进而获取良好的经济和社会效益，孕育出一大批创新的健康商业模式、产品和服务。本节主要介绍医药卫生相关领域的创新性商业模式，以对大学生进行未来场景下的医药商业模式创新提供指导。

一、医药行业成功商业模式案例分析

（一）"名医主刀"商业模式

"名医主刀"项目是上海创贤网络科技有限公司创建的一个专业移动医疗手术预约平台金牌项目，在国家分级诊疗和多点执业政策背景下，利用互联网技术实现医患精准匹配，医疗资源优化配置，旨在为有手术需求的患者提供专业、高效、安全的手术医疗预约服务。"名医主刀"以外科手术为切入点，以"名医主刀"项目老带少的模式将优质医疗资源下沉，从而促进医疗资源均衡可及。公司目前总部坐落于上海，现设北京、天津、济南、南京、杭州、广州、成都、延安等分部。"名医主刀"于 2015 年 3 月上线，目前已成为国内权威的互联网医疗手术平台。

1. 创新背景 就医生而言，中青年医生处于医疗技术的成长期，需要更多的医疗实践来提升自身的治疗技术和社会价值。但医生注册执医所在的一些医院存在床位有限、患者混杂、竞争激烈等局限，使得青年医生很难获得在细分领域进行持续性技术提升的机会。如何挖掘出对症的患者，让医生专注地做最擅长的治疗是中青年医生普遍迫切的需求。就患者而言，由于国内的医疗资源地区分布不均衡，信息不对称，大量二三四线城市的患者无法在第一时间找到最合适的专家进行治疗。即使打听到一线城市的知名专家，远途的车马劳顿、漫长的等床时间、高昂的医疗

费用等对病情都是一个极大的延误。就医院而言，知名三甲医院一床难求，很多地处略偏、设备优良、医生水平达标的医院却门可罗雀。大量的病床、医疗设备和手术室等被闲置，亟待合理优化，以提升医疗资源的使用率和周转率

2. 创新解决方案 "名医主刀"项目致力于成为医生和医生集团的经纪人。该项目以外科手术为切入点，努力打造全科室、全流程的医疗服务平台，进行术前检查、术中用药器械、术后康复的全链条资源整合。

（1）解决三方痛点的创新模式　为患者及时精准匹配最合适的医生，为医生提供全方位的服务和名医品牌塑造，为医院闲置资源提供优化渠道以保障医院运营效益，同时解决三方痛点，优化提升整个医疗行业资源利用率。

（2）手术切入打通整个医疗闭环　以外科手术这个医疗体系中的爆发点和强需求作为切入口，打通术前检查、手术机器人、术后康复等重要环节。同时布局内科和国际医疗等，成为最全面的名医集团的经纪人，让医生价值得到最大体现。

（3）医生和医生集团的经纪人　利用互联网平台在获客渠道、传播方式、品牌塑造以及信息对称等方面的优势，帮助医生建立其个人名医品牌，接入保险，降低成本及风险，协助医生职业晋升和成果推广，从名誉、利益和学术等方面为医生提供全方位服务。

（4）多渠道一站式服务方案　摒弃传统医院排队等床位、等医生的方式，通过在线网站和网络平台、400热线，APP和微信公众号等在线服务一键完成预约，精准匹配对接对症专家，第一时间进行手术，为患者节省时间、挽救生命。

3. 实践成果　信息对称、精准匹配、解决病痛、品牌塑造、医疗保险这五点都是"名医主刀"在众多移动医疗品牌中独树一帜的有力抓手，配合"互联网手术中心""名医公益""名医主刀"等金牌项目，赢得了医生、患者和医院的广泛认可。

（1）手术对接效率明显提升　预约途径多，操作简便，两小时内反馈对症专家信息，1周内安排手术，手术范围覆盖全国25省市。

（2）手术服务质量明显改善　将通常在医院等3~6个月的排床时间缩短到1周，并且在当地医院最熟悉的环境、让最合适的主刀医生治疗，患者的就医体验更好。

（3）医疗服务成本明显降低　平台大大降低了患者就医的时间成本和金钱成本，同时也节省了专家异地会诊的时间成本，将专家的手术效率大幅度提高。

（4）社会认可程度显著提高　"名医主刀"为医疗分享经济领域的先锋者，被国家信息中心选为首批"分享经济案例研究基地"。同时作为唯一一家医疗企业在国家发改委国家信息中心发布的《中国分享经济发展报告2016》中被提名。在《中国医疗分享发展报告2017》中作为重点案例被分析研究。

4. 案例分析　"名医主刀"的服务模式是对国家医师多点执业政策的深入解读和落地。作为医生和医生集团的经纪人，从专家名誉、个人利益和学术晋升等方面提供服务平台，发挥互联网信息对称、精准匹配、解决病痛、品牌塑造、医疗保险等优势，将"互联网手术中心""名医公益""名医主刀"等项目进行有效探索，并在全国持续推广落地。

患者有手术需求，平台会请两到三名专家共同针对病情进行判断，根据是否需要手术形成统一意见，能够让患者更为科学、全面地选择手术方案。目前，平台安排的患者大部分是有手术需求且急需治疗但找不到合适的医生或空闲床位的患者，"名医主刀"所做的是进行资源整合，解决患者想要做手术的需求。另外，专家在本医院完成医院既定的工作任务，保证在本院的长期稳定发展，利用空余时间，救治更多的患者，实现了更大的人生价值和社会价值。平台合作专家的

手术安排与自身在医院的工作时间不会冲突。特别是在周末，专家完全是在业余时间开展工作。这样不仅提升了平台的正向价值观和社会责任感，也推动了整个大健康产业的发展。

平台至今已经整合超过 10 万名专家，合作医院 1000 家，整合了 10 万多张空闲床位。公司自从 2014 年成立，已经先后完成了三轮融资。2015 年 5 月，得到真格基金 500 万元人民币的天使投资；2015 年 10 月，复星医药领投，高榕资本、真格基金跟投，完成 A 轮 6000 万元人民币融资；2016 年 4 月，由约印创投和汉富控股领投、复星医药、高榕资本、真格基金、美国凯瑟琳癌症中心与风和资本等机构跟投，完成 B 轮 1.5 亿元人民币融资。

（二）上药控股医院药品耗材智能互联网和物联网的管理模式创新

上药控股是上海医药集团股份有限公司直属企业，其旗下上药物流是中国最为优秀的专业医药供应链服务商之一，拥有多个医药物流资质仓库和完整的质量管理体系和信息系统管理体系。为了顺应医改要求，帮助医院进行精益管理，降低管理成本，上药提出了"互联网＋物联网"融合的概念，利用自动化设备，创新"定数化"管理流程，为医院管理提供专业的服务团队建设。该模式开创了大型医院药品和耗品管理现代化先河，对促进国家医改政策落地，降低医院管理运营成本都具有极大的促进作用，上药控股也成功从医药流通企业转型为服务提供型企业。

1. 创新背景　在政策背景方面，根据中共中央、国务院关于加快推进公立医院改革的精神，医药分开成为医院改革新趋势。以医药分开为切入点，推进公立医院补偿从服务收费、药品加成收入和财政补助三个渠道向服务收费和财政补助两个渠道转变；以信息网络技术为支撑，建立医院药品供应链管理平台，实现药品采购、供应、使用全程信息公开和全程监管，实现医院药品库存最小化，降低药品配送成本和库存成本；医院药房引入社会化、专业化管理，降低药品管理成本。

在产业方面，流通企业商业模式不断创新。在供应端，大企业通过战略合作等形式获得外资企业优质产品的独家经销权，确保市场地位；在物流链方面，通过建立更加精细化的管理系统，提高物流运营效率，降低物流成本；在终端方面，流通企业端借助资本市场，开展战略性兼并购，直接获取中小型企业的终端份额；还有的流通企业通过与医疗机构合办药房及建立 DTP 药房（高值药品直送）等形式直接将医院处方转为零售销售。社会分工越来越精细，越来越专业化，使得医院药品、耗材等的物流、采购、仓储管理等非核心业务外包给有专门的采购、物流、质量管理和信息管理能力的资质企业成为可能，成为以更好地开展治病救人的核心业务医院。

2. 创新解决方案　上药对试点医院院内物流系统进行智能化改造，并在四个方面实现了突破创新。一是在院内实现医院 HIS 系统、医院财务系统以及药物管理、耗材管理、设备管理系统的互联互通，在院外实现了和商业供应系统的对接。二是梳理改进医院的非医疗工作流程，建立直供终端的统一中心库房。三是在终端配置自动化的物资分发和管理设备。四是后台专业服务外包，在信息系统的支持下，对于试点院内物流中的非医疗性质的工作，诸如物资信息登记维护、补货、上架、搬运等，则由上药的专业团队负责。

3. 实践成果　上药控股医院药品耗材智能互联网和物联网的管理模式创新，为上药集团业务拓展、医院内部管理和药师、护士等都带来了极大的便利。

（1）医院内部物流效率显著提升，医院成本下降　精确掌握了临床科室消耗情况，防止浪费，库存成本负担转移到院外（上药控股），院内库存物品净体积由 1.26m³ 降为 0.17m³；医院结算改为用后结算，进一步降低了医院资金成本；院内药房管理人力资源节省了 36%，用于物资管理的护士人力资源管理成本节省了 50%。

（2）企业进一步获得市场份额和市场机遇　在试点医院，上药所占市场份额由 50% 提升到 80% 。此外，上药根据终端消耗数据和自身的行业信息，积极协助医院选购高性价比的高值医疗器械耗材，让医院和患者降低成本，同时也为上药开拓高值医疗器械销售市场（高值器械利润率）提供更多机会。

（3）患者受益，药师回归价值　在试点医院，在不增加药师数量的前提下，药品服务窗口数量由 5 个增加到 9 个，处方处理时间由 40 秒降到 15 秒以内，效率提升 167% 。另外，由于院内物流系统效率的提升，院内药师大幅减少了配药、发药及仓储运输等工作，护士站护士减少了盘点、领用等物资管理工作，使得他们能有更多精力投入专业药学咨询和服务，患者也因此而直接受益。

4. 案例分析　上药作为一家医药流通企业，在整个行业面临发展压力时，主动向服务型企业转型。由于与包括医院和患者在内的终端客户存在着深度的业务往来，上药能够更快、更准确地找到行业和客户痛点，并且真正从客户的角度思考问题，并解决客户的痛点。由单一的药品、耗材、试剂等的物流配送企业向深度配送、医院合作、医院服务企业转型，同时为企业、医院和社会都带来了巨大的利益。

（1）项目实施为医院、社会、企业三方都带来相应的利益满足　项目提高了整个流程的效率，降低了社会的整体成本，真正为医院、患者、政府和企业带来利益，有推广的价值。

（2）项目实施依赖产业链的细分和互联网技术的成熟　上药与众多的科技公司和物联网公司合作，使市场上的先进技术更符合国内医院的实际情况，使科技进步给社会带来了实际价值。

（3）项目建设对管理人才的要求非常高　不仅要负责项目整体建设，还要管好整个项目的人、财、物等各种资源的协调，基本达到管理一个小型企业的要求。根据项目的大小、涉及的范围和复杂程度的不同，据测算，每个资深项目经理可以同时实施 3~5 个项目。因此，随着项目在全国范围的推广，能够有足够的项目经理来支持项目的推广就成了企业必须面对的问题。

（4）标准体系打造将对项目推广至关重要　目前许多像上药一样的大型医药公司都在开展相关业务，竞争也越来越激烈。为在竞争中占据优势，上药在 2013 年底便开始与政府、医院一起探索现代医院管理体系，希望能够统一现代医院非营运外包系统行业标准，打造行业标杆。

目前，上药已经与全国几十家医院达成协议开发院内智能物流系统。与此同时，上药也在积极探索其他的创新服务，比如投资设立上药云健康，切入医药电商零售领域，并先后与京东、万达、丁香园等开展战略合作，推动电商战略布局的落地和深化。面向医院，上药推出了"益药宝"项目，以"互联网＋"为手段，帮助医院实现医药分家，与医院进行电子处方对接，实现患者的送药到家服务。

二、健康产业创新实践发展趋势

随着我国经济的稳步增长和结构调整、诸多利好政策的落实以及人民群众健康需求和健康意识的提升，医药产业的多元化发展成为趋势。在"将健康融入所有政策"这一长效机制作用下，医疗产业政策、健康产业政策与社会保障、城市规划、环境保护和文化教育等政策的协调和联动，将促成医疗产业及健康服务产业向更多经济社会领域的延伸和渗透，带来新的发展机遇。近几年的医疗产业改革政策，在传统医疗服务、公立医院、药品生产流通等领域，其系统性、整体性、协同性凸显，制度的精细化、试点的扩大化和管理的数据化趋势明显。另外，医疗产业的外延性逐步受到政策重视，产业融合政策引导力度开始加大，推动医疗产业与其他产业的融合政策趋势十分明显。

(一) 政策规范性和引导性进一步加强

1. 在制度精细化方面，改革政策的可操作性进一步加强 改革举措的分解落实到了具体部门，如深化改革 2017 年重点工作任务，就首次将改革具体工作细分为 70 小项，指明各项工作承担的部门和完成时间，改革的路线图和时间表十分清晰。又如在支付方式改革方面，已经提出"全面推进建立以按病种付费为主的多元复合型医保支付方式"，付费方式的改变将极大提高医保政策的精细化管理水平，基于付费方式的创新商业模式也将迎来新的发展机遇。

2. 前期各项政策由试点到全面铺开 除全面推行公立医院改革外，之前在各个试点地区进行改革的试点经验在这几年进入全面推广期，如全面实施预约诊疗、全面推开城市公立医院医药价格改革、全面落实政府对公立医院的投入政策、全面推进建立以按病种付费为主的多元复合型医保支付方式、全面启动多种形式的医疗联合体建设试点、全面推进付费总额控制、全面推进公立医院药品集中采购等。

3. 医疗信息化建设成为大势所趋 国务院办公厅专门出台《关于促进和规范健康医疗大数据应用发展的指导意见》，修订临床路径，从更精细化的程度管理医生的处方行为，全面夯实信息化管理基础，统一全国范围内医疗机构医疗服务项目名称和内涵，统一疾病分类编码、医疗服务操作编码等；推进"互联网＋药品流通"，推广"网订店取""网订店送"等新型配送方式，推进医保智能健康系统应用等。

(二) 产业融合趋势明显

1. 人口老龄化趋势促进健康服务产业蓬勃发展 据统计，我国 60 岁及以上人口已经近 2.48 亿，老龄化水平达到 7.17%。其中 80 岁以上老年人口达到 3067 万人，2025 年，60 岁以上人口将达到 3 亿，成为超老年型国家，并在 2040 年达到高峰。老年人具有高患病率、高伤残率、高医疗利用率的特点。但是疾病和伤残并不是老年期的必然产物，通过努力，完全可以将其压缩到生命最后的较短时期，即实现健康的老龄化。因此，未来的医药行业要提供能够满足健康老龄化的产品和服务，要建立医院、家庭、社会（社区）和老年人个人组成的健康促进整体，特别要注意家庭小型化趋势下老年家庭看护照料的供需状况，及时提供相应的帮助措施。"医养结合"的养老服务体系构建、"智慧养老"的软硬件开发推广、特殊护理产品的制造销售、适合老年人的互联网医疗服务等，既是挑战也是机遇。此外，大中型城市公共设施的适老化改造和针对高龄老人、老年行动障碍者的长期护理服务业也将迎来广阔的市场。

在健康养老领域，我国也涌现出众多创新的商业案例。如在淮北市杨庄矿医院，曾经因为临床床位使用不足、人员加速流失等而面临关闭窘境。近几年，该医院将闲置的医疗资源充实到新建老年公寓，在公寓内设有专业的急救室，医生和护士充当护理人员，重大疾病随时转移到医院内治疗。相隔数十米的医院和养老院，构成了"院中院"的医养结合新模式，让医养结合得以高效运转，实现了医疗机构与养老机构的一体化发展。

2. 城乡居民收入增长释放更多需求 伴随着居民收入和消费的持续增长，消费个性化、体验式的趋势日渐明显，享受型、娱乐型、健康型等非必需消费需求日益受到消费者青睐。中国消费者消费形态从满足衣食住行等基本需求的必需品到购买提升生活品质及体验的服务，从大众产品到高端商品升级，消费升级带来的非必需品的消费扩张将为康养旅游、高端商业健康保险、健康管理服务、健身会所等带来广阔的发展空间。

近几年，医疗产业与健康产业的创新实践已经卓有成效，如在健康保险领域，糖尿病保险、心脏支架保险等突破了传统健康险产品不保已患病人群的禁区，有的与医院、互联网紧密合作，创造更强的场景化销售模式。在康养领域，森林康养、温泉康养等是大健康产业与旅游产业延伸交叉、复合而成的新产业业态，聚集了养老、养生、休闲、娱乐、旅游、文化、保健等多个关联产业，可以快速集群化，培育庞大的市场。

【本章要点】

1. 商业模式是企业为持续实现各方盈利，创造最大价值，将内外各个环节和要素整合起来，为达成市场需求和持续盈利目标而构建的高效运转系统。其本质是企业价值如何创造和实现的过程。

2. 商业模式的设计逻辑包含三个层次递进的方面，即价值发现、价值匹配和价值获取。价值发现要明确价值创造的来源；价值创造要明确合作伙伴；价值获取要为企业占有价值制定精致策略。

3. 商业模式画布是比较经典的商业模式设计工具，通过深度思考企业的客户群体、价值主张、渠道通路、客户关系、收入来源、核心资源、关键业务、重要合作和成本结构九大模块，帮助初创企业全面系统地设计商业模式。

4. 商业模式分为分拆式商业模式、长尾式商业模式、多边平台商业模式、免费式商业模式和开放式商业模式。企业可以专注于一种商业模式，也可以以一种商业模式为主，辅以一种或两种商业模式。

【思考题】

1. 什么是商业模式？结合实例谈一谈你对商业模式本质的认识。
2. 商业模式可以解决哪些问题？你认为设计商业模式最重要的是什么？

案例讨论

张强医生集团案例

签约医生集团是世界上大多数发达国家和地区医生的自由执业方式，两三个医生结合起来就可以团体执业。他们共享彼此的收入，共同承担损失，共享设施设备，是一个共同进退的职业团队。在中国，因为担心患者资源和人才外流，医生多点执业和分级医疗政策在具体的实施层面上遭到了医院管理者的消极抵制。2014 年 7 月，张强医生集团在上海宣布成立，首次在中国提出"医生集团"医疗执业服务模式，并得到了社会的广泛认可。张强医生集团与传统公立医院多点执业的不同和创新之处主要表现在以下几点。

1. 张强医生集团的医生均为从三甲医院辞职后加入集团的自由执业医生，与体制内的多点执业医生相比，其优势在于：不会跟原单位产生利益冲突；法律关系清晰，风险小；服务意识强，医患矛盾少；时间支配合理，自律性较高；抱团发展意识强，能够最大程度地让医生通过技术劳动获得报酬。

2. 与传统公立医院不同的是，张强医生集团打造了以专家为核心的团队模式，专家专注于患者的治疗方案制定和实施，助理医生协助专家就诊、治疗、随访，客服秘书安排患者的预约、沟通和术后跟踪，安排专家的行政和外来任务，大幅提升了专家团队的工作效率，凸显了医生团队的技术和服务价值。

3. 张强医生集团还根据市场情况，采取单病种高度垂直切入市场的方式，迅速获得行业知名度。比如血管外科在下肢静脉曲张的微创治疗、肛肠外科聚焦都市女性肛肠疾病诊疗、颌面外科专注面部轮廓整形、疝外科在小儿疝治疗方面形成特色疗法、整形领域则主打男士单病种模式，尤其在男性乳房发育症方面的治疗都在业界形成了广泛影响力。

4. 标准化的诊疗服务流程。通过移动互联网进行患者疾病初选，患者可以按照专家助理的指导，通过微信递交病情信息和影像资料；医生根据情况进行解答，有必要时再预约门诊。门诊一律采用预约制，患者通过预约电话或者服务号进行门诊预约，在预约日比约定时间提早15分钟到达即可，看诊时间至少20分钟，让医生有充分的时间了解、判断和解释病情，在严格手术流程控制标准下，还通过7天24小时不间断"电话＋网络"随访服务，为其日间手术提供高质量的随访和术后康复服务，为患者提供高品质的就医体验。

目前，张强医生集团已经成为国内最具影响力的医生集团之一，它的创立为中国医改开辟了一条通过整合医生团体独立服务于病患的全新模式。从时代发展、医生职业需要及患者需求来看，医生集团在中国大有作为。目前，国内已涌现出如冬雷脑科医生集团、博德嘉联医生集团、沃医妇产名医集团等多家医生集团。

（资料来源：蔡江南．创新提升价值：2016～2017中国健康产业创新平台奇璞蓝皮书Ⅱ．上海：上海科学技术出版社，2018：182－187．）

结合本案例，分析以下问题。

1. 张强医生集团解决了医疗行业的哪些痛点问题？
2. 试着用商业模式画布呈现并分析张强医生集团的商业模式。
3. 结合医疗行业现状，你认为还可以拓展出哪些创新性的商业模式？

【实践练习】

依照本章节对商业模式类型的分类，从当今的商业案例中各选择一种商业模式进行分析，并用商业模式画布将其呈现出来。

第八章

创业计划书与项目路演

学习目标

1. 掌握创业计划书的撰写原则与技巧。
2. 熟悉创业计划书的结构与撰写要求；熟悉项目路演的常见问题。
3. 了解创业计划书的内涵；了解项目路演 PPT 的逻辑结构。
4. 能够撰写创业计划书；能进行一场优秀的项目路演。

案例导引

"挑战杯"中国大学生创业计划竞赛

创业计划竞赛是近几年风靡全球高校的重要赛事。它借用风险投资的运作模式，要求参赛者组成优势互补的竞赛小组，围绕一个具有市场前景的技术产品或服务概念，以获得风险投资为目的，完成一份包括企业概述、业务与业务展望、风险因素、投资回报与退出策略、组织管理、财务预测等方面内容的创业计划书，最终通过书面评审和秘密答辩的方式评出获奖者。

创业计划竞赛源于美国，又称商业计划竞赛。自 1983 年德州大学奥斯汀分校举办首届创业计划竞赛以来，包括麻省理工学院、斯坦福大学等世界一流大学在内的十多所大学每年都举办这一竞赛。Yahoo、Netscape、Excite 等公司就是在美国大学的创业氛围中诞生的。创业计划竞赛大大推动了美国高科技产业的发展，甚至从某种意义上说，创业计划竞赛已成为美国经济发展的直接驱动力之一。

1998 年，清华大学举办了中国最早的创业计划竞赛。从 1999 年开始，共青团中央、中国科协、教育部和全国学联共同主办了"挑战杯"中国大学生创业计划竞赛。竞赛的成功举办，在全国高校中掀起了创新、创业的热潮，产生了良好的社会影响。科大讯飞、中华行知网、澳视等一批学生创业公司从众多参赛作品中脱颖而出，进入实际运行阶段并逐步走向成熟。

2020 年，"挑战杯"中国大学生创业计划竞赛已举办十二届，创业计划竞赛已与课外学术科技作品竞赛一道，成为"挑战杯"旗帜下的重要赛事，并形成两赛隔年举办的格局。作为学生科技活动的新载体，创业计划竞赛必将在培养复合型、创造型人才，促进高校产学研结合，推动国内风险投资体系建立方面发挥越来越积极的作用。

（资料来源：根据挑战杯官网 http：//tiaozhanbei. youth. cn/相关内容整理）

第一节　创业计划书

创业计划书是创业者叩响投资者大门的"敲门砖"，是创业者计划创立业务的书面摘要，一份优秀的创业计划书往往会使创业者达到事半功倍的效果。创业计划书的起草与创业本身一样是一个复杂的系统工程，不但要对行业、市场进行充分的研究，而且还要有很好的文字功底。对于一个发展中的企业而言，专业的创业计划书既是寻找投资的必备材料，也是企业对自身的现状及未来发展战略全面思索和重新定位的过程。

一、创业计划书的内涵与用途

（一）创业计划书的内涵

创业计划书是指创业者在创业的初期所编写的一份书面创业计划，用以描述创办一个新的风险企业时所有相关的外部及内部要素。即指创业者在正式启动创业项目之前，基于前期对整个项目的调研、策划的成果，对创业项目进行全面说明的计划性文件。

对于初创的风险企业来说，创业计划书的作用尤为重要。一个正在酝酿中的项目往往很模糊，通过制定创业计划书，把影响企业发展的有利和不利因素都找出来，然后逐条推敲，这样就能对这创业项目有更清晰的认识。

创业计划书的内涵可以从两方面理解。

首先，撰写创业计划书可以迫使创业者系统地思考新创业的各个因素。这并不是微不足道的工作，通常需要花上数日或者数个星期才能完成一份精心设计的创业计划书。撰写创业计划书也是一个需要全身心投入的过程，许多创业者会工作到深夜，甚至牺牲周末时间才能完成这项工作。在创立企业之前，创业者可以通过创业计划书梳理自己的思路，促使团队一起努力工作，全力以赴解决创业过程中的各个细节问题。很多人都有这样的感受，自认为自己想清楚了，写出来不一定清楚；觉得写清楚了，讲出来不一定清楚。创业也是这样，一旦将计划写到纸上，那些希望改变世界的天真想法就会变成实实在在且冲突不断的因素。

其次，创业计划书是企业的推销性文本。创业计划书可以为那些年轻的公司向投资者、商业加速器和孵化器、供应商、潜在的合作伙伴及其他人士提供一种展现自我的途径。投资者对正式创业计划书的依赖性并不相同。最初，许多创业者只是要求提供一份方案概要，有一两页关于创业计划的简要说明即可，或者他们要求提供简要的PPT文档。但是当商谈进入最后阶段，投资者要做出某种承诺时，在多数情况下，创业计划书是必不可少的。

在实际中，创业者会更加重视创业计划书的推销，结果经常会为了获得一份漂亮的创业计划书而撰写它，并不是自己使用。这是本末倒置的行为，也容易产生欺骗。这样做即使能够融到资金，也难很好地利用资金，结果对创业不利。一份好的创业计划书不能保证创业一定成功，但是都可以提高创业成功的概率。创业是一个旅程，一个不熟悉又充满风险的旅程，创业计划书更像是一个路线图，当然这个路线图必须是正确的。

（二）创业计划书的用途

创业计划书是创业者叩响投资者大门的"敲门砖"，是创业者计划创立的业务的书面摘要，一份优秀的创业计划书往往会使创业者达到事半功倍的效果。创业计划书的用途主要体现在以下四个方面（图8-1）。

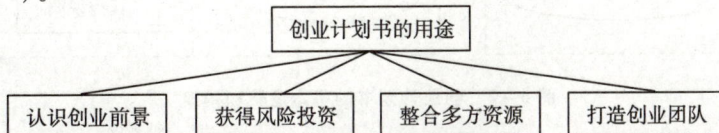

图 8-1　创业计划书的用途

1. 认识创业前景 创业计划书是创业者为自己的未来企业量身定制的一面镜子。在创业计划书的撰写过程中，创业者需要谨慎地对自己和即将开始的创业活动进行全面审视，这样才能帮助创业者更好地开展创业活动。

2. 获得风险投资 好的创业计划书能帮助创业者获得风险投资。对于尚在雏形中或尚待创办的新企业，风险投资者无从知道它的商业数据，一般只能通过创业计划书来了解企业前景，判断是否具有投资潜力和利益回报。

3. 整合多方资源 创业者在撰写创业计划书之前，总会对创业过程进行全盘思考，完成市场调研、自我评估、市场定位、产品研发、制定营销策略、财务规划和人事安排。实际上，创业计划书就是对这些凌乱、分散的信息和要素进行充分的研究，理出它们之间的联系，并对它们进行整合优化，实现完整的商业运作计划，在此过程中，创业者也对社会资源进行分析和运用，并充分利用行业人脉和优惠政策来获得创业资金和平台。

4. 打造创业团队 创业计划书是创业者展示产品或服务的载体，同时也是展现创业者思想和才华的工具。通过优秀的创业计划书，一方面能使投资者看到创业者的潜力和决心；另一方面，还能让有识之士看到希望和未来，将志同道合的精英吸引到创业团队中来，打造属于这一群人的梦想舞台，实现人生的梦想。

二、创业计划书的结构与撰写要求

（一）创业计划书的逻辑结构

一份考虑详尽的创业计划书是创业者梦想的表达，价值的体现和能力的展现。因此，在创业计划书中不仅应该以明确而清晰的思路和战略的眼光，讲明项目的背景和未来，论述市场的态势和竞争的优势，而且应该讲清运用的策略，发展的脉络。还应该阐明公司的组织架构；团队的人员结构，生产的安排设想，财务的运作和资金的来源、调度以及相应的公关战略等。在撰写创业计划书时，应遵循以下的逻辑结构：封面、执行概要、公司介绍、产品或服务、创业团队、技术分析、市场分析、竞争分析、风险分析与控制、市场营销策略、项目融资与筹划、财务分析以及附录等。创业计划书的基本逻辑和构架如图8-2所示。

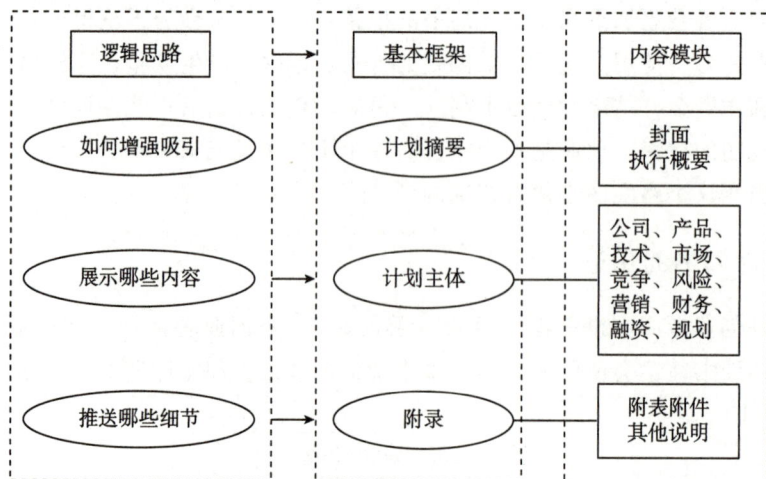

图8-2 创业计划书的基本逻辑和构架

1. 封面　封面是读者对创业计划书的第一印象，因此，封面设计要符合审美观，简明大方有艺术感，并且与创业计划书的内容相呼应。

2. 执行概要　创业计划书的执行概要是整个创业计划书的概括与精华提炼，一般字数不能太多，篇幅控制在一定范围内。执行概要的重点是围绕创业项目的社会环境背景、市场需求大小、产品或服务、市场空间容量、创业团队、创业项目的优势与特色、创业项目的商业盈利模式、创业项目的投资回报，以及创业项目的风险与控制等简要描述。要让创业计划书的读者从执行概要中清楚地了解创业项目的全面。

3. 公司介绍　公司介绍是要让外人了解创业公司的基本情况，包括创业公司的成立时间、注册资金规模、公司人员数量以及学历情况，公司的定位、公司宗旨、公司理念、公司的主营业务、公司组织架构、公司目标等。

4. 产品或服务　产品或服务是创业计划书描述的重要内容。创业者在描述产品或服务时，除了要将创业公司所提供的产品功能、产品质量、产品外形、产品尺寸、产品包装、产品服务等方面的情况描述清楚，还要重点描述以下与产品或服务有关的内容。

（1）技术水平　创业项目如果技术含量高，属于高科技的项目，技术水平的描述就十分重要。技术水平的介绍应围绕项目产品的技术水平处于国际领先、国际先进、国内领先、国内先进等不同的阶段去陈述，如果该技术填补了国际空白或国内空白，应尽可能描述清楚。

（2）自主知识产权　创业项目中如果有大学生自主发明的专利或著作权都会提升创业项目的技术含量。因此，如果创业项目拥有自主知识产权，就应该在创业计划书中加以详细介绍和描述。

（3）产品销售服务　产品销售在项目经营中是重要环节，直接影响到创业公司的运营，包括产品的销售对象是谁、产品能否销售出去、产品销售的大客户有多少和年销售量的大小。所以，产品销售服务要在创业计划书中全面描述。当然，项目产品的宣传，销售渠道的建设，产品的市场定价与定位，产品的售前、售中、售后及目标客户与潜在客户的培育也包括在产品销售服务的内容中。

（4）产品或服务特性　在描述产品时，应该从产品的便利性、低价性、环保性、安全性、舒适性、美观性、功能性等方面进行描述；在描述服务时，服务模式是关键内容，是衡量创业项目质量好坏的一个重要评价指标。

（5）产品设计和生产　对于生产制造类的创业项目，要详细描述原材料的采购、产品设计、生产制造、检测检验、包装运输、产品销售、售后服务等不同环节。产品设计围绕产品图纸设计、制造工艺设计、加工模具设计、概念设计和工业设计等方面描述。产品生产制造可以重点围绕生产流程、生产工艺、产品检验检测、产品包装与交付发货等方面描述。

5. 创业团队　创业团队也就是人员及组织结构，是创业项目的核心力量，对于能否有效运营创业项目至关重要。所以，创业团队的描述在创业计划书中是重要一环。

（1）团队的学历、专业和技能情况　在介绍创业团队时，要描述清楚每个团队成员的姓名、性别、年龄、专业、学历和技能，更能明确谁是项目负责人、每个成员各自负责哪些工作，让组织协调能力、项目策划能力、工业设计能力、软件编程能力、信息查询能力、市场营销能力强的成员各尽其才。

（2）创业梦想和创业激情　创业梦想和创业激情是创业必不可少的。每个创业成员的激情加在一起就会成为一簇火焰，共同燃烧大家的青春激情岁月，为生命诗篇书写下最为绚烂的一笔。

（3）参加社会实践与社团活动情况　相比较而言，参加过社会实践和社团活动的大学生，组织能力和活动能力更强，这对风险投资更合适。因此，每个成员是否参加过重大社会实践活动以及社团活动情况，在介绍创业团队时，应该详细描述。

（4）团队合作与组织协调情况　创业团队成员之间的理念认同、性格磨合、工作协同都会影响创业团队的战斗力。在创业计划书中详细描述成员的合作精神和善于配合的工作态度，才能更加全面地反映创业团队的整体实力。

（5）抗挫折能力情况　拥有强烈的创业激情，不畏创业失败，拥有坚强毅力的大学生是最适合风险投资的。因为创业绝非易事，创业过程中不仅会遇到风险，也会遇到阻力和障碍。如果在创业计划书中描述团队中成员的抗挫折能力，就能看出这个团队是否能经受住创业失败的打击。

6. 市场分析　当企业要开发一种新产品或向新的市场扩展时，首先要进行市场分析。创业计划书中市场分析应包括以下几个方面的内容。

（1）市场服务预测　创业项目要实现与市场结合，围绕市场服务需求去设计，这就需要分析创业项目的市场空间有多大，会有哪些人群购买，服务或产品是否有市场需求，会给购买的对象带来哪些好处。

（2）公司选址　创业计划书中要对办公地点进行充分的调研和分析。如果项目属于科技类的公司，地段应该选择科技氛围比较浓的、能享受科技扶持政策的地段，如大学生科技园或科技孵化园；如果属于文化和设计类的公司，选择产业集聚的地段或商业写字楼，如文化产业基地。

（3）分销渠道　公司要经营下去，不仅要生产出产品，更要把产品卖出去，形成销售收入。因此，要设计利用好哪些人脉关系，建立分销渠道，并创新销售模式。

（4）产品价格定位　项目产品的市场价格的确定也很重要。价格过高，产品不好卖；价格过低，公司的利润会受到影响。这就要求创业者提前对市场上类似产品的价格做横向比较，制定相对应的价格策略。

（5）目标客户定位　产品销售一定要确定目标客户。要清楚哪些人会购买公司的产品与服务，主要可以围绕以下几个方面去分析：从收入差异上可以划分为蓝领、白领、金领；从消费差异上可以划分为奢侈消费、高端消费、中端消费和低端消费；从受教育程度上可以划分为初等教育、中等教育和高等教育；从年龄上可以划分为新生儿、学龄前儿童、小学生、中学生、大学生，或老年人、"80后""90后""00后"等。

（6）市场覆盖率与占有率　创业公司要规划好产品销售到哪些地区和领域，销售的规模有多大，每年产品的地域覆盖率、市场占有率、需要多少人去拓展市场、需要投入多少资金都要提前规划好。

7. 风险分析与控制　创业计划书中对风险分析和风险控制的介绍可以帮创业者清楚地看到创业项目的风险在哪里，风险有多大，如何规避风险和控制风险，并制定风险应对的预案。风险主要有以下几个方面。

（1）资金风险　创业者要认真思考资金的问题。如有的创业项目可能需要经过很长时间才会盈利，但是自有资金又不足，会导致企业经营维持不下去；有的企业项目启动资金很大，但是能够募集到的资金又不多，很难保证项目的顺利开展；有的企业不注意开源节流控制成本，各方面支出很大，造成很大的财务亏空，导致创业失败。针对以上可能出现的资金风险，创业者要全面分析，并想好如何应对的措施。

（2）团队风险　创业公司有时也会遇到团队风险。企业开办前，合伙人之间的关系都不错，不一定在一起共过事，不存在经济利益关系，企业开办后，彼此都是企业的股东，会存在利益和权力的直接冲突。同时，每个人的思想观念、价值观念也不尽相同，团队合作中矛盾也会随岁月的变迁而产生。为了防止合伙人离开企业单干的后果出现，创业者也要提前思考如何与合作人之间加强交流沟通，统一思想，最终达成共识，化解利益冲突。

（3）管理风险　新成立的企业，由于员工少，可能会出现一人多职、一人多岗的情况，随之而来的有可能产生工作上跨岗越位引起的冲突与矛盾，这就需要大家相互配合并在一段时间里去磨合。要使创业公司向着规范化、程序化、标准化的方向发展，创业者必须让企业员工做事情有章可循、有法可依，特别要提前制定好企业的人事制度、考勤制度、财务制度、销售制度、薪酬绩效考核制度等。

（4）市场风险　创业者最应该重视市场风险。导致市场风险增大的有可能是国际和国内的一些突发事件。当然，市场上竞争对手太多、产品价格混乱、假冒伪劣商品增多、市场需求不足也是市场风险的重大隐患，所以，要认真分析市场风险并做好预案应对。

（5）政策风险　政策风险就是创业项目是否与国家产业发展政策相违背，是不是属于国家限制性发展的行业或国家不支持发展的产业。创业项目如果与国家产业和环境发展精神相抵触，就要认真研究项目实施的可行性了。如我们国家一直在提倡节能减排和绿色生产，尤其是近年来雾霾污染比较严重，如果所选的创业项目是属于对大气污染很严重的，那么这个创业项目就有很大的政策风险。因此，一定要尽可能规避这样的政策风险。

8. 市场营销策略　创业公司成立后就会面对为客户提供产品或服务的问题，这就涉及产品或服务的市场营销策略。营销过程是一个循环过程，要使各部分都达到内部连贯且互为补充的目的，营销策略就要不断地修正，使计划在其各个部分相互衔接时都有意义。营销策略包括总体营销战略、产品策略、促销策略、渠道策略和价格策略。营销是企业经营中有挑战性的环节，影响营销策略的主要因素有消费者的特点、产品的特性、企业自身的状况、市场环境。最终影响营销策略的则是营销成本和营销效益（图 8 - 3）。

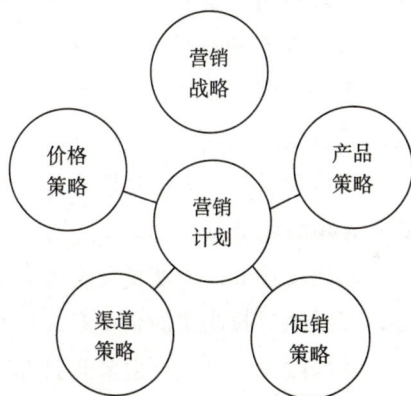

图 8 - 3　营销计划的内容

9. 三年发展规划　制定公司的中长期计划，明确公司的功能定位，规划公司发展前景，对于公司的发展非常重要。因为，据统计资料分析，三年是考察新企业成败的关键节点。因此，创业公司就要建立和完善公司规章制度，做好公司发展的整体规划。创业者可以根据不同的科目内容，按照年度时间进度，设定预期完成目标。公司三年发展规划可参照表 8 - 1 制定和设计。

表 8 - 1　公司三年发展规划参考数据

序号	科目名称	第一年	第二年	第三年
1	产品研发品种			
2	申请专利数量			
3	产品生产数量			
4	产品销售额			
5	产品销售数量			
6	产品利税			
7	产品货款回款额			
8	库存率			

续表

序号	科目名称	第一年	第二年 ·	第三年
9	废品率			
10	市场覆盖率			
11	市场占有率			
12	质量管理体系建设			

10. 创业项目股权结构 创业者在组建创业团队时，应该考虑股东人数和股权比例。在股权方面，要避免股东一枝独大，这样会影响决策的合理性。另一方面，股东人数又不宜太多，否则会导致重大决策很难确定下来。

11. 项目融资与筹划 创业者在创业前，要仔细核算到底需要多少创业资金，最后要想清楚有哪些途径和渠道能筹措到多少资金，因为要实现创业梦想，必须有足够的资金。

（1）创业资金的估算 对于大学生来说，创业项目所需的资金在几万元到几百万元不等，创业资金需要多少主要取决于创业项目在运营过程中可能会发生的资金支出，主要包括房租、财税费用、办公用品、办公设备、宣传印刷、人员薪酬、生产设备、检测仪器、原辅材料、销售费用、管理费用以及不可预见的支出。

（2）资金的筹措 创业者可以从以下途径尝试筹措创业资金。

①创业团队自筹：这是创业资金筹措最容易、最常用的方法，项目合伙人根据自身能力和创业启动资金总额认购项目股份。

②信用贷款：大学生要充分利用国家颁发的大学生创业信用贷款政策，向银行提交相关创业资料，申请创业贷款。

③天使投资：天使投资是大学生筹措创业资金的好途径。大学生可以将自己创业计划书准备好，广泛地寻找成功的企业家、自然投资人及机构等天使投资，争取获得创业资金支持。

④风险投资：大学生要想获得风险投资并不容易，因为这要求创业项目不仅有很完善的创业计划和梦幻组合的创业团队，还要有很好的商业模式。

12. 项目财务分析 财务分析能通过财务数据帮助完善生产管理，控制成本支出，规避财务风险，也能帮助创业者通过梳理财务指标来审视创业项目的投入与产出，而且财务分析能让投资人清晰地看到创业项目的关键财务指标情况，以此判断是否值得投资此项目。因此，创业项目的财务分析在创业计划书中特别重要，创业者要尽可能填好资产负债表、现金流量表和利润表这三张最为重要的财务报表。在进行创业项目的财务分析时，应该将项目的投资总额、产品的年销售额、产品销售的毛利率、年净利润、投资回收率、内部收益率等财务指标描述清楚。

13. 附录 这一部分要思考阅读者还想了解哪些细节？进一步推送哪些细节可以提高阅读者的认可度。其内容包括附表附件（相关支撑文献、附图、附表、调查问卷等书面资料），以及其他说明（一系列更加详细的财务预测和设想分析等）。

（二）创业计划书的撰写要求

创业计划书撰写的目的是为创业融资、宣传提供依据的。作为创业实施的规划方案，创业计划书的撰写除尽可能地展现创业项目的前景及收益水平外，还要展现出创业项目的可实现性。

1. 简洁完整，突出重点 为了让投资者和读者了解创业的过程，创业计划书要对创业的目的、过程、预期结果进行描述，同时，为了引起投资者的兴趣，还要注重行文的简洁和实效，突出重点，显示出独特优势及竞争力。

2. 语言通畅，表述精确　创业计划书的撰写是为了让读者获知计划书所表述的内容，因此，无须用华丽的辞藻对内容进行过度美化。比如，在财务分析时，尽量用形象直观的图表进行描述。

3. 数据翔实，尊重事实　创业计划书中的数据，应该基于前期认真的市场调研和分析，财务预测等应有财务专业人士协助完成，这样才不至于高估市场需求和创业成功率，忽视竞争威胁和重大风险，让投资者降低或丧失信任。

4. 保护产权，以防泄密　知识产权是企业的生命，要注重对知识产权的保护，把最核心的技术用专利保护起来。在撰写计划书时不要将核心技术过于详细地描述，实在无法回避详细描述或必须展示核心技术产品时，要和阅读计划书的投资者签署保密协议，以防商业机密泄露造成不可挽回的损失。

5. 团队合作，优势互补　投资者大多是投资在人才上的，因此，创业计划书要详细介绍创业团队中核心人物的技术和能力以及团队成员间的优势互补，这样更能获得投资者的青睐。

知识链接

撰写创业计划书的六个 C（六要素）

第一个 C 是 concept，概念。概念是指在创业计划书要写得让别人可以很快地知道你想卖的产品是什么。

第二个 C 是 customers，顾客。有了卖的产品以后，接下来是要卖给谁，谁是顾客。顾客的范围在哪里要很明确，比如说认为所有的女人都是顾客，那 50 岁以上的女人也能用吗？5 岁以下的也是客户吗？适合的年龄层是多大要界定清楚。

第三个 C 是 competitors，竞争者。东西有没有人卖过？如果有，是在哪里？有没有其他的东西可以取代？这些跟竞争者的关系是直接的还是间接的？

第四个 C 是 capabilities，能力。要卖的东西自己会不会，懂不懂？比如开餐馆，如果师傅辞职了找不到人，自己会不会炒菜？如果没有这个能力，至少合伙人要会做，要不然也要有鉴赏能力，否则最好不要做。

第五个 C 是 capital，资本。资本可以是现金也可以是资产，是可以换成现金的东西。那么资本在哪里？有多少？自有的部分有多少？可以借贷的有多少？这些都要很清楚。

第六个 C 是 continuation，永续经营。当事业做得不错时，将来的计划是什么？

（三）创业计划书的撰写原则与技巧

由于大学生大多没有受过撰写创业计划书的专业指导，所以撰写出来的创业计划书会有一些问题，主要表现在以下几个方面：创业项目的产品或服务描述不清楚、创业项目的市场竞争态势分析不深入、创业项目三年规划不切合实际、创业项目需要的启动资金数额较大无法筹集、创业项目的市场运营计划不全面、创业项目的商业盈利模式没有特色、创业项目的市场运营计划不全面、创业团队的人员结构不理想、创业项目的风险分析与控制较差、创业项目的 SWOT 分析不全面。

1. 创业计划书的撰写原则　一份好的创业计划往往能吸引投资者的特别关注。因此，在将创业计划递交投资者或其他利益相关人员审阅前，要力求遵循以下撰写原则。

（1）开门见山，突出主题　创业计划书的目的是获取资源，创业者应该避免与主题无关的内容，要开门见山直入主题，不要浪费时间和精力来写一些与主题无关、对读者来说毫无意义的内容。此外，编制创业计划书还要考虑阅读对象的因素。目标读者不同，对创业计划书的要求和兴趣不一样，创业计划书的内容和侧重点也应该不同。

（2）简明扼要，通俗易懂　创业者必须认识到，创业计划书不是文学作品，也不是学术论文，飞扬的文采、深奥的专业术语不仅不能打动目标读者，而且也不利于他们阅读和理解计划书。因此，创业计划书的语言应该简单明了，尽量避免专业术语，只要能够表达清楚自己的观点即可，不要过分渲染，过分修饰。

（3）结构清晰，内容规范　计划书是一种很正式的规范性文件，在结构和内容上都有要求。创业者在撰写创业计划书时，最好有一份优秀的创业计划书作为模板进行参考。一方面，在结构上必须清晰，创业计划书的各个部分都应该论述到；另一方面，在内容的表述上要做到规范化、科学化，财务分析最好采用图表描述，形象直观。此外，创业计划书还应该注意格式和排版，避免低级的拼写错误。

（4）观点客观，预测合理　计划书中的所有内容都应该实事求是，力求通过科学的分析和实地调查来表达观点和看法，尤其是市场分析、财务分析等部分不应夸大吹嘘。对于市场占有率、销售收入、利润率等指标的预测要做到科学合理，数字尽量准确，最好不要做粗略估计。

（5）展现优势，注意保密　要获得读者的支持，创业计划书还应该尽量展现自身的优势，如先进的技术、良好的商业模式、高素质的创业团队等。但是创业者还要注意保护自己，对于一些技术和商业机密保护是合理且必要的。在实际操作中，通常会在创业计划书中加一条保密条款来保护自己的利益。

2. 创业计划书的撰写技巧　创办企业的第一件要事就是设计创业计划书，一份强有力的创业计划书是吸引投资家的关键所在。撰写创业计划书时应把握以下三个方面的技巧。

（1）制定编写计划　全面考虑各方面的影响因素，做好创业计划编写的前期准备工作，制定"创业计划的计划"，使创业计划书的编写过程得以顺利开展。

（2）准备多个版本　不同的读者对创业计划书的关注点是不一样的。例如，有些公司把他们的创业计划书限制在10页纸以内，他们认为风险投资商的时间都很紧，因此他们都偏爱一些相对比较简短的创业计划书。为此，创业团队可以针对风险投资商、银行、战略伙伴、主要客户、主要雇员、管理者团队等不同的读者准备不同的版本。

（3）不断检查修正　写好计划的秘诀在于不断修正。在修改过程中，应该认真征求专业顾问的意见，以增强计划的可读性和规范性。

知识链接

蓉达·雅布兰的创业计划书内容构架

蓉达·雅布兰毕业于美国哈佛大学，是专栏作家兼演说名嘴，成功创立了3家企业，经营自己创设的管理顾问公司，该公司专门给创业家与小型企业的企业主提供服务。蓉达·雅布兰的每周专栏"成功运营策略"刊载于130余家报纸与杂志，共有超过两千万名读者。蓉达·雅布兰认为严谨、专业的创业计划书必须要清楚交代企业的目标，并且该计划书是企业未来成长与发展的指南。蓉达·雅布兰对创业计划书内容的构架见表8-2。

表 8 - 2　蓉达·雅布兰对创业计划书内容的构架

序号	内容模块	内容
1	执行概要	这部分篇幅 1~2 页，清晰有力地概述整份商业计划书
2	公司简介	简述公司的主营业务、经营状况，以及发展规划
3	产业分析	分析公司所处产业的趋势、特性与标准
4	目标市场	告诉阅读者你们的产品或服务锁定的对象确实存在，并且可以争取得到
5	竞争对手	概要说明竞争对手的优势与劣势，以及本公司的竞争优势
6	商业模式	概述适当的营销方式，证明公司能够达到必要的销售水准
7	运营状况	说明公司日常的运作方式
8	组织架构	详细说明公司管理团队的资历、技能、人格特质，以及担任的职责
9	长期规划	说明公司的长期发展方向、潜在风险，以及实际的退出计划
10	财务说明	主要包括损益表、现金流量预测与资产负债表
11	附录	任何有吸引力、可以让创业计划书更有力的补充材料

第二节　项目路演

路演源自英文"Roadshow"，是指在公共场所进行演说、演示产品、推介理念、推广自己的公司、项目产品、创新想法的一种方式。

大学生创业项目路演，一般指企业代表在讲台上向台下众多的投资者讲解自己的企业产品、发展规划、商业模式、融资计划及产品愿景等。

项目路演的意义在于可以同时让多个投资人倾听项目人的产品讲解，进一步了解其项目的市场前景，并借助演讲，有一个思考与交流的过程，然后确定其是否给予投资与合作。一般来说，投资人每天看到的计划书和接触的项目很多，甚至有时一天阅读上百份创业计划书，所以他们筛选项目往往只能凭借一些产品创新、市场份额、盈利水平、社会需求、成长预期等硬性指标进行研判，很难了解项目的精彩之处，很多优质的企业、优秀的项目都是因此而与投资人擦肩而过的。

一、项目路演 PPT 的撰写

（一）项目路演 PPT 的设计逻辑

制作项目路演 PPT 最重要的原则是"长话短说，深入浅出"，整体风格要简洁大方，内容逻辑要清晰，路演时间不要超过 10 分钟。具体来说，项目路演 PPT 的核心内容应包括"人、事、财"三个方面。如图 8 - 4 所示。

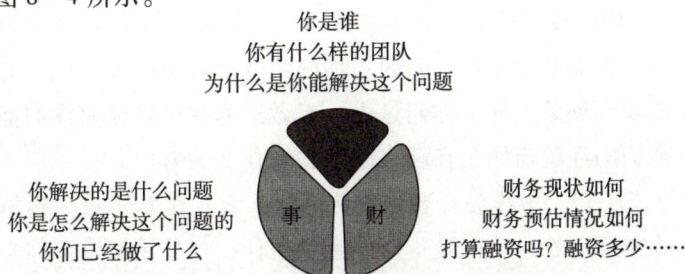

图 8 - 4　路演 PPT 需要设计的核心内容

为了使核心内容能有层次地展现给投资人，项目路演 PPT 的设计应遵循以下设计逻辑。

1. 痛点　这可能是项目路演 PPT 中最重要的内容之一，路演要尽可能简洁地说明：痛点是什么？为什么这是一个痛点？是否有一手或者两手的研究数据支持这个痛点？项目要为谁解决这个问题？

2. 解决方案　现在通过路演已经告诉投资者有一个重要的问题需要解决，并且也已经通过研究得到验证，这时就可以开始讲述如何解决这个问题了。在这部分，路演需要说明：人们现在正在使用的其他解决方案是什么？为什么这些解决方案都没有真正解决问题？你的解决方案是什么？你的解决方案为什么比其他解决方案更好？最终能带来的好处是什么？你的解决方案有什么专利或者独特之处吗？

3. 数据验证　解决方案讲完后，大多数投资者都想看到解决方案的数据验证。你应该思考如何回答下列问题：你有多少付费客户或用户？你每月/每年有多少收入？你每月的增长是多少？你实现盈利了吗？你有重要的合作伙伴吗？

4. 产品　给投资者进行快速的产品演示，在不透露过多细节的同时向他们解释产品是如何工作的，尽量用简洁的语言来解释并放上几张产品图片。以下是你需要回答的问题：你的产品是如何工作的？它如何为你的客户带来价值？

5. 市场分析　谁是你的细分客户是投资者关注的重点，项目路演需要回答：理想用户的画像是什么？谁是你的早期使用者？客户的生命周期价值和获得成本是多少？你的客户流失率是多少？

6. 竞争分析　在这部分，你可以展示你在适应市场和获得市场份额上的信心，同时展示你当前的客户满意度和忠诚度。你需要考虑以下问题：你的市场定位是什么？如何防止竞争对手夺走你的市场份额？你将如何变得比竞争对手更优秀？

7. 商业模式　展示你的商业模式的工作原理以及它如何通过早期试用者得到了验证。这里要解答的关键问题是：你如何赚钱？你的商业模式如何通过实验或案例研究得到了验证？

8. 市场推广策略　确定目标市场和商业模式之后，应让投资者知道你将如何获得这个市场。你的市场推广策略应该已经在小范围内得到了验证，你也应该确定了最有效的客户获取渠道。这里你需要回答：你将如何让你的产品出现在客户面前？基于你当前的资源，你将关注哪些渠道？你通过哪些方法来验证这些最有效的渠道？你最有竞争力的分销策略是什么？

9. 融资需求及财务数据　为了支持你刚才提出的雄心勃勃的获客策略，你需要提出融资需求。你的整个研究都是为了这一目的。此时，投资者应该明白了为什么你的公司会是一个好的投资机会，现在他们想知道你需要多少资本来实现这一点。你需要回答以下问题：你需要多少资金来进一步验证你的商业模式？你的资金还能花多久？还需要多少资金？你将如何分配资金？获客成本是多少？你有多大的信心能够将其保持在一定范围内？

10. 团队　介绍你的团队成员的职务和过去的经历。你要向投资者解释为什么你的团队是开展这个项目的最佳选择。你需要回答以下问题：你的团队里有哪些人？他们有什么相关技能和经验？你是如何认识你的联合创始人的？你们过去一起做过哪些可以证明你们能一起顺利工作的事情？你有哪些顾问？他们的经验与你正在解决的问题有什么关系？

11. 愿景　愿景应该在 PPT 中作为重要的宣传标语，或者在 PPT 最后提醒投资者为什么他们应该关心你的项目。你需要回答以下问题：你的愿景是什么？什么激励着你实现这个愿景？

（二）项目路演 PPT 的制作要求

1. 突出重点　很多项目路演都希望短时间内给投资人呈现更多的内容，于是 PPT 的每一页内容都过度饱和，这样反而会让投资人难以理解所要表达的重点。例如下面两张 PPT，第一张 PPT 用了很多笔墨去解释市场规模巨大，但这些文字干扰了投资人迅速理解 PPT 想要传递的核心内容（图 8 - 5）。第二张 PPT 简洁明了，结论清晰，达到了理想的呈现效果（图 8 - 6）。PPT 文字内容过多除了会影响重点呈现，还会影响路演效果，PPT 都写满了，还要演讲者干什么？

市场概况(全国)

目前我国机动车驾驶人数量每年呈现递增的状态，逐年上涨。

市场总规模超过：**1500亿RMB**

2015年，全国机动车驾驶人数量超3.2亿人，汽车加强人2.8亿人，占驾驶人总量的85.63%，为我国总人口的18%左右，一般发达国家持证比例为60%以上，全年新增汽车驾驶人3375万人，与2014年相比提高了2.23个百分点。

从驾驶人驾龄看，驾龄不满1年的驾驶人3613万人，占驾驶人总数的11.04%，男性驾驶人2.4亿人，占74.29%，女性驾驶人8415万人，占25.71%。

图 8 - 5　修改前未突出重点的 PPT

图 8 - 6　修改后重点突出的 PPT

2. 使用高质量图片　有没有留意到在发微信朋友圈时，纯文字的方式与图文结合的方式哪个点赞数及评论数会更多一些？答案肯定是图文结合的点赞跟评论会更多一些。对于项目路演也是同样的道理，比起纯粹的文字，人们对图片会更感兴趣、情感上更容易产生共鸣。PPT 中配以恰当的高质量图片，不但会让听众产生情感共鸣，加深对内容的理解与记忆，还能提高整个 PPT 的设计品质。

3. 合理使用图表　制作 PPT 时，图表可以很好地表达演讲者的意思，远远比文字有力。图表可以直观地表示数据，表达出数据的内在关系，给听众直接的视觉感受，简单易懂。如饼状图可直观反映一个整体各组成部分之间的比例关系；柱状图可以非常清晰地反映不同项目的数值大小，带有时间轴的数据最好用柱状图；折线图是对某种变化趋势的一种反映，要表示某种变化时最好使用折线图。

4. 使用合适的色彩　人的视觉对色彩最敏感，PPT 的色彩设计得好，可以锦上添花，达到事半功倍的效果。PPT 的色彩设计要掌握"总体协调、局部对比"的原则。具体来说就是主页的整体色彩效果应该是和谐的，在局部、小范围的地方可以有一些强烈的色彩对比。PPT 中的构成元素越多，就越应该注意色彩搭配，尽量做到色调统一、简单，整个 PPT 包括图表、剪贴画等元素，最好控制在五种颜色以内。除了要保持同一页面的统一，还要保持整个 PPT 的色调统一。PPT 制作完成后，可以切换到幻灯片浏览视图下，观察整体效果，以确定整体色调效果的统一性。

（三）项目路演 PPT 与创业计划书的关系

项目路演 PPT 与创业计划书既相互联系又彼此区别。项目路演 PPT 与创业计划书都是创业者创业计划的不同表现形式，创业计划书是创业计划的"扩展详细版"，项目路演 PPT 是创业计划的"精简概要版"，二者的核心逻辑应保持高度一致。

项目路演 PPT 与创业计划书都是创业者与投资人的沟通手段，两者相比，项目路演更加强调与投资人的互动性。项目路演是让投资人在安静的环境里，在路演人声情并茂的展示下真正读懂企业的项目，从而做出更为准确的判断。特别对于一些技术性强的项目，更能减少投资人看不懂和不理解项目的弊端。创业者可以通过自己的精辟讲解和投资家之间的交流，快速对接自己的项目，避开融资之路上的弯路。可以同时让多个投资家认真地倾听你的讲解和说明，并有一个思考和交流的过程。

二、项目路演常见问题

1. 逻辑不清晰　项目路演应遵循一定的逻辑，才能有层次地展现项目的特点，比如从市场痛点描绘出发，分析用户的需求，给出解决方案、具体做法，陈述团队优势。逻辑不清晰会让听众难以理解路演的内容，也会让投资人认为项目团队能力欠缺。

2. 演练不充分　很多路演者一提到准备路演就开始做 PPT。他们把大部分时间花在了做 PPT，而没有充分重视演练路演的全过程。不管什么样的路演，大部分准备工作不应花在 PPT 上，需要花较多的时间进行内容构思、精心演练。这两样是重头戏，至少所用时间要占到准备工作的 70%。有的创新创业项目路演，演练不到 3 遍就匆匆登台，结果可想而知。

3. 重点不突出　内容讲得散乱，导致路演重点不突出，这是项目路演常见的问题。很多路演者都这样的困惑，准备路演时觉得需要讲的内容很多，要讲团队，要讲产品，又要讲商业模式，不舍得删减，但这很容易造成信息量过大、过散，不够凝练。对于听众（投资人或评委）来说，在短短的几分钟内所能接收的信息量很有限，所以路演的时候不能加入太多内容。即使内容很丰富，也一定要提炼、提炼、再提炼！

4. 演讲不自信　演讲人要面对经验丰富的投资人，要在成百上千双眼睛的关注下进行路演的确会有压力。面对压力，很多演讲人往往缺乏自信。如果连演讲人自己对项目都没有信心，那么如何让投资人相信项目能获得成功呢？投资人有可能不了解技术，不了解产品，但他们对项目的印象很大程度取决于演讲者对项目的信心，所以路演时一定要将信心传递给听众。

5. 时间不合理　大多数项目路演都会将重点放在"痛点分析"上，认为这是项目成功的起点，喜欢浓墨重彩地分析痛点，结果导致时间分配不合理。大多数投资人有丰富的市场经验，对市场痛点有较清晰的认知。在一场限制时间的演讲中，无需告知投资人已知晓的信息，应把重点放在投资人关注的如何解决痛点上，有什么解决方案。

【课堂练习】

"电梯演讲"创业比赛

1. 电梯演讲的起源　"麦肯锡30秒电梯"理论来源于麦肯锡公司一次沉痛的教训。该公司曾经为一家重要的大客户做咨询。咨询结束时，麦肯锡的项目负责人在电梯间里遇见了对方的董事长。董事长问麦肯锡的项目负责人："你能不能说一下现在的结果？"由于项目负责人没有准备，就是有准备也无法在电梯从30层到1层的30秒内把结果说清楚。最终，麦肯锡失去了这一重要客户。

从此，麦肯锡要求公司员工凡事要在最短的时间内把结果表达清楚，凡事要直奔主题。麦肯锡认为，一般情况下，人们最多记得一二三，记不住四五六，所以凡事要归纳在三条以内。这就是如今在商界流传甚广的"电梯演讲"。

2. 创业项目快速路演比赛的要求　在60秒内讲清楚其创业项目产品或商业模式的形态，并体现说服市场购买或使用的可能性和能力。注意用实例、数据、实物等支持其创新性、科技性和可行性，用研究者能力和技巧达到现场的互动效果。

3. 创业项目快速路演比赛流程

（1）第一轮　班级全体同学参赛，每位同学有60秒的"电梯"时间，向全班同学陈述自己的创业想法，演讲的同学必须利用短短的60秒抓住观众的注意力，清楚解释产品可以解决的痛点，获得2/3观众的"肯定"便可进入第二轮。

（2）第二轮　入围选手继续对刚才的项目进行阐述和补充（即获得又一次的"电梯演讲"机会），时间仍为60秒，获得2/3观众的"肯定"便可入围公投环节。

（3）公投环节　入围公投环节的选手接受全班同学投票。在每人一句阐述创业理念之后，由观众投票选出最终获胜的选手。

三、项目路演注意事项

1. 准备要精心细致　通常路演时出现紧张、拘束等情况多为平时练习少，准备不足。试想如果让你讲一件你最熟悉的事情或者跟朋友聊天，你绝对不会如此表现，只要对自己接下来要表达的内容有足够的自信，这些情况自然会克服。

2. 语句要通俗易懂　演讲稿语言应是通俗易懂的书面语，与正式的专业文章相比，它更通俗、活泼，但要比口语更规范、纯正，一些优秀的演讲稿还能体现出演讲者鲜明的个人情感色彩。路演者经常犯的一个错误就是为了凸显项目优势，喜欢堆砌大量枯燥的专业术语和数据，这样往往让观众难以理解。

3. 临场要自信大方　路演时一定要表现出自信。如果对自己都没有信心，又怎能让投资人对你的项目有信心。

4. 时间要精准控制　项目路演都有时间限制，如果时间到了路演未结束或者时间没到路演提前结束了都会让观众觉得你没做足功课，从而影响路演效果。路演之前要先测试一下自己的语速，240字/分钟语速较快，160字/分钟语速较慢，200字/分钟为常规速度，根据语速准备路演文稿，并经过演练精准控制时间。

5. 回答要沉着冷静　项目路演后，一般是投资者提问环节。很多人因为没能很好地回答投资者的问题，导致创业项目无法获得认可。对评委的提问甚至质疑应基于对自身项目的深刻思考自如地应答，若确有答不上来或考虑不周的地方要勇于承认，并虚心接受，以待日后考证完善。

【本章要点】

1. 创业计划书是指创业者在创业初期所编写的一份书面创业计划，用以描述创办一个新的风险企业时所有相关的外部及内部要素。撰写创业计划书时应遵循以下的逻辑结构：封面、执行概要、公司介绍、产品或服务、创业团队、技术分析、市场分析、竞争分析、风险分析与控制、市场营销策略、项目融资与筹划、财务分析、创业项目股权结构等。

2. 项目路演的意义在于可以同时让多个投资人倾听项目人的产品讲解，进一步了解项目的市场前景，并借助演讲，有一个思考与交流的过程，然后确定是否给予投资与合作。制作项目路演 PPT 最重要的原则是"长话短说，深入浅出"，整体风格要简洁大方，内容逻辑要清晰，路演时间不要超过 10 分钟。创业项目在路演时准备要精心细致，语句要通俗易懂，临场要自信大方，时间要精准控制，回答要沉着冷静。

【思考题】

1. 撰写创业计划书应遵循哪些原则。
2. 制作项目路演 PPT 有哪些要求。
3. 结合项目路演常见问题和注意事项，你认为如何进行一场精彩的项目路演。

案例分析

没有创业规划，项目举步维艰

小张毕业于某中医药院校药学专业，就职于一家制药企业。在工作之余，她努力钻研，发现了一项栽培蘑菇的新技术。根据小张的市场调研，如果这项技术能投入市场，将有很大的应用前景。于是她决定辞去工作，注册了一家属于自己的生物科技公司。创业伊始，前期的积蓄还能勉强支撑公司运营，但由于市场还没有打开，各项开支远远超出当初预算，公司逐渐入不敷出，连买原料的资金都没有了，更不用谈技术升级了。无奈之下，小张想到风险投资，希望能通过资金注入摆脱困境。

经过多方联系，小张与一家风险投资机构和一位天使投资人进行会谈。在交谈中，小张反复强调她的技术多么先进，多么有市场前景，可当投资人问到一些具体数据，如目标顾客具体有多少、一年的销售量能达到多少、竞争对手的产品优势是什么、多久能收回投资时，她则回答："这些数据现在还不清楚，但我保证项目的投资回报率肯定低不了。"结果项目始终无法获得投资人的青睐，公司只能艰难度日。另外，小张的公司招聘技术骨干时也面临类似问题，因为无法提供详细的公司运作信息和创业计划，应聘者对公司的未来发展同样感到迷茫，缺乏信心。

（案例来源：根据相关资料整理）

思考：

1. 为何小张的项目不被青睐？
2. 如果你是小张，你将如何应对？

【实践练习】

编制创业计划书

班级学生自由组成创业团队，每个创业团队 5 ~ 7 人为宜，最好知识、能力、经验、性格互补，遵循创业计划书的结构与撰写要求，聚焦新冠肺炎疫情背景下的大健康产业，完成一份创业计划书的编制，将创业点子发展成为创业项目的策划方案，要求包括创业计划书的基本要素与内容，文字简洁，语言流畅。具体操作流程如下。

1. 创业计划构想　每支创业团队经头脑风暴后形成各小组的创业构想，并对创业构想进行细化，形成一个比较完善的创业项目。

2. 撰写创业计划书　按照创业计划书的逻辑结构，结合创业计划书的撰写原则，编制创业计划书。

3. 进行项目路演　撰写项目路演 PPT，以小组为单位，每支创业团队进行项目路演，其他小组进行点评和讨论，教师对学生的表现进行总结。

第九章

创业融资

学习目标

1. 掌握创业融资渠道的概念与内容。
2. 熟悉融资渠道。
3. 了解创业融资决策的基本原则。

案例导引

医健领域的"银联"，健医科技完成千万 A 轮融资

当今中国商业健康保险市场正处于快速发展阶段。2013～2015 年，商业健康保险市场规模的年复合增速维持在 40% 以上。健康保险市场的未来格局势必向专业化、多元化、分散化的方向发展。2015 年，致力于成为医疗健康领域的"银联"健医科技获得了分享投资数千万元的 A 轮融资。此前，公司于 2015 年获得金浦投资的千万元级 Pre–A 轮融资。据了解，本次融资估值较上次融资上涨了四倍。

对于商业保险来说，从 2013 年的《关于促进健康服务业发展的若干意见》，到 2014 年的《关于加快发展商业健康保险的若干意见》，再到 2015 年的《个人税收优惠型健康保险业务管理暂行办法》的颁布和实施都是利好消息。其中，2015 年，健康险的保费规模已经超过 2000 亿元；2020 年，商业健康险的市场将突破万亿元。由于看好远期健康险的发展，市场已经出现不少专业健康险公司，如人保健康、昆仑健康、和谐健康、平安健康、太保安联健康、复星联合健康保险等。从各家年报看，除了靠投资收益在 2015 年获得盈利的昆仑健康和以万能险业务为主的和谐健康以外，其他各家均处于亏损状态。

对健康险公司来说，如何优化产品设计、高效审核赔付、尝试反向控费，从而实现盈利是最重要的问题。这也是健医科技目前最大的一块业务——第三方理赔支付服务产生的原因。健医科技在当中希望充当"银联"的角色，对接双方的需求。据健医方面介绍，这样能够为保险机构节省 70% 的理赔处理运营成本。

主要承载健医科技业务的是"健医宝"APP 和"健医在线"微信公众号，目前只有已经投保的用户才能使用，用户总量在几十万。从合作方来看，健医已在前期的"攻城略地"中小有成绩，已经与 4 万家药房、数十家三甲医院、数百家医疗服务机构和 20 多家主流保险机构进行了合作，如国大药房、海王星辰、北京协和医院、上海儿童医学中心、人保健康等。

健医科技现在总部在上海，公司有 50 多人。创始人曹白燕是金融硕士、精算师，有超过 15 年国内外金融保险经营与产品经验，核心团队来自阿里、招商银行、海王星辰。此次的投资方分

享投资 VP 谢开表示：本次投资是基于看好商业保险市场的行业发展机遇，以及健医科技团队的运营能力。健医科技的模式对团队的跨界整合能力要求高，需要布局孵化的时间长，这也能够体现出健医的竞争壁垒。

创始人曹白燕表示：此次融资后将进一步扩大保险公司合作和医疗机构合作数量，提升网络效应，做深做透支付理赔业务，继续发挥团队在健康险和支付方面的优势，打造健康险的综合服务平台，以更好地为健康险公司提供差异化服务，同时对原有的支付理赔市场提供新的业务和技术产品思路。

（资料来源：于东炜．做医健领域的"银联"，健医科技获分享投资数千万元 A 轮融资．2016 - 12 - 07，https：//www. iyiou. com/interview/2016120735667. 有删改）

案例讨论：

1. 初创企业的融资过程是怎样的？
2. 作为一名创业者，如何完成首轮融资，融资过程中需要考虑的问题有哪些。

第一节　概　述

当今时代是创业者激发创造的最好时代，创业就是一个发掘和整合资源的过程，资金是初创项目得以顺利开展的重要保障。因此，如何进行融资、什么时候需要融资、融资额多少合适，这些都直接关系着初创企业能否科学健康地发展。

一、创业融资的概念

融资是资金融通的简称，是一个企业筹集资金的行为与过程，也是企业根据自身生产经营状况、资金拥有状况、未来经济发展的需要等，通过科学的预测和决策，采用一定的方式，从一定的渠道向投资者或债权人筹集资金，以保证正常生产和经营的管理活动。

根据《新帕尔格雷夫经济学大辞典》的解释，融资是指为支付超过现金的购贷款而采取的货币交易手段，或为取得资产而集资所采取的货币手段。融资有广义与狭义之分，广义融资是一种货币资金的融通方式，是融资人通过各种方式到金融市场上筹措或贷放资金的行为；狭义融资是公司资金筹集的行为与过程。

创业融资属于狭义融资范畴，是指新创企业通过不同渠道，采用不同方式筹集资金，获得初始创建资本及后续运营资本的过程。企业应该在发展的不同阶段，根据企业资本需求程度，结合企业发展规划战略，科学合理地确定资本结构和资本的需求量。

二、创业融资计划

创业有其规律，创业融资也是如此。创业者及其团队成员需要了解创业融资基本规律，做好相应的准备工作，以制定适宜的融资计划和融资战略。什么阶段需要采取什么方式的融资，如何确定融资额度？只有切实了解企业发展现状，才能结合实际进一步确定企业发展的目标和计划。

（一）融资准备

机会是留给有准备的人的。创业者要想获得投资人的青睐，需要事先做好准备。首先，要了解掌握创业融资的基本知识，只有了解创业融资，才能做好创业融资。其次，做好团队建设，很多投资人投资的是创业团队而非投资产品，正所谓"先看人品再看产品"。最后，设计一个好的商业模式，也就是必须有独特的价值主张，它是通过满足用户需求的独特组合来创造价值，这也是企业能够长远发展的基础。

1. 企业发展阶段 融资准备的核心问题是确定资金需求量。与投资人谈融资，最为重要的问题就是告诉对方希望融资多少资金。金额太大，投资人可能会考虑风险过高而拒绝；金额太少，无法满足企业阶段性发展需要。

一般来说，企业发展可以分为四个阶段，即种子期、初创期、成长期和成熟期（图9-1）。

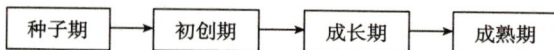

种子期 → 初创期 → 成长期 → 成熟期

图 9 - 1　企业发展的四个阶段

（1）**种子期** 企业处于产品研究和实验阶段，发展处于高度不确定之中，投资规模较小，风险程度较高。种子期的创业公司所需要的风险投资被称为种子资金。种子资金的主要来源包括两方面，一方面是天使投资，另一方面是创投基金，额度一般在 10 万 ~ 100 万之间。

（2）**初创期** 企业开始进行市场探索，需要大量资金购买生产设备、后续研发，并进行市场的前期营销。初创期企业融资的目的是确定产品在市场的可行性，同时构建产品营销网络。初创期的风险投资一般称为创业资金。初创阶段由于企业业绩薄弱，较难获得商业信贷，资金主要来源于风险投资公司和风险投资人。

（3）**成长期** 企业产品在市场中获得了大众的初步认可，展现出较好的市场成长性。企业已经具备一定的资产规模，开始扩大生产，不断开拓市场。成长期是引入风险投资的主要阶段，市场风险和管理风险也随之增大。融资方式开始多元化，成长期的资金主要分为运营资金和扩张资金，通过原投资人增资和新投资人加入而获得。

（4）**成熟期** 企业的管理与运营日趋稳定完善，也是公司上市前的最后一个阶段，是风险投资退出、私募基金进入的阶段。此阶段企业现金流达到一定规模，技术成熟，并且市场相对稳定，企业具有较强的融资能力。此阶段创业融资的策略倾向于债券、股票等，这是为企业提供丰富资金来源的方式。

2. 企业融资轮次 企业股权融资一般分为种子轮、天使轮、A 轮、B 轮、C 轮等。制定融资轮次和频率是企业融资计划中的一项重要内容。

（1）**种子轮** 种子轮投资主要面向种子期和初创期企业。通过股权融资获得的资金被称为种子轮投资。种子轮投资的融资通常来自创业团队成员、亲朋好友、天使投资人或天使投资机构。种子期的企业融资用途基本用于支付管理团队工资、支持产品研发与测试等。种子轮的融资量较少，企业估值也较低，融资对创始人的股权稀释效应较大。

（2）**天使轮** 天使期是指公司有了产品初步的模样，可以供给市场，有了初步的商业模式，积累了一些核心用户。天使期融资是创业公司在上述阶段所进行的融资行为，投资来源一般是天使投资人、天使投资机构。天使轮是针对初创项目的投资，机构的投资规模通常会比天使投资人大一些。

（3）**A 轮** A 轮投资主要面向发展期的企业，用途是帮助企业实现产品生产的规划，培育市场，建立销售队伍和产品的深度开发。此阶段，企业仍未达到盈亏平衡点，但与种子阶段相比，风险有较大幅度下降，发展企业逐渐显现，但投资成功率依然较低。这一阶段的融资主要面向风险投资机构。A 轮融资的用途是帮助企业实现产品生产的规划化，培育健康市场，建立销售队伍和产品的深度开发。

（4）**B 轮** B 轮投资对象的处于快速扩张阶段的企业。在这个阶段，企业开始盈利，逐渐确立起相应的市场地位，融资方式呈现多元化态势。此轮融资的目的是市场扩张，扩大产能。由于已经具备取得银行流动资金贷款及通过商业担保公司取得中长期贷款的条件，可以寻求银行贷款、商业信用等多种债权融资方式。此阶段，风险资本融资仍然是主要的融资方式。

（5）C轮及后续轮次　C轮融资一般是企业上市前的冲刺，目的是得到更高的上市溢价。为了保持企业市场地位和进一步发展的需要，企业根据实际情况还会进行D轮甚至E轮等更多轮次的融资。

（二）融资估算

创业者必须清醒意识到创业公司估值是创业者在融资之前必须要做好的准备，公司估值的高低决定融资额的高低。只有搞清楚估值，才能把握好融资的节奏，更好掌握创业公司的融资需求量。

企业成长过程中，不同阶段都会涉及融资问题。阶段不同，企业融资的目的和方式也有所不同，并非估值越高，融得的资金越多就越有利于创业公司的发展。对于初创企业而言，在创业融资过程中应积极采取各种措施和手段降低融资成本，因为控制并降低融资成本是降低创业风险、提高创业成功率的有效途径。

1. 估算销售额　为了预测融资需要量，首先应该明确影响资金需要量的主要因素。一般情况下，影响资金需要量最大的因素是企业的销售额。所以明确企业的销售情况是估计资金需要量的主要依据。

2. 估算所需总资产　根据销售量预测及价格预测可以估算计划期的销售收入。通常，大部分资产是销售收入的函数，根据历史数据可以分析出该函数关系，在此基础上结合计划期的销售收入，可以预测所需总资产。预测的总资产的货币表现是计划期总资产的需求量。

3. 估算留存收益　留存收益包括盈余公积和未分配利润。盈余公积来源于净收益。计划期净收益的大小取决于计划期的销售收入和费用，根据对计划期的净收益估计及股利分配预计就可以估算留存收益所能提供的资金数额。

4. 估算外部融资需求量　计划期总的资金需要量从来源上看有内部来源和外部来源。内部来源包括留存收益和折旧，外部来源包括流动负债、非流动负债等。大部分流动负债也是销售收入的函数，即在购买材料过程中形成应付账款、应付票据等。因此，可以根据计划期的销售收入预测负债的自然增长，总的资金需求量扣除留存收益和负债的自然增长就可以估算外部融资需要。

5. 投资额预测　投资额预测主要是指新建扩建项目需要的总的投资测算。进行投资额预测有利于正确评价投资方案的经济效果。同时，只有合理地预测企业的投资额，才能合理地融资。

（三）资金来源

资金来源即融资的渠道和对象。根据资金使用期限，资金来源可分为短期融资和长期融资。短期融资主要以债权融资方式进行，长期融资主要以股权方式进行。与此同时，应多方面收集信息，获取银行、政府、担保机构、风险投资等可能提供资金支持机构的信息，了解当地政府在创业资金方面的支持政策和力度，多方面寻找和筛选融资来源与对象，在确定融资来源与对象的同时，需要对创业企业的股权、债券、经营权的比例进行慎重思考和安排。

三、创业融资预算

创业融资预算是一个将现实与未来综合考虑的决策过程，需要在财务数据的基础上，全面考察企业经营环境、市场状况、企业战略等内外部资源条件。主要应该解决以下问题：应该在何时融资、融资额需要多少、融资方式如何确定、融资成本与投资收益如何配比等。总而言之，融资预算要以企业战略为导向，根据企业的发展方向、发展速度和规模确定未来一段时期所需的资金量，以及获取资金的方式和渠道。

第二节　创业融资的渠道

创业者需要了解各种融资渠道和投资人的特点，只有充分了解创业融资的基本规律和渠道，才能帮助企业制定适宜的融资战略和行动步骤。

融资渠道是指协助企业获取资金来源的方向与通道。掌握融资渠道的种类、特点和实用性，有利于创业者充分利用不同形式的融资渠道助力企业发展，实现各种融资渠道的组合，筹集所需资金，为企业发展壮大奠定坚实基础。

根据融资对象不同，创业融资渠道可分为私人资本融资、机构融资和政府背景融资。私人资本融资是指创业者向个人融资。机构融资指企业向相关机构融资。政府背景融资指政府推出的针对创业企业的各种扶持资金及政策，主要包括政府专项基金、税收优惠、财政补贴、贷款援助等融资渠道。随着互联网的蓬勃发展，互联网金融也逐渐成为一种新的融资渠道，如网络众筹。

一、私人资本融资

绝大多数初创企业在首轮融资过程中，很难通过银行借贷、发行债券等传统的融资方式获得资金，这时候私人资本融资就成为企业初创阶段的主要融资形式。图 9 - 2 是美国 Inc 杂志在调查收集 500 强企业创业初期资金主要来源形式进行的对比。

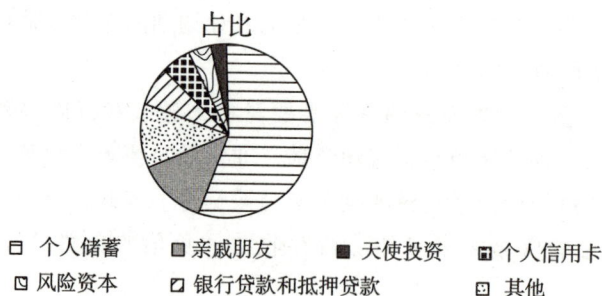

占比

| □ 个人储蓄 | ▨ 亲戚朋友 | ■ 天使投资 | ▦ 个人信用卡 |
| ▧ 风险资本 | ▨ 银行贷款和抵押贷款 | | ▤ 其他 |

图 9 - 2　创业资金的主要来源

（资料来源：阿玛尔·毕海德. 新企业的起源与演进. 魏如山译. 北京：中国人民大学出版社，2004.）

根据世界银行所属国际金融公司的调查，我国私营中小企业在初始创业阶段所获得的资金，90% 以上是创业者、创业团队成员及其家庭成员和亲朋好友提供的，银行、其他金融机构贷款所占比重很小。由此可见，私人资本融资是创业初期的主要融资渠道。私人资本融资包括创业者自我融资、亲友融资、天使投资等。

1. 自我融资　个人投资是创业企业的重要资金来源。一般从资金成本角度来说，个人投资的成本往往是最低廉的。因此，大学生在创业初期个人投资往往是最主要的融资形式。另外，只有通过一定的个人投资之后，外部投资者或金融机构等投资主体才有可能对其初创企业进行资金注入。

创业者个人资金的投入对于初创企业来说具有非常重要的意义。首先，创业者将尽可能多的自有资金投入初创企业，可在企业中持有较多的股份，随着企业的成长与成功，创业者将获得较大的利润回报。创业者向初创企业投入的个人资金越多，获得投资分红比例越高，同时对企业的控制权就越大。其次，创业者投入个人资金的同时，也在释放一种信号，告诉其他投资者，创业者对项目前景充满信心，对自己认定的商业机会有十足的把握，愿意将自己的资金和精力投入其中，全心全意、踏踏实实地干事业。这种信号对其他资金所有者是一种积极的暗示，会增加其投资的可能性。

2. 亲友融资 家庭是市场经济的三大主体之一，在我国，创业过程中家庭起着重要的支持作用。向亲友融资是初创企业创业融资中较为常见、非常有效的融资方式。家庭成员和亲朋好友基于与创业者的社会关系，自愿在其创业阶段给予一定的资金支持。

尽管亲友融资的方式直接、有效，但与所有融资渠道一样，创业者同样需要用现代市场经济的规则、契约原则和法律形式规范融资行为，以更好地保障各方利益，防止不必要的纠纷发生。融资前，创业者一定要告知所筹资金存在的风险、性质、利息率、还本付息计划、红利支付方式、比例等，并进行书面约定。另外，对投资者的权利、责任，以及创业失败之后的处理，包括对家庭成员、亲朋好友的关系影响等都应进行仔细考虑，整体评估预判。

3. 天使投资 天使投资原指个人而非机构风险投资行为，因此又被称为"非正式风险投资"。风险投资人投的是他人的资金（主要是机构投资者的资本），天使投资人投的是自己的钱，二者存在明显区别。严格意义上的天使投资是高财富净值的个人对于种子期和初创期的企业或项目进行权益投资的行为。

天使投资最早起源于美国百老汇，原指一些富有的人个人出资，帮助具有社会公益性质的演出，后来被应用于经济学领域。新罕布什尔大学的风险投资中心首先应用"天使"一词来形容这类投资者。天使投资有五方面特征：一是单笔投资额度小。因为天使投资是一种分散的、个体的、小规模的投资，故投资规模往往较小。二是偏好风险较高的种子期和初创期企业。由于种子期和初创期的企业都面临"死亡谷"的问题，所以天使投资是真正的"雪中送炭"。然而高风险意味着高收益，天使投资一旦成功，收益一般可达数十倍。三是投资决策快。由于天使投资人投的是自己的钱，不存在委托代理的问题，因此投资决策速度较快。四是投资后干预和增值服务较多。天使投资人会与创业者保持密切联系，同时向创业者提供各方面的增值服务，帮助企业渡过难关。五是本地化投资。由于投资人与创业者联系或会面的频次较高，一般天使投资只投本地企业，这也使得天使投资成为区域创新创业企业具有吸引力的重要标志。

天使投资主要有三种模式：一是个人单干模式，也就是天使投资人。目前我国天使投资人主要有两大类，一类是成功的企业家和创业者；另一类是专业人士，如会计师、律师、企业高管及一些行业专家等。第二种模式是集体作战模式，也就是天使投资团队。这些天使投资人组成天使俱乐部、天使联盟或天使投资协会，汇集项目来源，定期交流评估，分享行业经验和投资经验。第三种模式是机构化模式，也就是天使投资基金。为了克服个体天使投资人的投资局限，从而形成了专门的天使投资基金。该基金根据风险投资基金的模式设立和运作，由专业的管理团队进行管理。

4. 众筹融资 众筹融资是指通过网站或社交网络形式，向特定投资人群发布融资需求筹集资金的方式。众筹融资是一种去中介化的融资方式，由资本供给方与需求方直接对接，特定的投资人群自行对项目或者产品进行评估，从而做出投资决策。

如今，众筹市场正从慈善事业迅速渗透到商业领域，为创业者提供"梦想"基金。无论是线上众筹、线下众筹抑或第三方众筹网络平台，大多数众筹都可以高效地筹集资金。

众筹融资的类型主要有两种：一是产品（或服务）众筹，指发起人给予支持者某项产品或服务作为回报，交易模式是"团购＋预售"。产品众筹具有提前锁定消费者、广告发布、募集生产资金、检验产品是否具有市场价值等多重功能。二是股权众筹，指发起人给予支持者的回报为创业公司的股权，支持者成为创业公司的股东。此模式解决了线下投资者与创业者匹配困难的问题，使创业者可以在网络众筹平台公开展示自己的项目，从而提高融资成功率。

目前，我国政府对股权众筹进行严格监管。2014 年 12 月 18 日，我国证券业协会发布了《私募股权众筹融资管理办法（试行）（征求意见稿）》。2015 年 7 月 18 日，人民银行等十部委联合发布了《关于促进互联网金融健康发展的指导意见》（银发〔2015〕221 号）。《意见》提到股权众筹融资面向小微企业的小额融资。也就是说，通过互联网进行众筹的额度会设置上限。另外，在投资者人数方面，根据《中华人民共和国证券法》的规定，投资者不能超过 200 人。这些法律红线在一定程度上限制了股权众筹功能的发挥。可见，投资者在进行小额投资的同时，应当充分了解股权众筹融资风险，具备相应的风险承受能力。股权众筹等业务由我国证监会负责监管。

二、机构融资

机构融资指企业向相关机构融资，包括银行贷款、商业信用融资、租赁融资、创业投资基金等。

1. 银行贷款　银行贷款被称为创业融资的"蓄水池"，由于大多数银行具有政府背景且财力雄厚，因此深得创业者的信任。事实上，创业者想要获得银行贷款并不容易，但也不是完全没有可能。因此，创业者要想顺利获得银行贷款，还需要对银行贷款的流程和要求有一定的了解。由于创业者初创企业的经营风险较高，价值评估困难，银行一般不愿意冒太大风险向创业企业提供贷款。这类贷款发放时往往要求创业者提供担保，包括抵押、质押、第三人保证等。

银行贷款具有以下特点：一是手续较为简单，筹集资金速度较快。银行根据企业的财务报表、审计报表、银行往来情况、担保或抵押情况及用款计划审批有关贷款申请。二是银行贷款的使用期限不稳定。通常贷款合同中会规定债权人有权在任何时候收回贷款，只要认为有必要。因此，一旦企业出现危机，即使有些贷款期限尚未到，银行也会争相收回贷款。三是银行提供贷款通常有担保、资产抵押等附带条件，企业所拥有的银行信用有一定的限度。

2. 商业信用融资　商业信用融资是指企业以赊销方式销售商品时所提供的信用。商业信用是企业短期融资的主要方式。由于它直接与商品生产及流通有关，手续便捷，因此很容易成为企业短期资金来源。商业信用融资通常有应收账款融资和票据融资。此外还有"其他应收账款"融资、"预收账款"融资等。

应收账款融资有两种方式：应收账款抵押贷款和应收账款转售。应收账款抵押贷款是以应收账款作为贷款担保品，贷款人不仅拥有应收账款的受偿权，还可对借款人行使追索权。应收账款转售是指借款人将其所拥有的应收账款卖给贷款人，并且当借款人的客户不能支付应收账款时，贷款人不能对借款人行使追索权，只能自行负担损失。

票据融资是以票据充当融资工具，促使资金在盈余单位与短缺单位之间流动，实现融通资金的商业信用融资。

3. 租赁融资　租赁融资是出租人根据与承租人签订的租赁契约，以收取一定的租金为条件，将租赁物的使用权在规定的时期内交给承租人，其所有权仍属于出租人的一种经济行为。租赁融资将借钱和借物融合在一起，既借钱又借物，还的是钱而不是物。

一般企业急需购买某种大件设备，而资金不足时可考虑租赁融资的方式。租赁融资在需要使用昂贵设备的企业中使用得非常普遍。租赁融资的主要优势在于可以减少企业固定资产开支，降低固定资产在总资产中的占比，优化和改善资产结构。

4. 创业投资基金 创业投资基金（venture capital fund）是指由专业机构提供的投资于极具增长潜力的不成熟创业企业并参与其管理和经营服务的股权资本。创业投资基金投资于创业企业，并通过资本经营服务，培育和辅导创业企业成长，以分享其投资企业高成长带来的长期资本增值和高额收益。它主要包含三层含义：①投资对象为创业企业，与非创业企业的投资有所区别。②在提供资金支持的同时，还提供特有的资本经营等方面的增值服务，与单纯的投资行为有所不同。③在企业完成创业使命后即退出投资，实现自身的资本增值服务并进行新一轮的创业投资，与通过长期持有所投资企业股权来获取股息红利为主要收益来源的普通资本形态有所区别。创业投资机构的资金来自于外部投资者，是一种以公司等组织形式创立的私募资金，由专业经理人管理，主要用来投资一些未上市的新兴中小企业，尤其是那些高新技术企业，具有承担高风险、谋求高回报的资本形态。创业投资基金已经成为越来越多的创业者融资的一个重要渠道。目前中国已成为全球创业投资的中心之一，已全面赶超国外知名的风险投资基金。

三、其他形式融资

其他融资方式包括股票上市融资、大学生创业优惠政策等。

1. 股票上市融资 股票上市融资是指股份有限公司通过对公众发行公司的股票以获得资本的融资方式，如创业板上市融资、科创板上市融资等。

（1）**创业板上市融资** 创业板市场着眼于创业，是指主板市场之外，为满足中小企业和新兴行业创业企业融资需求及创业投资退出需求的证券交易市场，如美国的纳斯达克市场、英国的AIM市场等。创业板市场青睐于成长性高、科技含量高，能够符合新经济、新服务、新农业、新材料、新能源和新商业模式特征的企业，适用于处于成长期的中小高新技术企业。创业板过分看重企业规模和业绩，看重企业的发展前景和成长空间。创业企业通过上市公开发行股票，利于企业的长远发展和市场开拓。同时，创业板对企业治理机构要求高，构建产权必须明晰、权责明确、管理科学、规范运营，并有严密的业务发展计划和完善清晰的发展战略。

创业企业上市融资也会带来一定的约束和风险。为了保护投资者的利益，监管部门对创业板市场制定了更为严格的要求。企业一旦成为上市企业，在信息公开、财务规范、治理结构等方面必须遵循市场要求和考验。此外，股价也更为直接地反映企业的形象，对企业的管理模式要求较高。初创企业由于股本规模小及股份全流通，创业板上市企业很有可能成为其他中大型企业的收购对象，存在一定的收购风险，从而减弱或者丧失在企业中的话语权。

（2）**科创板上市融资** 中国证券监督管理委员会于2019年1月30日发布了《关于在上海证券交易所设立科创板并试点注册制的实施意见》（以下简称《意见》），2019年7月22日上海证券交易所举行科创板首批公司上市仪式，25家科创板上市公司开盘上市。《意见》强调，上海证券交易所设立科创板，坚持面向世界科技前沿、面向经济主战场、面向国家重大需求，主要服务于符合国家战略、突破核心技术、市场认可度高的科技创新企业，重点支持新一代信息技术、高端装备、新材料、新能源、节能环保，以及生物医药等高新基础产业和战略性新兴产业，推动互联网、大数据、云计算、人工智能和制造业深度融合，引领中高端消费，推动质量变革、效率变革、动力变革。科创板的创立无疑为新创业融资和快速发展提供了一条新的途径。

2. 大学生创业优惠政策 李克强总理曾批示："大学生是实施创新驱动发展战略和推进大众创业、万众创新的生力军。"有关扶持大学生创业的内容也两次列为国务院常务会议议题。为支持大学生创业，国家和各级政府出台了许多优惠政策，涉及金融、税收、创业培训、创业指导等多个方面，如鼓励各地充分利用现有资源建设大学创业园、创业孵化基地和小企业基地，为高校毕业生提供创业经营场所支持，高校毕业生创办个人小型微利企业的按国家规定享受相关税收。鼓励金融机构积极探索和创新符合高校毕业生创业实际需求的金融产品和服务，结合风险分担情况，合理确定贷款利率水平，优化贷款审批流程，提升贷款审批效率，多途径为毕业生解决担保难问题。毕业两年以内的普通高校毕业生从事个体经营的，自其在工商部门首次注册登记之日起三年内，免收管理类、登记类和证照类有关行政事业性收费。有创业意愿的大学生，可免费获得公共就业和人才服务机构提供的创业指导服务，包括政策咨询、信息服务、项目开发、风险评估、开业指导、融资服务、跟踪扶持等"一条龙"创业服务等。

知识链接

全国部分省市大学生创业优惠政策

江西省

放宽创业担保贷款申请条件，对获得市级以上荣誉称号以及经金融机构评估认定信用良好的大学生创业者，原则上取消反担保，符合条件的高校毕业生自主创业可申请最高20万元创业担保贷款；合伙创业或组织起来共同创业的并经工商管理部门注册登记的，执行最高50万元贷款额度和全贴息政策；对合伙人员或组织起来共同创业人员数量较多的，执行最高90万元贷款额度，按符合条件人员人均15万元额度进行贴息的政策；高校毕业生创办的小微企业，可申请最高600万元的创业担保贷款，其中300万元以内贷款按国家、省里现行政策贴息。支持高校毕业生返乡入乡创业创新，对到贫困村创业符合条件的，优先提供贷款贴息、场地安排、资金补贴。支持建设大学生创业孵化基地，对入驻实体数量多、带动就业成效明显的给予一定奖补。其中，被评为全国创业孵化示范基地的给予一次性补助200万元，被评为江西省创业孵化示范基地的给予一次性补助100万元。

［资料来源：2019年10月，江西省人力资源与社会保障厅《关于做好当前形势下高校毕业生就业创业工作的通知》（赣人社发〔2019〕30号）］

吉林省长春市

办理落户手续的应届高校毕业生，在长春创业且需要办理创业担保贷款的，可采取国内房产（不动产）抵押或符合条件的第三方自然人担保的方式，申请单笔最高30万元、最长3年的政府全额贴息贷款；合伙经营的，贷款额度最高可达100万元；对资产、营运、获利、偿债综合能力优秀的企业，贷款额度可放宽至500万元。

［资料来源：2020年7月，长春市人民政府办公厅《关于印发长春市促进应届高校毕业生来（留）长创业就业若干措施实施细则的通知》（长府办函〔2020〕30号）］

陕西省

落实标准化创业中心、创业孵化基地为创业毕业生减免场地租赁和创业服务费用等措施。实行创业担保贷款线上办理，将毕业生个人最高贷款额度由15万元提高至20万元，10万元以下个人贷款免除反担保要求。省高校毕业生创业基金重点扶持应届毕业生自主创业。积极打造"双创"平台，精心举办"创客陕西"中小企业创新创业大赛、第二届陕西"丝路创星"创业创新大赛和第八届陕西省青年创新创业大赛等活动，对获奖项目给予资金奖励和政策扶持。

[资料来源：2020年7月，陕西省人民政府办公厅《关于开展促进高校毕业生就业创业十大行动的通知》（陕政办发〔2020〕12号）]

第三节　债权融资与股权融资

由于初创企业在创业初期融资较为困难，创业者就需要利用各种融资渠道筹集资金。根据企业资金来源的性质不同，创业融资可分为债权融资和股权融资两种。

一、债权融资

债权融资是指企业以发行债券、银行借贷方式向债权人筹集资金。通过债权融资所获得的资金，企业具有使用权和支配权，可以用于企业的生产经营活动。债权融资要求企业具备一定的资信和足够的担保，企业除了承担债权融资带来的利息，借款后期还要向债权人偿还本金。

债权融资的优势在于，一般不会影响企业的股东和股权结构，企业保持对企业重大决策的控制权，并独享未来由企业成长带来的可能受益。只要按期偿还贷款，债权方就无权过问企业的未来及其发展方向。债权方只要求固定的本息，既不承担企业成长性的风险，也不享受企业成长性的收益。与此同时，债权融资提高了企业的负债率，如果负债率过高，企业的再融资和经营能力都会面临风险。

二、股权融资

股权融资是指企业以出让股份的方式向股东筹集资金，包括配股、增发新股等方式。出资股东按照出资比例拥有企业的股份，享有企业控制权和决策权，获得的报酬根据企业经营活动的状况而定。股权融资形成的所有权结构的分布特点及股本额的大小和股东分散程度，决定企业控制权、监督权和剩余价值获得权的分配结构，表现的是一种产权关系。

股权融资方式能够帮助企业分担经营可能存在的风险，投资者不要求债务融资中常见的担保、抵押等方式，而是要求按一定比例持有企业产权，并分享利润和资产的处置收益，能够承担企业经营的风险。同时，企业通过股权融资不仅能获得资金支持，还能拓宽企业发展所需的社会关系、管理经验等资源。但是由于企业股份被稀释，股东意见的分歧会造成企业决策效率低下，甚至创业者可能失去企业的控制权，因此，在一些重大战略决策方面，创业者不得不考虑投资方的意见。

三、债权融资与股权融资对比

（一）风险不同

股权融资的风险通常小于债权融资，股票投资者看中的是企业的盈利能力，企业没有固定付息的压力，也没有债权融资借贷到期的压力。债权融资则必须承担按期付息和到期还本的义务，当公司经营不善时，有可能面临巨大的付息和还债压力导致资金链破裂而破产。

（二）融资成本不同

从理论上讲，股权融资的成本高于债权融资，从投资者的角度来看，股权投资具有高风险性，所以要求的回报率也会更高。从股权融资公司的角度来看，出让的股权在企业顺利发展的前提下有着极高的升值空间，因此，股权融资的成本一般要高于债务融资成本。

（三）对控制权的影响不同

债权融资虽然会增加企业的财务风险能力，但它不会削减股东对企业的控制权力，如果选择股权融资的方式进行融资，现有股东的股权会被稀释。因此，对发展良好的企业一般不愿意进行股权融资。

（四）对企业的作用不同

股权融资对企业来说是获得永久性的资本，能更好地帮助企业抵御风险，相比债权融资提供更强有力的支持。债权融资则是灵活性的资金，与企业资本并不挂钩，但无论企业盈利多少，企业只需要支付给债权人事先约好的利息和到期还本，而且利息可以作为成本费用在税前列支，具有抵税作用。债权融资与股权融资比较见表9-1。

表9-1 债权融资与股权融资比较

比较项目	债权融资	股权融资
本金	到期从企业收回	不能从企业收回，可以向第三方转让
报酬	事先约定固定金额的利息	根据企业经营情况而变化
风险承担	低风险	高风险
对企业的控制权	无	按比例享有

四、创业融资渠道的选择

创业者在进行创业融资时，需要将不同阶段的融资需求与融资渠道进行匹配，提高融资工作的效率，以快速获得企业所需资金，化解企业在发展过程中的融资难题。种子期阶段，企业具有高度的不确定性，难以从外部筹集资金，创业者自有资金、亲友资金、天使投资以及合作伙伴的投资都是采用较多的融资渠道。成长期阶段，企业发展潜力逐渐显现，资金需求量有所增加，融资渠道也有了更多选择，此时创业者多采用股权融资的方式筹集资金，合作伙伴投资、创业投资等都是常用的融资方式。除此之外，也可采用抵押贷款、租赁及商业信用的方式筹集部分生产经营所需的资金。随着企业的成长与发展，创业者多采用各种负债的方式筹集资金，以获得经营杠杆收益。初创企业类型、特征与融资方式的选择见表9-2。

表9-2 初创企业类型、特征与融资方式的选择

初创企业类型	初创企业特征	适当融资方式
高风险，预期收益不明确	弱小的现金流 高负债率 低、中等成长 能力未经证明的管理层	个人与家庭成员储蓄、亲朋好友融资
低风险，预期收益易预测	一般是传统行业 强大的现金流 低负债率 优秀的管理层 良好的资产负债表	债权融资

初创企业类型	初创企业特征	适当融资方式
高风险，预期收益较高	独特的商业创意 高成长 利基市场 得到证明的管理层	股权融资

第四节　创业融资决策

合理确定融资决策既可避免因融资不足影响生产经营的正常进行，又可防止融资过多造成资金闲置。就像创业讲究方法一样，融资也有相应的原则。清晰合理的融资原则不仅对融资有帮助，对创业也有很大的促进。

一、融资决策的基本原则

在进行创业融资决策时，要考虑企业实际情况，选择适合的融资方式。初创企业应在能够承受的风险基础之上，遵循一定的基本原则，尽量选择以较低的成本及时获得足额创业资金。一般而言，应遵循以下基本原则。

（一）合法性原则

创业融资作为一种经济活动，涉及有关经济主体的经济权益。因此，创业融资必须遵守国家的有关法律法规，依法依约履行责任，维护相关融资主体的经济权益，避免非法融资行为的发生。

（二）适度性原则

在企业发展的不同时期，融资的资金需求量也有所不同，融资规模要根据企业发展实际量力而行。融资过多会造成资金闲置，负债过多；融资不足会制约企业投资计划的正常进行。因此，创业者应根据企业不同发展阶段的经营策略，科学评估企业自身融资的难易程度和成分情况，合理预测融资需求量。

（三）预见性原则

在市场经济条件下，融资决策要有超前的预见性。创业者应及时掌握各方面信息，将可行的项目付诸实施，使融资和投资在时间上协调一致。科学预测政策、市场、环境等方面的变化趋势，积极寻求并及时把握各种有利时机。

（四）效益性原则

不同的融资方式对于企业的信誉、产品市场份额都有一定的影响。此外，融资方式形成的不同资本结构也将直接影响资本成本，进而直接影响企业的市场价值。因此，应当选择最有利于提高企业市场竞争力的融资方式。只有当预期普通利润增加的幅度超过财务风险增加的幅度时，融资才是有利的。

二、融资决策的影响因素

（一）融资成本

融资成本是指企业为筹集和使用资金而发生的代价，融资成本越低，越能为企业带来更多的价值。过高的融资成本对创业企业来说是一个巨大的负担，并且无形中会抵消企业的成长效应。进行融资渠道选择时应将各种融资方式进行充分比较，综合评价，择优选出最适合企业的一种或几种融资方式，最大限度地降低企业的融资成本。

从构成上讲，融资成本一般包括获得成本和使用成本。获得成本是指取得该笔融资所支付的资金，包括委托金融机构的代理费用、发行股票债券等手续费用。使用成本是指融资者必须向投资人支付的报酬、股利分红或者借款支付的利息。两种融资成本中，使用成本占到融资成本的绝大部分，是融资成本考虑的首要因素。

股权融资是投资者以股东身份进入企业，融资者虽然不需要在一定期限内返还本金，但需要与投资者共同分享企业的收益。经过几轮融资后，创业者自身拥有的股权会大大稀释，甚至失去企业的控制权。因此，创业者在创业初期一定要综合考虑股权融资与债权融资占比的分配，寻找一个最佳平衡点，力图达到收益最大化。对比融资方式，债权融资成本低于股权融资成本，建议大学生创业者在创业初期尽量选择债务性的融资方式，从而掌握企业的所有权和控制权。

（二）融资风险

融资风险是指筹资活动中，由于筹资的规划而引起的收益变动风险。从融资风险的来源看，其主要包括企业内部风险和企业外部风险两方面。

1. 企业内部风险　企业内部风险主要包括财务风险和管理风险。

财务风险是指企业资金不能适应内部运营的需要而导致企业出现财务困境的风险。大学生创业企业在进行融资时往往会遇到很多困难，企业如果没有及时解决资金问题，很容易导致相应的产业技术无法转化为商业成果，甚至直接导致创业失败。

管理风险包括创业者自身的管理素质与决策风险。创业者是整个企业的灵魂所在，决定着整个项目甚至企业未来的发展方向。一旦创业者决策出现重大失误，会直接给企业带来不可估量的损失。

2. 企业外部风险　企业外部风险主要指环境风险。如行业环境、政府决策、法律环境等方面的政策和变化。对于创业者而言，融资风险非常大。同样，相关政策、条款的变化也会带来不同的风险。因此，大学生创业者在融资前应当充分了解外部环境，重视对外部环境、政策的分析与解读，尽可能将融资风险降到最低。

案例讨论

俏江南融资悲剧：一个女强人被这样扫地出门

24 年辛苦创业，最终落得从企业"净身出户"的下场，这便是俏江南创始人张兰的故事。如果没有跟资本联姻，张兰或许没有机会去尝试实践其宏大的抱负，或许至今仅仅维持着小富即安的状态，但至少还能保全她对企业的控制。

俏江南陨落的案例，映衬着张兰作为创业者与资本打交道时对游戏规则认知的不足，同时还夹杂着高估值预期下的进退维谷。

1988 年，出身于知识分子家庭的张兰，放弃了分配的"铁饭碗"，成为潮涌般奔赴大洋彼岸"洋插队"者的一员，去了加拿大。在多伦多，张兰靠着刷盘子、扛牛肉、打黑工进行着自己的原始积累。她的目标是攒够 2 万美元，然后回国投资做生意。终于，在 1991 年圣诞节前夕，张兰怀揣着打工挣来的 2 万美元和创业梦，乘上了回国的飞机。

1992 年初，北京东四大街一间 102 平方米的粮店，被张兰租下并改造成了"阿兰餐厅"。伴随南方而来的春风吹遍神州，"阿兰餐厅"的生意随之逐渐红火。之后，张兰又相继在广安门开了一家"阿兰烤鸭大酒店"，在亚运村开了一家"百鸟园花园鱼翅海鲜大酒楼"，生意蒸蒸日上。

2000 年 4 月，张兰毅然转让了所经营的三家大排档式酒楼，将创业近 10 年攒下的 6000 万元投资进军中高端餐饮业。在北京国贸的高档写字楼里，张兰的第一家以川剧变脸脸谱为 Logo 的"俏江南"餐厅应运而生。

张兰原本并没有想过与资本有什么瓜葛。

"俏江南"作为知名餐饮企业，稳定的单店业绩可提供稳定的现金流，没有更多资金需求。张兰曾在某行业论坛上与几名投资人辩论："我有钱，干吗要基金投资啊？我不用钱，为什么要上市啊？"口气强硬。另一方面，中式餐饮企业难以标准化，从业人员整体文化水平不高，现金流充足但挣的都是辛苦钱，难入资本"法眼"。

转折来自 2008 年金融危机，很多金融机构和实业纷纷倒下，而餐饮业成了抗风险能力较强的行业之一。紧接着，全聚德与小肥羊先后成功上市，给中国内地餐饮业注入一剂兴奋剂。金融危机中带来另一个影响是房价与租金都大幅下降。张兰重新与业主谈房租，使俏江南的租金降幅达到 30% 左右；农业、食品加工等实业因订单锐减，纷纷想办法刺激消费，因此俏江南的采购成本也下降了 15% ~20%。经营成本降低后，俏江南现金流一度高达 1.5 亿元。再加上俏江南中标奥运竞赛场馆餐饮供应服务商，极大地提升了它的品牌知名度。2009 年，张兰首次荣登胡润餐饮富豪榜第三名，财富估值为 25 亿元。

就是在这"巅峰时刻"，张兰改变了对资本的态度。一方面，俏江南开始实施多品牌战略，资金消耗量巨大；另一方面，随着企业规模扩大，张兰的管理遭遇了瓶颈。据一位当初有意投资俏江南的 VC 人士回忆，张兰"完全讲不清大举扩张之下的盈利来源，其财务报表也一塌糊涂"。张兰也意识到，想再上一个台阶，俏江南必须对软硬件进行提升。然而，张兰从与资本"触电"起，就开始了与资本之间一系列不愉快的合作。

2008 年，张兰引入了国内知名投资方鼎晖投资。鼎晖以两亿的价格换取了俏江南 10% 股权，并与张兰签署了对赌协议。如果俏江南不能在 2012 年实现上市，张兰则需要花高价从鼎晖投资手中回购股份。

2011 年 3 月，俏江南向中国证监会递交 A 股上市申请，而后在证监会披露的终止审查企业名单中，俏江南赫然在列。折戟 A 股之后，2012 年 4 月，俏江南谋划在香港上市。为筹集资金，当年 5 月，俏江南将集团旗下的兰会所出售。但此后香港上市便再无消息，前途越来越一片迷茫。

俏江南上市受挫后，鼎晖投资要求张兰按对赌协议高价回购股份，双方发生了激烈的矛盾冲突。2012 年前，员工因离职纠纷一纸诉状将张兰诉至法院。此时，更爆出身为政协委员、多次表白自己不会更改国籍的张兰已更换为加勒比岛国国籍，又引起一阵舆论波动。

2013 年，有媒体报道，俏江南将出售股权给知名私募股权投资公司 CVC。2014 年公布的消息显示，CVC 以 3 亿美元收购俏江南约 83% 股权后，张兰继续留任俏江南公司主席。谁知时间不到一年，张兰与 CVC 公司之间的矛盾突然爆发，这次不只是口水战，而是更加硝烟弥漫、措施强硬的法庭诉讼和资产查封。

与多数案例创始人因"对赌"失败而出局不同的是，俏江南从鼎晖融资之后，由于后续发展陷入不利形势，投资协议条款被多米诺式恶性触发：上市天折触发了股份回购条款，无钱回购导致鼎晖启动领售权条款，公司的出售成为清算事件又触发了清算优先权条款。日益陷入被动的张兰最终被迫"净身出户"。很显然，张兰的所有困境来自融资，融资的目的是为了发展，但融资所带来的"对赌"则像一把枷锁让张兰陷入了疲于奔命的境地。

创业者从最初的抗拒、谈判，到如今不得不接受，对赌协议已经在投资界大行其道，成为投资协议的必备条款。但不管对赌协议是否有效，对于创业者和投资者来说都是存在一定风险的。可事实却是，大多数的创业者都无法做到对引入投资这条可以一步登天的捷径视而不见，即使是含有对赌条款的投资协议也毫不犹豫地签下。他们对自身能力和市场前景怀着巨大的信心，过分高估投资方的资源运作能力，侥幸地以为最坏的情况不会发生在自己身上。然而，市场多变，黑天鹅事件时有发生，最坏的情况到底会不会出现任何人都不敢保证。别等到撞了南墙想要回头的时候，却发现被自己亲手斩断了来路。退无可退，一切都已经来不及了。

（资料来源：蒋二二. 俏江南融资悲剧：一个女强人被这样扫地出门. 搜狐网 https：//www.sohu.com/a/55174595_206086，内容有所删减）

三、大学生创业融资的准备

大学生创业过程，除了具有好的项目创意之外，还应做好多方面的准备工作，开展融资活动时，争取一击即中，取得实效。首先制定一份完美的创业计划书，积极寻找合作伙伴，争取抓住每一次融资机会，创造良好的融资氛围。

（一）反复打磨，制定一份完美的项目计划书

大学生创业初期要想获得融资成功，就应该向投资人详细阐述项目的内容、盈利点及未来成长前景，使投资人对该创业项目产生浓厚的兴趣。这一过程中，一份高质量的项目计划书就显得尤为重要。创业者通过项目计划书可以将项目的可行性、盈利点、盈利模式及风险进行详细描述。对项目的整体介绍应建立在对市场充分调查的基础上，掌握翔实的市场数据。创业者只有先说服自己，才有可能说服投资人。项目计划书要将创业的每一部分目标进行分解，从而更好地把握项目进程，科学、高效地完成项目。

（二）充分准备，抓住每一次融资机会

创业者自身和创业团队应在项目实践中充分提升团队和自身的综合素质，争取到项目后要踏踏实实跟进每一个环节，用真诚和专业跟投资人进行谈判。切记好高骛远，华而不实，只有真诚、认真地对待每一位投资人，充分展现其执行力，才有可能争取到每一笔融资。谈判中应就融资方式和融资金额进行约定，避免后期因合同阐述不清而产生利益纠纷。不要因为某次融资金额小而不重视谈判过程，创业者及其团队应认真对待每一笔融资、每一次谈判和每一位投资人，做好充分准备，及时迎战，以得到更多投资机构或天使投资人的青睐。

（三）博学多才，营造良好的融资氛围

大学生创业者及其团队在创业初期，由于缺少实践经验，往往会因融资困难而不知所措。创

业者应运用自己广博的知识和创业团队的集体智慧努力营造规范的管理氛围，时时关注企业的财务状况和存在的风险，及时调整企业所需的运营资本，做好内部控制。积极了解行业信息，主动寻求合作伙伴，建立广泛的人脉网络，为企业融资营造良好的商业环境，为每一次融资打下坚实的基础。

【本章要点】

1. 创业融资属于狭义融资范畴，是指新创企业通过不同渠道，采用不同方式筹集资金，获得初始创建资本及后续运营资本的过程。企业股权融资一般分为种子轮、天使轮、A 轮、B 轮、C 轮等。制定融资轮次和频率是企业融资计划中一项重要内容。

2. 创业者必须清醒意识到创业公司估值是创业者在融资之前必须要做好的准备，公司估值的高低决定融资额的高低。创业融资渠道根据融资对象可分为私人资本融资、机构融资和政府背景融资。私人资本融资是指创业者向个人融资，包括创业者自我融资、亲友融资、天使投资等。机构融资是指企业向相关机构融资，包括银行贷款（主要有抵押贷款、担保贷款、信用贷款）、创业投资基金、发行股票上市融资、企业之间的信用贷款等。政府背景融资指政府推出的针对创业企业的各种扶持资金及政策，主要包括政府专项基金、税收优惠、财政补贴等融资渠道。

3. 由于初创企业在创业初期融资较为困难，创业者就需要利用各种可以采取的融资渠道来筹集资金。根据企业资金来源性质的不同，创业融资可分为债权融资和股权融资两种。

4. 资金是重要的创业资源，也是创业者资源整合的重要媒介。大学生创业应尽可能选择轻资产投入的项目，融资要科学谋划、量力而行，在重视自身资金积累的同时，关注多样化融资渠道的选择，降低融资成本。

【思考题】

1. 如果你打算创业，你会考虑哪些融资方式，为什么？
2. 融资额越多越好的说法你认同吗？为什么？

案例讨论

丁香园完成 D 轮融资，迈入"独角兽"行列

2017 年底，曾借着公开质疑莎普爱思等一系列"神药"而广受关注的丁香园完成了 D 轮融资，最新一轮估值超过 10 亿美元，意味着丁香园迈入"独角兽"行列。

此前丁香园已完成 3 轮融资。其中，2010 年 1 月获得 DCM 的 200 万美元 A 轮投资，并入驻杭州高新区（滨江），获得杭州市政府设立的创投引导基金投资。2012 年 12 月，丁香园获得 B 轮融资，公司增资至 1500 万美元。B 轮融资由顺为基金领投，DCM 跟投，同年丁香园被评为国家级高新技术企业。2014 年 9 月，公司获得腾讯 7000 万美元战略投资，完成 C 轮融资。目前，丁香园拥有 550 万专业用户，包含 200 万医生，业务大致分为医生端、患者端、医疗机构端和商业服务端四个板块。

据灵核网市场研究院预计，2017 年我国互联网＋医疗市场规模达到 290 亿元，2017～2021 年，年均复合增长率约为 35.87％，2021 年互联网＋医疗市场规模将达到 989 亿元。可见，市场还有很大的空间。有分析人士表示，当下各类医疗资源短缺，快速占领医疗资源，规模化布局线下流量入口成为各大公司竞争的关键。实际上，在互联网医疗产业的发展过程中，盈利模式一直

是市场关注的焦点。目前行业还处在初期阶段，因为需求摆在那里，只是如何在模式和效率上进行优化，而这些互联网企业上市对行业没什么影响，医疗行业的突破不是单纯资本的力量就能解决的。

（资料来源：《中国日报》中文网 CHINADAILY. COM. CN 2015 – 08 – 06. ）

结合案例，思考以下问题。

1. 融资为什么成为创业的一大难题？

2. 如何根据企业发展实际，制定切实可行的企业融资计划与方案。

第十章

医学生创新创业实践

学习目标

1. 掌握大学生创新创业训练计划的申报要略；中国国际"互联网＋"大学生创新创业大赛、"挑战杯"全国大学生课外学术科技作品竞赛、"挑战杯"中国大学生创业计划竞赛参赛要略。

2. 熟悉大学生创新创业训练计划项目存在的问题；中国国际"互联网＋"大学生创新创业大赛、"挑战杯"全国大学生课外学术科技作品竞赛申报指南。

3. 了解大学生创新创业训练计划项目简介；中国国际"互联网＋"大学生创新创业大赛、"挑战杯"全国大学生课外学术科技作品竞赛、"挑战杯"中国大学生创业计划竞赛简介。

案例导引

张灏瀛的跨界参赛项目——承脉中医研究院小儿推拿

在导师和另外两名同学的支持下，来自北京服装学院的张灏瀛参加了第四届中国"互联网＋"大学生创新创业大赛。虽然来自北京服装学院，但是张灏瀛一直对中医文化很感兴趣，因此张灏瀛选择"承脉中医研究院小儿推拿"项目参赛。张灏瀛通过校内竞赛后进入省级选拔赛。在准备省级选拔赛期间，团队成员分工合作，有的负责完善策划案，有的负责技术咨询，有的负责演讲，各司其职。在经过大赛组织委员会的层层筛选后，张灏瀛所在团队的项目最终获得了大赛铜奖。张灏瀛表示，跨专业选取小儿推拿项目参加比赛本就是因兴趣所在，能取得铜奖已是非常满意了，且通过这次参赛经验，也了解到比赛的各项流程，自身的管理能力、沟通能力和演说能力都得到了很大的提升。更重要的是，此次经历对张灏瀛毕业后的自主创业产生了重要影响。

（资料来源：苏文平，丁丁．本科生职业生涯规划与就业指导案例集．北京：北京航空航天大学出版社，2019.）

案例讨论：

1. 张灏瀛的参赛经历给了你什么启示。
2. 大学生可以参加的创新创业大赛还有哪些？
3. 如何选择适合自己参加的赛事。

第一节　大学生创新创业训练计划

大学生创新创业训练计划简称"大创计划"，前身是大学生创新性实验计划。通过实施国家级大学生创新创业训练计划，促进高等学校转变教育思想观念，改革人才培养模式，强化创新创业能力训练，增强高校学生的创新能力和在创新基础上的创业能力，培养适应创新型国家建设需要的高水平创新人才。

一、基本概况

（一）项目简介

"国家级大学生创新训练计划"由教育部高教司于 2006 年 11 月设立。从 2011 年起，根据《教育部 财政部关于"十二五"期间实施"高等学校本科教学质量与教学改革工程"的意见》（教高〔2011〕6 号）和《教育部关于批准实施"十二五"期间"高等学校本科教学质量与教学改革工程"2012 年建设项目的通知》（教高函〔2012〕2 号），教育部在"大学生创新性实验计划"基础上，又增加了大学生创业训练项目和创业实践项目，开始实施"大学生创新创业训练计划"。

（二）项目类别

大学生创新创业训练计划项目级别分为国家级、省级、校级，项目内容分为创新训练项目、创业训练项目和创业实践项目。一、二、三年级本科生根据自身特长和兴趣，以创新创业实践平台为依托，进行自由申请。项目可由学生自己提出，也可由学生和导师共同拟定，或由导师提出，学生选择。

创新训练项目是本科生个人或团队在导师指导下，自主完成创新性研究项目设计、研究条件准备和项目实施、研究报告撰写、成果（学术）交流等工作。

创业训练项目是本科生团队在导师指导下，团队中每个学生在项目实施过程中扮演一个或多个具体角色，开展编制商业计划书、开展可行性研究、模拟企业运行、参加企业实践、撰写创业报告等工作。

创业实践项目是学生团队在学校导师和企业导师共同指导下，采用前期创新训练项目（或创新性实验）的成果，提出一项具有市场前景的创新性产品或者服务，以此为基础开展创业实践活动。

更多信息请同学们登陆国家级大学生创新创业训练计划平台官网查看。官网网址：http：//gjcxcy. bjtu. edu. cn

二、项目申报要略

1. 创新训练计划　创新训练计划项目的主要目的是增强高校学生的创新能力，培养适应创新型国家建设需要的高水平创新人才，因此项目普遍具有一定的难度。为了同学们能够顺利申报，我们就选题、研究基础、内容设计、研究方法和条件保障五个方面整理了申报要略（表 10 - 1）。

表 10 - 1　创新训练计划申报要略

分类	基本要求	具体要求
选题	有重要创新性或应用性	①选题应以社会需求为导向，贴近现实、贴近生活，特别是当前社会生活中的科技、经济、政治、文化、教育、社会、生态领域的热点、焦点、难点问题，体现较强的问题意识和现实价值
		②选题应以学生兴趣为出发点，适合本科生开展，难度适中，可行性强，有利于项目按期顺利完成，有利于实现资金的最佳效益
		③选题应紧密结合学科专业知识

续表

分类	基本要求	具体要求
研究基础	熟悉研究现状	熟悉所选题目国内外研究现状、研究方向、进展情况和存在问题等。如列参考文献，需具有一定代表性
内容设计	目标明确，内容充实，思路清晰	①目标明确。了解所选题目研究目标、要解决的问题
		②要尽可能地把申报选题的意义、特点、重点、难点和创新点充分表达出来，要特别指出目前需要解决的问题以及没有解决的原因，提出解决问题的办法及要达到的目的等
研究方法	方法与手段科学、适切	①综合运用多种研究方法，以科学研究、社会调研或创业实践为主要方式，形成相对独立、完整的研究链条，有利于取得突破性创新成果
		②设计要周密。研究方法的设计，牵涉到申请的经费和时间进度能否合理匹配，要用最科学、最简便清晰的思路设计科研步骤，以最佳的组合、最小的成本、最短的时间，得到最理想的科研效果
条件保障	人员结构、项目进度合理，设施齐全，调研渠道畅通，可行性强	①人员结构合理。申报者可以是本科生个人，也可是团队（一般不超过5人），项目组成员必须有明确的分工，鼓励不同学科背景同学合理搭配
		②项目进度合理。在项目启动后的管理工作中，应根据项目的进度目标，合理安排各阶段的进度
		③设施齐全。保障项目实施开展的设施设备齐全
		④科学设计的项目调研渠道通畅，项目可行性强

2. 创业训练计划　创业训练计划作为"大创计划"的中坚项目，又与创新训练项目在本质上有一定的区别，创业训练计划让同学们通过项目式的创业训练，激发同学们的创业实践能力，我们也从选题、创业基础与条件保障、创业前景与市场定位、创业方案四个方面给大家整理归纳了创业训练计划申报要略（表 10-2）。

表 10-2　创业训练计划申报要略

分类	基本要求	具体要求
选题	有重要创新性或应用性	①选题应以社会需求为导向，贴近现实、贴近生活，特别是当前社会生活中的科技、经济、政治、文化、教育、社会、生态领域的热点、焦点、难点问题，体现较强的问题意识和现实价值
		②选题应紧密结合学科专业知识
		③选题应具有较强的创新性和应用性，有利于取得突破性创业成果
创业基础与条件保障	熟悉国内外相关产品/服务发展现状	熟悉国内外相关产品/服务发展现状，是否已有成熟的产品或服务面向市场，市场发展规模情况
	技术、知识、人力、资源等条件充裕	①了解自己项目是否存在技术创新，这是大学生创业的特色之路，一些风险投资家往往就因为看中大学生所掌握的先进技术，而愿意对其创业计划进行资助。因此，打算在高科技领域创业的大学生，一定要注意技术创新，开发具有独立知识产权的产品
		②创业知识的储备。眼高手低、纸上谈兵是同学们很容易陷入的误区。积累相关的创业管理和营销经验，参加创业培训，积累创业知识，接受专业指导，以提高项目申报的成功率
		③创业训练计划要求团队中每个学生在项目实施过程中扮演一个或多个具体角色，人力资源的协作也是创业成功的关键因素
		④各种资源充足。创业项目的政府资源、人脉资源、财力资源、物质资源以及技术资源是否充足，如资源充足，是项目申报成功的加分项

续表

分类	基本要求	具体要求
创业前景与市场定位	目标市场需求情况，项目优势、预期效益是否突出	分析项目产品/服务与同类产品/服务卖点在哪，是否符合现有市场的需求情况，寻找项目突出优势，并结合未来的行业的发展趋势、政策是否支持等因素，来分析项目产品的市场竞争力
创业方案	方案设计、实施进度、人员分工科学合理	①方案设计完整，商业计划书编制全面、具体。如何撰写一份好的商业计划书可参考本书第八章节，此处不再赘述 ②实施进度合理，根据项目的进度目标，合理安排各阶段的进度 ③人员分工科学合理。项目组成员必须有明确的分工，鼓励不同学科背景同学合理搭配

3. 创业实践项目　创业实践项目是检验大学生创新创业成果转化的能力，要求更加严苛，需要提出具有市场前景的创新性产品或服务，开展以科技成果为基础的创业活动。相较于创业训练项目，创业实践项目更看重产品/服务的价值。具体申报要略我们也从产品/服务价值、创业基础与可行性、创业前景与创业方案几个方面向同学们介绍（表 10-3）。

表 10-3　创业实践项目申报要略

分类	基本要求	具体要求
产品/服务价值	有较强的科技文化含量和社会创新应用价值	具有市场前景良好的、有较强科技文化含量和社会创新应用价值的项目是创业实践项目申报成功的关键。同学们一定要善于挖掘自己项目的核心竞争力，应用成果应以经济、社会效益衡量
创业基础与可行性	熟悉国内外相关产品/服务现状	同创业训练计划项目要略
创业前景	目标市场需求情况，项目优势、预期效益	同创业训练计划项目要略
创业方案	方案设计、实施进度、人员分工合理	同创业训练计划项目要略

三、项目存在的问题分析

随着"大创计划"项目经费、立项数和覆盖率的逐年提升，项目实施过程中的问题也逐渐暴露出来，主要有以下几个方面。

1. 重申报，轻结项　自从我国高校实施"大创计划"以来，各级高等教育部门分别建立了国家级、省市级及校级"大创计划"项目启动、检查、评审管理体系。每年项目申报前，各高校积极按照教育部及省市教育部门的要求进行项目申报的前期动员。大多数本科生对"大创计划"项目感到新奇，在学校各院系辅导员及各级学生管理部门的动员鼓励下，大学生对项目申报积极。然而，由于各种原因，最终结题时，有一定数量的项目没有通过结题审核，甚至有个别项目组成员在结题评审之前就主动放弃。"大创计划"项目发展质量和成果转化存在较大问题。

2. 项目质量有待提高　大学生无论是在思维的敏捷上还是视野的开阔上都不能与已经在社会上摸爬滚打的创业者相提并论。创业不是做学问，不是坐而论道，它需要经验，需要极强的创新意识、较好的协调能力和较强的团队意识。对于大学生来说，其人生经验、与他人相处的能力和对行业的了解、容忍度等都是不够的，目前来看，大学生的创新创业项目多数处于较低水平，选题相对单一，缺乏竞争力，且项目间同质性较高，具有颠覆性的创新创业项目非常稀少，大学生创新创业项目质量还需不断提高。

3. 项目指导老师缺乏实践经验和项目能力　项目的指导老师本应起到引导、协助、监督、管理的作用，但不少"大创计划"的指导老师因自身缺乏创业实践经验或科研能力，故难以发挥项目指导作用。有的指导老师为了评职称或取得科研分而挂名，实际上未对项目进行指导。还有的指导老师没有考虑到学生的兴趣爱好和接受能力，直接从自己的科研课题中拆分一些子课题让学生申报，导致学生积极性不高，项目实施效果大打折扣。

第二节　全国大学生高水平创新创业大赛

从组织的权威、参与面、成果产出、对人才培养的影响等角度看，目前涉及大学生创新创业教育最广泛、影响最深远的竞赛主要有三项，即"互联网＋"创新创业大赛、"挑战杯"全国大学生课外学术科技作品竞赛、"挑战杯"全国大学生创业计划竞赛。三者各有特色和侧重点（表10－4）。

表 10－4　三种大赛对照表

名称	周期	主要内容	特点	评审侧重
中国国际"互联网＋"大学生创新创业大赛	1年/届	高教主赛道：创意组、初创组、成长组、师生共创组 红旅赛道：公益组、商业组 职教赛道：创意组、创业组 国际赛道：商业企业组、社会企业组、萌芽板块	1. 规格高。大赛由教育部、发改委等多部门联合举办，数次受到习近平总书记回信关切 2. 规模大。大赛是国内同类大赛中规模最大的赛事，覆盖所有高校，面向全体学生 3. 综合性强。大赛设有创意组、初创组、公益组、社会企业组等，不同创业阶段的学生均可参加	技术创新性/可落地/商业化强的项目
"挑战杯"全国大学生课外学术科技作品竞赛	两年/届	自然科学类学术论文、哲学社会科学类社会调查报告和学术论文、科技发明制作（A类和B类）	1. 创办时间长，比赛创办于1989年，被誉为中国大学生学术科技"奥林匹克" 2. 注重学术科技发明创作带来的实际意义与特点	侧重技术创新/科技成果转化情况/形成专利技术或产品
"挑战杯"中国大学生创业计划竞赛	两年/届	每届分组不确定，以2020年第十二届为例，分为科技创新和未来产业、乡村振兴和脱贫攻坚、城市治理和社会服务、生态环保和可持续发展、文化创意和区域合作	侧重创业计划、创业实践，聚焦创新、协调、绿色、开放、共享五大发展理念	突出实践导向，在考察项目商业价值的基础上，更加注重考查学生了解社会现状、关注社会民生、解决社会问题的意识、能力和水平

一、中国国际"互联网＋"大学生创新创业大赛

（一）赛事简介

中国"互联网＋"大学生创新创业大赛自2015年举办以来，每年举办一届，从第六届大赛开始更名为中国国际"互联网＋"大学生创新创业大赛。大赛旨在深化高等教育综合改革，激发大学生的创造力，培养造就"大众创业、万众创新"的生力军，以创新带动创业，以创业带动就业，推动形成"互联网＋"现代农业、制造业、信息服务业、文化创意服务、社会服务等新服务、新业态、新模式。大赛采用校级初赛、省级复赛、全国总决赛三级赛制。校级初赛由各院校

负责组织，省级复赛由各地负责组织，全国总决赛由各地按照大赛组委会确定的配额择优遴选推荐项目。大赛有高教主赛道、"青年红色筑梦之旅"赛道、职教赛道、国际赛道和萌芽板块组成。各赛道的参赛项目能够将移动互联网、云计算、大数据、人工智能、物联网等新一代信息技术与经济社会各领域紧密结合，项目真实、健康、合法，各项目只能选择一个赛道参赛。

【二维码链接】赛事介绍

（二）参赛指南

1. 创业计划书的撰写 创业计划与创业计划书之间既有联系又有区别。简单来说，创业计划书是创业计划的文本形式。如何撰写一份专业的创业计划书是参加"互联网＋"创新创业大赛前最需要关心和了解的知识。

本书第八章节已详细介绍了创业计划书的结构与撰写要求。归结来说，创业计划书几乎包括创业过程中所涉及的全部内容，本章节强调撰写步骤和检查完善。

创业计划书的撰写步骤通常有"三部曲"：前期准备、草拟计划、完善计划。

前期准备：由于创业计划书涉及的内容较多，在编制前必须进行充分准备、周密安排。要通过文案调查或实地调查的方式，了解创业企业所在行业和领域的发展趋势，收集同类企业的相关资料，确定计划的目的和宗旨，拟定创业计划书的总体框架。

草拟计划：根据创业计划书的主要用途，全面撰写创业计划书的各部分内容，并进行细致分析，初步形成较完整的创业计划方案。

完善计划：在这一阶段要进行更深层次的思考与探索，站在更高的层面上来审视创业计划。要检查创业计划书是否完善、务实、可操作，是否突出了创新创业项目的独特优势及竞争力，创新创业项目在技术、管理、生产、研究开发和营销等方面是否具有竞争性。

创业计划书撰写完成后，还应进行检查和完善，确保创业计划书的内容能准确解除投资人的疑问，增强投资人对创新创业项目的信心。一般来说，可从以下几个方面对创业计划书加以检查和完善。

（1）创业计划书是否显示出项目已进行过完整的市场分析，要让评委和投资人坚信创业计划书中阐明的产品需求量是真实可靠的。

（2）创业计划书是否容易被评委和投资人所领会。创业计划书是否有索引和目录，方便投资人容易地查阅各个章节。

（3）创业计划书中是否将计划摘要放在最前面，计划摘要是否写得引人入胜。

（4）创业计划书是否符合文法，拼写和排印错误都有可能使项目丧失机会。

（5）创业计划书能否打消评委和投资人对产品、服务的疑虑。

2. 项目路演

（1）路演的技巧 第八章节已就项目路演 PPT 撰写、项目路演常见问题和注意事项进行完整讲解，这里只强调路演的相关准备工作。

（2）路演的准备

①精化路演 PPT：路演 PPT 与网评 PPT 有着呈现逻辑及形式上的区别。网评 PPT 往往是翔实全面的，有可能每页 PPT 上都是满满的文字或图片；路演 PPT 则需将网评 PPT 的内容进行精简，

体现出干净利落的风格，对于一些较长的内容可提炼出核心字词或短语，在现场加以阐述即可。

②斟酌演示文稿：创业计划书是创新创业项目的文本体现，项目路演主要是通过口头表达来呈现，需要表达出创业计划书的精华，因此要快速切入主题，恰当解释创新创业项目。尤其是在语言结构和表达顺序上要充分体现出逻辑性和系统性，并引入新鲜的一手素材用以论证，以产生具有冲击性的表达效果。这需要准备一份经过反复斟酌、润色和演练的演示文稿，这样路演会更加顺畅。

③预设问题库：一般评委看完创业团队的演示后，会根据兴趣点、重点、难点、疑点进行提问。创业者要根据评委和自己的表达需要，预先设定一些问题，做好问题库，并提前做好展现和回答的准备。通过预设问题及答题准备，既可以自我检查出创业计划书中的漏洞，从而及时修补和完善，又可以帮助创业者在路演时表现得更为顺畅，信心更足。

④确定路演主讲人：路演主讲人的选择要慎重，他是整个路演环节的灵魂人物和核心焦点。路演主讲人要尽量是创始人，创始人要全程主导和参与创新创业项目的实践和运营，对创新创业项目更加熟悉和充满感情。如果创始人存在一定的语言障碍，可以适当选择其他联合创始人，避免选择对创新创业项目完全不熟悉的主讲人做路演工作。

⑤熟悉相关设备：正式路演前，创业团队应提前到达会场进行准备，包括检查设备是否齐全、设备之间是否兼容等，并熟悉设备的使用，以免因为设备情况而出现差错，影响效果。同时，创业团队应备份演讲文稿及打印稿，以防设备出现意外之急需。

⑥调整心理状态：路演也是心理较量的过程，要对路演中出现的任何突发环节做好心理准备，对心理紧张、设备故障或评委的尖锐提问等要随时调整心理状态，轻松应战。

【二维码链接】参赛项目的评审规则

（三）参赛要略

1. 评审侧重点 "互联网＋"大学生创新创业大赛不同赛道、不同组别都有自己的评审标准，综合来看，主要是从创新性、商业性、团队情况、社会效益等方面进行评审。其中未注册公司的项目主要看创新性，已注册公司的项目主要看商业性。

2. 优秀项目评价标准 一般来说，"互联网＋"创新创业大赛的好项目主要有四个元素：一是在产品服务、市场需求、关键技术和商业运营上具有可行性；二是以用户为导向体验产品服务；三是拥有难以复制的壁垒；四是经过市场验证。如果拥有商标专利、原型产品、卓越团队、运营数据和自主研发新产品和技术则更是锦上添花。因此，在选择参赛项目方向上可参考以下几个因素。

（1）**寻求解决市场痛点的创新创业项目** 创新创业项目首先要对市场进行深入分析，对项目所处的产业链中存在的市场痛点有所了解，并提出对应的解决方案。在商业实践中，痛点是指用户在体验产品或服务过程时，对产品或服务的期望没有得到满足而造成的心理落差或不满，这种不满最终在用户心智模式中形成负面情绪的爆发，让用户感到"痛"。因此在寻找项目时，如果能准确无误地找到这个痛点，理解问题产生的相关原因，并且非常有效地解决此问题，那么新产品会带来全新的项目及模式，也会带来全新的市场机遇。

（2）**重点选择具有创新点和亮点的项目** "互联网＋"创新创业大赛归根结底是一场比赛，要想从上百万个创新创业项目中脱颖而出，只有极具特色的、具有吸引人的创新点和亮点，才能让评委和投资人眼前一亮，从而从审美疲劳中深深记住你的创新创业项目。产品创新在于创造出一件新的以前没有的东西来满足特定人群的特殊需求。创新不一定是大发明、大创造，但要求突出原始创新和技术突破的价值，在商业模式、产品服务、管理运营、市场营销、工艺流程、应用场景等方面寻求突破和创新。

（3）侧重落地实施性强的项目　"互联网＋"创新创业大赛作为一项创新创业赛事，旨在以赛促创，所以十分看重项目的效益和落地实施性，纸上谈兵的创新创业项目难以在大赛中取得好成绩，也无法有更大的发展空间。因此，项目的商业模式、盈利模式、团队建设等创业元素能否在市场环境中有效，这些元素都是参加大赛的关键所在。

（四）医药类获奖项目

中国国际"互联网＋"创新创业大赛开办至今已经成功举办了七届，每届都有很多优秀的医药类项目，现汇总如下（表10－5）。

表10－5　历届中国国际"互联网＋"大赛获奖医药类项目

参赛时间（年）	获奖项目	学校
第一届（2015）	"乐乐医"患者诊后随访及慢病管理平台	四川大学
第二届（2016）	基于脑电检测的可穿戴设备	浙江大学
	"Medlinker"医生联盟学术交流平台	四川大学
	SMART＋MED云病理共享平台	四川大学
第三届（2017）	溯源：国内首创呼吸道病原拉曼检测仪	厦门大学
	美她司酮：预防肿瘤扩散与转移	福州大学
	蚊所未吻青蒿驱蚊产品	江西科技师范大学
	DeepNet肺结节人工智能	四川大学
	Niceky自抗凝性高通量血液透析器	四川大学
	精诊科技——基于深度学习的肝脏术前规划系统	西安电子科技大学
	金创药责任有限公司	澳门大学
第四届（2018）	成像机器人：成为精准手术的超级眼睛	上海交通大学
	诺康得：全球首创CECT－NK疗法战胜白血病	厦门大学
	斯诺普利：一片走"心"的中国创新药	福州大学
	降糖贴剂：胰岛素无痛给药先行者	福州大学
	神经可视化脊柱微创手术导航系统	四川大学
	Doctor Can肿瘤治库——全球首款大数据肿瘤治疗方案提供商	四川大学
第五届（2019）	牵星医航：智能骨科手术导航引领者	北京理工大学
	神索：划时代的组织工程神经导管	南开大学
	辐睿智配——全球分子影像全自动配药行业开拓者	山西医科大学
	祥耀生物——全球首创AI抗体靶向药物种子库	华东师范大学
	万创智——全球领先的新一代超高精密超硬刀具制造商	郑州大学
	CyteLive——国内首创无透镜细胞分析监测仪	南京理工大学
	依莫诺飞生物——高性能免疫细胞转染试剂	南京大学
	瑞谱生物——血流感染诊断设备垄断破壁者	浙江师范大学
	人工智能心电医师	中国科学技术大学
	承葛生物——精准化菌群移植领航者	厦门大学

续表

参赛时间（年）	获奖项目	学校
第五届（2019）	超菌克星——细菌性疾病诊断全球领跑者	厦门大学
	西昔普——全球首创新一代肿瘤治疗药物	福建师范大学
	Godlike 膝动力——全球热敏灸治疗膝骨关节病开创者	江西中医药大学
	艾米森——肿瘤早筛的中国力量	武汉大学
	微纳刀肿瘤治疗系统	重庆大学
	利吾肝——挽救衰竭肝脏体外支持仪	四川大学
第六届（2020）	智引微创——体化穿刺手术导航机器人领航者	北京理工大学
	知未科技——精准耐药检测领域引领者	浙江工业大学
	全球脑神经外科手术规划云服务领航者	浙江工业大学
	天维菌素——新一代低毒高效农兽药引领者	浙江工业大学
	创普肽——全球生长因子创新技术领导者	温州医科大学
	美瑞健康——长寿时代健康管理的探索者	武汉大学
	心房分流器	武汉大学
	人体第二套基因组诊断技术革命——瑞因迈拓微生物宏基因组测序平台	华南理工大学
	华南脑控——脑机 AI 原创技术与产业化先行者	华南理工大学
	能眼云 E - eyes	华南理工大学
	广州市格米网络科技有限公司——大数据智能心理服务平台	华南师范大学
	智骨——个性化可降解骨诱导材料开拓者	四川大学
	活水卫康——基于先进等离子体技术的安全高效消毒灭菌产品及服务提供商	西安交通大学
第七届（2021）	专铸科技智能仿生义肢康复产品	清华大学
	Medcreate 磁悬浮胶囊机器人：胃肠道检测领域的革命者	北京航空航天大学
	医腐科技——全球首创的腐蚀在线监测与智能诊断大数据平台	北京科技大学
	锐智新材——国际静脉 TAVR 术式及辅助器械领航者	中国石油大学（北京）
	AccRate—全球首创抗癌靶向药敏感性检测技术定义者	南开大学
	瑞博生物——新型干细胞治疗缺血性疾病的全球开创者	山西医科大学
	科恩——国际首款干细胞外泌体组织修复产品	中国医科大学
	通痹安中药凝胶——类风湿、痛风 等"不死癌症"的克星	长春中医药大学
	人参皂苷抗炎喷雾——替代皮肤激素外用药的中国力量	长春中医药大学
	三维仿生血管微流控芯片的超快激光制备及应用	华东师范大学
	普得士——精准处方赋能肿瘤跟踪施治	南通大学
	申诺青：国内动物第三方医学诊断服务领跑者	南京农业大学
	智囊生物科技——全球个性化囊泡医学领航者	浙江大学
	秒凝科技——开启流体止血新时代	福州大学
	复方黄连油——首款"速效无疤"愈合油	南昌大学
	欧姆威克，胃你守护——开启幽门螺杆菌免疫新时代	南昌大学
	防治呼吸道病毒性感染的中药新良方——柴胡清瘟方	南昌大学
	中非合作相濡以"没"——缔造全球最大没药产品供应商	江西中医药大学
	滴血识"毒"——国际领先的呼吸道病原体综合筛检试纸	齐鲁工业大学
	"疫网捕获"呼吸道病原动态监测	山东第一医科大学

续表

参赛时间（年）	获奖项目	学校
第七届（2021）	药知道——国内首创抗生素用药指示三联卡	山东协和学院
	抗体铠甲——致力于降低抗体药毒副作用全包裹型载体	山东协和学院
	智领"胃"来——开启智能家用胶囊胃镜检查新纪元	南方医科大学
	无创超声高血压治疗仪	重庆医科大学
	生合药源：基于高效生物制造的东莨菪碱原料药供应商	西南大学
	无障视界——白内障智能诊断方案领航者	四川大学
	精影求精——全球首创精神疾病诊疗仪	四川大学
	腱倍特——全球首款诱导性腱骨愈合注射剂	四川大学
	i－Hair 生发仪——活化经络智能生发的开创者	成都中医药大学
	抗怀菌外——医用复合抗菌薄膜领跑者	西安交通大学
	"用心，为癌升温" miRNAs 早期胃癌筛查试剂盒	兰州大学
	囊胚准——辅助生殖流程变革者	香港中文大学
	卒明健康	澳门大学

二、"挑战杯"全国大学生课外学术科技作品竞赛

（一）赛事简介

1998 年 5 月，清华大学首届创业计划大赛正式拉开了我国高校大学生创业计划大赛的序幕，清华一个创业团队获得 5250 万元风险投资，在全国高校学生中引起了强烈反响。此次大赛的成功举办引起了教育部、共青团中央等有关部门的高度重视。

1999 年 1 月，国务院在批转教育部《面向 21 世纪教育振兴行动计划》的通知中，首次提出要加强对教师和学生的创业教育，鼓励他们自主创办高新技术企业。

为了引导和激励高校学生实事求是、刻苦钻研、勇于创新、多出成果、提高素质，培养学生创业精神和实践能力，并在此基础上促进高校创业活动的蓬勃开展，发现和培养一批在创业方面有作为、有潜力的优秀人才，1999 年 3 月，由共青团中央、教育部、中国科学技术协会、中华全国学生联合会联合主办，每两年举办一次的大学生"挑战杯"创业计划竞赛正式启动。"挑战杯"创业计划竞赛在我国共有两个并列项目，一个是"挑战杯"中国大学生创业计划竞赛，另一个是"挑战杯"全国大学生课外学术科技作品竞赛。这两个项目的全国竞赛交叉轮流开展，每个项目每两年举办一届。该项比赛是目前最具导向性、示范性和权威性的全国大学生竞赛活动。

【二维码链接】大赛介绍

（二）参赛指南

1. 申报方式　竞赛作品申报方式以网络申报为主，纸质申报为辅。作者本人申报，学校、省级组委会、全国组委会审核均在网上进行。参赛学生、参赛高校及省级组委会可登录竞赛官方网站（www.tiaozhanbei.net），按导航提示进行网上申报操作。

2. 评审侧重点 申报参赛的作品分为自然科学类学术论文、哲学社会科学类社会调查报告和学术论文、科技发明制作三类。自然科学类学术论文作者限本专科生。哲学社会科学类社会调查报告和学术论文限定在哲学、经济、社会、法律、教育、管理 6 个学科内。科技发明制作类分为 A、B 两类：A 类指科技含量较高、制作投入较大的作品；B 类指投入较少，且为生产技术或社会生活带来便利的小发明、小制作等。三类参赛作品评审标准（表 10 - 6）。

表 10 - 6 三类参赛作品的评审标准

参赛类别	评审标准
自然科学类学术论文	侧重考核基础学科学术探索的前沿性和学术性
哲学社会科学类调查报告	侧重考核与经济社会发展热点难点问题的结合程度和前瞻意义
科技发明制作	侧重考核作品的应用价值和转化前景

【二维码链接】参赛作品申报表及评审标准

（三）参赛要略

1. 自然科学类学术论文选题申报要点 结合"挑战杯"大学生课外学术科技作品竞赛书面作品评审标准，对参赛的自然科学类学术论文的基本要求可概括为三点（表 10 - 7）。

表 10 - 7 自然科学类论文特点

特点	内容
科学性	要求所研究内容具有一定科学意义；研究方法合理，逻辑严密，立论有据，名词术语及叙述方式符合专业标准；研究结论真实有效
先进性	要求所研究内容能提出新的观点或理论，能填补原有空白，或是在原有基础上的继承、发展、完善和创新，至少在前人工作的基础上有所进展（需增添若干新的信息），对其先进程度、创新程度和难度都有较高要求
实践性	要求所研究内容与研究方法具有可操纵性和可重复性，在其研究领域具有一定的影响范围，具有一定的现实意义和应用价值

（1）如何确定选题 参赛者应遵循科学性、可行性、实用性、创新性原则，找到适合的选题途径，做好资料的贮备，一般来说选题的途径如下。

关注社会生产、现实生活及科学发展的各个领域。关注各级科研管理部门公开的科技发展指南。关注本校或者本专业老师现有的科研项目。例如，中国地质大学的张宜虎同学从大一下学期加入岩土工程专业科研课题组，在导师的指导下经历了查文献、提问题、做实验、写论文等不同于课堂教学的过程，对与生产实践联系紧密的科研项目"基坑降水"有了一些认识，便着手深入研究。历时两年多，完成了相关项目的研究，并获得"挑战杯"全国大学生课外科技学术作品竞赛三等奖。

（2）如何撰写论文 自然科学类学术论文需格外注意学术规范，用科学的方法分析主题，用数学模型等工具进行验证，通过图文的方式共同展现课题成果。首先，说明作品时要求全面、准确、简明、流畅，逻辑思维清晰明白，语言表述简洁明快。作品内容的表现形式力求丰富生动，要充分显示作品的"闪光亮点"，即独有的特色和优势，并能提供有力的佐证。其次，论文撰写需严谨细致，要反复阅读和修改，杜绝语法与拼写等各种错误，用词避免口语化。最后，在格式处理方面，注重细节，如抓图之前把回车隐藏掉，图的分辨率要高，图注明来源，技术路线与文章结构相符等；文字方面，错别字、病句、前后矛盾的地方要仔细检查，专有名词要进行解释。

2. 哲学社会科学类社会调查报告和学术论文

（1）如何确定选题　社会调查报告选题一是要选材贴近社会生活，关注社会热点。如重庆大学学生的《冲击我国城市化进程瓶颈的一项变革———基于重庆市户籍制度改革现状的调查》就比较贴近现实。二是调查的问题要有普遍性，涉及面越广的问题、越带有社会普遍性的问题就越有价值。三是调查报告要有针对性。调查报告是为了解决工作中急需解决的某些问题而写作的，因此，应及时反映情况，揭露存在的问题，提出迫切需要解决的问题，回答人们最关心的问题，这样才能做到有的放矢。比如，我们整个社会、整个社区如何关注失独家庭？如何解决他们的后顾之忧？"单独二胎"政策出台后，登记申请生二胎的数字是多少？是否会在短期内造成人口增长井喷现象？不久的将来，"单独二胎"政策会给幼儿园、小学、中学带来多大的压力？这些问题就非常具有针对性。最后调查报告的选题还得有创新，调查者要善于从生活实际出发，对问题的解决提出具有独到性和先进性的方案。

（2）如何撰写论文　调查方法合理。调查方式方法包括问卷、访谈、实地考察、讨论式，案例及文献查阅等。

数据准确。在对调研数据进行处理的过程中，利用各种数据分析软件，如 Excel、SPSS、STATA 等进行相关数据的统计与处理，并可用图、表等反映出来，从这些数据中找出差异或规律，形成书面材料。对数据分析后进行经验总结，对问题提出解决的办法，或对规律进行深入的探讨，提出合理化的建议和可行性对策。

内容完整。正文主要内容应该包括项目背景、意义（紧扣国家社会发展层面）、项目的创新点、项目国内外研究现状（文献综述）、项目研究思路、方法、数据处理、研究对象的优点与缺点、对策或发展措施、展望、参考文献等。

排版精美。排版同题目一样重要，排版应规范，设计有新意。排版的正文、一级标题、二级标题等应保持统一。喷彩色封面，装订好。

附录全面。调查问卷样本，应做到所要解决的问题跟调查问卷有关。成果采用证明，可到党政机关开证明。公开发表的论文，附录里可有论文的复印件或者扫描件。相关调研图片，调查过程中的图片可充分展示真实进行了调研，在此过程中得到的收获。

3. 科技发明制作　一是科学性，是作品的最基本要求，项目一定是真正有科技含量的；二是先进性，对应的是创新点；三是学术性，要有理论的分析，要有详细的数据，要有国内外科研领域对比，要有相应的佐证，要有内在的逻辑思维；四是实用性，项目是真正能够服务社会、能够对工业或者对实际生活产生积极作用的；五是可信性，项目是学生承担主要科研任务的；最后是科普性，评委能在较短时间内对作品有一个大概了解。

（四）医药类获奖项目

第 14～16 届大学生"挑战杯"全国大学生课外学术科技作品竞赛（简称"大挑"）医药类获奖项目见表 10 - 8。

表 10-8 第 14~16 届 "大挑" 医药类获奖项目

参赛时间（年）	获奖等级	获奖项目	学校
第 14 届（2015）	特等奖	自供氧技术用于增效癌症光动力治疗的研究	南京大学
		关于软骨组织工程生物医学材料研究	浙江大学
		关于盲分离技术的胎儿心电监护系统	广东工业大学
	一等奖	心肺复苏一体化自动装置	温州医科大学
		去细胞肾支架诱导肾再生	温州医科大学
		中药有效提取成分抑制肿瘤细胞转移	澳门大学
		澳门药店中成药及传统药物市场现状调查分析	澳门科技大学
第 15 届（2017）	特等奖	新型蛋白纳米药物载体在肿瘤转移中的应用	江苏大学
		基于血管再生和骨折修复双重功能的新型 EGFL6 重组蛋白产品研发	温州医科大学
		基于抗结直肠癌活性 SGK1 抑制剂的结构修饰、合成与活性研究	上海大学
		基于光学相干断层成像的心肌缺血评估系统	上海交通大学
		具有多模成像和光热治疗功能的纳米靶向载体及其肿瘤诊疗一体化研究	上海工程技术大学
	一等奖	多糖-碳点-DNA 多功能自组装纳米基因载体的构建及其诱导细胞分化研究	江苏大学
		干细胞来源的纳米囊泡加速损伤皮肤愈合及其分子机制的研究	江苏大学
		类风湿性关节炎发病机制及临床诊断研究	温州医科大学
		肿瘤相关 microRNA 的高灵敏检测新方法及试剂盒研制	武汉大学
		"网络医院" 运营现状与发展模式调查——以广东省第二人民医院 "网络医院" 为例	中山大学
		脓毒症治疗新途径——等离子活化水制备仪及其应用效果研究	西安交通大学
第 16 届（2019）	特等奖	单目多光谱三维重构技术及其在医用内窥镜中的应用	上海交通大学
		用于高效细胞捕获的基于仿病毒结构的多级微球设计	上海交通大学
		褪黑素调节肠道代谢防控大肠杆菌型脑膜炎——基于肠-脑轴微生物代谢调控的研究	扬州大学
		多元肿瘤标志物化学发光阵列芯片检测仪	扬州大学
		行动起来，向滥用抗生素说不！中国 13 省市 1345 家零售药店无处方销售抗生素情况调查及应对研究	浙江大学
		脑电反馈智能电针灸仪	江苏师范大学
		模拟医生操作实现人机协同的血管介入手术人工智能装置	清华大学
		基于微流控技术的癌症早期检测芯片	北京工业大学
		糖尿病视网膜病变智能筛查与辅助诊断系统 Deep DR	上海交通大学
	一等奖	脑水肿的细胞内力学机制研究	南京中医药大学
		神经病理性痛及其诱导抑郁样行为的中枢神经通路、炎症机制及治疗策略研究	空军军医大学
		新型生物医用微针的研究及其在疾病诊断与治疗方面的应用	东南大学
		基于能量代谢的大黄䗪虫丸逆转肝癌耐药机制研究	南京中医药大学
		LncRNA 调控 MDSC 参与肺癌肿瘤免疫功能的研究	江苏大学

三、"挑战杯"中国大学生创业计划竞赛

（一）赛事简介

"挑战杯"系列竞赛不仅包括我们上面提到的"挑战杯"全国大学生课外学术科技作品竞赛，还包括我们接下来要讲到的"挑战杯"中国大学生创业计划竞赛（简称"小挑"），又称商业计划竞赛。它借用风险投资的运作模式，要求参赛者组成专业互补的竞赛小组，围绕一个具有市场前景的技术产品或服务概念，以获得风险投资和企业盈利与发展为目的，完成一份包括企业概述、业务与业务展望、风险因素、投资回报与退出策略、组织管理、财务预测等方面内容的创业计划书，最终通过书面评审和答辩的方式评出获奖者。它旨在引导大学生适应深化教育改革、推进素质教育的要求，了解创业知识，培养创业意识，提高创业能力。"挑战杯"中国大学生创业计划竞赛是目前国内大学生创新创业类最热门、最受关注的竞赛，被誉为中国大学生创新创业类比赛的"奥林匹克"盛会。

团中央青年发展部官方微信公众号"创青春"（ID　zgqncyxd），作为"挑战杯"工作发布的新媒体平台，第一时间将"挑战杯"权威信息传达给用户群体。

1. 信息发布。第一时间以工作指引、提醒等形式，发布大赛重要通知公告、权威解读、有关资讯。

2. 交互答疑。根据大赛咨询留言情况进行重点筛选解答。

3. 各地展示。接收各地赛事动态投稿，设专栏进行展示。

4. 项目点赞。开展"挑战杯 青春有我"风采点赞活动，进一步营造大赛氛围。

【二维码链接】"挑战杯"全国大学生创业计划竞赛简介

（二）参赛指南

1. 申报方式　以学校为单位统一申报，以项目团队形式参赛，每个团队人数原则上不超过10人，每个项目指导教师原则上不超过3人。

2. 评审侧重点　参赛项目应有较高立意，积极践行社会主义核心价值观；应符合国家相关法律法规规定、政策导向；从社会价值、实践过程、创新意义、发展前景、团队协作等方面对参赛项目进行评审。

（三）参赛要略

1. 找对参赛项目　选好项目相当于成功一半。有位获得创业竞赛金奖团队的队长曾说："如果有一个月的时间准备比赛，我会用三个星期时间来寻找项目。"可见寻找项目的重要性。想参加"小挑"竞赛的各位同学可能比较困惑的就在于不知道该做什么创业项目。一般来说，创业项目筛选有六个关键词，分别是优势、政策、需求、价值、竞争性和投资性。不难理解，优势指的是在选择创业项目时要突出优势，做自己擅长的事，做自己擅长的领域。政策指的是选择的创业项目一定要符合国家政策、产业政策和地方政策。需求指的是选择的创业项目一定要有市场需求，最好是有刚性需求和紧迫性需求，同时还要有一定的潜在服务需求。价值指的是选择的创业

项目一定要有价值，不仅要能挣钱，要能产生利润，还要对社会有贡献价值。竞争性指的是选择的创业项目市场竞争对手数量不能太多。投资性指的是选择的项目要满足投资规模不大、投资周期不长、投资回报率高的条件。

2. 写好项目申报表　评审委员会主要从项目的社会价值、实践过程、创新意义、发展前景和团队协作五个方面评审申报项目。所以在申报项目时要有的放矢，针对评审标准撰写项目申报表。

（1）社会价值　首先要写明市场问题解决的社会意义，可以通过项目增加社会就业份额实际带动的就业人数及项目未来持续带动就业的能力。

（2）实践过程　如果是创意类项目，写实践过程时要重点突出市场调研过程、产品技术研究进展。如果是已经注册公司的创业项目，写实践过程时则要侧重服务客户、产品专利、带动就业等。

（3）创新意义　创新是项目的生命，持续创新是项目在赛场上唯一的生存之路。选择的项目要有一定的创新性，但不一定要选择全新的项目。对于全新的项目来说，市场推广的难度会非常大，风险也非常高。一般来说，可在项目上进行国际水平跟踪性、局部性的改良，可以将现有各领域中先进的东西引入自己的项目，进行组合创新。

（4）发展前景　发展前景是要证明创业项目的市场可行性，比如市场容量如何、目标客户是否精准、产品的商业模式是否能够实现、创业项目的竞争优势在哪、如何实现盈利等。

（5）团队协作　介绍团队成员的分工、团队成员的优势、之前负责过哪些项目、做出过什么成绩等。

3. 答辩展示技巧　"挑战杯"中国大学生创业计划竞赛答辩展示跟"互联网+"创新创业大赛路演很像，主要从为什么要做这个项目、如何做、商业模式、运营现状、营销策略等方面来准备。

（四）医药类获奖项目

第 10~12 届（2016—2020 年）"挑战杯"中国大学生创业计划竞赛（"小挑"）医药类获金奖项目见表 10-9。

表 10-9　第 10~12 届"小挑"医药类获金奖项目

参赛时间（年）	获奖等级	获奖项目	学校
第 10 届（2016）	金奖	基于脑电监测的可穿戴设备	浙江大学
		博恒医疗器械有限责任公司创业计划	东南大学
		新型磁共振造影剂——超羧化氧化铁注射液	上海交通大学
		术中微创实时在体组织良恶性检测设备系统	南方医科大学
		利普生医药科技有限责任公司	南京中医药大学
第 11 届（2018）	金奖	全球糖尿病诊疗革新者	华东师范大学
		脑控智能护理床	华南理工大学
		"隽"——基于菌群的皮肤护理品牌	南京大学
		基于 microRNA 的阿尔茨海默病的快速早期检测仪	山东大学
		BonChina 未来骨芯——智能骨缺损可降解修复专家	四川大学
		益安医疗器械有限公司	徐州医科大学
		瑞谱生物——国产血液细菌培养检测设备的领航者	浙江师范大学

续表

参赛时间（年）	获奖等级	获奖项目	学校
第12届（2020）	金奖	脂肪性肝炎的治疗专家——翻州湫奥生物医药科技有限公司	温州医科大学
		依莫诺飞生物——高性能免疫细胞基因改造毂体	四川大学
		心视界——心血管全息诊疗智库	四川大学
		用于慢性病治疗的温敏瑟胶	复旦大学
		森微科技——基于微流控提术的即时癌症检测系统	北京工业大学
		贴身守护专注心肺健康——便携式心肺监护仪	河南职业技术学院

第三节　医学生创新创业实践项目案例分析

医学生创新创业实践具有极强的专业性和行业性，下面从医学和药学两个方面，对四川大学和山东中医药大学的两个"互联网＋"国家金奖项目进行深入分析，为申报项目提供参考。

一、Niceky 自抗凝性高通量血液透析器——四川大学

（一）项目简介

Niceky 自抗凝性高通量血液透析器是四川大学第三届"互联网＋"大学生创新创业大赛金奖项目。该项目通过对血液透析过程中的核心耗材——血液透析膜的创新设计，引入羧基等肝素功能基团，合成类肝素共聚物，使产品拥有了核心优势——自抗凝性，免去了传统血液透析过程中注射肝素这一环节，从而避免了一系列并发症的发生。该产品透析效果更好，价格更低。临床数据显示，Niceky 的透析效果已处于国际领先水平。

1. 项目背景　2014 年起，肾病成为继癌症和心血管疾病之后又一大威胁人类生命健康的疾病。有数据显示，至 2016 年，全国共有 242 万人被诊断出患有终末期肾病。这些肾病患者只能选择肾移植或者血液透析来延长生命，而全球的肾移植率不超过 1%，剩下 99% 的患者只能靠血液透析存活。透析器是血液透析过程中使用的主要耗材，患者每周需使用 3 支。

2. 研发历程　2002 年以前，我国没有自主研发的血液透析器，全部依靠国外进口。当时国外一支血液透析器的价格就高达 1380 元，这让我国 80% 的患者放弃了治疗。

在这种背景下，项目合伙人、四川大学高分子学院赵长生教授带领团队研发出了第一代国产血液透析器，并于 2002 年成功问世。第一代血液透析器打破了国外垄断，并以较低的价格得到市场认可，为此国外产品不得不大幅度降价，从原来的 1380 元降至 500 元，以稳定其市场份额。

在此基础上，研发团队加大研发力度，不断突破现有技术，于 2009 年成功研发出第二代血液透析器。第二代血液透析器不仅使价格从 500 元降低至 200~300 元，还达到了国际领先技术标准，振兴了我国的民族工业。

经过多年的技术沉淀，2016 年，赵长生教授再次带领团队研发出第三代产品——Niceky 自抗凝性高通量血液透析器，并将产品项目的商业化授权于秦政所带领的团队进行。第三代 Niceky 血液透析器超过了国际先进技术水平，且价格低于其他产品的 3% 以上。在掌握了创新技术的同时，该团队更希望拥有国内市场的议价权，进一步减少患者的治疗费用。

（二）项目分析

1. 创新性方面　Niceky 自抗凝性高通量血液透析器技术属全球首创，具有免注射肝素、透析效果更好、产品价格更低等优势。

Niceky 项目的核心在于对血液透析过程中的核心耗材血液透析膜的创新设计。通过引入羧基等肝素功能基团，合成类肝素共聚物，使产品拥有了核心优势——自抗凝性。这种自抗凝性免去了传统血液透析过程中注射肝素这一环节，有效避免了肝素副作用的困扰，极大程度地降低了患者的治疗风险。

与现今市场上技术最优、市场份额超过 50% 的竞品相比，Niceky 的抗蛋白污染能力增强了 30%~50%，血液相容性提高了 40%~50%，透析效果全面超越同类国际领先产品。

2. 商业性方面　我国的血液透析市场从 2012~2016 年一直呈上升态势，2016 年我国的血液透析市场规模超过 500 亿元，全球透析市场规模高达 4800 亿元，且增长空间巨大。

为帮助 Niceky 项目顺利完成商业化，加快产研结合，团队多次前往四川大学华西医院肾脏内科实地调研。同时，基于当前血液透析器行业激烈的竞争环境以及当前中国庞大的肾病患者的强烈刚需，团队不断对产品的定价、项目的商业运营模式等进行调整，不断完善商业策划方案，期望在保证公司可持续发展的同时为肾病患者带来最大的效用。

在项目运营方面，Niceky 团队致力于产品研发，与代工生产商合作，并通过直接销售和代理商销售的方式销售给医院及专业血透中心。

2017 年，Niceky 项目已与包括四川大学华西医院在内的六家全国顶尖医院达成专项合作关系，并成功进入国家"十三五"规划重点研发项目，签署了国家重点研发计划，获批经费 1803 万元。公司采用 OEM 生产模式，通过直销和代理商销售给二甲及以上医院和专业的血透中心。通过打造代理商渠道，拓宽销售渠道至西南地区，并占领全国地区 30% 的市场份额，未来市场潜力无限。

3. 团队情况　Niceky 项目成员来自四川大学各个专业，横跨本、硕、博，学科交叉，优势互补；项目负责人秦政为四川大学临床医学八年制博士，参与了 Niceky 产品的研发与设计；项目指导教师为四川大学高分子材料与工程学院赵长生教授和四川大学华西基础医学与法医学院李昌龙教授。

2017 年该项目已获得十项国家级自主发明专利，与多家实验室拥有专项合作共建关系；2016 年该项目纳入"十三五"国家重点研发计划，获批专项经费 1803 万元用于技术研发，并获创新医疗器械特批通道，将药监局审批周期从 5 年缩短至 1 年。

2017 年 Niceky 项目进入临床试验阶段，由中国人民解放军总医院、四川大学华西医院和陆军军医大学新桥医院承担产品的临床试验，共完成临床试验 114 例，超过了上市审批标准，并且透析效果大幅领先同类产品。

4. 社会效益　传统治疗手段一是治疗方式危害大，传统血液透析都需要注射抗凝剂肝素来防止血液凝固，而注射肝素会引起血小板减少、自发性出血等并发症，严重威胁患者的生命安全；二是国内市场依赖进口，我国现有的透析产品，70% 依靠进口；三是价格高昂，难以承受，患者人均透析费用约为 50 万元，对国家和个人造成的负担都十分沉重。

Niceky 自抗凝性高通量血液透析器价格较低，减轻了患者和国家的负担。相较于国内主流产品，尤其是世界领先水平的产品，在保证项目组拥有充足盈利的前提下，现在 Niceky 的每支定价为 150 元，远低于市场上普遍使用的同类产品，大幅降低了患者的治疗费用。

二、"草芝源"金银花精准扶贫：新品种与种植技术推广

（一）项目简介

本项目以山东中医药大学中药资源与质量控制实验室为研发平台，结合革命老区沂蒙山道地药材金银花种质混乱、农户种植水平低等长期存在的痛点，通过为农户提供种植技术指导、选育"华金6号"新品种并推广种植、与医药企业合作等方式，将团队的科研成果更好地转化为扶贫工具。基于以上几点，团队成员于2017年成立了济南草芝源中医药发展有限公司。该团队还研发了金银花茶、金香解毒止痒液等一系列具有自主知识产权的金银花产品，提高了金银花的附加产值，打造了贫困地区"产-种-销一条龙"的帮扶模式。

金银花新品种华金6号是山东中医药大学药学院在系统调查、搜集忍冬种质资源的基础上，选择单株优良种质，经过10余年的定向培育而选育出来的。该品种花蕾快速膨大期比一般品种晚4~5天，花蕾在充分膨大后15~20天不开放，仅上部稍有裂口，且植株花蕾集中，便于采收，同茬花可一次采收完毕，药材产量高。

（二）项目分析

1. 创新性方面 该项目的创新性集中体现在对金银花优良品种的选育上。团队成员共培育金银花新品种6个，其中获得植物新品种权3个。以王玲娜同学为第一发明人的"华金6号"可以说是金银花产业里程碑式的革新。该品种通过生物技术，将金银花的花蕾期集中控制在15~20天，同时配以团队研发的半机械化采摘机，将金银花采收的人工成本降低了60%~80%。该品种无论在药用价值，还是抗病虫害、抗盐碱能力上都大大优于其他品种，其有效成分绿原酸和木犀草苷的含量分别是《药典》标准的2.13倍和2.34倍。

该项目的创新性还体现在栽培与种植技术的标准化上。在金银花栽培与种植技术方面，团队共制定了种苗繁育、整形修剪、病虫害防治、精准施肥和采收加工等五大技术标准体系，并获得多项标准认证。优良的新品种和标准化的栽培种植技术为项目的推广复制奠定了基础。

2. 商业性方面 项目资金来源广，收入持续稳定增长，一条龙产业服务模式具有可复制性和可推广性。尤其是"华金6号"新品种抗盐碱、耐贫瘠的特性，极其适合在贫瘠山区和盐碱地推广种植。在参加山东省和国家"青年红色筑梦之旅活动"的启动仪式上，项目分别与山东临沂费县、福建省寿宁县等多个地区签订了推广种植协议，助力当地精准扶贫和乡村振兴。

与传统品种相比，"华金6号"金银花开花期明显延迟，大白期花蕾保持时间可达15天，大大延长了采摘时间，并且可以实现每茬花一次性采收，调节和缩短了采收时间，降低了采收成本，提高了种植收益。药材中木犀草苷等活性成分含量显著提高，且在整个大白期保持基本稳定，临床使用安全，药理活性显著。该品种适合大面积推广种植，具有显著的经济效益，对金银花产业发展具有巨大的推动作用。

3. 团队情况 该项目在团队成员构成上体现了专业性、互补性和接替性。该项目来源于山东中医药大学中药学重点学科，项目负责人王玲娜为2015级中药学博士，团队成员为中药学及相关专业的博士、硕士和本科生。团队成员除在校生之外，还有从事金银花种植管理和技术指导多年的从业人员。项目指导老师张永清教授是山东省泰山学者，从事金银花研究30余年，多年来带领学生团队200余人专门从事山东省中药资源普查、金银花新品种培育和栽培种植技术推广工作，被誉为"金银花界的袁隆平"。

该项目另一突出特点是，团队成员奉献意愿高，价值观一致。团队成员多数来自革命老区和贫困山区，其中王玲娜同学来自革命老区延安，跟随张永清教授开展中药资源普查和金银花研究10年，其他成员多来自鲁西南贫困地区、莱芜革命老区和胶东革命老区，指导老师张永清教授的家乡是沂蒙山革命老区、金银花道地产区——山东省临沂市平邑县。多年来，同学们在跟随张永清教授进行中药资源普查的过程中，发现了中药材种植特别是金银花种植产能不高、产业化程度低、优质品种缺乏的痛点，深切地体会到药农对脱贫致富的渴望，并在长期的实践中凝聚了共同创业的决心。2017年，为更好地推广"华金6号"，几个志同道合的同学成立了济南草芝源中药材发展有限公司，开始了创业之路。

4. 社会效益　项目实效显著，在金银花产业提质增效、精准扶贫和生态环境改善等方面都产生了巨大的经济效益和社会效益。该团队在沂蒙山革命老区、鲁西南革命老区、胶东革命老区、延安革命老区等多地开展金银花新品种与种植技术推广工作10余年，共推广种植"华金6号"13950亩，惠及农户3878户，每户平均增收2.3万元；通过技术指导和服务，培训1.6万人次，惠及56个贫困村，共计10.2万农户；全国通过GAP认证的金银花种植基地有8处，其中5处是经本项目团队成员指导认证的，占全国金银花GAP认证基地的62.50%。项目还带动了当地金银花产业的结构升级和发展。通过金银花的初加工和深加工，带动当地建设了二十余家中药饮片加工企业，并通过与王老吉、康缘药业和三精制药等合作，保证了药企和药农的销售。项目还产生了极大的生态效益。因为"华金6号"具有抗盐碱、耐贫瘠的特性，该团队共带动农户开垦荒山、盐碱地种植金银花7200亩，产生了极大的生态效益。

【本章要点】

1. 大学生创新创业训练计划简称"大创计划"，主要分为创新训练项目、创业训练项目和创业实践项目三类。申报创新训练项目需要做好选题、研究基础、内容设计、研究方法和条件保障等方面的工作；申报创业训练计划项目要做好选题、创业基础与条件保障、创业前景与市场定位、创业方案四个方面的工作；申报创业实践项目要做好产品与服务价值、创业基础与可行性、创业前景与创业方案方面的工作。

2. 目前，中国高水平大学生创新创业竞赛主要有中国国际"互联网＋"大学生创新创业大赛、"挑战杯"全国大学生课外学术科技作品竞赛（简称"大挑"）和"挑战杯"中国大学生创业计划竞赛（简称"小挑"）三大赛事。中国国际"互联网＋"大学生创新创业大赛的优秀项目主要有四个元素：一是在产品服务、市场需求、关键技术和商业运营上具有可行性；二是以用户为导向体验产品服务；三是拥有难以复制的壁垒；四是经过市场验证。如果拥有商标专利、原型产品、卓越团队、运营数据和自主研发新产品和技术更是锦上添花。"大挑"哲学社会科学类调查报告侧重考核与经济社会发展热点难点问题的结合程度和前瞻意义，科技发明制作侧重考核作品的应用价值和转化前景。"小挑"筛选项目时可从优势、政策、需求、价值、竞争性和投资性等维度进行分析，能够发挥自身优势、符合政府要求、社会价值高、有市场需求和竞争力的项目才是好项目。

【推荐网站或资料】

1. 全国大学生创业服务网：https：//www.cy.ncss.cn
2. 第七届"互联网＋"大学生创新创业大赛：https：//cy.ncss.cn/
3. "挑战杯"全国大学生课外学术科技作品竞赛官网：https：//www.tiaozhanbei.net

【思考题】

1. "大创"计划项目申请要求是什么？如何申请"大创"计划？
2. "大挑"与"小挑"大赛对参赛项目的要求有何异同？
3. 如何选择创业项目？

案例分析

中医在线：41 万中医师的网络"互学平台"

中医在线是一个中医师在线教育平台，自产品诞生以来，已经有 1100 多位医生通过中医在线进行授课，并且中医在线已经举办学术讲座 2000 余场，积累音视频课程 3000 小时，有超过 18 万人听过这些课程。

中医在线的原型是"中医在线论坛联盟"。联盟成立于 2015 年 1 月，当时是由北京一些三甲医院的科主任发起并建立的。

从 3 个创始微信群发展到 400 多个活跃的微信群，中医在线以微信群的模式逐渐壮大。目前，中医在线的微信群中 332 个是专业的医学论坛。2016 年初，在微信群的基础上发展成为"中医慕课"的手机应用互联网产品，这就是"中医在线 APP"1.0 版本。从微信群到"中医在线 APP"1.0 版本用了 1 年多的时间，而从 1.0 到 2.0 版本则只用了 4 个月的时间。

中医在线目前有一支近 40 人的团队，很多人因为热爱中医走到一起。团队创始人、CEO 何剑是 1981 年生人，他是 1994 年 BBS 开始的老互联网。自 2006 年开始学中医，2012 年他创办了一个中医兴趣班，自己教授《中医发展史》《生活里的伤寒论》两门课，学员大多为互联网公司的技术宅，创始团队有一半是听了他的课转成中医粉的。CTO 任毅就是听了何剑的课喜欢上中医的。此前，他是一家手游公司的 CTO，后因为热爱中医在线做的事，从原团队辞职与何剑一起创业。

何剑表示："做这个产品，实际上是因为医生们有这个需求，而这几位中医爱好者也是出于帮助老师们解决问题的想法才做了这个产品。"对于何剑和他的团队来说，中医在线的"出生"可谓名副其实的"被动创业"。

"中医在线是做医生端教育的，做教育本来就很艰难，做医生教育更难，面对的人群数量有限，直播录播都需要很大的团队，投入很大而收入有限。当然，绝不能因为投入产出比低就不做，看到那么多的专业医生跟着我们孜孜不倦地学习，你怎么忍心撂下他们呢？"何剑表示，中医在线的目标用户是医生，目前，中医注册执业医师人数近 41 万，此外全国还有 132 万的基层医生也将会是目标客户。

2015 年 7 月，中医在线获得 500 万人民币天使投资。2016 年 3 月，团队获得 2500 万 A 轮投资。据了解，中医在线目前正在准备进行 B 轮融资。

（资料来源：佚名. 中医在线：41 万中医师的网络"互学平台" http：//events. jianshu. io/p/22d524a2dc2e. 2017 - 8 - 31）

结合案例，思考以下问题。
1. 中医在线作为一个"互学平台"如何增加用户黏度。
2. 如果想进一步拓展业务的话，有没有其他的途径。

【实践练习】

请同学们撰写一份完整的创业计划书。

第十一章

创业企业的建立与初期管理

学习目标

1. 掌握创业企业注册的基本流程、现金流优化策略、组织结构确立。
2. 理解创业企业建立需要注意的法律问题、合法性及其构建策略。
3. 认识创业企业组织结构的基本类型及初创企业面临的挑战、新创弱性。
4. 了解创业企业的内涵、建立条件及基本组织形式，创业企业成长的基本阶段。

案例导引

急诊科女超人于莺：从女超人到 CEO，没有什么不可能

于莺，1974 年出生在上海，从小学习成绩优秀，小学升初中再到高中都是保送入学，八年硕博连读，2001 年毕业于北京协和医学院，后就职于北京协和医院，任急诊科主治医师。2011 年，于莺开通了自己的微博，每天与网友分享自己工作、生活中的趣事、糗事、悲催事，豁达的个性、辛辣的语言，把一个协和医院急诊女大夫活灵活现地推送到公众面前。很快，"急诊科女超人于莺"的粉丝数急剧飙升，她的微博粉丝数达到 300 多万，成为医疗界最火的微博之一。2013 年 6 月，她从北京协和医院离职。2015 年 4 月，她参与筹建了 10 个月的美中宜和综合门诊中心开业。

石破天惊辞职路

当于莺在微博宣布辞职时，她的粉丝圈里，这个消息恐怕跟当年刘翔退赛一样有爆炸效应。"航母式的医联体最终会让专注于临床的一线大夫尤其是急诊科医生成为炮灰；不和科研考核大夫的评判体系玩儿了，我玩儿不过。"于莺在微博上列出了这样的辞职理由。

辞职时于莺并没有清晰的未来规划。"当时就觉得体制比较束缚人，要么按它的要求成长，要么就打破这个牢笼。我想的更多的是应该从那儿出来，就我的职业前景而言，再不出来可能就没有机会了，毕竟年龄摆在那儿。"

刚辞职时她去台湾学习，在朋友的规劝和帮助下，她开了家淘宝店。"她不卖假货，合理合法地挣钱也没有什么错。"网上说什么的都有，"骂得很难听，但于莺是一个别人越骂内心越强大的人，你越骂，她越要干好！"开淘宝店之初，她最大的感受是"不好意思，怕粉丝失望，那种感觉持续了大约半年"。得益于微博名人的感召力，于莺的淘宝店开得很红火。挣得比在协和多多了！

辞职不足两年，于莺的身份是美中宜和综合门诊中心的 CEO。

一波多折创业路

于莺辞职时没有清晰的职业规划，从协和一出来，就有很多医疗机构、投资公司甚至医疗相关的健康产业向她抛来了橄榄枝。因为当时没有明确的目标，就想离开北京先去参观、学习、交流，于是就选择了台湾。

到了台湾，接触到很多公立、私立医院后，于莺才意识到，所谓的公立和私立医院只是所有制不同，本质都是为患者服务的。医生的优势无非就是临床经验及与患者沟通的技能，这都是她所具备的，而且一个诊所几个人的小团队协作也是她所擅长的。于莺觉得诊所的形态更适合发挥医生的优势，于是就逐渐清晰地意识到应该开一个这样的小诊所。

于莺当时家住通州，通州的医疗资源相对短缺，居民又特别集中，所以她就想在家附近开个诊所。后来，托朋友向行政部门咨询，目前我国尚没有成熟的管理私人诊所的机制，私人诊所操作起来会非常困难。这条路注定不好走，但她还是想尝试，在中国很多事情如果不尝试，你永远不知道是否可行。

从 2013 年底到 2014 年初，于莺在不断地碰壁中走过来。首先个人开诊所执照很难批，最重要的是要符合行政规划，遗憾的是通州没有规划，即使有规划也还有众多要求，比如不能离居民区太近，如果利用居民楼底开诊所，需要得到所有邻居的同意，附近还不能有幼儿园、学校，不能有餐厅……其次，如果医保不能对接，如何定价？如何定位？结果最后就没有成功。

起意在呼和浩特开诊所，缘于于莺的一个内蒙古朋友。因为有很多朋友找他联系北京的医院，听说于莺想开诊所，于是朋友就提议由他投资，把诊所开到呼和浩特。后来于莺来来回回去了呼和浩特好几趟，发现当地有钱人很多，但他们把钱都消费在了北京。我如果在那儿开诊所，最终会变成一家转诊中心，即帮助那边的患者与北京的专家对接，开诊所就失去意义了。

2014 年 4 月，美中宜和的 CEO 胡澜想在北京开诊所，就通过朋友推荐找到了于莺。胡澜很快就联系了于莺，她们的理念一致，价值观相同，都认同医疗是服务产业、核心是以患者为中心，于是她们就开诊所的问题沟通细节，对投资回报达成了一致。一个月之内，于莺便以合伙人的身份与美中宜和签订了合作协议。

达成协议后，她们就满北京找房子，找到比较合适的地方，拿到设计图纸后，就开始跑卫健委，看这个地方能否开诊所。得到肯定的答复后，于莺就开始签租赁合同。这个过程着实尴尬，因为只有签了租赁合同才能申请审批，如果审批不通过，则要承担很大的损失，这是一个让很多人头疼的政策问题。她们从租房到拿到营业执照用了 10 个月的时间，这已经相当快了。

在筹建过程中，美中宜和的拓展部专门负责前期工作，比如找地方、谈租赁合同、找平面设计、找工程队、找监工等等，于莺也都参与，后来逐渐接管了所有的事。当然也有很抓狂的时候，但事情过了以后，于莺觉得其实没有什么特别难以逾越的。她是一个非常乐观的人，谁能想到一个急诊大夫，有一天会跟楼下浩沙的老板坐下来谈消防通道共用的问题？

诊所筹建用了 10 个月，团队已经组建完成，18 位医生全部到位。目前最重要的是梳理流程，内部调适，各部门协同作战。于莺不担心没有病人，她认为市场是需要培育的，早期需要树品牌、立口碑，她更希望能把内部管理做细，各方面调适到位。

门诊中心的医生都来自公立医院，需要转变观念，为了适应全科医疗的需要，也要不断地学习。诊所的医生也许不如专科医生在某个领域那么专，但需要什么都能做，只有这样才能扎根社区，为社区服务。

诊所的收费主要是三项：挂号费、检验费和药费。无论医生年资，挂号费统一 285 元，这在高端医疗里应该是低的；检验费可能比公立医院翻一倍；药费与公立医院是一样的。

对于未来，于莺有一个理想：假如现在看一个感冒发烧需要300元，等费用能压缩到一半时，就可以复制扩张了。她曾跟一个朋友开玩笑说："开连锁诊所就是我的目标，到时谁拦我，我就砍谁！"

于莺回顾自己的创业历程，她认为在这个时代，做比说更重要。一个真正想创业的人，想清楚了就要勇敢去做，有想法就好好规划，不要只是说，到处问，没有人知道你会不会成功。

于莺现在很喜欢一句话——没有什么不可能！

（资料来源：宁静. 宁静访谈录：遇见创业者：讲述医药人自己的故事. 北京：《光明日报》出版社，2017. 有删改）

案例讨论：

1. 在门诊中心成立过程中，跟其他行业相比，注册流程有什么不同？
2. 于莺和美中宜和的 CEO 胡澜成立的合伙制门诊中心，这种组织形式是否合适？有什么发展优势？
3. 在美中宜和综合门诊中心的美好发展前景面前，你觉得发展面临的最大问题是什么？
4. 如果你作为一个创业者，准备新创一个企业开始你的事业，从这个案例中得到的启示是什么？

每个新创企业都希望能够乘着资本的东风在行业里快步发展，然而残酷的创业现实表明，任何创业企业获取发展空间之前，都需要稳健地进行战略设计，修炼内功。创业企业的建立与初期管理是创业成功的第一步，走好这一步对创业企业的持续发展尤为重要。

第一节 认知创业企业

在"大众创业，万众创新"的时代背景下，作为创业者，要成立一家企业，首先要弄清有关企业的基本知识，如企业的内涵、建立条件和组织形式等。只有清楚了这些内容，才能顺利进入企业成立的实质阶段。

一、创业企业的内涵

创业企业是指处于发展早期阶段的企业，又称新企业或新创企业，是指创业者或创业团队利用商业机会，通过整合内外部资源所创建的一个新的具有法人资格的实体。创业企业的建立为创业者从事创业活动提供了基本的资格保障，标志着创业者能够以法人单位的身份参与市场活动，并实现创业机会的社会经济价值。

创业企业是相对成熟企业的一种称谓，关于创业企业与成熟企业的区分标准也存在不同的认识。全球创业观察项目将创业企业界定为"成立时间在42个月以内的企业"；部分学者认为，创业企业认定的时间跨度与企业所处行业和资源因素密切相关，时间跨度最短在3~5年，最长8~12年。部分学者认为，企业创立前6年是决定创业企业生存与否的关键时间。因此，一般将创业时间在6年以内的企业界定为创业企业；也有学者认为8年是企业创建后的过渡期，以8年为期来界定新创企业。

二、创业企业建立的条件

建立新创企业需要什么样的条件是创业者普遍关心的问题，但目前这个问题尚无统一定论。根据蒂蒙斯创业过程模型理论，创业机会、创业团队、创业资源是创业最核心的3个要素，从这个角度看，创业者识别出了创业机会，组建好了创业团队，并整合了创业所需要的资源，便认为是成立创业企业的时机，难免有些理想化。现实中，很多创业者认为创业就是试错，一旦发现创业机会就可以注册成立一个新企业，但这种操作确实有些轻率，没有真正具备创业条件和时机，成立的创业企业往往容易夭折。那么，创业者应该具备什么样的条件才能注册创业企业呢？往往需要综合考虑一定的外部条件和内部条件。

1. 创业企业成立的外部条件　创业者识别出有利的商业机会，如发现某种未被满足的潜在需求或顾客痛点；政府或行业推出鼓励创业的优惠政策或支持条件；通过相应方式或途径可以获取创业企业所需要的原材料及资金等资源。

2. 创业企业成立的内部条件　创业者已具备一定的创业技能或素质，并出现创业动机；创业者已开发出具有商业潜力的产品或服务原型；创业者已经获得某种特许经营权；创业者已经形成较清晰的商业模式框架，并完成了小规模测试；建立创业企业有助于深化创业活动或形成特有的竞争优势，等等。

三、创业企业的组织形式

创业者在成立新企业前，需要事先确定企业的法律组织形式。根据《中华人民共和国个人独资企业法》（1999 年 8 月 30 日通过）、《公司法》（2013 年 12 月 28 日第三次修订）《中华人民共和国合伙企业法》（2006 年 8 月 27 日通过）等相关法律规定，我国企业主要有三种组织形式：个人独资企业、合伙企业和公司制企业。至此，我国企业法律组织形式基本上与国际接轨。

（一）个人独资企业

个人独资企业是最古老、最常见的企业法律组织形式，也称个人业主制企业或独资企业，是指依照《个人独资企业法》在中国境内设立，由一个自然人投资并对企业债务承担无限连带责任，财产为投资者个人所有的经营实体。当个人独资企业财产不足以偿清债务时，选择这种企业组织形式的创业者须依法以其个人其他财产予以清偿，个人独资企业不具有法人资格。在各类企业当中，个人独资企业的创设条件最简单。依据《中华人民共和国个人独资企业法》规定，只要满足以下条件，就可以申请设立个人独资企业：①投资人为一个自然人。②有合法的企业名称。③有投资人申报的出资，国家对其注册资金实行申报制，没有最低限额。④有固定的生产经营场所和必要的生产经营条件。⑤有必要的从业人员。个人独资企业成功与否依赖于所有者个人的技能和能力。当然，所有者也可以雇用那些有其他技能和能力的员工。

（二）合伙企业

如果创业由两个或两个以上的人共同实施，就可以选择合伙制作为创业企业的法律组织形式。根据《中华人民共和国合伙企业法》，合伙企业是指依法在中国境内设立的由各合伙人订立合伙协议，共同出资、合伙经营、共享收益、共担风险，并对合伙企业债务承担无限连带责任的营利性组织。

合伙企业包括普通合伙企业和有限合伙企业两种形式。两者最大的区别在于有限合伙企业有两种不同的所有者：普通合伙人和有限合伙人。其中，普通合伙人对企业的债务和义务负责，而有限合伙人仅以投资额为限承担有限责任，一般不享有对组织的控制权。此外，普通合伙企业的合伙人可以用货币、实物、知识产权、土地使用权或其他财产权出资，也可以利用劳务出资。但在有限合伙企业，有限合伙人不得以劳务出资。下面重点介绍普通合伙企业。

普通合伙企业除了要有合伙企业的名称、经营场所及从事合伙经营的必要条件，设立合伙企业还应当具备以下几个条件：①合伙企业必须拥有两个以上合伙人，合伙人应当具备完全民事行为能力，且能够依法承担无限责任。②合伙人应当遵循自愿、平等、公平、诚实信用原则订立合伙协议，合伙协议应载明合伙企业的名称、地点、经营范围、合伙人出资额和权责情况等基本事项。③合伙人应当按照合伙协议约定的出资方式、数额和缴付出资的期限，履行出资义务。合伙人出资可以用货币、实物、土地使用权、知识产权或者其他财产权利；上述出资应当是合伙人的合法财产及财产权利。合伙人也可以利用劳务出资，其评估办法由全体合伙人协商确定。

（三）公司制企业

公司是现代社会最主要的企业形式。它是以营利为目的，由股东出资形成，拥有独立的财产，享有法人财产权，独立从事生产经营活动，依法享有民事权利，承担民事责任，并以其全部财产对公司的债务承担责任的企业法人。所有权与经营权分离是公司制企业的重要产权基础。与传统的业主制和合伙制相比，创业者和创业团队选择公司制作为企业组织形式的其中一个最大特点就是仅以其所持股份或出资额为限对公司承担有限责任；另一方面，除了缴纳公司所得税，创业者和创业团队成员作为股东还要缴纳企业投资所得税或个人所得税，即"双重纳税"。根据《公司法》，我国公司制企业分为有限责任公司（包括一人有限责任公司）和股份有限公司两种类型。

1. 有限责任公司　有限责任公司的股东以其认缴的出资额为限对公司承担责任，公司以其全部资产对公司的债务承担责任。创业者设立有限责任公司，除了要有固定的生产经营场所和必要的生产经营条件，还应当具备下列条件：①股东符合法定人数。我国《公司法》第二十四条规定：有限责任公司由50个以下股东出资设立（一人制有限责任公司另行规定）。②有符合公司章程规定的全体股东认缴的出资额。有限责任公司的注册资本为在公司登记机关登记的全体股东认缴的出资额，而没有硬性的数额规定。法律、行政法规以及国务院决定对有限责任公司注册资本实缴、注册资本最低限额另有规定的，从其规定。③股东共同制定公司章程。法律对有限责任公司章程有明确的要求，要求应当载明的事项包括：公司名称和性质；公司经营范围；公司注册资本；股东的姓名或者名称；股东的出资方式、出资额和出资时间；公司的机构及其产生办法、职权、议事规则；公司的法定代表人；公司的解散事由与清算办法；股东认为需要规定的其他事项。④有公司名称，建立符合有限责任公司要求的组织机构。

一人有限责任公司，简称一人公司，是指只有一个自然人股东或者一个法人股东的有限责任公司，公司的全部股份或出资全部归属于一个股东的公司。其实质是有限责任公司的一种，是在2005年10月通过的《公司法》中新加入的企业组织形式。一人有限责任公司的基本特征是：一个投资者是公司唯一的股东，是特殊有限责任公司，公司对债务承担有限责任；投资者是企业法人，而不是自然人；公司财产与个人财产严格分开，投资者只以投资额为限对公司承担责任，如果股东能证明自己的财产独立于公司财产，是可以对公司债务承担有限责任的，若不能证明公司财产独立于股东自己财产的，应对公司债务承担连带责任。新《公司法》取消了一人公司最低限额注册资本的标准，但规定了一个自然人只能投资一个一人公司。

2. 股份有限公司　股份有限公司的全部资本分为等额股份，股东以其认购的股份为限对公司承担责任，公司以其全部资产对公司的债务承担责任。设立股份有限公司要有公司名称，要建立符合股份有限公司要求的组织机构，要有固定的生产经营场所及必要的生产经营条件，股份发行、筹办事项要符合法律规定。此外，根据我国《公司法》的规定，还应当具备下列条件。①发起人符合法定人数。设立股份有限公司，应当有两人以上200人以下为发起人，其中须有半数以上的发起人在中国境内有住所。②发起人认缴和募集的股本达到法定资本最低限额。股份有限公司的注册资本为在公司登记机关登记的全体发起人认购的股本总额。公司全体发起人的首次出资额不得低于注册资本的20%。股份有限公司注册资本的最低限额为人民币500万元，法律行政法规对股份有限公司注册资本的最低限额有较高规定的，从其规定。③股份发行、筹办事项符合法律规定。④发起人制定公司章程，采用募集方式设立的经创立大会通过。

四、创业企业法律组织形式比较

一个新创企业可以选择不同的组织形式，可以由个体独立创办个人业主制企业或一人公司，也可以由几个人共同创办合伙制企业或公司制企业，各种类型组织形式各有优劣。对创业者或创业团队而言，选择某种组织形式各有利弊，对企业的责、权、利要求也不相同，关键看是否适合自己。因此，创业企业选择适当的组织形式，有助于企业配置和利用好资源实现企业最佳目标。

（一）各种企业组织形式的优劣比较

各种企业组织形式对于创业者的优劣比较见表11-1。

表11-1　各种企业组织形式对于创业者的优劣比较

企业	优势	劣势
个人独资企业	手续非常简便，费用低 所有者拥有企业控制权 可以迅速对市场变化做出反应 只需交纳个人所得税，无须双重纳税 在技术和经营方面易于保密	创业者承担无限责任 企业成功过多依赖创业者个人能力 筹资困难 企业随着创业者退出而消亡，寿命有限 投资的流动性低
合伙企业	手续比较简单，费用低 经营上比较灵活 企业拥有更多人的技能和能力 资金来源比较广，信用度较高	承受无限责任 企业绩效依赖合伙人的能力 企业规模受限 企业往往因关键合伙人死亡或退出而解散 投资流动性低，产权转让困难
有限责任公司	企业股东只承担有限责任，风险小 公司具有独立寿命，易于存续 可以吸纳多个投资人，促进资本集中 多元化产权结构有利于决策科学化	创业的程度比较复杂，创业费用较高 存在双重纳税问题，税收负担较重 不能公开发行股票，筹集资金的规模受限 产权不能充分流动，资产运作受限
股份有限公司	创业股东只承担有限责任，风险小 筹资能力强 公司具有独立寿命，易于存续 由职业经理人进行管理，管理水平较高 产权可以股票形式充分流动	创业的程序复杂，创立费用高 存在双重纳税问题，税收负担较重 股份有限公司要定期报告公司的财务状况，公开自己的财务数据，不便严格保密 政府限制较多，法规的要求比较严格

（资料来源：李家华，张玉利，雷家骕，等.创业基础.2版.北京：清华大学出版社，2015.）

（二）个人独资企业、一人公司与个体工商户的区别

一人公司与个体工商户、个人独资企业等形式有一定相似之处，需要进行有效区分。一人公司全称一人有限责任公司，其实是有限责任公司的一种，是在2005年10月通过的《公司法》中

新加入的企业组织形式。根据《公司法》规定，一人有限责任公司是指只有一个自然人股东或者一个法人股东的有限责任公司。其基本特征是：一个投资者是公司唯一的股东，是特殊有限责任公司，公司对债务承担有限责任；投资者是企业法人，而不是自然人；公司财产与个人财产严格分开，投资者只以投资额为限对公司承担责任。

从法律层面看，个体工商户并不是一种企业组织形式。在世界范围看，个体工商户是我国独有的概念。个体工商户简称个体户，是指生产资料属于私人所有，主要以个人劳动为基础，劳动所得归个体劳动者自己支配的一种经济形式。由于个体工商户对债务负无限责任，所以个体工商户不具备法人资格。我国《民法通则》第二十六条规定，个体工商户是在法律允许的范围之内，依法经核准登记，从事工商业经营的自然人或家庭。个体工商户在运营过程中产生的债务，个人经营的以个人财产承担，家庭经营的以家庭财产承担。个体工商户有个人经营、家庭经营和个人合伙经营三种组织形式。个体工商户因设立手续便捷、税收方式灵活、运营管理简便等诸多优点，总量不断上涨。2020年2月27日，在支持中小微企业发展加大对个体工商户扶持力度发布会上，国家市场监管总局副局长唐军透露，目前我国登记在册的个体工商户8331.3万户，带动就业超两亿人。北京大学数字金融研究中心联合蚂蚁金服研究院推出的《中国个体经营户系列报告》研究指出，全国2018年个体经营户总量约为9776.4万户。根据第四次全国经济普查的数据，一家个体户可带动2.37个人就业，则可推算出中国个体经济吸纳了约2.3亿人就业，占全国就业总人口的28.8%。

虽然个人独资企业与一人公司、个体工商户在表述上存在一定相似之处，但实际它们在责任承担、税收、注册资本等方面还是有明显差异（表11-2）。总的来说，三种经营方式都有各自的优点和不足，创业者或创业团队可以根据自身具体情况选择使用。

表11-2　个人独资企业、一人公司和个体工商户的比较

项目	个人独资企业	一人公司	个体工商户
法律地位	不具有法人资格	具有完全法人资格	不具有法人资格
出资人	一个自然人	一个自然人或法人股东	一个自然人或家庭
税收管理	税种由税务局根据不同业务核定，依据收入按月纳税，没有收入无须纳税；只缴纳个人所得税，不缴纳企业所得税	税种由税务局根据不同业务核定，依据收入按月纳税，没有收入无须纳税；既缴纳个人所得税，还要缴纳企业所得税	由税务局根据经营地点、经营面积及经营规模等方面进行核定征收，即无论是否亏损均须纳税；只缴纳个人所得税，不缴纳企业所得税
债务责任	投资人以企业及其个人的全部财产对债务承担无限责任	股东以其出资额为限对公司债务承担有限责任，不涉及股东个人及家庭财产	个体户及其个人的全部财产对债务承担无限责任
适用法律	《个人独资企业法》	《公司法》	《民法通则》

五、创业企业的组织结构

企业组织结构反映企业的管理模式和运行方式，常见的组织结构形式包括直线制、职能制、事业部制及矩阵制等类型。近年来出现了一系列具有创新性质的组织结构形式，包括团队型组织、虚拟组织、扁平化组织等，其共同特点是通过企业的组织重构简化内部组织结构，弱化等级制度，促进组织内部信息的交流和每个成员参与决策过程，使企业组织对外部环境的变化更敏感、更灵活和更具有竞争力。

（一）传统组织结构

1. 直线制　直线制是一种最早、最简单的组织形式。它的特点是企业各级行政单位从上到下实行垂直领导，下属部门只接受一个上级的指令，各级主管负责人对所属单位的一切问题负责。企业一切管理职能基本上都由行政主管自己执行。这种组织结构比较简单，责任分明、命令统一，要求行政主管亲自处理各种业务。直线制适用于规模较小、生产技术比较简单的企业。其结构如图 11 - 1 所示。

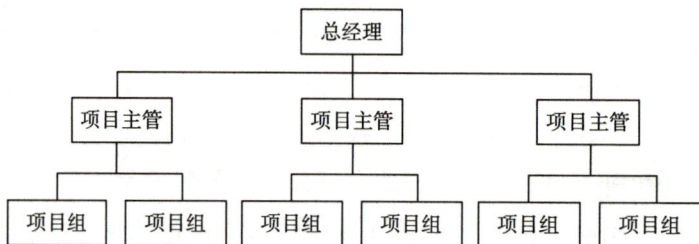

图 11 - 1　直线制组织结构

2. 职能制　职能制组织结构是一种以工作方法与技能作为部门来划分依据的组织结构，也称 U 型组织结构。这种结构要求行政主管（如总经理）把相应的管理职责和权力交给相关职能部门，各职能部门协助行政主管在自己的业务范围内向下级行政单位安排工作。因此，下级行政负责人除了接受上级行政主管领导指挥外，还必须接受上级各职能部门的领导。这种组织结构的优点是职能部门任务专业化，减轻直线领导人员的工作负担，可降低管理费用；缺点是容易出现多头领导，职能部门之间的协调性差。创业企业尤其是科技型初创企业，行政主管和项目主管大多具有技术背景，采取职能制组织结构进行管理，可以通过职能部门的分工管理有效弥补行政主管和项目主管对财务、营销、人力资源等专业知识与技能的不足。其结构如图 11 - 2 所示。

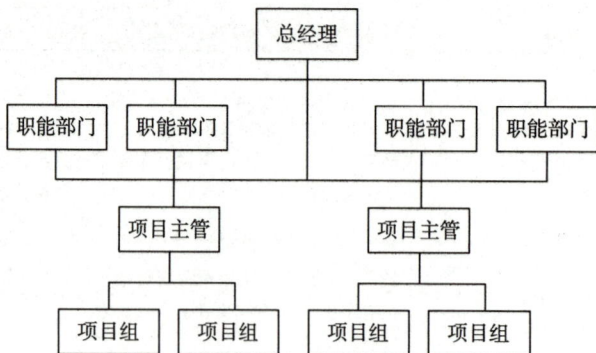

图 11 - 2　职能制组织结构

3. 直线职能制　直线职能制是在直线制和职能制的基础上，吸取这两种形式的优点而建立起来的。其组成特点是在管理权责方面以直线制为基础，辅之以职能部门的参谋指导作用，实行行政负责人统一管理指挥与职能部门参谋指导的有效结合。直线行政领导机构统一对各级组织行使指挥权，职能部门按专业化原则，作为直线行政领导机构的参谋，不能直接发号施令，只能进行业务指导。该组织结构的优点是保证了企业管理体系的集中统一，充分发挥各专业管理机构的作用；缺点是权力集中于最高管理层，职能部门的主动性和协调配合性较差，决策和办事效率低。该组织结构适合应用于规模较大的创业企业，可有效提升管理效率，提高专业化经营水平。

其结构如图 11 - 3 所示。

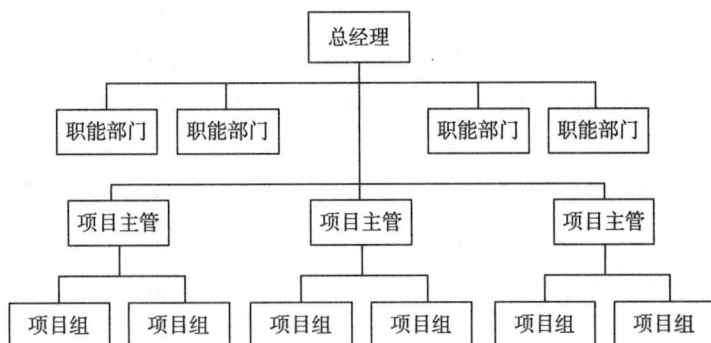

图 11 - 3 直线职能制组织结构

4. 事业部制 事业部制是一种以"集中决策、分散经营"为特点的高度集权领导下的分权管理体制。事业部制是分级管理、分级核算、自负盈亏的一种形式。这种组织结构中，在总经理领导下，通常按地区、产品或渠道分设若干个事业部，从产品设计、原料采购、产品销售、成本核算甚至产品制造均由事业部负责，实行单独核算，独立经营，公司总部只保留人事决策、预算控制和监督权。事业部制的优点是提供了管理的灵活性和适应性，有利于高层集中精力研究企业发展战略规划等重要事务，提高事业部经营效率；缺点是增加了管理层级，管理成本较高，事业部容易滋生本位主义和分散主义倾向。适用于规模庞大、品种繁多、技术复杂的大型企业。结构如图 11 -4 所示。

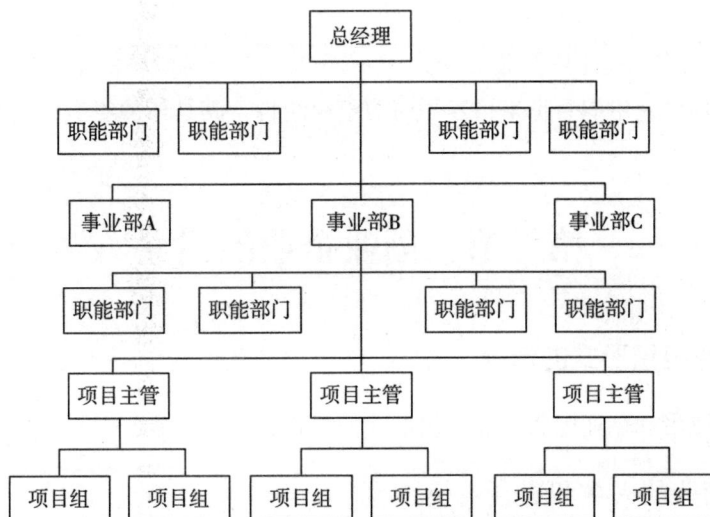

图 11 - 4 事业部制组织结构

5. 矩阵制 矩阵制既有按职能划分的垂直领导系统，又有按产品（项目）划分的横向领导关系的结构，是为了改进直线职能制横向联系差、缺乏弹性等缺点而形成的一种组织形式。它的特点表现在围绕某项专门任务成立跨职能部门的专门机构上，力图做到条块结合，以协调有关部门的活动，保证任务的完成。这种组织结构形式是固定的，人员却是变动的，任务完成后就可以离开。项目小组和负责人均是临时委任的，任务完成后小组就解散。其优点是有利于加强职能部门的协调配合，加强不同专长的专业人员的组织管理；缺点是权责难以区分，易引起管理混乱。这种组织结构适用于横向协作和攻关项目。

（二）新型组织结构

1. 学习型组织 学习型组织是指以解决问题为基本价值，每个人都参与解决问题，使组织能够进行不断地尝试改善和提高能力。在学习型组织内，雇员要懂得客户的需要，参加问题的识别；雇员也要解决问题以满足客户的需要。学习型组织结构废弃了使管理者与工人之间产生距离的纵向结构，团队是横向组织的基本结构，随着生产的全过程，人们一起工作，为客户创造产品。

2. 团队型组织 团队是指一种为了统一目标而由相互协作的个体组成的正式群体。团队结构的主要特点是打破部门界限，把决策权下放到工作团队员工手中。这种结构形式对员工要求较高，要求员工既是专才又是全才。

3. 无边界组织 无边界组织是在信息通信技术的支持下，其横向的、纵向的或外部的边界不由某种预先设定的结构所限定的一种组织设计。其宗旨是取缔指挥链，保持合适的管理跨度，以授权团队取代职能部门。其组织结构主要是通过取消组织垂直界限而使组织扁平化；通过设立多功能团队围绕工作流程运作来消除因职能部门的组织界限；通过远程办公，模糊组织界限。无边界组织使企业具有可渗透性和灵活性的边界，以柔性组织结构模式代替刚性模式，以可持续变化的结构代替原先相对固定的组织结构。

4. 网络化组织 网络化组织是指在网络经济条件下，充分利用互联网强大的整合资源能力，进行网络化管理的组织结构形式。该组织形式主要以关键人物组成的小规模内核为中心，为组织提供持久的核心能力，将企业所面临的众多分散的信息资源加以整合利用，从而实现迅速而准确的决策。

5. 多元化组织 多元化组织是指企业内部不同部门、不同地域的组织结构不再是统一的模式，而是根据具体环境及组织目标来构建不同的组织结构。其具体的组织结构是由企业目标和战略决定的。

第二节　创业企业的建立

一、创业企业组织形式的选择

一般而言，创业者和创业团队选择组织形式需要考虑以下因素。

（一）共同创业的人数和资金规模

一般来说，如果创业者个人想建立创业企业，可以选择个人独资企业和一人公司。如果两人以上的创业团队创业，可以选择合伙制和公司制的企业组织形式。此外，创业资金也是影响组织形式选择的主要因素，如果创业资金比较紧张，可以选择个人独资企业或合伙企业比较适宜；如果创业资金比较充裕，创业企业组织形式的选择余地就比较大，选择公司制企业形式是比较理想的。

（二）创业者对企业的运作经验和掌控能力

如果创业者及其创业团队具有丰富的企业管理经验与掌控能力，就可以选择对管理和运营规范性要求较高的公司制企业组织形式；如果缺乏相关企业管理经验和掌控能力，就要尽量选择个人独资企业、合伙企业与一人公司等管理复杂性相对较低的组织形式，或者借助合伙人的资源与能力，发挥团队力量运营和管理创业企业。

（三）企业税收负担

在我国，不同组织形式的企业虽然在增值税、营业税等流转税上承担的税负并没有大的差别，但在所得税上差异较大。按照税法规定，独资企业和合伙企业不属于法律上的法人实体，国家仅对企业所有者征收个人所得税，不缴纳企业所得税；而有限责任公司和股份有限公司对于公司经营收益既要缴纳企业所得税，股东还要从公司获得的股权所得收益（股利、红利等）中缴纳税率20％的个人所得税。因此，选择公司制企业的所有者实际所应承担的税率远远高于个人独资企业与合伙企业创业者所承担的税率。

（四）行业特点

如果创业企业选择进入的行业适宜较大规模经营且数量相对少，如研发技术型企业、制造型企业，一般选择合伙制和公司制企业的组织形式较为适宜；如果创业企业属于比较分散、规模较小或同质化程度较高的服务型企业、教育咨询型企业，则可优先选择个人独资企业或者一人公司等组织形式。

二、创业企业选址

创业企业选址是关系到新企业运行成败的重要因素，也是新创企业初期面临的重要问题。企业的选址事关消费者对企业接触的便利与对企业的印象。因此，创业企业选址是一项非常重要的创业决策，对企业的发展会产生深远的影响。

（一）创业企业选址的影响因素

1. 经济因素　创业企业本质上均属于商业价值创造的实体，企业的运营也是主要围绕着经济活动来开展，因此，创业企业的选址必须首先考虑经济因素，主要包括产业因素、市场因素和商圈因素。

（1）产业因素　应选择与本行业相关的产业集群区域作为重要的落脚点，使创业企业处于行业的集群之中，在竞争中不断提升企业实力，在合作中整合企业资源，使创业企业随着产业集群的发展而获得快速进步。

（2）市场因素　要收集市场竞争者的相关信息，对竞争者进行研究。一是要考虑接近目标客户和顾客流量，如服务类企业选址首先要考虑客流量，以白领为客户服务对象的创业企业最好选址在商业集中区域，以对居民为服务对象的则要在居民区附近选址，以学生为服务对象的则要在学校附近选址。二是要考虑市场竞争者因素，根据创业企业的性质，既可以考虑选址在同行集中的区域，也可以考虑选择在缺乏竞争者的地方而形成业务互补效应。有三种情况有利于开一家新企业：该区域内没有竞争者；竞争者企业的管理很糟；消费者对该产品的需求正在增加。

（3）商圈因素　商业型企业经营地点的选择与商业圈有着密切的关系，不同的商圈往往具有不同特点，创业企业要选择适合自己的经营地点，如在商业区开设综合商场和具有特色的专卖店、在居民区开设为家庭生活提供服务的生意等。

2. 政治因素　政治因素集中表现在政府政策方面，政府对市场的规制也是创业者重视的一个方面。创业者会评估现在已经存在或者将来可能出现的影响到本企业产品或服务、营销渠道、价格及促销策略等的法律和法规问题，从而将企业建在政府支持该产业的地区。

3. 技术因素 对于提供技术产品的创业企业或科技型企业，技术因素是影响企业选址的关键因素。从某种意义上说，技术市场的变化是最为剧烈和最具不确定的因素。因此，为了能够了解和把握技术变化的趋势，许多企业在创业选址时，常常考虑将企业建在技术研发中心、科技孵化器或者著名大学、科研院所附近，或建在新技术信息传递比较迅速、频繁的地区，以跟踪前沿科技趋势，快速利用最新技术成果。如美国加利福尼亚州的硅谷在 20 世纪 50 年代以后逐渐成为美国电子工业的基地和高科技初创企业的"摇篮"；北京的中关村则快速发展成为世界顶级的科技中心。

4. 社会因素 创业企业在选址时还需要充分考虑社会因素及文化因素。通常不同区域居民的生活态度、流行文化及消费理念存在较大的差异，会影响创业企业所提供的产品或服务的市场需求。因此，创业企业要根据自身业务和目标客户群情况，对相关社会因素进行认真分析，优先考虑将企业建在与本企业文化与产品具有较多认同的地区。

总之，上述因素对不同类型创业企业选址影响各有侧重。如高新技术企业与传统生产企业、劳动密集型企业与技术密集型企业、服务型企业与生产型企业等，在选址时考虑的因素均有不同。创业企业要根据自身的特点与业务特性，对各种因素进行综合分析，做出最佳的决策。此外，全国大部分城市都建有各类型的企业孵化器，为不同类型的中小企业和初创企业提供减免租金的办公空间，同时为其发展提供支持性服务（如财务方面、管理方面、技术方面和经营方面等），企业孵化器也是初创企业选址的一个很好的选择。

案例链接

星巴克选址六原则

人流原则：找到聚客点。只有人流达到一定数量，才有可能被选中。星巴克在选定商圈后，会测算人流，确定主要流动线，选择聚客点，把聚客点相隔不远的位置作为门店选址的地方。

目标市场原则：瞄准受过高等教育的中高收入人群。星巴克的定位是追求品位、时尚的中高收入人群，综合群体年龄段大概在 16~45 岁。

可见性原则：店面就是最好的招牌。消费者走在大街上能否一眼就能看到门店，这对利润增长点非常重要。

便利性原则：交通必须方便。停车位多少、商圈辐射多大面积、辐射面积内有多少停车位都是每一个做餐饮的企业应该考虑的问题。

经济性原则：一个城市开一家店的事我们不干。

稳定性原则：需要商圈成熟配套规范。选择经济发展成熟、业务量良好的区域。

做餐饮最痛苦的莫过于看着他人的店生意红火，自己却在内伤。关于选址，木屋烧烤的隋政军曾经说过，他的团队每开一家门店都要去实地考察测量。要对整个商圈人数做统计，要测量自己门店和竞争对手的客流，还要算出未来 5 年的总销售额才决定要不要在这个地方开店，而星巴克在选址上也运用了大量的高科技，但是这样精准的测算需要耗费大量的人力物力，一般的餐饮店无法做到。

（资料来源：https：//www.sohu.com/a/191111396_ 707804）

（二）创业企业选址的基本步骤

一般来说，一个科学而有效的选址过程应该包括信息收集、选点评价和选址确认 3 个步骤。

1. 信息收集　主要通过直接收集信息和间接收集信息两种方法进行信息收集。直接信息收集法主要通过向潜在客户发放调查问卷来收集顾客偏好等信息，通过实地考察的方法对人流量进行统计分析，通过专家访谈法对相关群体意见进行深度探寻。间接信息收集法主要通过互联网、图书馆等渠道获得相关产业数据、行业发展报告、政府发展纲要等；通过行业或产业报告寻找有关行业主要竞争者的市场容量、发展趋势等信息。

2. 选点评价　对收集的信息进行归纳整理后，创业企业就可以得出若干新企业建立的候选地址，最后通过定量分析的方法对候选地址进行评价。①综合评价法。这是选址评价最常用的方法，是综合多种因素对新企业的候选地址进行评价。该方法主要通过为不同因素设置权重，并对不同候选地址的相关因素进行打分，从而得出每个候选地址的加权平均值进行方案选择。②产量成本利润分析法。该方法是通过分析生产成本、销售利润和产品数量三者的关系从而进行最佳经济决策，是从经济的角度进行选址评价的方法。

3. 选址确认　通过综合运用定量和定性方法对新建企业的候选地址进行评价后，创业企业需要根据自身行业基本情况、发展战略、资源情况，最终确认相对合适的创业企业的地址。

案例链接

肯德基选址两大策略：商圈划分与选择聚客点测算

选址，对于餐饮店而言，是取得成功的关键。在这一点上，肯德基（需求面积 240 ~ 300m² ；代表项目：深圳万象城、重庆南坪万达广场等）绝对拥有领先的特殊经验。

肯德基选址成功率几乎能够达到 100%，这是这家餐饮巨头的核心竞争力之一。一般来说，肯德基选址会按照以下两步进行。

第一步：商圈的划分与选择

1. 划分　肯德基计划进入某城市，先通过有关部门或专业调查公司收集这个地区的资料，把资料收集齐了，才开始规划商圈。

商圈规划采取的是计分的方法。例如，这个地区有一个大型商场，商场营业额在 1000 万元算 1 分，5000 万元算 5 分，有一条公交线路加多少分，有一条地铁线路加多少分。这些分值标准是多年平均下来的一个较准确的经验值。通过打分，把商圈分成几大类，以广东为例，有市级商业型、区级商业型、定点消费型，还有社区型、社商两用型、旅游型，等等。

2. 选择　即确定目前重点在哪个商圈开店，主要目标是哪些在商圈选择的标准上，一方面要考虑餐馆自身的市场定位，另一方面要考虑商圈的稳定度和成熟度。

餐馆的市场定位不同，吸引的顾客群不一样，商圈的选择也就不同。例如马兰拉面和肯德基的市场定位不同，顾客群不一样，是两个"相交"的圆，有人吃肯德基也吃马兰拉面。

而肯德基与麦当劳（需求面积 200 ~ 350m² ；代表项目：合肥绿地缤纷城、北京龙德广场等）市场定位相似，顾客群基本上重合，所以在商圈选择方面也是一样的。可以看到，有些地方同一条街的两边，一边是麦当劳，另一边是肯德基。

第二步：聚客点的测算与选择

1. 确定这个商圈内，最主要的聚客点在哪　肯德基开店的原则是：努力争取在最聚客的地方和其附近开店。人流动线是怎么样的，在这个区域里，人从地铁出来后是往哪个方向走等等。这些都派人去掐表，去测量，有一套完整的数据之后才能据此确定地址。肯德基选址人员将采集来的人流数据输入专用的计算机软件，测算出在此地的投资额不能超过多少，超过多少这家店就不能开。

2. 选址时一定要考虑人流的主要动线会不会被竞争对手截住　人流是有一个主要动线的，如果竞争对手的聚客点比肯德基的选址情况更好，那就要受到影响。如果两者是一样的，就无所谓。

3. 聚客点选择会影响商圈选择　聚客点的选择也影响到商圈的选择。因为一个商圈有没有主要聚客点是这个商圈成熟度的重要标志。为了规划好商圈，肯德基开发部门投入了巨大的努力。以广东肯德基公司而言，开发部人员跑遍了广东省的各个角落，对那些每年建筑和道路变化极大，连当地人都易迷路的地方都了如指掌。

有了店址的评估标准，快餐连锁企业就可以开发出一套店址的评估工具，它主要由租赁条件表、商圈及竞争条件表、现场情况表、综合评估表等组成，是连锁经营店址评估的标准化管理工具。

（资料来源：http：//news. winshang. com/html/038/9619. html）

三、创业企业注册的基本流程

在确定企业组织形式之后，创业者需要根据有关法律规定进行企业申办和注册。以注册公司为例，说明企业申办的流程（图 11 - 5）。

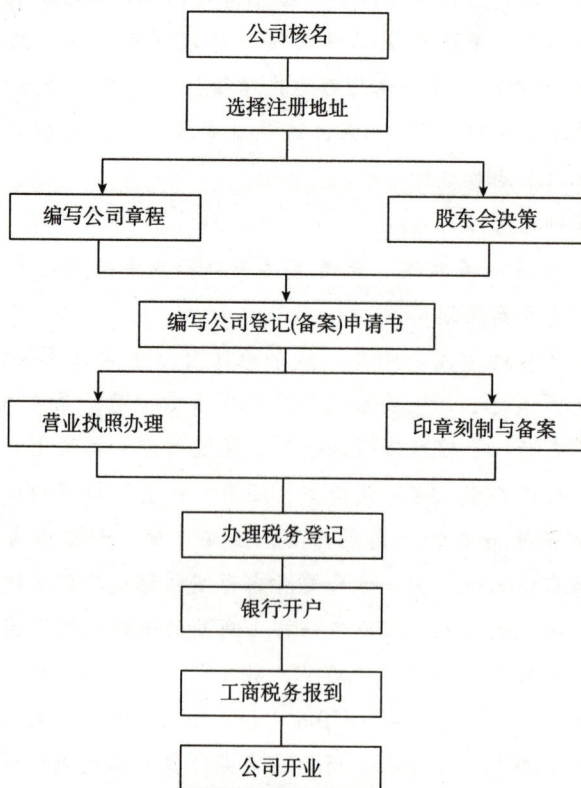

图 11 - 5　注册公司流程图

1. 公司核名 创业企业注册的第一步就是公司名称审核。我国实行公司名称预先核准制度，创业企业在成立前需先拟定企业名称，否则无法进行注册登记。企业只能使用一个名称，并在登记主管机关辖区内不得与已登记注册的同行业企业名称相同或相近。办理时间一般为 1～3 个工作日。

（1）企业名称确定 一般由行政区划、字号、行业、组织形式依次组成：行政区划是本企业所在地县级以上行政区划的名称或地名称；字号指企业名字，一般由两个以上汉字构成，不得涉及驰名商标和上市公司企业名称的字号；行业类别用语要准确反映企业经济活动性质所属的国民经济行业，并与企业经营范围保持一致，按照《国民经济行业分类》（GB/T4754－2002 执行）；组织形式分为公司制企业和非公司制企业。公司制企业组织形式为有限责任公司或股份有限公司，非公司制企业一般可用"厂""店""部""中心"等名称。例如，北京（地区名）＋某某（企业名）＋医药（行业名）＋有限责任公司（类型）。

（2）企业名称预先核准 申办人需提供法人和股东的身份证复印件，确定公司类型、注册资本、股东和出资比例后，并准备 3～4 个企业名称备用。先进入当地工商局网站核名系统，下载并填写"企业名称预告核准申请表"和"投资人授权委托意见书"，之后准备相关核明材料，上传到工商局网站，完成网上提交后，工商局会对提交的信息进行审查。如果材料不正确，申办人需按照工商局给出的提示进行修改，并再次上传；如果材料审核通过，工商局会发放电子版"企业名称预先核准通知书"。

2. 选择注册地址 企业注册地址（经营场所）是办理营业执照的必备条件。创业企业若采取租用办公场所的方式进行经营，必须签订租房合同，并取得租金发票。大学生创立企业，可以利用学校和政府提供的大学生创业孵化基地或大学生创业园作为企业注册地址。

3. 编写公司章程 编写公司章程，并经全体股东确认签署。大学生创业选择公司制组织形式较为常见，有限责任公司分为一人公司和多人公司两种，一人公司在营业执照上会注册"自然人独资"。注册公司一般需要两人以上，其中一人担任股东、法人代表、执行董事或总经理，另一人担任监事。

4. 办理营业执照 办理营业执照一般需要先在网上预约，然后到工商局提交申报材料。选择不同企业的组织形式（如个体户、个人独资企业、合伙企业和公司制企业），提交的申报材料会有差异。各省、各地区在具体操作程序上会有区别，通常办理营业执照需要提交以下申报材料：①公司登记（备案）申请书。②指定代表或共同委托代理人授权委托书及指定代表或委托代理人身份证书复印件。③全体股东签署的公司章程。④股东的主体资格证明或自然人身份证复印件。⑤董事、监事和经理的任职文件（股东会决议经股东签署，董事会决议经公司董事签字）及身份证复印件。⑥法定代表人任职文件（股东会决议由股东签署，董事会决议由公司董事签字）及身份证复印件。⑦住所使用证明原件或复印件。⑧企业名称预先核准通知书。⑨其他。

营业执照的内容主要包括企业名称、地址、负责人姓名、开业日期、经营性质、生产经营范围、生产方式等。营业执照的种类分别为个体工商户营业执照、个人独资企业营业执照、合伙企业营业执照、企业法人营业执照等。营业执照分正本和副本，二者具有相同的法律效力。

5. 印章刻制与备案 企业印章包括公章、财务专用章、合同章和法人代表章。如果新创企业近期有对外发票业务，还应刻制发票专用章。因合同专用章可以用公章代替，因此对于初创个来说，合同专用章并不是必需的。①公章代表整个企业，用于对外一切公务。②财务章是用于财务方面的专用章，主要用于银行开户、办理财务业务、货币结算业务和财务相关的业务，通常由企业财务人员管理。③税务章也称发票专用章，用于销售产品开具发票时使用。④合同章主要用于企业签订合同或协议，可以用公章代替。⑤法人代表章主要用于企业对外业务中需要企业法定代表人签字盖章时使用，通常与财务章共同使用。

盖有公章的文件或材料，代表企业的决定或意见，具有法律效力。公章、财务章、合同章必须经公安局批准并备案，必须在公安局指定的地点进行刻制；发票专用章必须经过地方国税部门备案；法人代表章须在有关部门备案方可生效。

6. 办理企业组织代码证　创业企业自取得营业执照之日起 30 日内申请组织机构代码证，凭营业执照、法人身份证、公章到市场监督管理局办理。需要提交的材料有单位公章、营业执照副本原件和复印件、法定代表人和经办人身份证复印件、工商部门颁发的名称预先核准通知书复印件、组织机构代码证申报表。

7. 办理税务登记证　按国家规定，自领取营业执照 30 日内，凭营业执照、组织机构代码证、法人身份证、公司章程、公章等到税务分局办理税务登记证。创业企业在办理下列事项时必须持税务登记证办理：①在银行和其他金融机构开立存款账户。②申请减税、免税、退税。③申请办理延期申报、延期缴纳税款。④领购发票。⑤申请开具外出经营活动税收管理证明。⑥办理停业、歇业。⑦其他有关税务事项。

8. 银行开户　初创企业需设立基本账户，可根据企业的具体情况选择开户银行。凭营业执照、税务登记证、组织机构代码证、印章、法人身份证、照片等到银行办理开户。根据《银行账户管理办法》规定，银行账户有基本存款账户、一般存款账户、临时存款账户和专用存款账户四种。不同账户有不同的功能设置和开户条件。开立基本存款账户应提交如下材料：①营业执照原件和复印件。②税务登记证原件和复印件。③组织机构代码证原件和复印件。④法人身份证或负责人身份证原件和复印件。⑤企业公章、财务章和法人代表章。由他人代办者，需要法人授权书和代办人身份证原件和复印件。

9. 工商税务报到　创业企业基本都会涉及税务报到问题，报到时间一般为公司成立后的当月，延迟报到需要缴纳罚金。具体流程是：①首先办理银行开户，并签订扣税协议。②到税务报到，填写公司的基本信息。③持扣税协议，找税务专管员办理网上扣税，办理后核定缴纳税种（通常是营业税和附加税），与税务局签订网上扣税协议。④购买发票。

税务报到需要提交法人身份证原件、营业执照副本原件、公章、法人章、法人及所有股东身份证复印件、网扣协议、开户许可证复印件。

创业企业取得营业执照后，不需要到工商局报到，但需报送年度报告，企业可自行在本省工商局建立的"国家企业信用信息公示系统"填报，时间为每年 6 月 30 日前，若超过填报时间未报送，企业会被工商部门列入经营异常名录，同时受到信用负面评价。

四、创业企业建立需要考虑的相关法律问题

创业者在创建和经营企业的过程中涉及很多法律问题，在不同阶段企业往往面临不同的法律问题（表 11 - 3）。法律在约束新企业的同时，也在保护自身和他人利益不受侵害，使企业合规发展、诚信经营。

表 11 – 3　创业企业不同发展阶段的法律问题

创建阶段涉及的法律问题	经营现行业务中的法律问题
·确定企业的组织形式	·人力资源管理（劳动）法规
·设立税收记录	·安全法规
·进行租赁和融资谈判	·质量法规
·起草合同	·财务和会计法规
·申请专利、商标和版权保护	·市场竞争法规

（资料来源：张玉利，薛红志，陈寒松，等．创业管理．4 版．北京：机械工业出版社，2016.）

对于初创企业，尤其是大学生创业企业，创业者及团队成员大多缺乏相应法律意识，也缺少法律方面的专业人士，容易在法律问题方面发生失误，为企业后续发展带来不良影响和冲击，如核心技术缺乏专利保护、违法使用他人成果、产品未申请商标等等。

（一）知识产权相关的法律

知识产权是人们对自己通过智力活动创造的成果所依法享有的权利，无形但具有经济价值。知识产权主要包括专利、商标、版权（著作权）等，是企业的重要资产，可以通过许可证经营或出售，带来许可经营收入。对创业者，尤其是大学生创业者来说，有效保护自己的知识产权是非常重要的。创业企业各部门典型的知识产权形式见表 11 – 4。

表 11 – 4　创业企业各部门典型的知识产权形式

部门	典型的知识产权形式	常用保护方法
营销部门	名称、标语、标识、广告语、广告、手册、非正式出版物、未完成的广告拷贝、顾客名单、潜在顾客名单及类似信息	商标、版权和商业秘密
管理部门	招聘手册、员工手册、招聘人员在选择和聘用候选人时使用的表格和清单、书面的培训材料和企业的时事通讯	版权和商业秘密
财务部门	各类描述企业财务绩效的合同、幻灯片、解释企业如何管理财务的书面材料，员工薪酬记录	版权和商业秘密
信息管理部门	网站设计、互联网域名、公司特有的计算机设备和软件的培训手册、计算机源代码、电子邮件名单	版权、商业秘密和注册互联网域名
研发部门	新的或有用的发明和商业流程、现有发明和商业流程的改进、记录发明日期和不同项目进展计划的实验室备忘录	专利和商业秘密

（资料来源：布鲁斯·R. 巴林格，R. 杜安·爱尔兰．创业管理：成功创建新企业．3 版．北京：机械工业出版社，2010.）

1. 专利法　我国于 1984 年 3 月颁布了《专利法》，目的是有效地保护专利拥有者的合法权益。专利制度主要是为了解决发明创造的权利归属和发明创造的利用问题。我国专利主要有发明专利、实用新型专利和外观设计专利三种类型。创业企业应对个人或企业的发明创造及时申请专利，以寻求法律保护，使自身合法权益不受侵犯或依法要求侵害方予以赔偿。

2. 商标法　商标是在商品或服务项目上所使用的，由文字、图形、字母、数字、三维标志和颜色组合构建的显著标志。商标是企业的一种无形资产，具有很高的价值。商标分为注册商标和未注册商标，通常所讲的商标均指注册商标。注册商标包括商品商标、服务商标、集体商标、证明商标。注册商标有效期为 10 年，可以申请续展，续展注册有效期也是 10 年。商标注册申请人必须是依法成立并能够独立承担民事责任的企业、个体工商户、具有法人资格的事业单位，以及符合《商标法》规定的外国人或外国企业。创业企业建立初期应对产品或服务商标进行注册保护。

3. 著作权法 著作权也称版权，包括发表权、署名权、修改权、保护作品完整权、复制权、发行权、出租权、展览权、表演权、放映权、广播权、信息网络传播权、设置权、改编权、翻译权、汇编权，以及应由著作权人享有的其他权力等 17 项权利。我国实行作品自动保护原则和自愿登记原则，著作权的保护期限为作者有生之年加上去世后 50 年。

（二）与《劳动法》《劳动合同法》有关的法律法规

创业企业雇佣员工必然会涉及劳动关系问题。依照《劳动法》《劳动合同法》规范新创企业与员工的劳动关系，依法签订劳动合同，对于保护员工的合法权益、避免劳资纠纷、调动员工积极性与工作热情、确保新企业创业成功意义重大。如员工日工作时间、最低工资保障、同工同酬、休息休假等都是创业企业经常遇到的纠纷问题。

（三）与商业交易相关的法律

初创企业建立后，为了自身的生存和发展，需要开展相应的业务，在与其他企业或法人机构发生商业往来活动中也需要注意相关法律问题，从而避免侵权和违法行为，主要涉及《合同法》《反不正当竞争法》。如创业企业在厂房租赁、原材料购买、新产品销售等经营活动中涉及的买卖合同、加工承揽合同、租赁合同等均适用于《合同法》；创业企业在市场竞争等日常经营活动中要注意遵守公平竞争、诚实经营的原则，同时对于损害自身合法权益、扰乱市场经济秩序的行为，可通过《反不正当竞争法》维护自身权益。

第三节 创业企业的初期管理

一、创业企业成长的基本阶段

关于企业成长的阶段性，不同学者有不同的划分方法，一般将企业成长划分为以下几个阶段。

（一）种子期

通常是指创业企业处于技术、产品开发的这个阶段，产生的是实验室成果、样品和专利，而不是产品。企业一般刚刚组建或正在筹建，基本上没有管理队伍。本阶段的投资成功率最低（平均不到 10%），但单项资金要求最少，成功后的获利最高。该阶段资金的主要投入形式为政府专项拨款、大学与科研机构的科研基金、社会捐赠和个人创业投资家提供的股本金等。因投资风险太高，规范的创业投资机构基本不涉足这一阶段。

（二）创建期

本阶段企业已经有了初级阶段的产品，且拥有一份很粗的经营计划（business plan）和不完整的管理队伍，相当于我国划分的小试阶段前期，处于无收入极低开销阶段。据统计，该阶段一般在一年左右，到本阶段末期，企业通常已有经营计划和刚组建完毕的管理队伍。

该阶段与种子期相比，技术风险有较大幅度下降，但投资成功率仍然较低（平均不足20%）。单项资金要求比种子期要高出许多，但成功后的获利仍然很高。本阶段由于法律限制不适宜非营利性的投资，因此创业投资是主要投入形式。通常来说，创业投资从该阶段才真正介入创业企业的发展。

（三）成长期

本阶段相当于我国划分的小试阶段后期和中试前期，产品或服务进入开发阶段，技术风险大幅度下降，通常有数量有限的顾客试用，费用有所增加却仍没有销售收入。该阶段末期企业完成产品定型，开始实施市场开拓计划。该阶段资金需求量迅速上升，由于创业企业很难靠自身解决本阶段的资金需求，因此创业投资仍然是主要投入形式。

（四）扩张期

该阶段企业开始出售产品和服务，但支出仍然大于收入。在试销阶段获得成功后，企业需要投资以提高生产和销售能力。本阶段企业的生产、销售、服务已具备成功的把握，企业希望扩大生产线并组建自己的销售队伍，进一步开拓市场，增强研究与发展后劲。本阶段企业形成一定经济规模，开始实现市场占有率目标，成功率已接近70％，开始考虑上市计划。

本阶段融资为"承上启下"的资金，是公开上市前的拓展资金，意味着企业处于创业投资和股票市场投资之间。该阶段资金需求量更大，一般比较保守或规模较大的创业投资机构往往希望在这一阶段提供创业资本。

（五）获利期

该阶段因企业销售收入高于支出而产生净收入，创业投资家开始考虑撤出。对于企业来说，本阶段筹集资金的最佳方法是发行股票上市。成功上市一方面为企业发展拓宽运作规模，另一方面也为创业资本家的撤出创造条件。

综上，创业投资一般主要投资于创建阶段、成长阶段和扩张阶段。一般来说，规模较小、运作较为灵活的创业投资机构主要投资于前两个阶段，规模较大、相对保守的创业投资机构往往投资于后一个阶段。

二、创业企业初期面临的主要挑战

创业企业作为行业的新进入者，通常企业资源和能力都存在缺陷，加之企业处于发展的初始阶段，市场影响力和竞争力不足，企业常常会面临来自内外部的诸多挑战。

（一）市场拓展举步维艰

市场是企业生存和发展的土壤，创业企业建立伊始，往往缺乏足够的商业资源和社会影响力，难以有效激活和拓展市场。创业企业建立初期，通常是刚刚得到初级市场的检验，而市场中间渠道（经销商、代理商、批发商、零售商）对企业产品认可度不高，顾客对创业企业及产品接受度差，使创业企业难以在短时间内建立起一定规模的市场网络和品牌影响力，使得企业市场开拓困难重重，难以打开局面。

大学生创业企业很多都是基于技术优势而创立，缺乏市场拓展的经验和人才，企业的经营状况往往也无法聘任市场开拓和销售的专门人才，使得创业企业在拓展市场、获得生存空间方面的难度非常高，常常需要在这方面投入极大的时间、精力和资金，也不可避免地交很多"学费"。

（二）自由现金流不足

自由现金流是指企业融资、资本资源支出、纳税和利息支出之外的企业经营活动的净现金流，是企业满足了再投资需要之后的剩余现金流。如果企业自由现金流充足，可以用于偿还债务、开发新产品、支付股息、回购股票等；如果自由现金流不足或发生赤字，则会发生偿债危机，从而导致企业破产。

创业企业由于创业初期创业者典型的创业热情，往往把成功的目标定得过高，而低估了对资金的需求。企业产品销量越大，出现资金不足的可能性就越大。通常一个企业平均年销售增长若超过35%，企业的自有资金就难以支撑这种增长，出现资金周转困难。为了获得自由现金流，创业企业常常会犯一些错误，如用折扣刺激现金流的产生、把短期贷款用于较长时间才能产生效益的投资项目或把股份转让给风险投资家等等。因此，创业企业需要提升自由现金流的运作和管理水平，加速周转，节省开支，避免出现自由现金流风险。

（三）内部管理复杂性增强

创业企业的快速成长，突出表现在市场急剧扩张、顾客数量规模化增加、员工人数大幅增加、行业竞争力增大等，此时企业也需要获取更多的资源以支撑其成长。这些因素都会促使创业企业内部管理工作在短时间内快速增加，从而使内部管理的复杂性不断增强。如由于创业企业规模的急剧扩张，创业团队管理技能不足，部门分工不科学、不合理等原因，企业内部管理往往显得杂乱无章，创业者需要花费大量时间来"救火"，突出表现为以下典型问题：一是管理制度与流程不规范；二是因岗位职责设计不科学而出现一人兼数职、因人设岗、岗位职责交叉；三是工作随意性大、员工角色定位偏差。

美国最具影响力的管理学家伊查克·爱迪斯在《企业生命周期》一书中，针对组织内部特征视角下的新企业在成长过程中容易遇到的各种问题进行归纳，简称"爱迪斯模型"（表11-5），值得我们借鉴。

表 11 - 5　组织内部特征视角下的新企业容易遇到的问题

正常现象	不正常现象
创业者承担了现实的义务	创业者只有不切实际的幻想
产品导向	利润导向，只考虑投资回报
创业者掌握了控制权	创业者的控制地位不稳固
现金支出大于收入	现金支出长期大于收入
缺乏管理深度	过早授权
缺乏制度	过早制定规章制度
缺乏授权	创业者丧失控制权
愿意听取不同意见	刚愎自用
一切都视作机会	摊子铺得太大，远远超出能力
因人设事，责任交叉重叠	创业者过早分权，失去控制
经营权和所有权分离	创业者遥控式管理
暂时丧失远见	开拓型人才离去，行政型人才掌权
董事会加强对管理人员的控制	董事会解雇了创业型人才

（资料来源：伊查克·爱迪斯. 企业生命周期. 赵睿译. 北京：中国社会科学出版社，1997.）

（四）外部环境不确定性增加

创业企业的快速成长吸引了众多竞争对手的进入，从而改变行业的竞争状况，引起创业企业所面临市场环境的复杂化和突变。随着创业企业的快速发展和竞争的加剧，行业内的大企业开始关注新创企业所在的细分市场，凭借大企业的技术、资金、销售网络和品牌优势，对成长中的中小企业发起挑战和打压。随着竞争对手的纷纷加入，消费者有了更多的选择，竞争会越来越充分，产品价格会迅速下降，这种境况会迫使创业企业调整市场战略，加大产品创新力度，进入新的细分市场或尝试多元化发展，这些都会增加创业企业所面临的不确定性，使其经营环境变得更加复杂。

总之，新企业在成长过程中充满了复杂性和不确定性，受新创弱性（liability）的影响，创业企业创建初期是企业生命周期中面临挑战最大、最危险、失败率最高的阶段。据网易财经报道，有数据显示，2015 年中国创业企业每分钟诞生 8 家公司，创业失败率达 80%。

知 识 链 接

新创弱性及其核心内容体系

新创弱性这个概念最早由斯汀康比（Stinchcombe）提出，是指新创企业缺乏成熟企业所拥有的资源、人员、合法性以及与供应商、顾客发展关系（stinchcombe，1965）。我国学者韩炜、薛红志对新创弱性的核心内容体系进行了解读，见表 11 - 6。

表 11 - 6 新创弱性的核心内容体系

维度	新创弱性	说明
内部弱性	对目标和使命认识不足	新企业特别是属于新类型或具有新模式的企业，往往涉及确定角色定位、设定新目标或使命，从而要求企业进行学习和探索
	过程不确定性高	实现新目标和完成新任务的过程（犹如价值链）充满着不确定性，而且具有高成本和低效率的特点
	组织结构的可再生性低	组织结构的可再生性是一种组织结构化能力，随着组织的成长而增强，在新企业初创阶段往往处于低水平
	资源不足	资源包括财务资源、物质资源、组织资源和精神资源。新企业往往缺乏足够的资源来实施其战略
	内部关系与信任方面成本高、效率低	处理组织内部个人与个人的关系以及个人与组织的关系会产生协调成本，新企业在处理这两种关系时往往表现出高成本和低效率的特点
外部弱性	适应小生态环境的能力较低	新企业适应小生态环境的能力较低；即使在密度很低的小生态环境中，新企业也会面临形式构造合法性的约束
	嵌入大环境的能力较低	新企业无法有效地嵌入其所处的大环境，因而缺乏社会政治合法性
	外部信任与关系不稳定	新企业必须与陌生的外部人建立社会关系，主要是组织间关系。因此，新企业的外部信任与关系相对于成熟企业而言比较不稳定

［资料来源：韩炜，薛红志. 基于新进入缺陷的新企业成长研究前沿探析. 外国经济与管理，2008（5）：18.］

三、构建新创企业的合法性

创业企业在建立之初，合法性对于新企业的生存和发展至关重要。也就是说，新创企业除了在法律层面得到确认外，克服新创弱性的关键还在于塑造利益相关者对于新企业的"合法性"感知，这是企业获得持续发展的社会基础。因此，对于新创企业而言，有效构建企业的合法性（legitimacy）尤为关键。

（一）新创企业合法性概述

1. 合法性定义 合法性是组织制度理论中的核心概念，韦伯（Weber）是第一位将合法性概念引入社会学理论的学者。1995 年，萨奇曼（Suchman）系统地提出了合法性的定义。他认为，合法性是指由规范、价值、信念等组成的社会体系内，一个实体的行为被认为是正确的、恰当的或适宜性的总体感知或假设。它反映的是外部环境对组织特征与行为是否合乎外界的价值观、规范、要求和期望的一种判断与感知。

在创业企业建立初期，需要借助外部资源获得生存和发展。企业是否具有生存能力，很大程度上取决于利益相关者对其的主观感知和认可。当资源提供方认为创业企业是有能力、有诚信并具有良好的发展前景时，才更愿意向创业企业提供资源。创业企业合法性对优化企业内部管理也同样重要。当初创企业员工认为企业具有社会价值和较好的商业前景时，他们就会对企业产生更大的认同感与归属感，更愿意积极为企业发展贡献智慧和力量。

2. 合法性的类型　新创企业合法性根据不同性质，可分为管制合法性、规范合法性和认知合法性三类。

（1）**管制合法性**　管制合法性来源于政府、专业机构、行业协会等相关部门所制订的规章制度。一类制度是以法律法规形式规定的，要求所有企业必须严格遵守。另一类制度是以行业标准、行业规范等形式规定的，要求该行业所属企业必须遵守。新创企业按照这些法律规章制度和标准的要求进行经营运作，便获得了相应的管制合法性。管制合法性对新创企业的生存和发展非常重要，如果缺乏这些合法性，新创企业很难通过合法途径去寻求所需要的资源，甚至连独立法人资格都会受到影响。

（2）**规范合法性**　规范合法性也称道德合法性，来源于社会的普遍价值观与道德规范，是人们对社会道德框架和共同价值的承诺。如果说管制合法性反映社会公众对创业企业"正确地做事"的要求与判断，那么规范合法性则是社会公众对新创企业"做正确的事"的判断。这种判断基于企业的各种行为是否有利于增进社会福利，是否符合广为认可的社会价值观与道德规范。规范合法性有助于新创企业更好地接近顾客、获得顾客的认可。只有新创企业的经营活动和行为符合社会的共同价值观和道德规范，才能得到顾客的心理认同，从而愿意购买其产品和服务。

（3）**认知合法性**　认知合法性是人们对特定社会活动的边界和存在合理性的共同感知。当针对某种技术、产品或组织形式的知识被普遍接受，并被认为是"理所当然"时，认知合法性就表现得较强，难以改变。任何新事物的发展历程都会经历认知合法性从无到有的过程。比如我们对网上购物、手机支付技术的应用等，都经历了质疑、有限接受到广泛接受再到普遍使用的过程。

（二）新创企业获取合法性的途径

对于新创企业而言，可以通过两种途径主动获取合法性：一是自我改变，如建立新的组织架构、管理团队和操作流程等；二是对所处的外部环境进行改变，如通过广告和公关来改变管制环境等。美国天普大学教授莫妮卡·齐默尔曼（Monica Zimmerman）和杰拉尔德·塞茨（Gerald Zeitz）于 2002 年提出了新创企业合法性构建的四种途径（表 11-7）。

表 11-7　合法性使取单经的类型态义与情征

类型	含义	特征
依从	新企业完全依从制度	制度环境难以改变，改变自己服从环境
选择	选择更有利的制度环境	有可以选择的更有利的制度环境
操纵	影响制度环境	现有制度不能完全接受新企业，需要影响制度管制、规范或认知，使其接纳新企业

续表

类型	含义	特征
创造	创造新的制度环境，建立认知基础	现有制度没有与企业相匹配的认知基础，需要创造新的模式、实践和认知信仰

［资料来源：Zimmerman M，Zeitz G. Beyond survival：achieving new venture growth by building Iegitima - cy. Academy of management review，2002，27（3）：414－431.］

具体来说，新创企业可以采取以下四种策略获取合法性。

1. 遵从环境 新创企业通过将自身置于现有的制度框架内来寻求合法性。采用此策略的企业必须在生产经营活动中严格遵守既定的文化和制度逻辑，不违背约定俗成的认知框架和规范，通过服从所在的社会结构和环境来获得相应的规制、规范和认知合法性。

2. 选择环境 新创企业可以通过选择对自身最有利的细分环境作为生产运营的制度结构，并通过服从这个细分环境中既定的文化次序和制度逻辑来获得合法性。

3. 控制环境 新创企业通过主动改变环境来获得合法性。该策略要求新创企业对其所在的细分环境进行部分改变以获取组织与环境的一致性。如新创企业通过公益广告、公共关系活动来影响和改变外部环境，从而使社会形成对企业的接受和认同。

4. 创造环境 对于一些从事开创性商业活动的新创企业来说，所面对的外部环境并无现成的规律可遵循，因此要获取合法性，必须通过自身主动创立一套为后来者所接受和遵守的合法性基础。

总之，不同类型创业企业获取合法性的途径和具体策略方法并不同，不同的获取策略对企业资源和能力的要求也不一样。新创企业需要根据自身所处的外部环境，结合行业特征，选择合适的合法性获取策略。

四、保障企业稳定的现金流

现金流（cash flow）如同一个企业的血液，一旦现金流出现断裂，将会给经营造成重大影响，严重的可导致企业破产。拥有足够的现金流，既有助于创业企业维持当前的日常运营，又能为企业未来的成长做准备。

（一）现金流的概念

现金流是指企业在一定的会计期间按照现金收付实现制，通过一定经济活动而产生的现金流入、现金流出及其总量情况的总称，也就是企业一定时期的现金和现金等价物的流入和流出数量。在创业企业建立初期，现金流是企业真正的生命线。企业发展需要现金，通过提高现金流可以有效避免现金危机，防止因发生偿债危机导致的破产。因此，在新创企业资金规模较小时，关注现金流的变化比关注成本变化重要，关注现金流的合理状况比关注利润最大化重要。

知 识 链 接

现金流入和流出

创业企业一般通过以下方式获得现金流入：①产品或服务的销售。②贷款或借债。③资产出售。④创业投资。现金流出的方式主要包括：①运营费用支出。②偿还贷款和债务。③购买资产。④创业投资撤出。因此，根据现金流入和流出可以分为3类：①运营现金：包括销售和营运费开支。②投资现金：包括资产出售和购买。③融资现金：包括还贷和还债，以及创业投资和撤资。创业企业最理想的状况是，所有的现金流转都是通过运营获得，即通过产品或服务的销售获得收益，这是创业企业获取长期成功的关键。

（资料来源：根据相关资料整理）

（二）优化现金流的基本策略

新创企业从创立期到快速成长期，需要不间断地从事产品研发、市场推广等活动，通常都会大量消耗现金，绝大部分创业企业建立初期都处于亏损状态。这也就意味着初创企业需要持续的现金投入，否则就可能因为现金流赤字而发生偿债危机导致破产。因此，在不考虑外部投资的情况下，优化企业现金流对初创企业稳步发展意义重大。

1. 增加应付账款和减少应收账款 从供应链关系看，企业上游联系供应商，下游联结顾客，初创企业可以利用中间环节的地位，通过"早收账，迟付账"的策略优化现金流。具体来说，就是面向上游供应商尽量增加应付账款，加大原材料等订货量；同时与供应商协商延迟付款期限，尽可能推迟资金过账时间。面向下游顾客努力减少应收账款，做到应收早收、应收尽收，可通过购买预付款、为提前支付顾客提供折扣等方式减少应收账款，从而增加现金流。

一般来说，当顾客延迟付款而供货商急于回款、企业付款周期比收款收期短时，便可能陷入资金周转困难的境地。当企业付款周期长于收款收期时，企业业务量越大，则相当于从供应商那里获得的"无息贷款"越多，从而优化企业现金流。

2. 控制成本开支 创业企业在建立初期应减少资金支出，有效控制运营成本。当发现资金短缺时，要立即着手检查各项开支，做好节流工作。一是要在降低成本下功夫，检查所有办公用品或设备账单，看可否有更便宜的东西替代；二是控制资产的购买，只购买对收入有直接帮助的资产，只有当资产（楼宇、设备等）能够产生收入时才花钱购置。

评估间接成本，寻求下降空间。通过有效压缩管理费用（租金、广告、间接人工费用等）和用于商业运营的间接支出，从而提升盈利能力。

集中力量抓最畅销产品的销售。随着企业的成长和业务量的扩大，创业企业要重新评估新产品定价，搞清顾客为产品到底愿意支付多少钱，而非根据成本和利润制订价格，想尽一切办法寻求增加企业收入的途径。

此外，科学规划库存、尝试合理避税、优化供应链等措施，都是有利于初创企业找到现金的有效途径。

（三）现金流危机的应对措施

当企业面临现金流危机时，应该采取有针对性的措施积极应对，以维持企业安全运营。

1. 严格控制好各个运营环节 当企业现金收入情况与设想有较大出入时，一定要想办法从其他地方挽救回来。例如，在供应商方面，下大力气寻求价格最低的合格供应商，或与供应商建立长期合作协议；在销售环节，寻找机会积极开发成本最低的有效销售渠道，寻找更好的分销商等。

2. 战略性地削减成本 当创业企业在实施成本削减策略时需坚持战略性原则，而不是简单地砍掉一定比例的成本，尤其不要消减那些会影响利润的服务项目。在进行消减决策时，要弄清"削减这项开支是能帮企业坚持得更久，还是会让企业更快倒闭？"例如，如果顾客非常看重企业十分出色的服务品质，若企业消减与此直接相关的服务环节，虽然能够降低成本，但将极大降低顾客满意度和忠诚度，进而有损企业的长期利益。

3. 放弃一些顾客来提高利润率　初创企业面临现金流危机时，可以放弃少部分给你带来利润最低、付款最慢却又麻烦最多的顾客，还可削减一些员工，减少管理费用，虽然收入有所减少，但却能提高利润。

4. 推迟支付工资　员工工资支出是初创企业现金支出的重要组成部分。因此，当企业面临现金流危机时，应积极寻求员工的理解和支持，共同应对危机。可以提出一个清晰、可行的解决问题方案向员工耐心加以说明，以求得员工的理解和支持，如果能够延迟支付一两个月发工资或支付部分工资，便能够为企业节省大量现金，以渡过危机。

第四节　中医药大学生创业案例

一、中医创业案例

中医大学生于树忠创立长春康达医院

于树忠，男，1976 年出生，现任长春康达医院创始人，减肥团队带头人，国际减肥美体行业协会常务理事。1995 年考入了长春中医药大学中医系。毕业后潜心钻研治疗肥胖病，完善了中医学对新兴疾病肥胖的治疗。2004 年创建长春康达医院，填补了省内没有专业综合减肥机构的空白。10 多年的临床实践，积累了丰富的减肥经验，他与段成功教授共同研究发明的"爕理阳减肥法"，完善了"针、药、灸、按四法并用，肝、胃、脾、肾四脏共养，吃、睡、劳、心四方共调"的康达减肥体系，先后为中国第一胖、北京第一胖、山东第一胖、湖南第一胖等诸多患者成功减肥，被无数肥胖者视为救星，并被评为长春"残疾人自强创业先进个人"、第七届"长春十大优秀青年""吉林省残疾人自强创业标兵""长春最有影响力残疾人""省市残疾人自强模范"、首届"吉林省高校毕业生十大创业先锋"，获得长春慈善事业突出贡献奖、长春慈善事业促进奖——自强自立奖、2009 感动吉林慈善奖等称号和奖项。

磨难塑造顽强精神，勇于挑战

1976 年，于树忠出生在吉林省农安县杨树林乡的一个农民家庭，1 岁时突患小儿麻痹症，右肢落下了二级残疾。1998 年，于树忠从长春中医药大学毕业，由于身体条件的限制，他不能回乡种地，但又找不到工作，于是便孤身漂在长春，在求职的路上他遭受了重重打击。无奈之下，他推销过餐巾纸、做过钟点工、按摩师、做过 5 元按摩路边摊。用于树忠本人的话说："当时面临的最大困难，实际上就是吃和住，根本没有住的地方，每天几乎都是到同学那去蹭住。饮食标准更是降到最低了，几乎是用一块钱买个馒头或豆包，用方便面调料冲点水充饥。想吃一两包方便面，都是一种奢望。有时也狠下心来给父母打电话，想要点钱，但当电话接通时，父母问你在忙啥呢？这时候又不能说自己没有钱。而是说我挺好的，你们放心吧。"

山穷水尽疑无路，柳暗花明又一村。报纸上一则关于残疾人爱心车队的报道，让于树忠燃起了希望。几经周折，他联系到了这个爱心车队，车队成员帮他赊了一台破旧的三轮车，并为他联系了一个非常廉价的大公寓，于是于树忠开始在火车站附近拉三轮车。一个大学生蹬三轮车是要被人笑话的。但为了生计，于树忠只能硬着头皮干。然而想当医生的梦想却从未放弃过。于是他忙的时候蹬三轮，空闲的时间就到僻静处温习功课。1999 年底，他通过了第一批国家执业医师资格考试，成为一名名副其实的医生。

他拿着执业医师资格证，却没有一家医院肯接收他，原因很简单：一是太年轻，没经验；二是身有残疾。万般无奈之下，于树忠找到残联，希望可以推荐就业。在残联，他遇到了改变他命运的一个大胖子。当这个人爬了几层楼走到办公室时，已经累得喘不上气儿了。因为太胖，他丧失了劳动能力，妻离子散，所以想开张残疾证，回社区办低保。在场的工作人员开了一句玩笑说："小于，你不是医生吗？给他减减肥。既能帮助他，也能解决你的就业问题。"说者无心，听者有意。精心查阅中医资料后，于树忠发现，单纯性肥胖是完全可以治愈的，于是他下决心从事医疗减肥。

拼搏铸就成功阶梯，潜心研究

经过四处打听，于树忠找到了一家有针灸减肥科的医院，希望能够进修学习。院长虽然点头应允，但要收 1600 元的学费。这时于树忠只能硬着头皮向父母张口，1600 元，家人足足凑了两个多月。2001 年，他又两次到北京中医药大学进修。利用学到的理论知识，再结合临床实践，于树忠总结出俞募配穴的独特针灸减肥疗法。他将 8 种针灸疗法用于临床减肥，取得了很好的疗效。很快，他就得到了很多减肥者的认可。

学有所成后，收他学费的那家医院，暂时留聘了于树忠，不久还把整个减肥科交由他负责。一个又一个"巨胖"经他治疗后显著瘦身，于树忠出名了。苦尽甘来，朋友们都为于树忠高兴，昔日爱心车队的朋友们时常到医院去看他。但是院长有些不太高兴，认为这有损医院形象。于是于树忠便萌生了创业的想法："如果能有一家自己的医疗机构，我不但能敞开门欢迎残疾人，还可以把一些保健技术传授给他们，教给他们一技之长，不仅能够自食其力，也能改变生活。"

说干就干，于树忠很快找到了投资伙伴。2004 年 3 月，他和朋友共同创建了长春康达医院。医院选在繁华市区，斜对面是长春市妇产医院，许多新妈妈正是他们的潜在客户。"恰好赶上国家鼓励创办民营医院，一切都很顺利"。于树忠踌躇满志，康达是吉林省第一家以减肥为主的医院，当时，这类医院在全国也是凤毛麟角。

当年 5 月，全国助残日那天，七八家媒体的记者通过残联找到于树忠，采访了他自强不息的成长经历。于树忠当场吐露心迹：一定帮助要那些有学习需要的残疾朋友。此事一经报道，马上吸引了百余人前来学艺。于树忠无私传授、悉心指导，对此媒体又进行了跟踪报道，医院还未正式开张就树立了良好的社会形象。

真诚赢得良好口碑，回馈社会

经过自强创业，于树忠取得了成功，但他没有忘记在最困难的时候苦中有乐一起生活过的残疾人朋友。长春康达医院自创建以来，于树忠积极对招募来的残疾人进行免费培训，教他们保健按摩、足底按摩、减肥按摩等技术，使他们中的大多数人都走上了就业之路。通过培训，参加学习的残疾人开始以一种积极、乐观、向上的精神生活，并尽最大努力把别人的"包袱"变成财富。于树忠研发的爕理阳减肥法、中药火疗减肥法和复方中药减肥法，完善了中医药治疗肥胖的方法。医院建成后他先后帮助长春第一胖男郭春海、北京第一胖杨昶、山东第一胖彭新军等成功减肥。"他不但治疗治得好，而且经常鼓励我们。因为他能走进我们的内心，经常鼓励我要乐观，而且要积极面对生活"。近年来，于树忠多次为残疾人进行免费体检，坚持为生活困难的残疾人提供物质帮助，曾为 12 岁儿童 151kg 的巨胖静云募捐 10 多万元治疗脑垂体瘤，向长春市残疾人福利基金会捐款 10 万元，为各类残疾人家庭送去资金达数十万元。

这个叫于树忠的残疾青年，一个自幼患有小儿麻痹症的年轻人，克服重重困难，资助了很多残疾人家庭，并带领一批残疾人走上创业之路。他用实际行动，用对医学的潜心专研，帮助众多患者走出困境，支起了一片大爱的天空。

于树忠寄语："苦是人吃的，罪是人遭的。只要你能撑下去，你的梦想就不会被摧毁，你的生活就会向好的方向发展。"

（资料来源：长春中医药大学 2017 年 7 月创业青年说访谈记录）

案例讨论：

1. 于树忠的创业经历体现出创业者的哪些创业精神。

2. 你认为于树忠和朋友联合创办的医院采取什么组织形式比较合适，为什么？

3. 试想一下长春康达医院可否实行连锁经营，为什么？

二、互联网医疗创业案例

心医国际：用远程医疗刷新"互联网＋"医疗模式

邰从越，毕业于辽宁中医药大学，中欧国际工商管理学院 EMBA（高级工商管理硕士）；历任东北制药集团区域公司、零售连锁、OTC 业务部经理，美国礼来亚洲公司商务经理，葛兰素史克健康保健品部中国区暨中美史克医学市场 BU 总监；现为心医国际数字医疗系统（大连）有限公司联合创始人、总裁。

心医国际是专注于创新医疗及互联网远程医疗解决方案的一家公司，成立于 2010 年 6 月，其核心管理团队成员有 70% 曾从事医学临床工作或毕业于医学院校。目前，心医国际拥有员工 400 余人，解决方案应用覆盖全国 80% 的区域，先后在大连、沈阳、上海成立了研发中心，在北京成立了营销中心，并在西安、郑州、长沙、成都、西宁等多个地区成立了售后服务分支机构和服务团队，服务于全国 2000 余家医疗机构。公司拥有 3 项专利和 80 余项自主知识产权的软件著作权，并且通过 FDA、CFDA 和 IHE、CMMI 等认证。

创业初衷

心医国际总裁邰从越与王兴维是大学同学，两人于 20 世纪 90 年代中期考入辽宁中医药大学，专业是中药制药。大学期间，王兴维与邰从越便是学生会的搭档。毕业后，王兴维进入国内的一家医药上市公司，从做普通的"药品临床推广代表"开始不断努力，因工作表现突出，慢慢转向管理岗位，一直做到营销总监之后，他开始创业，业务领域仍然是围绕药品、医疗器械代理。而邰从越则选择了另外一条职业发展道路，成为职业经理人，加入跨国企业发展。曾先后服务于美国礼来亚洲公司和葛兰素史克在华中美天津史克制药有限公司。10 年职业发展，他一路从大区商务经理、大区销售经理成长为全国事业部总监。

毕业各自发展 13 年后，王兴维与邰从越再次走到一起，这次聚首源于两人当年求学时的朴素理想和互联网医疗领域的发展机遇。

王兴维表示，之所以选择医疗信息行业，与个人成长经历有关。王兴维出身于农村，每次回老家，总有一些老乡会找他看病。老乡们到大城市看病的机会少，如何能让农村、边远地区的患者免受奔波之苦，享受到大城市的医疗服务，于是他便有了创办心医国际这一朴素的想法。邰从越则特别希望利用自己多年积累的行业经验和资源建立一家以医疗服务为主体的企业，努力改变当前国内的医疗现状和医疗资源不均衡的问题。

2012 年年底，心医国际获得世铭投资的 A 轮注资 3000 万元人民币。2014 年又获得了中以基金领投的 B 轮融资 1 亿元人民币。2015 年 12 月，公司还获得了由广发直投、汉景家族基金领投的 1 亿元 B＋轮融资。2016 年 9 月，心医国际获得由中金下属全资直投子公司，中金智德投资管理有限公司领投的 C 轮融资，总额超过两亿元人民币。

心医国际最早涉足的业务是医院内系统研发，在凭借 PACS（影像存储与传输系统）与众多医院建立合作后，心医国际逐步丰富其在数字化医院方面的产品。目前，其产品线包括电子病历系统、手术麻醉系统、HIS（医院管理系统）、BI（商业智能）系统、医学影像及三维后处理、远程医疗平台等。

现在，通过4年的励精图治，心医国际按规划开始布局互联网医疗，其中互联网远程医疗是重中之重。

"互联网+"时代的远程医疗

心医国际在开始远程医疗布局前，团队进行了很多调研，结果显示，制约国内远程医疗快速发展的主要原因主要有以下几点。

一是远程医疗设备覆盖率低。我国一万余家医院，只有百分之十几的医院是有覆盖的。除了国家相关扶持政策和要求之外，很少医院自主采购远程医疗设备。即便自己采购了，但因为没有专业化运营，设备使用率低，多数沦为"面子工程"。

二是诊断信息不对称，缺少技术支撑，不能给专家诊疗提供足够专业化及有效的病患资料，更好地辅助医生进行远程诊疗。远程医疗要解决的核心问题是数据信息的对称性。传统的远程放射诊断采用的是胶片扫描等方式进行传输，专家端获取到的信息并不完整真实。此外，院内多业务系统整合也是一个大难题，不利于快捷准确地提供患者信息，辅助医生进行远程诊疗。

三是数据安全问题。数据安全没办法保障，患者和医生都不会信任远程医疗这个平台。

邰从越表示，心医国际的安全问题完全可以放心。目前，心医国际已经完成了数据的去隐私化，做好了数据安全系统架构和安全等级防护。接下来要解决的是如何让远程医疗平台快速覆盖市场，并运营起来。

邰从越认为："没有覆盖就没有人用，没有人用就没有用户体验，没有用户体验就没有用户习惯，没有用户习惯就没有人去给你付费。"心医国际从2014年开始进行线下推广，运用互联网思维覆盖市场，先使用，后收费，通过投放远程医疗平台的方式，培养用户的使用习惯。

"好在我们的软件都是自己研发的，这样也会降低一些成本。"邰从越表示，软件全套都是自己的产品，这样组装、运营、设置，包括维护都会更加便捷。

投放的最终目的是为了让产品快速覆盖市场，形成规模效应。"如果一家家去卖，一年最多能够覆盖一两百家医院。"邰从越表示。在投放运营过程中，心医国际会要求医院与其签订一个3~5年的远程系统独家合作协议。此外，医院要配合心医国际拉动会诊。目前，每家医院每个月大约有十例会诊要进行，而且医院各种软件的接口要与心医国际的远程医疗平台打通。

截至2015年9月，心医国际的远程医疗平台在上端医院建立了38家国际国家级会诊中心和22家省级会诊中心，下端基层医疗机构覆盖1800家二三级医院。计划到2015年年底，心医国际的远程医疗平台将覆盖国内3000家以上二级医院，确保全国657个城市（截至2004年12月31日，全国共有地级市283个，县级市374个）每个城市至少覆盖一家医院。

如何在8个月的时间里做完超过1800家医院的推广运营，邰从越提到心医国际的三个优势。

第一，经销商遍布全国。心医国际原本的传统业务拥有很多经销商，这些经销商在国内市场形成了一张巨大的网，便于远程医疗平台的推广。

第二，团队多元，能够满足用户的多方面需求。一般的远程医疗公司或是有设备和自主软件技术没有运营服务，或是有服务但缺少设备和自主软件技术沉淀。而心医国际两者兼俱，能够为医生、患者、合作伙伴提供最全面的服务。

第三，资金源充足。心医国际的传统业务能够带来收入。传统业务一方面为心医国际带来技术上的沉淀，另一方面也带来了不错的收入。邰从越说道："远程是我们的核心，信息化是我们造血的基础，这两个业务结合非常紧密。如果一家医院使用了我们的远程医疗平台，并由此体验了心医产品和服务的优势后，恰好这家医院有其他信息系统需求，我就可以推荐给他，创造更多的项目机会。"

心医国际长期服务于全国各级医院，提供临床业务及远程医疗软件服务。"但更重要的在于，我们为医院的医生提供'面对面'的技教帮扶、病例讨论和实践指导。这个过程帮助我们积累了大量的有黏性的医生资源，通过我们的全流程服务，医医圈子、医患圈子、患患圈子正在形成"，邰从越表示。

此外，政府今年出台的一系列有关远程医疗的利好政策，无疑为心医国际的发展助力。2015年4月23日国务院办公厅发布了《关于全面推开县级公立医院综合改革的实施意见》，提出要逐步建立基层首诊、双向转诊、急慢分治、上下联动的分级诊疗格局。2015年9月11日，国务院办公厅又发布了《关于推进分级诊疗制度建设的指导意见》，指出到2017年，远程医疗服务要覆盖试点地区50%以上的县（市、区）。

目前心医服务于50余家国家级会诊中心，3000家各级各类型医疗机构，遍布30多个省份。

（资料来源：微信公众号——动脉网2015 - 09 - 21，略有删改）

案例讨论：

1. 创业初期，心医成功的原因是什么？解决了医疗市场的哪些痛点？

2. 在心医高速发展的美好前景面前，你觉得可能会遇到的问题是什么，如何解决？

3. 如果你是一个创业者，准备新创一个企业开始你的事业，从这个案例中你得到的启示是什么。

【本章要点】

1. 创业企业也称新创企业，是相对成熟企业的一种称谓。创业企业的组织形式分为个人独资企业、合伙企业和公司制企业。公司制企业又分为有限责任公司和股份有限公司。创业企业的传统组织结构有直线制、职能制、直线职能制、事业部制、矩阵制等形式，新型组织结构分为学习型组织、团队型组织、无边界组织、网络化组织和多元化组织等5种。

2. 创业企业选址受经济、政治、技术、社会等因素影响；选址的步骤分为信息收集、选点评价和选址确认等步骤。创业企业注册的基本流程主要包括公司核名、选择注册地点、编写公司章程、办理营业执照、印章刻制、办理企业组织代码证、办理税务登记、银行开户、工商税务报到等。

3. 创业企业成长可分为种子期、创建期、成长期、扩张期、获利期等基本阶段。创业企业初期面临的主要挑战是市场拓展艰难、自由现金流不足、内部管理复杂性增强和外部环境不确定性增加等。新创企业的合法性可分为管理合法性、规范合法性和认知合法性三种。新创企业获取合法性的主要策略是遵从环境、选择环境、控制环境和创造环境。优化现金流的基本策略是增加应付账款和减少应收账款、控制成本开支。现金流危机的应对措施主要是严格控制好各个运营环节、战略性地削减成本、放弃一些顾客来提高利润率、推迟支付工资。

【推荐网站或资料】

1. 微信公众号：世界经理人

2. 投融界：https：//www.trjcn.com/

【思考题】

1. 创业企业最常见的企业法律形式有哪几种？选择不同的企业法律形式应该考虑哪几个因素？

2. 选择一种你最感兴趣的企业组织形式，假设自己正要开办企业，注册时需要做哪些工作？

3. 举例说明新创企业在成立初期会遇到哪些困难，新企业成长管理可采用哪些策略？

4. 创业企业选址要经历哪些步骤？有哪些需要注意的问题？可采取哪些策略？

5. 说明新创企业所经历的发展阶段及其独特性。

6. 目前你们团队的创业项目面临的问题和挑战有哪些？打算如何解决这些问题和挑战？

7. 你们创业团队的创业项目更适合哪种组织结构，为什么？

主要参考文献

[1] 张玉利，薛红志，陈寒松，等．创业管理［M］．5 版．北京：机械工业出版社，2021.

[2] 刘志阳，林嵩，路江涌．创新创业基础［M］．北京：机械工业出版社，2021.

[3] 李巍，黄磊．大学生创业基础［M］．北京：中国人民大学出版社，2019.

[4] 郝宏伟．大学生创业基础［M］．广州：广东高等教育出版社，2018.

[5] 张国庆，程洪莉，王欢，等．创新创业路径揭秘［M］．北京：清华大学出版社，2019.

[6] 于美军，康静．医学生创新创业教程［M］．北京：人民卫生出版社，2018.

[7] 周苏．创新思维与 TRIZ 创新方法［M］．北京：清华大学出版社，2015.

[8] 张福利，张赢盈．全国医学类院校创新创业教育基础指南［M］．西安：西安交通大学出版社，2018.

[9] 黄明睿，张进．创新与创业基础［M］．北京：高等教育出版社，2018.

[10] 王雪芳，刘艳明，申健，等．临床医学专业学生创新思维与实践能力培养探索［J］．河北北方学院学报：自然科学版，2015（5）：102-103.

[11] 斯图尔特·瑞德，萨拉斯·D·萨拉斯瓦斯，尼克·德鲁，等．卓有成效的创业［M］．李华晶，赵向阳译．北京：机械工业出版社，2020.

[12] 迈克尔 G·卢克斯，K．斯科特·斯万，阿比·格里芬．设计思维［M］．马新馨译．北京：电子工业出版社，2018.

[13] 迈克尔·勒维克，帕特里克·林克，拉里·利弗，等．设计思维手册［M］．高馨颖译．北京：机械工业出版社，2020.

[14] 龚焱．精益创业方法论［M］．北京：机械工业出版社，2014.

[15] 王可越，税琳琳，姜浩，等．设计思维创新引导［M］．北京：清华大学出版社，2017.

[16] 蒂姆·克拉克，亚历山大蒂姆·奥斯特瓦德，伊夫·皮尼厄．商业模式新生代（个人篇）：一张画布重塑你的职业生涯．［M］．毕崇毅译．北京：机械工业出版社，2017.

[17] 朱燕空，罗美娟，祁明德．创业如何教：基于体验的五步教学法［M］．北京：机械工业出版社，2018.

[18] 蒂娜·齐莉格．斯坦福大学创意课［M］．秦许可译．南昌：江西人民出版社，2018.

[19] 埃里克·莱斯．精益创业［M］．吴彤译．北京：中信出版社，2012.

[20] 托马斯·沃格尔．创新思维法［M］．陶尚芸译．北京：电子工业出版社，2016.

[21] 王琦．中医原创思维十讲［M］．北京：科学出版社，2015.

[22] 孙洪义．创新创业基础［M］．北京：机械工业出版社，2016.

[23] 辽宁省普通高等学校创新创业教育指导委员会．创业基础［M］．北京：高等教育出版社，2013.

[24] 李家华．创业基础［M］．北京：北京师范大学出版社，2013.

[25] 王艳茹．创业基础如何教［M］．北京：清华大学出版社，2017.

[26] 魏炜，朱武祥．重构商业模式［M］．北京：机械工业出版社，2019.

[27] 三谷宏治．商业模式全史［M］．马云雷译．南京：江苏峰会文艺出版社，2016.

［28］王中强，陈工孟．创新思维与创业教育［M］．北京：清华大学出版社，2017.

［29］今枝昌宏．商业模式教科书［M］．王晗译．北京：华夏出版社，2020.

［30］陈工孟．创新思维训练与创造力开发［M］北京：经济管理出版社，2016.

［31］廖益，赵三银．大学生创新创业入门教程［M］．北京：北京理工大学出版社，2019.

［32］李贺，王畅．大学生创新创业基础［M］．北京：北京理工大学出版社，2019.

［33］张晓蕊，马晓娣，岳志春．大学生创业基础［M］．北京：北京理工大学出版社，2019.

［34］罗国冯，张超卓，吴兴海．创新创业融资：天使、风投与众筹［M］．北京：经济管理出版社，2016.

［35］卢尚工，梁成刚，高丽霞．创新方法与思维［M］．北京：化学工业出版社，2018.

［36］吴道富．企业融资整体解决方案［M］．北京：中国经济出版社，2018.

［37］李家华，张玉利，雷家骕，等．创业基础［M］．2 版．北京：清华大学出版社，2015.

［38］于海云，杨金璧．创业流程与务实［M］．杭州：浙江大学出版社，2019.

［39］潘旭伟．文化创意与创业教程［M］．北京：北京师范大学出版社，2019.

［40］赵衡，孙雯艺．创新陷阱医疗投资的挑战［M］．北京：《北京日报》出版社，2018.

［41］蔡江南．创新提升价值：2016～2017 中国健康产业创新平台奇璞蓝皮书［M］．上海：上海科学技术出版社，2018.

［42］亚历山大·奥斯特瓦德，伊夫·皮尼厄，格雷格·贝尔纳达，等．价值主张设计：如何构建商业模式最重要的环节［M］．余锋，曾建新，李芳芳译．北京：机械工业出版社，2019.

［43］亚历山大·奥斯特瓦德，伊夫·皮尼厄．商业模式新生代［M］．黄涛，郁婧译．北京：机械工业出版社，2019.

［44］中国中医药卫生事业发展基金会，等．中国健康服务产业发展报告（2016—2017）［M］．北京：当代中国出版社，2018.

［45］尚红宇．大学生创新与创业教程［M］．徐州：中国矿业大学出版社，2019.

［46］丁忠明．大学生创业启程［M］．北京：机械工业出版社，2017.

［47］胡楠，郭勇．大学生创新创业指导［M］．北京：人民邮电出版社，2017.

［48］郭必裕．大学生创业的初始资源与机会型创业的选择［J］．现代教育科学，2011（5）：25－27.

［49］张金山．大学生创新创业案例——走进"挑战杯"［M］．北京：社会科学文献出版社，2017.

［50］王卫东，黄丽萍．大学生创业基础［M］．北京：清华大学出版社，2015.

［51］斯晓夫，吴晓波，陈凌，等．创业管理理论与实践［M］．杭州：浙江大学出版社，2016.

［52］苏兵，兰小毅．创业理论与实务［M］．西安：西安交通大学出版社，2016.

［53］陈国梁，王延峰．大学生创新创业理论与实践导论［M］．北京：科学出版社，2018.

［54］（美）约瑟夫·熊彼特．经济发展理论［M］．何畏，易家祥译．北京：商务印书馆，1990.

［55］（美）杰弗里·蒂蒙斯，小斯蒂芬·斯皮内利．创业学［M］．6 版．周伟民，吕长春译．北京：人民邮电出版社，2005.

［56］（美）威廉·拜格雷夫，安德鲁·查克阿拉基斯．创业学［M］．唐炎钊，刘雪峰，白云涛，等译．北京：北京大学出版社，2017.

［57］（美）罗伯特·赫里斯，迈克尔·彼得斯，迪安·谢泼德．创业学［M］．9 版．蔡莉，葛宝山译．北京：机械工业出版社，2017.

［58］Philip A. Wickham. Strategic Entrepreneurship (4th Edition)［M］. Upper Saddle River, New Jersey：Prentice Hall，2006.

［59］N J Lindsay, J B Craig. A Framework for Understanding Opportunity Recognition［J］. Journal of Investing，2002.

［60］Howard H Stevenson, Michael J Roberts. Harold Irving Grousbeck. New Business Ventures And The Entrepreneur［J］. Journal of Entrepreneurship. 1992，1（2）：260－264.

[61] Sahlman W A. Some Thoughts on Business Plan: The Entrepreneueial Venture [J]. Cambridge, Massachusetts: HBS Publication, 1999.

[62] Shane S, Venkataramam S. 2000. The Promise of Entrepreneurship as a Field of Research [J]. Academy of Management Review 25: 217 - 226.

[63] Dev K Dutta, Mary M Crossan. The Nature of Entrepreneurial Opportunities: Understanding the Process Using the 41 Organizational Learning Framework [J]. Entrepreneurship Theory and Practice, 2005 (7): 425 - 449.

[64] Justin G Longenecker, Carlos W Moore, J William Petty. Leslie E Palich. Small Business Management: Launching and Growing Entrepreneurial Ventures [M]. South - Western College Pub, 2007.